태평천국과 조선왕조

하정식

지식산업사

태평천국과 조선왕조

초판 제1쇄 발행 2008. 6. 5.
초판 제2쇄 발행 2009. 10. 15.

지은이   하정식
펴낸이   김경희
펴낸곳   (주)지식산업사
          본사|(413 - 832) 경기도 파주시 교하읍 문발리 520-12
              전화 (031)955-4226~7 팩스 (031)955-4228
          서울사무소|(110 - 040) 서울시 종로구 통의동 35-18
              전화 (02)734-1978, 734-1958
          인터넷한글문패   지식산업사
          인터넷영문문패   www.jisik.co.kr
          전자우편   jsp@jisik.co.kr
          등록번호   1-363
          등록날짜   1969. 5. 8.

책값은 뒤표지에 있습니다.

ISBN 978-89-423-1109-5   93910

이 책을 읽고 지은이에게 문의하고자 하는 이는 지식산업사 전자우편으로 연락 바랍니다.

책을 내면서

태평천국으로 상징되는 19세기 중엽의 청조의 위기(내우로서의 태평천국, 외환으로서 제2차 아편전쟁)는 동아시아 주변 여러 나라에게 어떤 의미를 가질까? 청조의 내우외환에 대해 각기 구질서의 해체를 눈앞에 두고 있던 주변 여러 나라는 어떻게 그 정보를 수집했으며, 그것을 어떻게 인식하고 대응해 나갔을까? 특히 안팎으로 위기에 직면해 있던 당시의 조선 지배층은 태평천국운동을 비롯한 청조의 위기를 어떻게 탐지하고 인식하며 대응해 나갔는가? 이 책은 동아시아 근대사에서 차지하는 태평천국의 의의를 구명하는 작업의 하나로 '조선왕조에게 태평천국과 그 시대가 무엇이었는가'를 밝히려고 한 연구이다.

19세기 중엽, 동아시아 여러 나라는 예외 없이 국내 모순의 격화와 외세의 침략으로 체제 붕괴의 위기에 직면하였다. 이적(夷狄)으로 여기던 서양문명이 제국의 깃발을 앞세우고 폭력적 속성을 드러내며 종속을 강요하자 동아시아 여러 나라는 내우의 파도를 수습하기도 전에 대외적 위기라는 격랑에 휩쓸리기 시작하였다. 내우는 외환과 상호작용하여 전대미문의 위기를 낳았다. 나아가 그러한 동아시아 각국의 내우외환은 나라마다 동시에 혹은 약간의 시차를 두고 전개되었다. 그로 말미암아 직접적으로나 간접적으로 영향을 주고받게 되었다. 이웃 나라의 사태는 실패한 전례[覆轍]일 수도, 경계삼아 스스로를 비춰볼 수 있는 거울[前鑑]일 수도 있었다. 태평천국으로 상징되는 19세기 중엽의 청조의 위기라는 격변하는 대전환기를 어떻게 인식하고 대응했는가에 따라 동아시아 여러 나라의 근대는 각기 다르게 전개되어 갔기 때문이다.

제1차 아편전쟁의 패배로 청조(淸朝)의 권위는 크게 손상되었고, 끓어오르던 사회모순은 거대한 내란으로 분출하였다. 태평천국의 이념과 투쟁은 청조 지배체제는 물론 중국의 전통문명과 구질서에 대한 일찍이 없던 거대한 도전이었다. 기독교의 천국을 대동(大同)세계에다 아우른 배상제교(拜上帝敎)는 태평천국의 격렬한 투쟁을 분출시키는 원동력이었고, 그만큼 청조에게는 위협이었다. 태평천국의 기세가 한풀 꺾이려 할 무렵, 영·불연합군에게 북경을 함락당한 청조는 서양 열강의 요구를 무조건 받아들여야 했다. 중화제국은 공전의 위기에 놓인 것이다.

조선왕조도 내우외환의 위기에 직면하기는 마찬가지였다. 세도정치가 확대 심화되면서, 양반관료체제의 붕괴는 가속화하고 있었다. 임술농민항쟁[壬戌民亂]은 평안도 농민전쟁의 연장선에서 발생하여 고종대의 농민항쟁으로 이어지면서, 동학농민전쟁을 선도했다. 이질 문명 서양의 상징이었던 이양선의 잦은 연해 출몰은 통상과 개항을 요구하면서 침략을 예고하고 있었다. 결국 영·불연합군의 북경 침공에 조선의 조야는 경악하였다.

연행사절을 통하여 어느 나라보다도 풍부한 중국 정보를 가지고 있었을 터인 조선에게 중화제국의 위기는 어떤 의미였을까? 그것은 강 건너 불이었을까, 아니면 발등의 불이기도 했을까? 1862년의 전국적인 농민항쟁에 놀란 조선정부는 체제 보수(保守)를 위한 개혁을 추진했다. 그 결과는 실패였고 이는 이미 예견된 것이었다. 역사를 통치의 거울로 중시해 온 조선의 지배층에게, 청조가 겪는 내우외환은 역사와 견줄 수 없을 정도로 지척에 있는 공포요, 더없이 생생한 은감(殷鑑)이었을 터이다. 그러나 조선지배층은 명백한 눈앞의 위기에 대하여 풍부한 정보를 알고도 제대로 대처하지 못했다. 근대의 운명을 판가름할 이 중대한 시기에 조선왕조가 보유한 정보의 질과 양은 구체적으로 어떠하였으며, 조선왕조는 대내외적 위기를 어떻게 인식하고 대응하였는지, 그것은 조선왕조에 어떤 영향을 미쳤는지에 대한 질문은 결코 가볍지 않을 것이다. 그러나 이 문제에 대한 연구는 별다른 진척이 없었고 밝혀진 것도 거의 없다.

이와 같은 문제에 접근하는 것은 태평천국의 전체적인 성격을 파악하고, 근대 동아시아 역사에서 태평천국의 의의를 밝히는 일에 도움을 줄 수 있을 것이다. 또 동아시아 여러 나라가 각각 어떤 토양에서 근대를 지향하게 되는가를 살펴볼 수 있는 구체적인 사례를 제공할 것이다. 이는 곧 동아시아 각국이 근대사의 전개에서 보이는 차이점과 공통점을 밝혀, 각국의 근대 형성과정에 대한 심층적인 이해에 도달할 수 있는 새로운 가능성도 열어줄 것이다.

이 책의 원형을 이루는 것은 내가 1995년에 일본 교토대학(京都大學) 대학원에 제출한 박사학위 청구논문이다. 이 책과 그동안 내가 발표한 글들과의 관계를 여기에 정리해두고자 한다.

(1) 〈朝鮮官人의 太平天國觀〉(《崇實史學》 제3집, 1985)

(2) 〈太平天國에 대한 朝鮮政府의 認識〉(《歷史學報》 제107집, 1985)

(3) 〈燕行情報와 朝鮮王朝의 太平天國 認識의 政治的 背景〉(《歷史學報》 제145집, 1995)

(4) 〈太平天國과 1850～60年代初 朝鮮王朝의 危機意識〉(《東方學志》 제87집, 1995)

(5) 〈19세기 중엽 中國의 兵亂情報와 朝鮮王朝〉(《崇實史學》 제12집,

1998)

(6) 〈燕行情報로 보는 太平天國의 이모저모-19세기 중엽 中國의 內憂外
患에 대한 朝鮮官人의 認識-〉(조규익 등 편, 《연행록연구총서》 6,
학고방, 2006)

　1981년 5월, 교토대학 인문과학연구소 '명청사회의 변혁에 관한 연
구'반에서 〈朝鮮朝廷의 太平天國 認識〉을 발표하였다. 이를 토대로
1985년에 정리한 것이 (1)과 (2)이다. 제목이 매우 비슷하여 마음에 걸
렸지만, 같은 주제라서 그리 정하였다. (1)은 주제를 전반적으로 취급한
것이고, (2)는 세도정국의 전형적인 관료 3인과 조선왕조의 위기의식이
고조되는 1860년 전후를 중심으로 이 문제를 다룬 것이다.

　1993년이 되어 학위논문의 주제를 놓고 고민하다가 이 주제를 골랐
다. 주제에 대한 애착, (1)과 (2)를 발표하면서 사료나 연구 축적의 미비
로 미루어둔 문제를 해결할 수 있겠다는 전망, 적당한 분량 등이 주제
선정의 주요 동기였다고 기억된다. 그래서 (1)과 (2)를 크게 보완하여
전부 3장으로 학위논문을 구성하게 되었다. (1)의 전반부를 고쳐 쓴 것
이 (6)인데 발표하지는 않았다. 이 책을 내려고 준비하고 있을 때, 엮은
이들의 요청이 있어 《연행록연구총서》에 싣게 된 것이다.

　(3)은 (1)의 후반부를 거의 새로 쓴 것이다. (1)을 쓸 때 19세기 초·
중엽의 조선사회에 관한 연구 축적이 많지 않았고, 특히 정치사는 이
시기를 세도정치기로 규정하고 있었지만, 본격적인 연구는 거의 없다시
피 했다. 다행히 1980년대 후반부터 관련 연구들이 나오기 시작했다.
특히 한국역사연구회 19세기정치사연구반의 《조선정치사 1800~
1863》(청년사, 1990)은 (3)을 쓸 때 크게 도움이 되었다. (4)는 (2)를 고
쳐 쓴 것이다. (5)는 第11次 韓日·日韓合同學術會議〈韓國のアジア認
識、日本のアジア認識〉(1998.10.16~18, 東京)에서 발표한 것의 한

국어본이다. (6)과 (3)의 내용을 바탕으로 학술회의 주제에 맞추어 구성한 것이라 할 수 있다.

3장으로 구성된 학위논문의 원형은 (6), (3), (4)이다. 다만 (6)은 그동안 발표하지 않았으므로 학위논문 쪽이 원형이다. 학위논문의 제3장인 (4)를 이 책에서는 3, 4 두 장으로 나누었다. 그 가운데 제4장은 (4)의 후반부를 크게 늘리고 손질하여 새로 쓰다시피 하였으나 애초의 논지는 건드리지 않았다.

이 책을 내기 위하여 학위논문을 한국어로 손질하면서 논지를 바꾸지는 않았다. 학위 취득 이후 지난 10여 년 동안 이 책의 빈 곳을 메워줄 얼마간의 연구 축적과 사료 보충이 있어서, 큰 폭으로 고쳐쓰려다가 그만두었다. 발표 당시의 틀을 유지하는 것도 의미가 있을 듯해서였다. 원고를 손질하면서 특히 유의한 것은 표현이다. 사료를 비롯한 인용문은 모두 한글로 번역하였다. 한문 투의 말은 될 수 있는 대로 한글 표현으로 바꾸고 인명과 지명을 비롯하여 꼭 필요한 한자말은 괄호 속에 병기하였다. 읽기 쉬운 글을 만들려는 노력이었지만, 이 책이 한자문화권의 치란(治亂)을 다루고 있는 까닭에 한계가 있었다.

이 책은 태평천국이 동아시아 역사에서 갖는 의의를 밝히기 위한 한국 사례의 연구이다. 이를 보강하기 위한 두 가지 과제가 남아 있다고 본다. 하나는 범위를 제1차 아편전쟁까지 넓히는 일이다. 중국의 대내외 위기는 제1차 아편전쟁부터 분명하게 드러나고 그 영향도 크기 때문이다. 이 과제는 어느 정도 진척되었다.

또 하나는 피지배층의 인식과 대응을 살피는 일이다. 일찍이 나는 태평천국에 대한 조선지배층의 인식을 다룬 논문 (2)의 결론에서 재야지식인의 인식도 밝혀야 할 중요한 과제라고 지적한 바 있다. 막연히 재야지식인이라 하였지만, 조금 구체화하면 정보의 수요자이면서 이를 관리할 경제력도 갖춘 식자층이 될 것이다. 정권에서 소외된 사족층, 요호부민과 부상대고나 지방상인 등이다. 상인과 정보의 관계는 예나 지금이나 다르지 않을 것이다. 앞을 예측하기 어려운 격변기에 정보의 수요는 더욱 커진다. 요호부민층이나 상인층은 부패한 지배층에게는 착취의 대상이지만, 한편으로는 부의 축적과 유지 과정에서 하층민의 수탈자라는 다른 얼굴을 갖는다. 이런 신분상의 특성은 그들을 중요한 정보의 수요자로 만든다. 이들이 정보를 수집하고 관리했을 개연성이 높다. 이들의 정보 관리 양상을 찾아낼 수 있다면 광범위한 계층의 위기 인식의 실상을 밝힐 수 있을 것이다. 이 부분의 진척은 아직 없다.

이러한 한국 사례 연구를 동아시아의 다른 나라, 특히 일본의 경우와 함께 고찰할 수 있다면, 동아시아 역사에서 태평천국이 갖는 의의를 밝히는 데 큰 진전이 있을 것이다. 일본 사례의 연구는 일본학계와 중국학계의 축적이 있다. 이들 성과를 비판적으로 종합하여 또 다른 시각으로 검토해 볼 필요가 있다고 생각한다. 이에 대한 기본적인 고찰은 일부를 수행한 상태이다. 앞으로 계속 추진할 과제로 삼고 있다.

내가 대학에서 보낸 1960년대 후반과 군복무를 포함한 1970년대는 개발독재가 본격화하여 유신독재로 끝막음한 암울한 시기였다. 학부 4년 동안 한 학기 수업은 길면 한 달 반, 짧으면 한 달이었다. 위수령, 계엄령 등 포고문 한 장에 대학문은 굳게 닫혔다. 대학문이 열려도 도서관의 서가는 빈약했고, 그나마 찾아낸 책은 외국어이기 일쑤였다. 버거운 서울 유학이었지만 졸업 후 진로도 좁기만 했다. 이런 상황에서 공부를 계속하겠다고 대학원에 진학한 것은 타고난 우직함도 있겠지만, 부모의 헌신과 스승의 훈도 때문에 가능한 일이었다. 이후 오늘까지 학구생활을 하면서 작은 책이나마 내게 된 데는 실로 많은 분들의 사랑과 격려와 도움이 있었다.

이재룡 선생과 김문경 선생께서는 학부 시절부터 채찍과 격려로 보살피고 이끌어주셨다. 두 분 선생을 통하여 학문의 엄숙성과 함께 즐거움도, 그리고 삶의 자세도 더디게나마 깨우쳐갈 수 있었다. 임병태 선생은 닮고 싶은 선배로 늘 같은 자리를 지켜주셨다. 민두기 선생께서는 학부 2년 동안을 빼면 일정한 거리에 계셨지만, 학문하는 태도와 그 성과를 통하여 계도하셨다. 드물게 인색한 표현으로 애정을 드러내시기도 했다. 김종원 선생께서 보여주신 한결같은 격려도 잊을 수 없다.

나는 1978년부터 4년 동안을 교토대학 동양사연구실에서 연구할 수 있는 행운도 누렸다. 일본어로는 단위 취득 퇴학, 우리말로 학점 이수를 완료한 것이 1982년 3월이었다. 해방(일본어로는 終戰) 이후 동양사연구실의 첫 한국인 유학생일 거라는 말을 몇 차례 들었는데 확인한 적은 없다. 지도교수는 시마다 겐지(島田虔次) 선생이셨다. 시마다 선생을 비롯하여 하기와라 준페이(萩原淳平) 선생, 다니카와 미치오(谷川道雄) 선생, 치쿠사 마사아키(竺沙雅章) 선생, 오노 가즈코(小野和子) 선생의 강의를 주로 수강하였다. 처음에는 짧은 일본어 때문에 답답하고 고통스럽기도 했다. 사료를 읽기 위해 한화(漢和)·한한(漢韓)·일한사전까지 뒤적이자니 속도는 더디기만 했다. 읽어야 할 책은 늘 눈앞에 가득 쌓여 있었다. 동양사연구실의 선생들께서는 이런 나를 격려하고 지켜봐 주셨고, 시간이 갑갑증을 어느 정도 치료해 주었다. 수업을 통하여, 연구발표나 수요일 점심모임 등을 통하여 여러 선배, 동학들의 학문의 폭과 깊이와 다양성에 접하는 것이 차츰 즐거움으로 다가왔다.

박사과정에 입학하고도 비교적 여유 있는 학구생활을 하였다. 학위취득의 압박에서 자유로웠기 때문이다. 당시 교토대학 대학원 문학연구과는 박사과정 수료자에게 학위를 수여하지 않고 있었다. 한국에서 학위 중시 풍조가 날로 더해지고 있던 때라 많이 망설였지만 입학을 결심하고 나니 한편 홀가분하기도 했다. 흥미 있어 보이면 이것저것을 들여

다보았다. 인문과학연구소에서 열리는 연구회에도 부지런히 참석했다. 오노 선생이 주재하시는 '명청사회의 변혁에 관한 연구'반에 제일 열심히 참가했고 정해진 발표도 하였다. 답사나 여행 프로그램도 참가했다.

나처럼 우직스럽고 느슨한 사람에게는 엄격한 도제식 교육이 필요하였겠는데, 동양사연구실은 그와는 거리가 멀었다. 박사과정은 해마다 지도교수께 일 년치 연구계획을 제출하여 승인받고, 이를 수행하여 학년 말에 연구보고서를 내서 1년을 이수하였다. 학점 이수의 의무가 없었지만 수업에는 모두들 열심히 참여했다. 성적표에는 해당 학년도의 연구 주제와 개요, 합격 여부만 기재되었다. 지도교수께서는 규제 많고 획일화된 한국사회에서 온 유학생을 위하여 해마다 추천서는 물론 꽤나 긴 문장의 성적증명서를 작성하셔야 했다. 일 년 단위로 여권 기한을 연장하는 데 반드시 필요한 서류였기 때문이다. 귀국 할 때에는 3년 치의 성적증명서를 쓰셔야만 했다.

나의 자유로움이라 할까 느슨함은 지도교수께서 조장하신 면도 있는 듯하다. 스스로 생각해 봐도 실증적 학풍이 강한 동양사연구실에서는 용납되지 않을 듯한 — 소설 같기도, 철학 같기도 한 — 연구계획을 제출했더니, 훑어보신 뒤의 반응은 "음 재미있겠는데. 한번 해보지"였다. 게다가 나의 계획보다 상상의 나래를 더 크게 펼쳐 격려하셨다. 논문이 나올 턱이 없었다.

문학부 건물 4층에 자리한 동양사연구실은 연구자들의 진지함과 열정, 다채로운 전공 영역에 밀려 오래된 건물의 우중충함이 별로 드러나지 않았다. 연구실 4년 동안 석박사 과정의 학생은 해마다 들고 났지만 20인 안팎이었다고 기억된다. 아시아, 유럽, 미주 등지에서 온 6~7인의 유학생도 포함된다. 일본인들은 교토와 교토 사람의 특성을 '차가움'으로 표현한다. 유학생이었지만 동양사연구실 4년 동안 그 차가움을 체험할 기회를 주지 않은 선후배들의 후의를 지금도 소중히 기억하고 있다. 특히 스기야마 마사아키(杉山正明, 교토대학 교수)·단죠 히로시(檀上寬, 교토여자대학 교수)·이와이 시게키(岩井茂樹, 교토대학 교수) 씨와는 많은 시간을 함께 하며 돈독한 우정을 키우고 숱한 도움을 받았다. 다나카 도시아키(田中俊明, 시가현립대학 교수) 씨와의 우정도 잊을 수 없다.

교토대학 대학원 문학연구과에 학위청구논문을 제출한 것은 1995년이었고, 1996년 3월에 문학박사 학위를 취득하였다. 교토대학 대학원 문학연구과는 1990년대에 들어와서 학위를 내기 시작하였지만, 나는 논문박사제도를 통하여 학위를 받았다. 치쿠사 선생께서는 교토대학에서 연구년을 보낼 수 있도록 주선하시고, 학위 문제도 자상하게 안내하여 주셨다. 나가타 히데마사(永田英正) 선생께서는 1993년 교토대학 문학부 외국인 초빙교수로 연구할 수 있는 기회를 제공해 주셨다. 또 학위 취득과 관련된 여러 절차를 처리하는 번거로움을 흔쾌히 무릅쓰셨고, 논문 심사의 주심을 맡아주셨다. 후마 스스무(夫馬進) 선생도 심사에 참여하셔서 예리하고 적절한 지적과 비평을 통하여 많은 도움말을 주셨다.

벌써 30년이 다 되어가는 얘기지만, 김동인 박사는 《일성록》의 마이크로필름 검색과 복사에 애써주었다. 김정렬 박사는 이 책의 원고 정리 단계에서부터 편집과 교정과정에 참여하여 귀중한 도움말을 주었고, 중문개요 작성에 애써주었다. 양수지 박사는 중문개요 교정에 귀한 시간을 내주었다. 한남대학에서 3년 남짓 동료였던 최이돈 교수는 한국사의 여러 문제에 대한 질문을 막힘 없이 해결해 주었고, 수차 원고를 읽고 귀중한 도움말을 아끼지 않았다. 남기학 교수와 정병준 교수는 유학생활의 고단함도 잊고 학위논문의 서투른 일본어를 일본어답게 다듬어주었다. 그 노고를 지금도 기억하고 있다. 학위논문 작성 무렵부터 오늘까지 일본사와 일본어의 교사 역을 마다 않는 이계황 교수와 서각수 선생, 서툰 글에 매운 비평을 아끼지 않는 박환무 선생에게도 고마움을 전한다.

지식산업사 김경희 사장께 감사드린다. 인문학 책 만들기가 갈수록 어려워지는데도 노출판인은 여전히 현역이었다. 알맹이보다 멋진 책을 꾸미느라 애쓰신 편집부의 김성률·박수용 씨에게도 감사한다.

끝으로 사사로운 일을 적는 쑥쓰러움을 무릅쓰고자 한다. 이 책을 선고께 바치려고 하기 때문이다. 선고는 한국현대사의 격동기를 근면한 농부이자 성실한 유자(儒者)로 살았다.

2007년 12월

하정식

차 례

14

일러두기

1. 본문에서는 모두 음력을 썼다. 일부 연대 특히 연말의 그것은 양력과 차이가 날 수 있다.
2. 한자로 표기된 외국 인명과 지명은 한국어 발음으로 적는 것을 원칙으로 하였으나 일본의 경우는 원어 발음으로 적었다. 한자로 표기된 서양 인명과 지명은 한국어 한자 발음으로 표기하고 필요한 곳은 ( ) 안에 원어를 밝혔다.
3. 인용한 사료에서 명백한 오류는 아래의 예와 같이 바로잡았다. 앞은 사료 원문대로의 표기이고 나중 표기는 지은이가 바로잡은 것이다.

   예: 홍수천(洪秀泉, 洪秀全); 양주(楊州, 揚州); 당보(唐報, 塘報)
4. 《조선왕조실록》 기사의 번역은 세종대왕기념사업회가 펴낸 국역본에 따랐으나 부분적으로 지은이가 표현을 약간 손질한 곳도 있다.
5. 본문에서 인용하는 사료의 경우, 사신의 복명기사와, 서장관과 수역의 〈문견별단〉은 아래와 같이 구분하기로 한다. 사신의 구두 복명 내용은 A. B. C.……로, 서장관 〈별단〉은 一. 二. 三.……으로, 수역 〈별단〉은 1. 2. 3.……으로, 뇌자관 〈수본〉은 〈1〉 〈2〉 〈3〉……으로 표기한다.

서 론

　19세기 중엽, 태평천국(太平天國)은 약 15년 동안 거의 중국 전역에 발자취를 남기면서 강력한 투쟁을 전개하였다. 태평천국의 이념과 투쟁과정은 청조(淸朝) 지배체제의 존립을 위협하는 심대한 충격이었고 중국의 전통문명과 구질서에 대한 일찍이 없었던 거대한 도전이었다.

　혁명의 불길은 1850년 늦가을, 중국의 서남부 계평현(桂平縣) 금전촌(金田村)에서 타올랐다. 태평천국이었다. 영안(永安)을 점령한 태평천국은 1852년 봄, 관군의 포위망을 돌파하여 초기의 난관을 극복한다. 이어 호남과 호북으로 진군하면서 농민들의 대대적인 호응을 얻어 급격한 발전을 이룬다. 1853년초 남경(南京)을 점령하여 수도로 정하고 체제를 재정비한 태평천국은 곧 북벌군을 편성하여 북경 공략에 나선다. 태평군의 흥기와 급속한 발전, 진압에 나선 관군의 고전 양상은 비교적 빠른 시간에 주변의 여러 나라로 알려졌다.

　태평천국이 '광서적비(廣西賊匪)'란 이름으로 조선에 알려진 것은 1852년 3월이다. 그로부터 반년쯤 지나 10월 18일에는 북경에서 막 돌아온 사은정사(謝恩正使) 서염순(徐念淳)이 임금〔哲宗〕앞에서 청나라의 사태가 매우 심각하다고 복명(復命)하였다.

　　호서(湖西)와 호남(湖南)에서 유적(流賊)이 난을 일으켜서 장수에게 출사

(出師)하게 한 지 이미 육칠 년이나 되었지만 아직도 초멸(剿滅)하지 못하였습니다. …… 지금 비록 성을 공격하고 토지를 노략질하는[攻城掠地] 일은 없지만 장구침릉(長驅侵凌)의 형세이니, 명(明)나라 때의 유적 이자성(李自成) 같은 무리도 역시 이와 같았던지라 깊고 큰 걱정[深遠之憂]이 없다 할 수는 없습니다.[1]

5개월 남짓 지나서 속보가 들어온다. 동지정사(冬至正使) 서유훈(徐有薰)은 청나라의 도적 떼가 대수로운 것이 아니라고 보고하고 있다.

〈경보(京報)〉를 얻어 보니 호광제적(湖廣諸賊)은 걸간지도(揭竿之徒)에 불과한데, 처음에는 무창(武昌)이 함락되었지만 관군이 바로 토복(討復)해서 소혈(巢穴)을 깨뜨려 금방 분궤(奔潰)되었다 하니 근심하지 않아도 될 것 같습니다. …… 대저 저쪽 인심은 안연(晏然)하여 난이 있음을 모르는 것 같습니다. 이는 지방이 넓고 토구(土寇)의 무리가 없는 해가 없으니 이 적도(賊徒)도 지나치게 염려할 필요가 없겠습니다.[2]

일본 쪽도 사정은 비슷했다. '메이지 유신(明治維新)의 설계자'로도 평가되며, 당시 막번 영주 가운데 청나라 사정에 누구보다도 밝았던 사쓰마(薩摩) 번주(藩主) 시마즈 나리아키라(島津齊彬)는 1853년 6월 29일 에찌젠(越前) 번주 마쓰다이라 요시나가(松平慶永)에게 청국의 사태가 우려되니 해방(海防) 대책을 세워야 한다고 아래의 서신을 보낸다. 또 7월 10일에는 막부의 해방총재(海防總裁) 도쿠가와 나리아키(德川齊昭)에게도 같은 내용을 통보한다.

---

1) 《日省錄》, 철종 3년(1852) 10월 18일.
2) 위의 책, 철종 4년(1853) 3월 28일.

당국(唐國: 중국)도 바야흐로 쟁란(爭亂)이 틀림없으니 18성(省) 가운데 5, 6성은 공취(攻取)당했고, 남경성(南京省)은 북경으로 가는 요로인데 공취당했으며 그 때문에 특히 병량(兵糧) 등에 지장이 생겨 아사자(餓死者)도 있다 합니다. 적(賊) 쪽에서는 곳곳에 창고를 열고 인정(仁政)을 베풀어 항복하는 자 많다 하며, 대장은 명(明)의 후예로 주(朱)씨라 합니다. 청국이 이 같아서 해적의 우려도 있으니 충분히 해방 대책을 세우지 않으면 나중에 얼마나 두려운 일이 일어날지 모르겠습니다. 우선 극히 내밀하게 이를 알려드립니다.[3]

한편 여러 경로를 통하여 청나라 사정을 탐지하고 있던 도쿠가와 막부(德川幕府)는 1854년 6월 3일, 로오쥬우(老中)가 나가사키 부교(長崎奉行)에게 "청국의 난은 이미 심해져서 청제(淸帝)는 북경에서 농성(籠城)하고 있으며 양도(糧道)를 단절당하여 군박(窘迫)한 형편이라는 풍문이 그곳에 있다 하니 그것이 지금 어떤 모양인지 아는 바 있으면 풍문을 끌어 모아 자세하게 알리라"고 통달문서를 보낸다.[4]

1853년 4월, 유구사절(琉球使節)은 북경에 가서 조공(朝貢)을 마치고 복주(福州)로 돌아와서 귀국 준비를 서두르고 있었다. 그런데 태평군의 진격으로 귀국 일정에 차질을 빚게 되자, 별편의 '비선(飛船)'을 마련하여 본국에 이 사태를 긴급히 보고하였다.

재작년부터 광서부(廣西府)에서 병란(兵亂)이 있다는데 지금도 끝나지 않았으며, 작년 칠팔월 적병(賊兵)이 쳐들어와 지난달에 조주부(潮州府)가 공취 당해 관병 수만이 죽었고, 올 정월에 안산준(安山峻)과 강서부(江西府)·구강부(九江府)를 공취했습니다. 2월 11일, 남경성을 탈취당했는데

---

3) 《島津齊彬文書》 下卷一, 東京: 吉川弘文館, 1969, 567쪽.

4) 東京帝國大學文科大學史料編纂掛, 《大日本古文書 幕末外國關係文書之六》, 〈高麗環雜記〉.

성 안의 사해(死骸)는 기천만인지 알 수 없고 또 아녀자들도 불타 죽어 땅에 피가 3척이나 쌓이고 강물도 붉게 물들어 탄식하지 않는 이 없습니다. 점차 소주(蘇州)로 쳐들어온다는데 동란이 미침에 크고 작은 가게와 민가가 문을 닫고 원방(遠方)으로 피해가는 기막힌 일이 벌어지고 있습니다.[5]

위에 든 몇 가지 사례만 보아도 태평천국이라는 청조의 병란이 결코 청나라의 국내 사태만이 아니었음을 알 수 있다. 그렇다면 이러한 태평천국의 투쟁 사실은 당시 구질서의 해체를 눈앞에 두고 있던 주변의 여러 나라들, 곧 베트남과 조선, 일본, 유구에 얼마만큼 전해지고, 또 각 나라들은 이를 어떻게 인식하였을까? 또 어떤 구체적인 영향을 미칠 수 있었을까?

흔히 19세기를 변혁의 세기, 세계사의 시대라고 일컫는다. 동아시아가 세계 자본주의체제의 일환으로 엮여드는 거대한 변혁의 물결을 타게 되는 것이다. 국내 모순의 격화와 대외적 위기의 심화로 체제 붕괴의 위기에 직면한 동아시아의 여러 나라들은, 이 거대한 변혁의 격랑 앞에 그대로 노출되면서 종래의 고립을 유지할 수 없게 되었다. 동아시아 여러 나라들에서 볼 때 이는 내우(內憂)를 안고 맞아야 하는 외환(外患)이었다. 이 내우외환은 나라별로 동시에 혹은 약간 시기를 달리하면서 몰아닥치고 있었다. 격변하는 대전환기를 어떻게 인식하였으며, 무엇을 모색하고 어떻게 대응하였는가에 따라서 동아시아 여러 나라들의 근대는 달리 전개되어 갔다.

이 연구는 바로 동아시아 근대사에서 태평천국의 의의를 밝히기 위한 사례로, 한국의 경우를 고찰하려는 것이다. 베트남의 경우는 태평천국으로 말미암아 청국과 국교(國交)가 일시 중단되었고, 이후 국교는

---

5) 眞榮平房昭, 〈幕末期の海外情報と琉球〉, 地方史研究協議會編, 《琉球·沖繩》, 東京: 雄山閣, 1987, 103쪽 재인용.

재개되나 청조는 정보 부족으로 말미암아 베트남을 정확하게 이해할 수 없게 되었다는 사실이 밝혀져 있다. 막말기(幕末期) 일본이 태평천국을 어떻게 인식하였는가에 대해서도 일찍부터 많은 연구가 이루어져 왔다. 유구국(琉球國) 또한 태평천국 때문에 조공사절(朝貢使節)이 북경을 오가는데 막대한 지장을 받거나 몇 년 동안 국교가 단절되기도 했음이 알려지고 있다.

그러나 지리적으로나 역사적으로 중국과 가장 밀접한 관계에 있었던 한국의 경우는 그다지 심도 있는 연구가 이루어지지 않고 있다. 태평천국을 비롯한 각종 민중투쟁과 열강의 침입 등 내우외환의 격랑으로 소용돌이치는 청조에 대하여 조선왕조는 어느 정도의 정보를 입수하고 있었는가, 또 이에 대하여 어떻게 인식하였으며, 대외 문제와 국내 문제에 구체적으로 어떻게 대응하였는가, 나아가 그 인식과 대응의 배경은 어떠하였는가를 살피는 것이 이 연구의 목적이다.

중국 역사에서 그 평가가 태평천국만큼 극단적으로 바뀌는 사안도 드물 것이다. 청조는 태평천국을 '적비(賊匪)' '장발적(長髮賊)' 등으로 매도하며 심복지환(心腹之患)으로 여겼다. 20세기에 들어오면서 혁명의 지도자들은 태평천국을 근대 혁명의 원류로 재평가하기 시작했고, 중국 근대의 기점으로 평가하기에 이른다. 그래서 태평천국에 대한 연구는 중국근대사에서 신해혁명(辛亥革命)과 함께 가장 많이 연구되는 분야가 되었다.[6]

태평천국에 대한 기존의 수많은 연구는 그 성격 규정을 둘러싸고 이상주의적 농민혁명이었다는 주장에서부터 현실주의적 봉건전제왕조였다는 평가까지 양극으로 나뉘어 있으며, 그 사이에 다양한 견해가 제시

---

6) 그 단적인 예를 姜秉正, 《硏究太平天國史著述綜目》, 北京: 書目文獻出版社, 1983을 통해 알 수 있다. 이 책은 1853년부터 1981년까지 중국 안팎에서 나온 태평천국 관련 저술을 휘집하여 간행한 것인데, 그 분량은 총 578쪽이며 그 가운데 중국어 저술이 418쪽을 차지하고 있다.

되고 있다. 태평천국의 이념과 투쟁에는 여러 갈래의 해석이 가능한 많은 요소들이 착종(錯綜)되어 있기 때문이다. 그런데다가 태평천국의 성격은, 중국 근현대사의 전개 과정과 중국의 현실정치 정세의 추이와도 항상 연관되어 논의되고 연구되어 왔기 때문에 그 복잡성을 더했다고 하겠다.

중국에서 이루어진 태평천국사 연구는 현실정치의 전개 과정과 밀접한 관련을 맺으면서 진행되었다. 그래서 1970년대 말까지는 이론을 도식적으로 적용하는 관념성이 두드러진 연구가 대부분이었다. 그러나 1978년 11월의 13중전대회(中全大會) 이후 4대 현대화를 추진하는 실용주의 노선을 추구하면서 새로운 전기를 맞게 되었다. 종래의 연구 동향과 방법을 반성하고 실사구시(實事求是)라는 구호 아래 실증의 측면이 강조되면서 시각을 달리하는 연구가 이루어지고 있다. 그리하여 새로운 자료가 공간(公刊)되고, 1950년대 이후의 주요 논문들이 정리·편집되어 간행되었다. 또 《태평천국학간(太平天國學刊)》이나 《태평천국사연구》 같은 전문적인 정기간행물이 나오기 시작했다. 이와 함께 연구사에 대한 검토가 이루어지면서 새로운 시각이 나오고 이전과 다른 다양한 연구 방법도 제시되었다.[7] 사료의 간행 역시 다양성을 보이고 있다. 주로 태평천국의 이념이

---

7) 태평천국에 대한 구체적인 연구 동향의 정리나 소개, 연구사적 접근은 1950년대 이후 꾸준히 이루어지고 있다. 이 고찰은 태평천국에 대한 종합적 연구가 아니기 때문에 연구사 정리는 최소한으로 줄이면서, 아래에 관련 논고를 망라하여 열거한다.

市古宙三, 〈中國における太平天國史の研究〉, 《近代中國の政治と社會》, 東京大學出版會, 1971; 石田米子, 〈太平天國の歷史的位置づけに關する諸問題〉, 《東洋文化研究所紀要》 43輯, 東京, 1967; Vincent Y.C. Shih, "Interpretation of the Taipingtienkuo", *The Taiping Ideology*, Univ. of Washington Press, 1967; 河鰭源治, 〈天朝田畝制度をめぐる近年の研究〉, 《東洋學報》 44-1, 1951; 〈太平天國研究の問題點〉, 《近代中國》 第1輯, 東京: 巖南堂書店, 1977; 《中國歷史學年鑑》, 人民出版社, 1979, 1990년 이후 北京: 三聯書店의 〈태평천국사〉 부분; 小島晉治, 〈中國における太平天國研究の動向〉, 《太平天國革命の歷史と思想》, 東京: 研文出版, 1978; 〈歷史における平均主義をめぐる中國の論爭〉, 《季刊中國研究》 7號, 東京, 1987; 〈平均主義の歷史的性格とその社會的基盤をめ

나 투쟁 쪽에만 초점을 맞추어왔던 사료의 수집과 간행 작업은 청조 쪽이
어떻게 대응했는가 하는 데에도 관심을 보이게 된 것이다. 중국제일역사
당안관(中國第一歷史檔案館) 편 《청정부진압태평천국당안사료(淸政府
鎭壓太平天國檔案史料)》와 같은 자료가 그것인데, 1990년에 간행되기
시작한 이 사료집은 1995년 현재 16책까지 간행되고 있다. 이 사료집은
제1책이 도광(道光) 30년(1850)의 기사로 시작되는데, 제16책은 함풍(咸
豊) 4년(1854) 말의 기록으로 끝나고 있어서 규모의 방대함을 미루어 알
수 있다. 또 최근에는 태평천국을 중국의 근대화와 관련시켜 연구하는
경향도 나타나고 있다. 이 역시 4대 현대화의 추진과 무관하지 않다고
하겠다. 1991년 11월, 광주시(廣州市) 사회과학원을 비롯한 7개 기관이
주최하여 광동성 화현(花縣)과 무명(茂名)에서 열렸던 '능십팔기의(凌十
八起義) 141주년 기념, 금전기의(金田起義) 140주년 기념, 태평천국사 국
제학술연토회'의 주제도 '태평천국과 근대 중국'이었다.[8]

ぐって〉,《現代中國》61號, 東京, 1987; 森正夫, 〈民衆反亂史硏究の現狀と課題〉,《講
座中國近現代史》1, 東京大學出版會, 1978; 狹間直樹·堀川哲男, 〈近代 1. 太平天國〉,
《アジア歷史硏究入門》2, 京都: 同朋舍, 1983; 久保田文次, 〈近代 1. 太平天國〉,《中國
史硏究入門》下, 東京: 山川出版社, 1983; 王慶成, 〈太平天國硏究中的新問題〉;〈太平天
國硏究的歷史和方法〉,《太平天國的歷史和思想》, 北京: 中華書局, 1985; 高炳翊, 〈中共
의 歷史學〉,《東亞史의 傳統》, 一潮閣, 1976; 閔斗基, 〈中共에 있어서의 歷史動力論
爭〉,《東洋史學硏究》15輯, 1980;〈中共에 있어서의 中國近代史硏究動向〉,《東아시아
硏究動向調査叢刊》12輯, 서울대학교 동아문화연구소, 1982;〈80年代 日本에서의 中
國史硏究와 中國現實에의 對應〉,《東亞文化》22輯, 서울대학교 동아문화연구소,
1987; 曹秉漢, 〈太平天國의 歷史的意味〉,《太平天國과 中國의 農民運動》, 人間, 1981;
坂野良吉, 〈文革後における近·現代史硏究の新展開〉,《中國歷史學界の新動向》, 東京: 刀
水書店, 1982; 河政植, 〈近代의 民衆運動—太平天國의 경우〉,《東洋史學硏究》27輯,
1988; 金誠贊, 〈太平天國과 捻軍〉, 서울대학교 동양사학연구실 編,《講座中國史》5,
지식산업사, 1989; 茅家琦, 〈百年來太平天國史硏究槪況〉, 茅家琦 主編,《太平天國通
史》, 南京: 南京大學出版社, 1991; 並木賴壽, 〈日本における中國近代史硏究の動向〉; 狹
間直樹, 〈中國における中國近代史硏究の動向〉; 佐藤愼一, 〈アメリカにおける中國近代
史硏究の動向〉, 3편의 글 모두 小島晉治 等編,《近代中國硏究案內》, 東京: 岩波書店,
1993 수록; 伊藤一彦, 〈日本の中國硏究〉; 國分良成, 〈アメリカの中國硏究〉2편의 글
모두 野村浩一 等編,《現代中國硏究案內》, 東京: 岩波書店, 1990 수록.
8) 이 연구토론회에는 150여 명의 학자들이 참석하였고 90여 편의 논문이 보고 되

일본에서도 태평천국사 연구는 일찍부터 시작되어 전문 연구자를 배출하고 있다. 이들 연구자들은 중국사학계의 동향도 민감하게 파악하면서 연구하고 있다. 1945년 일본 군국주의의 패전, 그리고 1949년 중국의 사회주의체제 수립을 계기로 태평천국사 연구에는 크게 보아 두 경향이 나타났다. 그 하나는 철저한 실증을 바탕으로 태평천국의 이념과 투쟁 과정에서 혁명성을 부정하고 이를 왕조 말의 반란으로 보려는 경향이다. 또 하나는 근대성과 진보성을 찾고 아울러 혁명성과 농민전쟁의 성격을 부각시키려는 경향이다. 후자의 경우 1970년대 말 이후 중국사회가 격심한 변화를 겪게 되고, 이런 가운데 중국의 실상이 비교적 잘 알려지게 되면서 시각을 달리하려는 움직임도 보인다.

서양에서는 태평천국 당시 중국에서 활동하거나 관련이 있는 선교사나 외교관이 남긴 견문기록을 토대로 외교와 종교, 사상의 측면에서 특징 있는 연구가 이루어지고, 전문 연구서도 간행되고 있다. 이들 연구에서는 대체로 태평천국의 혁명성이나 농민전쟁 성격이 부정되고 있다. 또 태평천국 측의 자료를 수집·번역하여 공간하고, 자료목록도 간행하는 등 연구의 여건이 새로워지고 있다.

한편 한국의 경우는 1970년대 후반부터 점차 전문 연구자가 배출되면서 다양한 연구가 이루어지고 있다. 또 본격적인 연구 성과도 나오고 있어서, 그 성과는 이제부터라 해야 할 것이다.9) 한국에서 태평천국사 연구는 1940년대 후반부터 1950년대 초에 이미 시작되었다. 그런데도 지속적인 연구가 이루어지지 못한 것은, 중국과 국교가 단절되고 반공이데올로기를 강요당하는 냉전체제 아래 놓여 있었던 정치적·외교적 요인에서 찾아야 할 것이다.

있다. 廣東太平天國史硏究會 編,《太平天國與近代中國》, 廣東人民出版社, 1993은 이 모임의 성과를 추려 간행한 것이다.

9) 앞에 든 주 7) 金誠贊,〈太平天國과 捻軍〉참조.

태평천국과 염군(捻軍)의 투쟁을 청조의 지배자는 '심복지환(心腹之
患)'이라 진단하고, 이를 평정하는 일이 열강의 침략을 막는 것보다 더
긴요하다는 인식으로 대응했다. 청조체제의 수호자를 자임했던 한인(漢
人) 관료 증국번(曾國藩)은 이를 "대청(大淸)의 변(變)이요 개벽 이래 명
교(名敎)의 기변(奇變)"이라며 위기시하였다. 그는 황제의 명으로 고향
에서 상군(湘軍)을 조직하여 체제 수호에 나섰다.

청조체제에 정면으로 도전하였던 태평천국이라는 대동란의 양상이
당시 주변의 여러 나라, 곧 조선과 일본, 유구, 그리고 베트남에는 언제
어느 정도나 전해졌으며 또 어떻게 인식되었을까, 나아가 어떤 구체적
인 영향을 미칠 수 있었는가에 대한 연구도 이루어지고 있다. 이에 대
한 나라별 연구 현황을 보기로 하자.

막말(幕末)의 일본인은 태평천국에 대하여 어느 정도의 지식을 갖고
있었는가, 또 여기에 어떻게 대처하였는가에 대해서는 이미 상당량의
연구가 축적되어 있다. 일본에 전해진 태평천국에 관한 정보를 정리하
고 이를 토대로 막부(幕府)와 무사(武士)는 태평천국을 증오한 데 반하
여 서민은 호의적이었다는 연구가 일찍이 나왔다.[10] 곧이어 그러한 반
응의 상위(相違)는 신분의 차이에서 온 것이 아니라, 각기 접한 정보가
서로 다른 데서 비롯한다는 비판이 나왔다.[11] 이 밖에도 태평천국에 대
한 정보의 전파나, 이에 바탕을 두고 꾸며낸 읽을거리 소설[讀物小說]
에 관해서도 정리되었다.[12] 또 시야를 확대하여 메이지 유신의 세계사

---

10) 增井經夫, 〈太平天國に對する日本人の知識〉, 《太平天國》, 東京: 岩波書店, 1951.

11) 市古宙三, 〈幕末日本人の太平天國に關する知識〉 1952, 《近代中國の政治と社會》, 東
  京: 東京大學出版會, 1971. 이 논문은 여러 경로를 통하여 일본에 들어온 태평천
  국 관련 정보를 거의 망라하여 정리하고 있으므로 지금도 매우 유용하다.

12) 小島晉治, 〈幕末日本と太平天國－水戶藩のある庄屋の《見聞錄》の記事にふれて〉,
  《太平天國革命の歷史と思想》, 東京: 硏文出版, 1978; 眞榮平房昭, 주5)의 〈幕末期の

적 위치를 논하는 과정에서 태평천국의 역사적 의미를 부여하는 연구도 나온다. 태평천국이 인도의 세포이난과 함께 막말유신기(幕末維新期)의 일본을 둘러싼 국제 조건을 유리하게 이끌었다는 것이다.[13]

막부는 1862년에 관선(官船) 센자이마루(千歲丸)를 상해(上海)에 파견하였다. 외국으로 나가 현지에서 무역을 시도하면서 그와 관련된 사정도 조사한다는 원래의 목적 말고도, 태평천국으로 소란한 중국의 정황과 영·불군의 동정을 비롯한 서양 사정을 탐지하기 위해서였다. 센자이마루의 승무원들은 상해에서 체류하며 보고 들은 사실을 기록으로 남겼다. 이에 관해서도 사료의 발굴과 소개, 상당수의 연구가 이루어져 있다. 그 가운데 상해를 방문했던 번사(藩士)들의 체험이 일본인의 중국관(中國觀) 형성에 큰 전기가 되었다는 연구가 통설이 되어왔다.[14] 이에 대하여 센자이마루의 경험은 막말유신기의 일·중 관계에서 단절된 위치에 있었다는 견해가 제기되었다.[15]

이러한 일련의 연구를 통하여 우리는 당시 막번(幕藩)권력은 물론 일본 사회 각층이 정보 탐지에 아주 열심이었다는 것, 사회 일각에서 그러한 정보의 활용에 대단히 적극적이었다는 것을 확인할 수 있다.

베트남의 경우는 상대적으로 연구가 미약하다. 그 까닭은, 19세기에 들어오면 베트남이 서서히 동아시아 질서에서 벗어나고 있었다는 점과, 태평천국 기간 동안 중·월(中越) 양국의 교류가 중단되고 있었다는 점

　　海外情報と琉球〉; 增田涉, 《西學東漸と中國事情》, 東京: 岩波書店, 1979.

13) 이러한 관점의 연구로는 아래 논고를 들 수 있다.
　　井上淸, 《日本現代史》 I. 明治維新, 東京: 東京大學出版會, 1951; 野原四郎, 〈極東をめぐる國際關係〉, 岩波講座, 《日本歷史》 14, 東京: 岩波書店, 1962; 小島晉治, 〈太平天國と日本〉, 《アジアからみた近代日本》, 東京: 亞紀書房, 1978.

14) 佐藤三郎, 《近代日中交涉史の硏究》, 東京: 吉川弘文館, 1984.

15) 春名徹, 〈幕府千歲丸の上海派遣〉, 田中健夫 編, 《日本前近代の國家と對外關係》, 吉川弘文館, 1987; 千歲丸 파견에 관한 그 밖의 연구에 관해서는 山根幸夫 외, 《近代日中關係史硏究入門》, 東京: 硏文出版, 1992, 20~21쪽을 참조.

때문일 것이다. 완조(阮朝)의 성립(1802) 과정에 프랑스인의 원조가 있었다는 사실은 베트남이 머지않아 동아시아 세계의 틀에서 벗어나려는 움직임이 시작된 것으로 볼 수 있을 것이다.[16] 완조 시기의 베트남은 청조와 관계가 비교적 소원했다. 그 때문에 청조는 베트남의 실체, 특히 그 해군력을 과대평가하게 되었다. 제1차 아편전쟁 시기에는 베트남의 해군력을 빌리려고 할 정도였다. 관계의 소원이 정보 부족을 초래했고, 정보의 부족이 베트남을 과대평가하게 만든 것이다. 여기에 태평천국으로 말미암아 베트남 사절의 왕래가 매우 곤란하게 되어 1853년부터 1869년까지 16년 동안 조공사절의 파견이 중단된다. 바로 이 기간 동안 프랑스의 베트남 침공이 이루어져 코친차이나 전역이 프랑스의 식민지화한다. 프랑스의 베트남 침공 과정에서 청조는 아무런 대처도 하지 못하였다. 번속국(藩屬國)이 침공당하는 사태에 대하여 청조가 아무런 대응책도 마련하지 못한 것은 물론이요, 정보 부족으로 말미암아 사실 자체를 몰랐던 것이다. 태평천국이란 전란이 청조와 완조 양쪽에 심대한 정보 부족 사태를 일으켰음이 밝혀진 것이다.[17] 베트남이 프랑스의 식민지가 되고 동아시아 질서를 떠나게 되는 계기로 작용했다 할 수 있겠다.

조선의 경우를 보자. 조·청(朝淸) 양국의 관계는 밀접하였다. 당시 조선왕조는 청조에 대하여 그 어느 나라보다도 많은 정보와 지식을 가지고 있었다. 그러나 연구는 미미한 편이다. 1980년대에 들어와서야 19세기 조선의 위기의식을 고찰한 논고가 나온다. 이 논문은 조선의 지배층이 태평천국에 대하여 별다른 위기감을 가지지 않았다고 논단한

---

16) 岩見宏, 〈'東アジア世界の展開 2' 總說〉, 岩波講座 《世界歷史》 12, 東京: 岩波書店, 1971, 6쪽.

17) 和田博德, 〈阮朝中期の淸との關係(1840~1885)〉, 山本達郎 編, 《ベトナム中國關係史》, 東京: 山川出版社, 1975 참조.

다.18) 곧이어 태평천국에 관한 연행사신(燕行使臣)의 정보를 토대로 태평천국의 투쟁을 재구성하면서 조선지배층의 태평천국에 대한 인식을 고찰한 논고가 나온다. 이 논문은 청조의 대병란이 조선지배층의 지속적인 관심사였고, 위기로 인식되고 있었음을 알려준다.19) 이어서 조선 조야(朝野)의 위기감이 고양되는 1860년대 초반의 상황을 1862년의 대규모 농민항쟁에 대한 조선왕조 지배층의 대응과 관련시켜 고찰하고, 이를 당시 지배층이 사서(史書)를 편찬하면서 어떻게 다루었는가 하는 문제도 검토했다.20) 또 제1·2차 아편전쟁에 대한 조선왕조의 인식과 대응을 다룬 논고도 나왔다.21) 조선왕조의 대외 위기 정보에 대한 인식과 대응을 종합적으로 이해할 수 있는 길이 열렸다고 할 수 있겠다.

그런데 위의 논고들이 밝히는 바에 따르면, 청조의 병란에 대한 조선 정부의 인식은 철저하지 못하였고, 국내외 문제에 대한 대응 역시 안일하고 소극적인 것으로 나타난다. 이는 조선 관인의 중국에 대한 정보가 일정한 한계를 지닌 때문이기도 하지만, 지배층이 이를 적극적으로 활용하려는 의지가 약하고, 정보 처리의 능력이 떨어진 데서 말미암은 것이었다. 또한 당시의 권력구조와 정국의 추이도 투철하지 못한 인식과 안일한 대응을 불러온 중요한 요인으로 작용했음을 알게 한다.

양반관료국가로 성립·발전해 온 조선왕조는 19세기에 접어들자 세도정치, 관료체제의 파탄, 수취체제의 문란 등이 뒤얽히면서 파탄을 눈

---

18) 原田環, 〈十九世紀の朝鮮における對外的危機意識〉, 《朝鮮史研究會論文集》 21輯, 朝鮮史研究會, 1984.

19) 河政植, 〈朝鮮官人의 太平天國觀〉, 《崇實史學》 3輯, 숭실대학교 사학회, 1985.

20) 河政植, 〈太平天國에 대한 朝鮮政府의 認識〉, 《歷史學報》 107輯, 歷史學會, 1985.

21) 閔斗基, 〈十九世紀後半 朝鮮王朝의 對外危機意識－第一次, 第二次中英戰爭과 異樣船 出沒에의 對應〉, 《東方學志》 52輯, 연세대학교 국학연구원, 1986; 三好千春, 〈兩次アヘン戰爭と事大關係の動搖－特に第二次アヘン戰爭時期を中心に〉, 《朝鮮史研究會論文集》 27輯, 朝鮮史研究會, 1990.

앞에 두고 있었다. 그런 한편에서는 개혁을 지향하는 사회 세력도 점차 성장해 가고 있었다. 사상 면에서도 탈주자학적(脫朱子學的) 경향의 대두와 함께 근대적 사상이 싹트고, 천주교 사상이 확산되면서 전통사상이 심각한 도전을 받게 된다. 또 연해에는 이양선의 출몰도 잦아지는데, 그런 가운데 들어온 서양 열강의 중국 침공 소식은 조야에 커다란 충격을 주어 위기감이 고양되었다.

한국사에서 19세기는 저항의 시대이기도 했다. 1862년의 대규모 농민항쟁[壬戌民亂]은 평안도 농민전쟁[洪景來의 난]의 연장선상에서 발생, 동학농민전쟁을 선도했다고 할 수 있겠다. 3대 농민봉기는 이러한 시대상을 반영하고 있다 할 것이다. 특히 조선왕조는 태평천국과 시기를 같이하여 임술농민항쟁을 겪었고, 이를 진압하고 수습하는 과정에서 실패로 끝나기는 하나 체제의 보수(保守)를 위한 개혁을 시도하고 있다. 따라서 내우외환으로 제국(帝國)의 체제가 뿌리째 흔들리는 가운데, 체제의 재편과 강화를 추진하고 있는 청조의 양무운동(洋務運動)에도 공감하지 않을 수 없는 절박한 현실에 놓여 있었다고 하겠다. 조선왕조의 지배층에게는 그야말로 정확하고 투철한 대내외 정세의 인식과 치밀하고 과감한 대응이 요구되고 있었다. 그러나 피할 수 없는 대내외적 위기에 직면하고도 조선왕조는 이를 극복할 어떤 전망도 열지 못하고 있었다. 1860년 동학(東學)의 창도는 이런 위기를 극복하고 새로운 사회를 건설하기 위한 민중의 대응이었다.

조선왕조가 처한 19세기 중엽은 '위기의 현대'였다. 그런 조선왕조의 지배층에게 청조의 대병란과 체제 강화 노력은 결코 강 건너 불일 수는 없었을 터였다. 특히 역사를 통치의 자료가 되는 거울로 중요시하는 전통을 가진 유교국가 조선으로서는, 태평천국으로 촉발된 청조의 대병란이 과거를 현재에 살린다고 하는 교훈적인 차원보다는 오히려 더 절박한 현실의 문제였을 터였다. 그것은 지척에 있는 은감(殷鑑)이었다. 따라서 청조의 내우외환은 결코 간과할 수 없는 중대사였을 것이다. 지금까지의 연구는 조선왕조가 심각한 국내외 정세에도 불구하고 철저하지 못한 인식과 소극적 대응으로 일관했음을 밝히고 있다. 그러나 명백하게 눈앞에 닥쳐오는 위기에 대하여 조선왕조는 왜 그토록 안일하게 대응하였는가에 대해 우리는 만족할 만한 대답을 갖고 있지 않다. 따라서 이러한 문제를 구조적이고 종합적으로 해명하기 위해서는 조선 후기의 정치사는 물론 사회·경제사나 인물에 대한 연구, 다양한 사실과 사료의 검토 등이 요구된다. 이 연구는 바로 이러한 시대 인식과 문제의식에서 출발한다. 전체를 네 부분으로 나누어 고찰을 시도하였다.

우선 제1장은 연행정보(燕行情報)에 나타나는 태평천국의 이모저모와 조선 관인의 이에 대한 인식을 살펴본다. 조선정부가 연행사절을 통하여 입수한 태평천국에 관한 정보를 정리하되, 필요할 경우에는 각종 반체제 민중투쟁, 제2차 아편전쟁 등 열강의 침입으로 격동하는 19세기 중엽 중국의 전란 정보에도 관심을 가질 것이다. 정리 방식은 연행정보를 사용하여 태평천국의 투쟁을 재구성해 보는 것이다. 먼저 사태의 전개 과정을 정리해 보고, 그 결과를 태평천국의 실제 투쟁 과정과 비교하여 검토해 볼 것이다. 또 태평천국의 종교와 이념, 권력구조와 지휘체계, 태평군의 구성과 지도자 등, 태평군의 투쟁과 태평천국의 실체를 파악할 수 있는 특징 있는 정보를 정리하여 조선 관인의 태평천국 상(像)이 어떤 모습인가를 알아보고자 한다. 1850년대 조선의 국내 상황은, 권력의 소수 독점과 사회·경제적 모순의 증대와 누적으로 말미암아 생존을 위협받고 있던 민중이 다양한 형태로 끊임없이 저항하면서, 1862년의 대규모 민란을 예고하고 있었다. 또 조선왕조는 천주교도에 대한 대탄압(1801년)을 가했고 프랑스 선교사를 처형하기도 하였으므로, 통상과 선교를 요구해 오는 이양선 출몰에 긴장하고 있었다. 또한 제1차 아편전쟁의 여파로 국내의 기독교도가 서방과 내통하여 반란을 꾀할지도 모른다는 위구심 때문에 기독교도의 동향에 비상한 관심을 기울이고 있었다. 이런 상황에서 청조체제와 전통질서에 정면으로 도전하고 있는 태평천국을 바라보는 조선 관인으로서는, 배상제회(拜上帝會)의 기독교적 요소나 태평군의 주장과 투쟁 등 어느 것 하나 첨예한 관심사가 아닐 수 없었을 것이기 때문이다.

이 작업을 통하여 조선정부가 태평천국에 대하여 언제 무엇을 얼마나 파악하고 있는가를 알게 될 것이다. 또 조선정부가 파악한 태평천국에 관한 지식의 총량에 대한 윤곽도 더듬어볼 수 있을 것이다. 이 고찰 과정에서 태평천국과 청조의 현상을 보는 사신(使臣)의 관점에 어떤 변화가 나타나는가에 대해서도 예의주시하여, 이를 바탕으로 조선정부의 태평천국 인식에 대한 시기 구분도 시도해 보기로 한다.

제2장에서는 연행정보의 성격과 조선왕조의 태평천국에 대한 인식의 정치적 배경을 고찰할 것이다. 조선왕조의 태평천국에 대한 인식의 바탕을 이루는 요소는 정보 그 자체임은 두말할 나위도 없다. 이 시기 연행정보의 특징을 이해하기 위하여 19세기 전반기에 연행사신은 어떤 여건 속에서 정보를 탐지하고 있는가를 정리한다. 사신이 늘 토로하는 정보 얻기의 어려움을 일반적 제약과 전시(戰時)라는 특수한 상황에서 오는 제약으로 나누어 살피고, 아울러서 정보의 주요한 출처 등에 관하여 알아본다. 이어서 연행사절의 선발 경위, 세도 정국에서 차지하고 있는 정치적 지위와 그 특색 등을 살펴보게 될 것이다. 또한 사신이 중국을 바라보는 시각, 즉 중국관에 대해서도 조명해 볼 것이다.

정보 처리의 태도와 정보 활용의 능력 또한 중요한 요소가 된다. 정보 처리의 태도와 능력은 조선왕조의 정치구조와 정치 상황에 따라서도 크게 좌우되었을 것으로 보인다. 그래서 조선왕조의 태평천국에 대한 인식의 바탕을 이루는 정치적 배경에 대한 고찰이 요구되는 것이다. 특히 19세기 조선왕조의 정치는, 권력 장악과 유지의 정당성을 결여한 소수의 세도가문에 권력이 현저하게 집중되어 있는 '세도정치(勢道政治)'라는 변형된 정치 형태였다. 때문에 당시의 권력구조와 정국의 추이에 대한 이해가 절실해지는 것이다. 그래서 조선왕조의 태평천국을 비롯한 국제 정세에 대한 인식의 배경을 더욱더 명확하고 구조적으로 이해하기 위하여 연행정보의 성격과 조선왕조의 정치 상황을 조명하는 것이다.

태평천국의 흥망과 거의 시기를 같이하는 철종의 재위 기간은 세도정치의 말기 또는 확대·심화기로 규정된다. 세도정치기의 권력구조와 권력 행사의 방법 등을 19세기 정치사 연구의 성과를 바탕으로 정리한다. 세도정치의 정치구조상 특색, 비변사(備邊司)라는 기구의 존재 양상, 국왕의 위상과 세도 권력과의 관계 등을 차례로 조명할 것이다. 끝으로, 말기에 접어든 세도정치 아래서 집권 세도 권력은 파행적으로 보이는 정치 권력 행사를 어떤 명분과 논리로 정당화하고 합리화하고 있었는가를 알아보기 위하여 정치 운영의 논리도 개관해 볼 것이다. 여기서 19세기의 정치 상황에 주목하는 것은, 권력의 장악과 유지에 대한 정당성을 확보하지 못한 채 권력을 독점하고 있는 조선왕조의 집권층이 국가의 존망이 걸려 있는 대외의 위기 정보를 다만 권력의 장악과 유지를 위한 방편으로 이용하고 있었다는 의혹이 짙게 제기되기 때문이다.

이러한 접근으로 우리는 태평천국 기간 동안 연행사절이 어떠한 조건 아래에서 정보를 탐지하고 해석하여 보고하고 있는가, 조선왕조는 중국의 병란과 그 밖의 대외 위기를 어떻게 인식하고, 또 어떤 형태로 대응하는가를 이해할 수 있을 것이다. 특히 힘들여 탐지하고 수집한 유용한 정보를 조선정부는 왜 제한적으로밖에 활용하지 못하였는가에 대한 해답의 실마리를 찾을 수 있을 것이다. 또 대내외적으로 명백한 위기를 조선왕조의 지배층이 왜 명확히 드러내지 않았는가, 그리고 왜 되도록 축소·은폐했는가를 추적해 볼 수 있는 토대를 마련할 수 있을 것이다.

제3장과 제4장에서는 1850년대부터 1860년대 전반기까지 조선왕조의 위기의식에 대하여 고찰할 것이다. 조선왕조에서 태평천국이나 염군의 투쟁, 그리고 서양의 침략이 갖는 의미를 심층적으로 이해하기 위한 시도이다. 조선왕조의 지배층은 1850년대 이후 나라 안팎으로 명백한 위기상황을 맞고 있었지만, 위기에 대한 인식이 철저하지 못한 것 같으며 그 대응책도 매우 소극적으로 보인다. 이에 대한 이해의 실마리를 제2장의 고찰에서 찾아보았다. 거기서 밝혀진 개연성을 구체적으로 확인하는 것이 남은 과제였다. 조선 지배층의 위기감이 가장 높거나 위기가 현실로 드러나는 1860년을 전후한 기간에, 대내외 위기 상황에 직접 대응하는 대표적인 관료 3인을 추려내어 고찰할 것이다. 또 세도 정국에서 활동했던 관료들이 후일 자신들이 주도했던 철종 재위 기간의 사적을 실록에다 어떻게 정리하여 후세에 전하려 했는가를 검토함으로써 조선지배층의 위기 인식과 그 대응을 확인하게 될 것이다.

제3장은 1859년부터 1862년까지의 기간과, 3인의 관료 박규수(朴珪壽)·임백경(任百經)·신석우(申錫愚)를 고찰의 대상으로 한다. 이 기간은 청조의 내우와 외환이 현재화(顯在化)한 시기이며, 조선왕조에서도 역시 누적된 여러 모순이 폭발하는 시기다. 태평천국은 십 년이 지나도 진압되지 않고 있었다. 여기에 염군의 활동이 가세되었다. 제2차 아편전쟁으로 영·불군에 의하여 북경이 함락되고 함풍제(咸豊帝)는 열하(熱河)로 몽진하였다. 청조의 이러한 내우외환은 조선정부로서도 위기였을 터이다. 국내의 상황 역시 지배층을 긴장시켰다. 조선왕조는 1862년에 대규모의 농민항쟁을 겪게 된다. 조선정부는 농민항쟁의 수습 과정에서 왕조체제의 보수(保守)를 위한 개혁을 시도한다. 삼정(三政: 田政, 軍政, 還穀)을 바로잡는 일이 그것이다. 이를 추진하는 과정에

서 청조의 경험을 자기체험화하려는 움직임도 가능했을 것이다.

앞에 든 세 사람의 관료는 모두 북경 함락이라는 미증유의 사태를 전후하여 연행(燕行)하였다. 때문에 이들은 서양오랑캐에게 짓밟힌 대제국 수도의 모습, 격변하는 국제 정세의 흐름을 그 현장이나 더 가까운 거리에서 생생하게 체험할 수 있었다. 이들 3인의 관료는 또 농민항쟁을 수습하고, 체제를 강화하기 위한 개혁 과정에도 참여한다. 박규수는 민란 수습의 임무를 현장에서 수행하면서 삼정의 개혁을 정부에 건의한다. 임백경과 신석우도 삼정 개혁에 대한 방안을 제출한다. 그래서 이들 세 관료의 대외 정세 인식과 현실 대응책을 중심으로 조선정부의 인식과 대응을 살펴보려고 한다.

제4장에서는 앞서 제3장의 작업을 통하여 드러나는 조선왕조의 위기 축소하기와 감추기에 대하여 확인하고 그 배경을 추적하여 해명하게 될 것이다. 제3장이 대표적인 특정 개별 관료를 통하여 조선왕조의 위기의식을 고찰하려 했다면, 이 장은 실록의 기사를 검증해 보는 간접적인 방법으로 조선왕조 지배층의 동향과 위기의식을 고찰해 보려는 것이다. 그래서 《철종실록(哲宗實錄)》에서 태평천국으로 상징되는 청조의 병란을 어떻게 다루고 있는가를 검토할 것이다. 이 실록의 찬수(撰修)는 고종 초에 이루어지나, 그 편찬을 담당한 것은 세도정치의 확대·심화기인 철종 대에 권력의 핵심을 장악하고 있던 집권세도가와 그 측근에 있던 관료였다. 철종 임금의 치적을 그 임금의 통치를 보좌한 관료들이 편찬해 낸 것이니, 이는 관료로서 자신의 업적을 당사자 스스로 사관(史官)이 되어 정리한 것이라 할 수 있다. 따라서 세도 권력의 정권 장악과 정국 운영을 정당화하고 합리화했을 것임에 틀림없다. 안팎의 위기가 크게 부각되는 것을 꺼렸을 것이고, 또 어쩔 수 없이 위기를 인정하였을 경우라도 이를 극복하지 못한다면 세도 세력의 권력독점은 정당성을 잃게 되기 때문에, 위기를 감추거나, 축소하거나, 또는 위기를

극복해 냈다거나 하는 방식으로 실록 기사가 정리되었을 개연성이 높다고 하겠다. 《철종실록》에서 중국의 병란에 관한 기사가 소략한 것은 이러한 개연성을 뒷받침해 준다 할 것이다.

《철종실록》에서 소략하기 짝이 없는 중국의 병란기사를 심층적이고 구조적으로 파악하기 위하여 기사의 채택, 취급의 비중과 빈도, 관련 사실과의 대조, 권력구조와 정국의 추이를 함께 검토할 것이다. 또 연행정보이면서 병란과는 매우 대조적으로 실록에서 국가의 가장 중대한 사안으로 다루고 있는 '종계변무(宗系辨誣)'에 대한 기사도 조명한다. 이 양자를 대조해 보면 세도 권력의 고도로 계산된 정치적 의도를 읽어 낼 수 있을 것이다. 이와 같이 실록의 해당 기사를 검토하는 일은 당시의 실제 정치와 이를 있게 한 권력구조에 대한 이해의 폭을 넓히고, 나아가 조선왕조의 지배층이 대내외 위기를 어떻게 인식하고 대응했는가를 확인하는 데 도움이 될 것이다.

끝으로 사료에 대하여 몇 마디 덧붙인다. 조선 사신이 청나라를 오가며 탐지하고 수집한 정보를 비롯하여 청나라를 통하여 얻는 모든 정보를 연행정보로 일컫기로 한다. 조선왕조가 외국 정세에 관한 지식과 정보를 얻는 주된 창구는 매년 정기적으로 또는 부정기적으로 중국에 파견하는 연행사절이었다. 19세기에도 이 점은 변함이 없었다. 북경에 가서 임무를 마치고 귀국한 삼사신(三使臣: 正使, 副使, 書狀官)은 왕명을 받은 외교 사항의 처리 결과는 물론, 연행 기간 동안 견문하고 탐지한 여러 가지 정보를 임금 앞에서 구두로 복명한다. 또 서장관과 수역(首譯)은 수집한 정보를 〈문견별단(聞見別單)〉 또는 〈문견사건(聞見事件)〉이라는 문서로 작성하여 국왕에게 제출한다. 조선왕조가 보유하는 중국 대륙에 관한 정보는 이 밖에도 청나라 예부와 교환하는 〈자문(咨文)〉, 황력뇌자관(皇曆賫咨官)이 주로 쓰는 〈수본(手本)〉이라는 긴급 보고문서, 그리고 명·청 중국왕조가 조선에 파견하는 칙사(勅使) 일행이 전

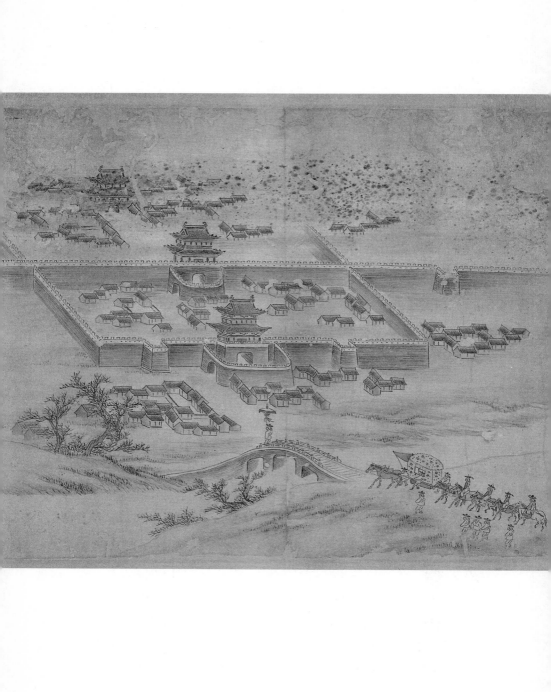

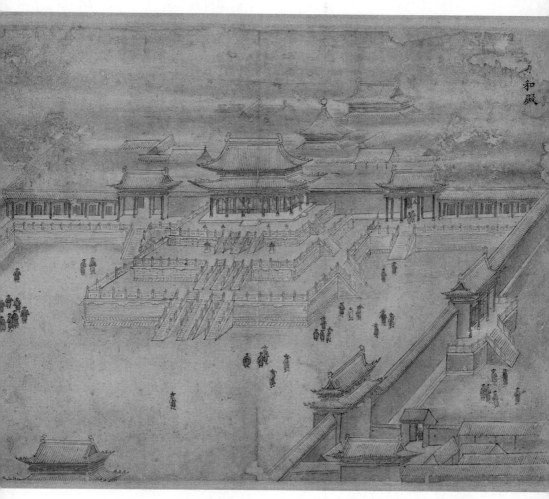

숭실대학교 한국기독교박물관 소장 〈연행도(燕行圖)〉, 김홍도(金弘道), 1789.
좌_ 제5폭 산해관(山海關) 동라성(東羅城)
우_ 제8폭 태화전(太和殿)

래한 정보 등이 있다. 또 중국과 국경을 접하고 있는 의주부윤(義州府尹)이 중국 쪽의 정보를 수집하여 보고하거나, 〈경보(京報)〉를 구입하여 등송(謄送)하기도 하였다. 연행정보는 앞서 언급한 대로 연행사절이 탐지한 정보가 대부분이지만, 이처럼 다른 경로에 따른 중국 관련 정보도 모두 연행정보에 포함시킬 것이다.

이러한 정보는 입수되는 즉시 《일성록(日省錄)》, 《승정원일기(承政院日記)》 등에 옮겨 기록되었다. 또 뒷날 실록 편찬자들이 중요 내용을 뽑아 실었으며, 〈문견별단〉 가운데 중요한 것은 외교편람집이라 할 수 있는 《동문휘고(同文彙考)》에 〈사신별단(使臣別單)〉으로 실리게 된다. 사행에 참여했던 개인의 기록으로는 연행록(燕行錄) 종류가 많이 전한다. 태평천국 시기의 연행록도 여러 편이 알려져 있다.

이러한 정보는 내용이 다종다양하며 그 양도 매우 풍부하다. 이제까지 열거한 기록 정보는 조선왕조의 대외 정세에 대한 인식의 바탕을 이루고, 국가정책 결정의 중요한 판단 자료가 되었다. 또 이 정보는 쉼 없이 이루어진 동시대의 관찰기록으로서 일정한 거리에서 포착된 중국왕조와 사회의 모습을 보여주는 기록이기도 하다.

위에서 이번 고찰의 시각과 방법, 그리고 범위를 정리하였다. 이와 같은 문제에 접근하는 것은 태평천국의 전체적인 성격을 파악하고, 근대 동아시아 역사에서 태평천국의 의의를 밝히는 일에 도움이 될 수 있을 것이다. 또 동아시아 여러 나라의 근대가 각각 어떤 토양에서 근대를 지향하게 되는가를 이해할 수 있는 사례를 제공할 수 있을 것이다.

제1장 조선 지배층의 태평천국 인식

머리말

　동아시아 세계 질서가 심각한 도전에 직면하는 19세기 중엽의 약 15
년 동안, 태평천국은 거의 중국 전역에 그 족적을 남기면서 강력한 투
쟁을 전개하였다. 태평천국에 앞서 일어난 각종 반청(反淸)투쟁은 태평
천국의 흥기와 발전을 촉진하였고, 태평천국은 염군(捻軍)과 회군(回軍)
등 또 다른 반청투쟁을 부르게 되어 중국을 전란 속에 몰아넣는다. 태
평천국 후기에는 제2차 아편전쟁으로 영·불연합군이 청제국의 수도
북경을 함락하는 미증유의 전란이 겹치게 된다. 마지막 중화제국 청조
는 국가의 존망이 걸린 내우외환(內憂外患)의 시련에 직면하게 되었다.
　태평천국으로 상징되는 19세기 중엽 중국의 전란은, 주변의 여러 나
라 특히 당시 조선과 일본에 그 투쟁의 양상이 어떻게, 또 얼마만큼 전
해지고, 또 어떻게 인식되었을까? 또 구체적으로 어떤 영향을 미칠 수
있었던가? 이러한 문제에 접근하는 것은 동아시아 근대사에서 태평천
국의 성격을 종합적으로 파악하고 태평천국의 의의를 밝히는 데 일조
할 수 있을 것이다. 또한 동아시아 여러 나라 근대의 전개 양상을 이해
하는 일에도 도움이 될 것이다. 이는 근대로 이행하는 시점에서 토양이
되었다 할 수 있는, 나라마다 처한 상황에 대한 공통점이나 차이를 밝
혀 동아시아 각국의 근대에 관한 이해의 깊이를 더할 수 있는 구체적인
사례를 제공할 수 있을 것이기 때문이다.

막말기(幕末期) 일본인의 태평천국 인식에 대한 연구는 일찍부터 이루어져서 상당한 업적이 축적되어 있다.1) 그러나 지리적으로나 역사적으로 더욱 밀접한 관계에 있던 조선왕조의 그것에 대해서는 거의 알려져 있지 않은 상황이다.2)

19세기에 들어오면서 조선왕조는 세도정치기(勢道政治期)를 맞는다. 관료체제의 파탄, 수취체제의 문란 등이 뒤얽히면서 민중의 반발과 저항이 광범위하게 일어나게 되고, 양반관료정치는 파탄에 직면하게 되었다. 사상 면에서는 근대적 사상이 싹트고, 천주교 교세가 확장되면서 전통사상이 심각한 도전을 받게 된다. 또 이양선(異樣船)이 출몰하는 가운데 전해진 서양 세력의 중국 침공 소식은 조야(朝野)에 커다란 충격을 주어 국가의 운명에 대한 위기감을 고양시켰다. 더구나 조선왕조는 태평천국과 시기를 같이하는 임술(壬戌)농민항쟁을 겪게 되고, 이를 계기로 실패로 끝나기는 하나 체제의 보수(保守)를 시도하고 있다. 따라서 같은 시기 청조의 대병란은 결코 강 건너 불이 될 수 없는, 더욱

---

1) 增井經夫, 〈太平天國に對する日本人の知識〉, 《中國の二つの悲劇》, 東京: 硏文出版, 1978; 市古宙三, 〈幕末日本人の太平天國に關する知識〉, 《近代中國の政治と社會》, 東京: 東京大學出版會, 1971; 小島晉治, 〈幕末日本と太平天國〉, 《太平天國革命の歷史と思想》, 東京: 硏文出版, 1978; 藤間生大, 《近代東アジア世界の形成》, 東京: 春秋社, 1977; 芳賀登, 〈阿片戰爭・太平天國・日本〉, 《中國近代史の諸問題－田中正美先生退官紀念論集》, 東京: 國書刊行會, 1984; 增田涉, 《西學東漸と中國事情》, 東京: 岩波書店, 1979.

　　1862년의 千歲丸의 上海 파견 경험 등 이와 관련된 문제를 다룬 그 외의 많은 論著에 대해서는 山根幸夫 等編, 《近代日中關係史研究入門》, 東京: 硏文出版, 1991, 17~22쪽을 참조할 것.

2) 이 주제를 다룬 논문은 河政植, 〈朝鮮官人의 太平天國觀〉, 《崇實史學》 3집, 숭실대학교 사학회, 1985; 河政植, 〈太平天國에 대한 朝鮮政府의 認識〉, 《歷史學報》 107집, 歷史學會, 1985이 있다. 부분적으로 이 문제를 언급한 다음 논문도 참고된다. 原田環, 〈十九世紀의 朝鮮における 對外的危機意識〉, 《朝鮮史研究會論文集》 21輯, 朝鮮史研究會, 1984; 閔斗基, 〈十九世紀後半 朝鮮王朝의 對外危機意識〉, 《東方學志》 52집, 연세대학교 국학연구원, 1986; 三好千春, 〈兩次アヘン戰爭と事大關係の動搖－特に第二次アヘン戰爭時期を中心に〉, 《朝鮮史研究會論文集》27輯, 朝鮮史研究會, 1990.

절박한 자신의 현실이며 문제이기도 했을 것이다.

　이 연구는 태평천국을 비롯한 각종 민중투쟁, 열강의 침입으로 격동하는 청조의 대병란에 관한 정보를 조선왕조는 어떻게 입수하고 어떻게 인식하였으며, 국내 문제와 관련시켜 어떻게 대응하는가를 밝혀보려 한다. 먼저 그 기초 작업으로 연행사신(燕行使臣)을 통해 조선정부에 들어온 태평천국에 관한 정보를 정리하여 이를 토대로 태평천국의 투쟁을 재구성해 보고, 아울러 그에 대한 인식의 측면도 살펴볼 것이다.

　조선왕조가 외국 정세에 대한 지식과 정보를 얻는 주된 창구는 해마다 정기 또는 부정기적으로 중국에 파견하는 연행사절이었다.[3] 태평천국 시기에도 이 점은 변함이 없었다. 연행사신은 귀국하면 정사(正使)와 부사(副使), 서장관(書狀官)의 세 사신이 왕명을 받은 외교 사항의 처리 결과는 물론, 〈경보(京報)〉를 비롯한 문건, 사신이 직접 견문하거나 현지인과 접촉하면서 탐지하여 얻은 다양하고 상세한 여러 정보에 대하여 국왕 앞에서 구두로 복명(復命)한다. 또 서장관과 수역(首譯)은 〈문견별단(聞見別單)〉 또는 〈문견사건(聞見事件)〉이라는 보고서를 제출한다. 구두 복명과 문서 보고로 전해지는 이들 정보는 《일성록(日省錄)》《승정원일기(承政院日記)》 등에 바로 등재되었다. 또 《동문휘고(同文彙考)》에도 〈문견별단〉을 추려서 수록하였기 때문에 주요한 정보는 거의가 기록으로 남아 있다. 이 정보는 일정한 한계가 있기는 하나, 그 내용은 그야말로 다종다양하며 또 양으로도 매우 풍부하다는 점은

---

3) 연행사절과 그 견문에 대해서는 다음 논저 참조.
　　金聖七, 〈燕行小攷〉, 《歷史學報》 12집, 歷史學會, 1960; 閔斗基, 〈《熱河日記》에 비친 淸朝統治의 諸樣相〉, 《中國近代史硏究》, 一潮閣, 1973; 高炳翊, 〈李朝人의 外國觀〉, 《東亞史의 傳統》, 一潮閣, 1976; 柳承宙, 〈朝鮮後期 對淸貿易의 전개과정 － 17·8세기 赴燕譯官의 무역활동을 중심으로〉, 《白山學報》 8輯, 1976; 夫馬進, 〈閔鼎重 《燕行日記》に見える王秀才問答について〉, 《淸朝治下の民族問題と國際關係》, 京都大學文學部, 1991; 全海宗, 《韓中關係史硏究》, 一潮閣, 1970; 黃元九, 《東亞細亞史硏究》, 一潮閣, 1977; 張存武, 《淸代中韓關係論文集》, 臺北: 臺灣商務印書館, 1987.

잘 알려진 사실이다. 이러한 자료는 모두가 조선왕조의 대외정세 인식의 바탕을 이루고, 국가정책을 결정하는 데 중요한 판단자료가 되었음은 두말할 나위도 없다. 또 이 정보는 끊임없이 이루어진 동시대의 관찰기록으로서, 조선 지식인이 일정한 거리에서 포착해 낸 중국왕조의 모습을 보여준다.

연행사절이 탐지한 정보와 견줄 만큼은 아니지만, 중국대륙에 관한 정보에는 청조와 조선왕조 사이에 교환되는 〈자문(咨文)〉, 황력뢰자관(皇曆賷咨官)이 긴급히 작성하여 보고하는 문서인 〈수본(手本)〉, 그리고 명·청(明淸)왕조가 조선에 파견하는 칙행(勅行)에 관한 기록이 있다. 또 국경을 접하고 있는 의주부윤(義州府尹)도 중국에서 중대한 일이 일어나면 대륙 쪽의 정보를 수집하여 보고하거나, 〈경보〉를 구입하여 등송(騰送)하기도 하였다. 또 사신들이 북경까지 다녀오면서 견문한 사실을 바탕으로 지은 시문(詩文)을 정리하여 엮은 연행록(燕行錄)도 다양한 종류가 풍부하게 전해 온다.

연행사절이 전래한 여러 정보를 통틀어 연행정보로 부르기로 한다. 연행정보를 통하여 태평천국과 동시대 중국 병란의 이모저모를 고찰하는 데에 《일성록》에 실려 있는 세 사신의 복명기사, 서장관과 수역의 〈별단〉을 주된 사료로 이용하기로 한다. 필요하다고 여겨질 경우에는 《승정원일기》나 《동문휘고》 또는 연행록 등의 사료를 통하여 보완할 것이다.4)

---

4) 〈聞見別單〉은 《同文彙考》에 수록된 내용이 《日省錄》에 실린 것보다 더 짜임새 있고 정확하다. 이는 나중에 《同文彙考》를 편집·간행하는 과정에서 선별되었고, 가필과 정정이 이루어진 때문으로 보인다. 《日省錄》은 복명기사와 〈聞見別單〉이 망라되어 있어 가장 자세하다는 점, 사신이 국왕에게 보고한 그대로 정리되어 있으며, 귀환하고 나서 공식적인 첫 보고라는 점에서 정보 전달의 시간성을 중시한 점, 철종 대의 《日省錄》은 아직 공간되어 있지 않아 자료 소개도 겸할 수 있다는 점 등을 고려하여 《日省錄》의 기사를 가장 주된 사료로 택하였다.

1. 광서적비(廣西賊匪)가 금릉적비(金陵賊匪)로

1) 금전기의(金田起義) 전후

철종 임금의 재위 기간(1849~1863)에 처음으로 조선에 알려진 청나라의 병란은 천지회(天地會) 이원발(李沅發)의 난이었다. 철종 원년(1850) 6월에[5] 호남과 광서에서 세력을 떨쳤던 이원발의 난을 진압한 과정을 역관이 〈별단〉으로 보고해 왔던 것이다.[6] 이어서 광서에서 봉기한 진아귀(陳亞貴)에 대해서는 같은 해 12월과[7] 이듬해인 1851년 3월에[8] 간단히 보고되고 있다. 두 달 뒤인 5월에는 양광(兩廣)과 호남 지방의 적비는 수도 매우 많고 더욱 만연되어 있어서 쉽게 진압하기 어려울 것이라는 소식이 들어온다.[9] 두 해 동안에 조선정부에 들어온 정보는 매우 간단해서 사건의 전모를 제대로 파악하기는 어렵게 되어 있다. 그러나 이러한 정보를 종합해 보면 광서·광동·호남 세 성(省)이 매우 소란하다는 사실을 알기에는 충분하고, 알려진 사실 자체는 비교적 정확한 것이었다.

1840년대가 되면 10년 동안 중국 각지에서는 농민과 수공업자, 그리

---

5) 이 책에서는 모두 음력(陰歷)을 사용한다. 그 당시에 사용된 역(曆)이며, 사료와 일치한다는 이유에서 그리하였다. 따라서 일부 연대 특히 연말의 그것은 서양력과 차이가 있을 수 있다. 또 양력으로 표기한 논저들의 사건 일시와 차이가 있다.

6) 《日省錄》, 철종 원년(1850) 6월 29일, 首譯(李經修)別單. ( )는 필자가 보탠 것이다. 이하 모두 같음.

7) 위의 책, 철종 원년(1850) 12월 12일, 召見回還三使臣.

8) 위의 책, 철종 2년(1851) 3월 18일, 書狀官閔致庠·首譯秦膺煥 進聞見別單.

9) 위의 책, 철종 2년(1851) 5월 23일, 書狀官李升洙·首譯金相淳 進聞見別單. 이 〈별단〉에서 말하는 '양광(兩廣)·호남(湖南) 지방의 적비'는 태평군을 가리키고 있는 것으로 보인다.

46

고 소수민족의 저항이 되풀이되었다. 이 기간 동안에 중국에서 일어난
크고 작은 봉기는 100여 차례에 이르고 있는 것이다. 이들 봉기는 대부
분 회당(會黨)의 책동으로 일어나고 있다. 이 가운데 가장 자주 봉기했
던 집단은 천지회(天地會) 세력으로, 이들은 남방의 여러 성과 장강(長
江) 유역에 널리 퍼져 있었다. 무장봉기도 각지에서 일어나는데 양광과
호남의 세 성에서 특히 두드러졌다. 이 지방은 제1차 아편전쟁의 영향
을 가장 강하게 받은 지역인데다 해마다 수해와 가뭄이 겹쳤고, 또 청
조의 지배가 비교적 느슨했기 때문이다. 중국을 다녀온 사신들의 보고
는 이런 상황을 어느 정도 알려주었다 하겠다.

　여기서 1840년대의 각종 봉기를 거론하는 것은 그것이 태평천국 흥
기의 배경도 되지만, 그보다는 이들 봉기가 조선사신이 태평천국의 실
체를 파악하는 데 혼선을 불러왔다는 이유에서다. 해가 바뀌어 1852년
에 태평천국에 관한 최초의 보고가 들어오는데 여기서 태평천국은 '광
서적비(廣西賊匪)'란 이름으로 알려진다. 태평천국은 이 최초의 보고에
서 세 성 지역에 퍼져가고 있는 적비의 하나로 파악되어 있고, 이러한
인식은 거의 태평천국 전 기간 동안 통용되고 있는 만큼, 통일된 세력
으로서 태평천국의 실체를 파악하기 힘들게 하고 있다. 우선 3월에 들
어온 보고를 보면 "광서 적비가 점차 더욱 치장(鴟張)하여 몇 개 현(縣)
을 깨뜨리고 웅거하고 있어서 작년 초에 대신(大臣) 새상아(賽尙阿)가
토평(討平)하러 나갔으나 아직 첩보(捷報)를 듣지 못했다"[10]는 내용이
다. 태평천국의 기세가 높아지자 청나라 정부는 문무고관을 파견하여
호남·귀주(貴州)·운남(雲南) 등 여러 성의 군대로 하여금 태평군을
포위하게 하는 전술을 썼으나 청군의 연이은 패배로 실패하였다. 이에
청조는 200만 냥의 전쟁 비용을 마련하여 대학사 새상아를 광서에 파

10) 《日省錄》, 철종 3년(1852) 3월 25일, 首譯(邊稙)別單.

견하는 조치를 취했다. 현지의 이러한 상황을 고려하면, 이 보고에는
사태의 심각성이 나타나고 있지 않다. 또 청나라에 별일이 없느냐는 임
금의 질문에 정사는 별일 없다고 복명하였다. 10월이 되자 이 소식은
수역의 〈별단〉을 통하여 좀더 자세하게 보충된다.

1. 광서적비가 비록 달포 전에 이미 소평(掃平)되었습니다만, 호남 지역
의 상황 역시 광서 못지않습니다. 그런데 호비(湖匪)는 곧 광적(廣賊)이 동
쪽에서 진격하고 서쪽에서 모여든 자들입니다. 대저 이 무리는 본시 유민
(流民)이라 멀리 도모함이 있지나 않을까 하고 우려할 것은 못 됩니다. 치
성(熾盛)해지면 멋대로 약탈하고 위축되면 험한 곳에 의지하며, 아침에 흩
어졌다 저녁에 모이거나 또는 이쪽이 막히면 저쪽으로 내달리며, 숨어서
서로 뒤얽혀 당우(黨羽)가 만연합니다. 3년 동안이나 비용을 쓰고도 미처
다 잡지 못했는데 그동안의 향은(餉銀)은 이미 2천만 냥 가까이 된다고 합
니다.11)

수역의 이 〈별단〉역시 내용이 매우 간략한데다 그나마 앞뒤가 맞지
않는 기술을 하고 있다. 태평군이 광서에서 관군을 무찌르고 호남으로
진격한 일을 들어 광서의 적비를 진압하였다고 전하고 있다. 그런데 광
서 적비 못지않게 호남 지역을 소란하게 하고 있는 호비, 곧 호남의 적
비는 바로 달포 전에 깨끗이 쓸어냈다는 광적 곧 광서의 적비라고 밝히
면서, 이 호남의 적비는 광서의 적비가 동쪽으로 진격하여 모여든 자들
이라고 설명을 덧붙이고 있다. 또 관군을 무너뜨리며 광서에서 호남으
로 진격하고 있는 태평군을, 멀리 내다보고 도모할 줄을 모르는 유민의
무리라고 평가하고 있다. 그래서 걱정할 일이 못 된다는 것이다. 그러

---

11) 앞의 책, 철종 3년(1852) 10월 18일, 首譯(方禹叙)別單.

나 이 〈별단〉은 동시에 청조가 태평군을 진압하는 데 3년이라는 긴 기간에 걸쳐 막대한 전비를 들이고도 완전히 진압하지 못하는 상황을 밝히고 있어서 사태가 결코 녹녹치 않음을 알려준다.

정사 서염순(徐念淳)이 국왕 앞에서 행한 보고에서 사태를 매우 심각한 것으로 전망하고 있는 것은 그래서일 것이다. 정사의 복명 가운데 주요한 부분을 보자.

A. ① 호서와 호남에서 유적(流賊)이 난을 일으켜서 장수에게 출사하게 한 지 이미 6, 7년이나 되었지만 아직도 초멸(勦滅)하지 못하였습니다. …… ② 지금 비록 성을 공격하고 토지를 노략질하는[攻城掠地] 일은 없지만 장구침릉(長驅侵凌)의 형세이니, 명나라 때의 유적 이자성(李自成) 같은 무리도 역시 이와 같았던지라 깊고 큰 걱정[深遠之憂]이 없다 할 수는 없습니다.12)

정사도 역시 태평군을 호서(광서의 잘못인 듯)와 호남의 유적이라 부르고 있으며, 난이 일어난 것은 이미 6, 7년 전이라 하여 삼성(三省) 지역의 여러 봉기 사실과 혼동하고 있다. 그러나 그는 난리가 장기간 지속되고 있는 점에 주목하고 있다. 정사 서염순은 청나라에서 전개되고 있는 현재의 난리를 명나라 말기 이자성의 난과 같은 성격으로 판단하고 있다. 그의 이러한 판단은 명나라가 이자성의 농민군에게 멸망했듯이 청나라도 이들 유적에 의해서 전복될 수도 있음을 시사하고 있는 것이어서 주목된다.

1850년[도광(道光) 30] 10월,13) 광서성 계평현(桂平縣) 금전촌(金田村)

---

12) 《日省錄》, 철종 3년(1852) 10월 18일, 召見回還三使臣(謝恩正使 徐念淳).

13) 태평천국은 홍수전의 40세 생일인 1851년 1월 11일(道光 30년 12월 10일) 금전촌에서 거병했다는 것이 오랫동안 통설이 되어 왔다. 兪政·姜濤, 〈金田起義時間的

에서 봉기한 홍수전(洪秀全)은 태평천국(太平天國)이라는 지상천국의 건설을 선언하고, 1851년 2월 천왕(天王)에 즉위하였다. 태평군은 청군과 단련[團練: 민간 자경(自警)조직]의 저지와 봉쇄를 뚫고 북상하여 같은 해 가을 영안(永安)을 공략하였다. 청군의 포위 속에서 이듬해 봄까지 영안에 머물면서 태평천국은 편제를 정돈하고 초보적인 정권체제를 갖추었다. 연말에는 양수청(楊秀淸)을 동왕(東王), 소조귀(蕭朝貴)를 서왕, 풍운산(馮雲山)을 남왕, 위창휘(韋昌輝)를 북왕, 석달개(石達開)를 익왕(翼王)에 봉하고 양수청이 이를 통수하도록 하여 지도체제를 수립했다. 또 혁명의 정당성을 본격적으로 선전하고 나선다.

1852년 봄, 영안의 포위망을 돌파한 태평군은 북상하면서 전주(全州)를 점령하고 도주(道州)를 거쳐 침주(郴州)를 함락시켰다. 이어 장사(長沙)를 공격하였으나 실패하자 방향을 바꾸었다. 수군(水軍)을 편성하여 12월에 호북의 성도(省都) 무창(武昌)을 깨뜨려 점령했다. 호남과 호북의 농민들은 대대적으로 태평군에 호응하였고, 태평천국의 병력은 50만으로 발전하였다. 한편 이 과정에서 태평천국은 풍운산과 소조귀, 두 지도자를 잃었다.

태평군은 1853년 1월에 장강을 따라 동정(東征)하여 2월에는 남경(南京)을 점령하였다. 태평천국은 남경을 점령하자 이곳을 수도로 정하고 그 이름도 천경(天京)으로 바꾸었다. 이어서 전략적 요새인 남경 동쪽의 양주(揚州)와 진강(鎭江)도 점령하였다. 태평천국은 천경에서 본격적인 국가체제를 갖추었다. 4월에는 북벌군(北伐軍)과 서정군(西征軍)이 각각 양주와 천경에서 출정한다. 서정은 수도 천경의 안전을 위협하는 요소들을 제거하여 태평천국의 근거지를 굳건히 하자는 것이었다.

再考證), 南京大學學報編輯室·太平天國史研究室 編, 《太平天國史論叢》, 南京: 1979는 금전기의(金田起義) 시기를 道光 30년 10월로 수정하였다. 小島晉治, 〈太平天國擧兵の經過とその年代〉 《太平天國運動と現代中國》, 東京: 研文出版, 1993도 兪政 등의 설을 지지하면서 이를 보완하고 있다. 이 책에서도 이를 따랐다.

북벌은 청조체제를 타도하여 혁명을 완수하기 위한 것으로, 최후의 진격 목표인 북경을 향한 진군이었다.

한편 청조에서는 1월에 함풍제(咸豊帝)가, 태평군이 활동하거나 기타 민중투쟁과 관련이 있는 각 성에다 단련의 무장을 명령했다. 관군의 무능은 이미 반 세기 전 백련교도(白蓮敎徒)의 반란에서 드러났으므로 이때도 단련의 힘을 빌려야 했다. 모친상을 당하여 복상 중이던 증국번(曾國藩)도 이 명령을 받고 고향인 호남에서 상군(湘軍) 결성을 준비하게 된다. 2월에는 향영(向榮)과 장국량(張國樑)이 지휘하는 강남대영(江南大營)이 남경 동쪽 효릉위(孝陵衛) 일대에 설치되었다. 3월에는 기선(琦善)과 승보(勝保) 등이 이끄는 강북대영(江北大營)이 양주성 밖에 설치되었다. 이후 강남대영과 강북대영은 남경을 포위한 채 남경 탈환의 기회를 엿보며 태평군과 대치하게 된다.

파죽지세로 진격을 계속하는 태평군으로 말미암아 신년 벽두부터 청나라가 발칵 뒤집어지고 있던 철종 4년(1853) 3월 하순, 동지사가 귀국했다. 동지사 일행은 청나라에서 보고 들은 현지 사정을 철종에게 보고하였다. 수역의 〈문견별단〉은 청국의 난리를 이렇게 정리하고 있다.

2. ① 광서적비는 모두 한인(漢人)인데 근래 몇 년 동안 취산(聚散)이 무상(無常)합니다. 작년 섣달에 호남과 호북에 틈입(闖入)하여 관리를 살해하고 민인(民人)을 약살(掠殺)한 것이 부지기수입니다. 적세(賊勢)가 더욱 불어나고 번져서 가히 초절(剿截)할 수 없는지라 길림(吉林)과 흑룡(黑龍) 등지의 군대를 급히 더 조발(調發)하고 있는데, 그들이 지나는 길은 소요가 막심합니다. 내외탕(內外帑) 은화는 고갈되어 닥쳐올 걱정거리는 진실로 적지 않다 합니다. ② 호북순무(湖北巡撫) 상대순(常大淳)은 평소 본시 충절로 이름났는데 문무관리를 거느리고 무창 성성(省城)을 20여 일이나 굳게 지켰으나 지뢰가 폭발함으로써 끝내 실함(失陷)하기에 이르렀습니다.

… ③ 황상은 유지(諭旨)에서 적수(賊首) 소조궤(蕭朝潰, 蕭朝貴)가 이미 관병에게 죽었고 그밖에 적도 홍수천(洪秀泉, 洪秀全) 등은 모두가 오합지중(烏合之衆)이며 광서의 역도는 얼마 남지 않았으니 통병대신(統兵大臣)과 독무(督撫) 등은 동심 합력하여 적도를 함께 없앨 것이며, 위협받아 따르는 무리는 원래 기꺼운 마음으로 역비(逆匪)에 따르지 않았으니 역비를 사로잡거나 스스로 투항해 오는 자는 그 죄를 면해줄 뿐만 아니라 아울러 무겁게 상을 주라고 명했다 합니다. ④ 무창은 연경(燕京)에서 삼천리나 떨어져 있는 땅입니다. 정월 초하룻날 제독 향영(向營, 向榮)이 관병을 분파하여 사로(四路)로 진공했는데 하루 사이에 죽인 적이 헤아릴 수 없습니다. 초이튿날 성 둘레에 불을 지르고 관병을 조발하여 목숨 걸고 전진하니 적도는 성을 버리고 사방으로 숨어들었습니다. 무창을 수복한 뒤 순절한 문무관원을 신속히 밝혀내어 곧바로 보고하였습니다.[14]

한편 같은 사행의 서장관이 제출한 〈문견별단〉은 청국의 병란을 이렇게 요약했다.

一. 강서성(江西省, 廣西省)에서 토구(土寇)가 취당(聚黨)한 것은 이미 몇 년이 되었고, 지금은 곧 하남(,호남)과 하북(,호북) 등의 성으로 병란이 이어져 시간이 지나면 지날수록 더욱 더 창궐하니 관병도 막아내지 못하고, 토민은 오랜 전란을 못 견뎌합니다. 황상께서 특별히 길림·흑룡의 군대 6천을 내었는데, 작년 12월에 북경에 도착한 뒤 열 차례로 나누어 여러 성에 파송하여 방어하게 하였다 합니다.[15]

태평군에게 남경을 빼앗겼다는 소식이 북경의 청나라 조정에 닿은

---

14) 《日省錄》, 철종 4년(1853) 3월 28일, 首譯(秦膺煥)別單.
15) 위의 책, 철종 4년(1853) 3월 28일, 書狀官(宋謙洙)別單.

것은 2월 17일의 일이다. 이 동지사행의 일정을 감안해 보면, 사행은 남경 함락의 정보를 접하지 못하고 북경을 떠난 것으로 보인다. 동지사행은 1월 말에서 2월 초 사이에 북경을 출발했을 것이기 때문이다. 따라서 이 사행의 복명 내용은 결국 태평군이 남경에 이르기 이전의 상황, 즉 호남과 호북에서 전개된 태평군의 투쟁과 관군의 대응이 중심이 된다. 날로 번성해 가는 태평군의 기세 앞에서 관군이 맥을 못 추게 되자 원격지의 군대가 급히 징발되고 있으며 재정도 바닥나서 당황하고 있는 청조의 고민이 반영되어 있다.

그러나 사신들은 황제가 유지에서 태평군은 오합지졸이며 그 무리도 얼마 남지 않았다고 밝힌 점, 도적에게 함락되었던 무창은 북경에서 3천 리나 떨어진 먼 거리에 있는데 이미 회복하였다는 사실 등을 들어 청조의 처지를 낙관적으로 보고 있다. 또 태평군의 지도자를 소조귀와 홍수전으로 밝히고 있으며, 태평군이 모두 한인이라는 것도 파악하고 있다. 그러나 적비가 모두 한족이란 사실을 밝히고는 있지만 주목하지 않았으며, 이를 만주족과 한족의 대립, 즉 민족 모순으로 파악한 흔적은 보이지 않는다. 뿐만 아니라 이후의 보고에는 적비가 한인이란 사실을 거론하거나 언급하고 있는 정보는 없다. 정사 서유훈(徐有薰)과 부사 이인고(李寅皐), 서장관 송겸수(宋謙洙)는 이렇게 복명한다.

B. ① 유훈이 아뢰기를 …… 〈경보〉를 얻어보니 호광제적(湖廣諸賊)은 걸간지도(揭竿之徒)에 지나지 않은데, 처음에는 무창이 함락되었지만 관군이 바로 토복(討復)해서 소굴을 깨뜨려 금방 분궤(奔潰)되었다 하니 근심하지 않아도 될 것 같습니다. …… 대저 저쪽 인심은 안연(晏然)하여 난이 있음을 모르는 것 같습니다. 이는 지방이 넓고 토구(土寇)의 무리가 없는 해가 없으니 이 적도도 지나치게 염려할 필요가 없겠습니다. ② 인고가 아뢰기를 …… 그곳은 거듭 흉년이 든 끝에 또 전쟁이니, 민궁재갈(民窮財竭)

의 한탄이 없지 않습니다. …… ③ 겸수가 아뢰기를 …… 흉년에다 병변 (兵變)이 일어나서 인심에 다소 소란스러움이 있으니 황상의 우려하심도 당연합니다. 그러나 신 등이 산서인(山西人)의 말을 들어보니 강남에 난리가 있음을 모르고 있었습니다. 이로 보건대 그 난이 크지 않음을 알 수 있겠습니다.[16]

정사는 태평군이 '걸간지도'이며 병란은 크지 않으니 지나치게 우려할 것이 없다고 보고한다. 관군이 무창을 신속하게 회복하였고, 난리가 났는데도 인심이 안정되어 있으며, 중국은 지역이 광대하여 토구의 무리가 소란을 피우는 것은 거의 해마다 어디에선가는 있는 일이라는 점들이 '너무 걱정하지 않아도 좋은 이유'라고 설명하고 있다. 그러나 부사는 흉년에 이은 전란이기 때문에 우려된다고 했다. 이에 서장관이 나서서 깊이 우려하지 않아도 좋을 또 하나의 이유를 댄다. 산서지방 사람에게 물으니 강남에서 병란이 일어난 사실을 모르고 있었다는 것이다. 서장관의 한마디로 부사의 걱정은 기우로 처리되고 만다. 전체의 전황으로 보면 지엽적인 사실이 판단의 근거가 되고 있다. 특히 서장관은 남방의 난리에 황제가 길림과 흑룡강의 군대를 동원하여 여러 성에 파송했다고 〈별단〉에다 적었지만 복명 자리에서는 이를 언급하지 않았다. 철종 역시 사신의 중국 정세에 대한 인식과 이에 바탕을 둔 전망을 그대로 수긍하고 있다.

이처럼 조선왕조의 군신(君臣)은 태평천국을 일단 북경에서 멀리 떨어진 남쪽에서 '걸간지도'가 일으킨 대수롭지 않은 난리로 여겨 한시름 놓았다고 판단했지만, 실제 상황은 달랐다. 초기의 난관을 극복하고 거침없는 진격으로 남경을 점령하여 이를 도읍으로 삼은 다음 왕조체제

---

16) 《日省錄》, 철종 4년(1853) 3월 28일, 召見回還三使臣.

를 재정비한 태평천국이, 청조에 최후의 일격을 가하고자 북경 공략을
위한 북벌을 전개하고 있을 때였다. 곧 태평군의 매서운 기세와 질풍
같은 속도가 중국 각지에서 회오리를 일으키고, 그 회오리가 이제 곧바
로 북경을 향하여 일고 있는 시점이었다.

2) 남경 건도(建都)와 북벌·서정

태평천국의 무리는 중국에서는 늘 있는 '토구'의 무리요 '걸간지도'
에 지나지 않으니 너무 염려할 필요가 없겠다고 보고한 것은 3월에 귀
국한 동지사 일행이었다. 그러나 그로부터 반년이 지나 9월에 서울로
돌아온 진하사은사(進賀謝恩使) 일행이 탐지해 온 정보는 그렇게 간단
하지가 않았다. 이 사행은 상당히 많은 정보를 수집하여 돌아왔다. 중
국의 전란이 심상치 않다는 것을 알기에 충분한 정보였다. 이들 정보에
서는 태평군이 남경과 그 일대를 점령하여 청조의 진압군과 대치하고
있는 상황과 태평천국 북벌군의 활동이 어느 정도는 드러나고 있다. 정
사 강시영(姜時永)은 이렇게 복명한다.

C. ① 양주(楊州, 揚州)·강녕부(江寧府)·과주(瓜州)는 적비의 근거지
가 되었고 관군이 이를 포위하여 여러 차례 서로 싸웠습니다. 적(賊)의 기
세가 비록 꺾였다고는 하나 극복(克復)하는 데는 잠시 시간이 걸리겠습니
다. 또한 적의 무리 4천이 몰래 황하를 건너 회경부(懷慶府) 성 밖에 이르
렀는데, 이는 곧 하남부(河南府) 경내로서 황성으로부터 1천7백 리나 떨어
진 곳입니다. 관군 4만을 보내 수차에 걸쳐 수천을 죽이거나 사로잡았으며,
잔비(殘匪) 수천은 신들이 돌아올 때까지도 미처 다 섬멸하지는 못하였습
니다. ② 적도들이 하남 4성을 모두 침범하였는데, 내쫓거나 섬멸했지만
모두를 완전히 탈환하지는 못했습니다. ③ 재력은 과연 고갈되어 위로는

공경대부로부터 아래로는 부상(富商)에 이르기까지 많게는 은(銀) 10만 냥, 적게는 1, 2천 냥을 힘닿는 대로 연납(捐納)하여 군량을 돕고 있다 합니다. ④ 적이 변량성(汴梁城)을 공격하는 날 뇌우가 쏟아져 강물이 넘쳤습니다. 적군(賊軍) 태반이 강물을 반쯤 건넜을 때 키가 크고 얼굴이 붉은[長身赤面] 장수가 손에 큰 칼을 잡고 신병(神兵)을 지휘하자 적의 무리는 놀라고 두려워서 감히 성을 공격하지 못하였습니다. 때문에 관군 장수들이 이를 크게 이상히 여겨 군중에 두루 물어보니 본 바가 모두 똑같았습니다. 아마 그곳에 관제묘(關帝廟)가 있어서 관제가 현령(顯靈)한 까닭일 것입니다. 이로써 황상께 주문(奏聞)하니 황상께서 관묘를 수리하고 제사할 것이며 숭호(崇號)를 더할 의논을 하라 하셨다 합니다.17)

이 복명은 4개 항 모두를 정사 혼자서 보고하고 있는 점에서 주목된다. 이는 보고할 사안이 중대하고 보고할 거리가 그만큼 많다는 것을 의미한다. 또 복잡하고 중대한 사안을 정사가 숙지하고 있어서 복명할 준비가 잘 되어 있음을 반영한다. 여기에 더하여 정사의 복명이 모두 임금의 질문대로 이루어지고 있는 점도 눈에 띤다. 9월 19일, 세 사신의 복명 자리에서 임금은 현지 상황을 매우 구체적으로 묻고 있다. 세 사신이 복명하는 자리에서 철종은 먼저 청나라 백성들의 정황과 농사 형편을 물어보고 그 답변을 들은 뒤에 ① '하남 적세'가 어떤가? ② 적당이 차지하고 있는 지역은 얼마나 되는가? ③ 청조의 재력은 어떠하던가? ④ 관왕(關王) 신병이 관군의 기세를 도왔다는데 정말인가라고 한 조목씩 차례로 묻고 있다. 앞에서 보았던 정사가 복명한 4개 항은 바로 철종의 질문에 대한 답변이었다. 임금이 중국의 최근 정세를 미리 파악하여 이를 조목조목 사신에게 확인한다는 것은, 사신이 귀국에 앞서 서

---

17) 《日省錄》, 철종 4년(1853) 9월 19일, 召見回還三使臣.

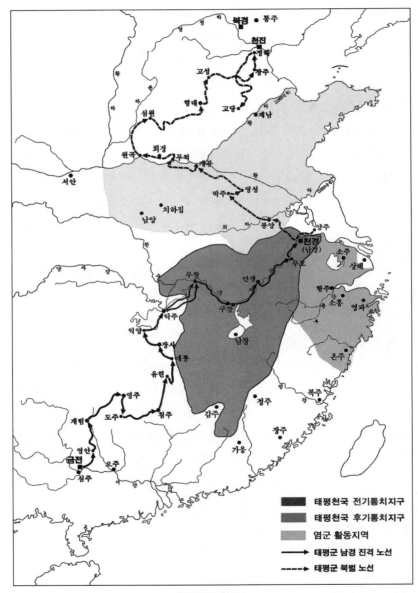

■	태평천국 전기통치지구
■	태평천국 후기통치지구
■	염군 활동지역
➡	태평군 남경 진격 노선
⇢	태평군 북벌 노선

태평천국 형세도

둘러서 별편으로 미리 상황을 보고했음을 뜻한다. 이는 곧 사신이 현지 정세를 그만큼 급박하고 중대한 사태의 전개로 인식했다는 반증이다.

한편 서장관과 수역의 〈별단〉은 태평군의 남경 점거 이후, 태평군과 청군이 대치하고 있는 상황을 조금 더 구체적으로 전한다. 서장관은 청나라 관군의 장수들도 소개하고 있는데 강남대영의 향영과 강북대영의 기선이 그들이다. 서장관은 정사보다 전체 상황을 잘 정리하였다.

二. ① 남방적비는 일파가 금릉성(金陵城)에 있는데 흠차대신 향영이 이들을 포위하고 있으며, 일파는 양주(楊州, 揚州)성에 있어서 장군 기선이 이를 포위하고 있는데, 그 사이에 여러 차례 서로 싸워 적세가 비록 꺾였다고는 하나 아직 극복되지 못하고 있습니다. 과주에 있는 일파는 양주와 금릉 사이에 끼어 좌우 접응의 형세를 이루고 있지만, 대병(大兵)이 그 왕래하는 길을 끊은지라 더불어 상응하지 못한다 합니다.18)

수역도 같은 상황을 정리하여 전하고 있는데, 서장관의 보고와 대조적으로 태평천국의 지도자들을 소개함으로써 정사의 보고 내용을 보완하고 있다.

3. ① 적은 여전히 강녕·진강(鎭江)·양주 세 곳에 웅거하는데, 진강·양주는 본디부터 적괴의 이름이 〈경보〉에 나오지 않고, 오직 강녕 적괴가 홍수전(洪受全, 洪秀全), 양수청이라 합니다. 그런데 수전은 이미 돌림병으로 죽었다고도 하며, 수청은 때때로 출전하여 수신(帥臣)들의 상주(上奏)에서 여러 번 보입니다. 7월 17일에 강녕의 적병이 성을 나와 도전하므로 향영이 홀로 한쪽을 대적했는데 4천의 병력으로 힘을 합쳐 죽을 각오로 싸워

---

18) 《日省錄》, 철종 4년(1853) 9월 19일, 書狀官(趙雲卿)別單.

3만여 명을 죽이니, 적은 드디어 크게 군색해져서 성 안으로 들어가 나오
지 않고 있습니다. 군사를 일으킨 이래 한판 승첩입니다.[19]

불과 반 년 전의 복명과 크게 달라진 청국 정세에 관한 정보를 입수
한 조선 조정은 아연 긴장했을 것이다. 위기감을 둔화시켜 충격을 줄이
려는 시도가 사신의 구두 복명과 〈별단〉에서 읽힌다. 사신은 강녕부 곧
남경과 양주, 그리고 과주가 태평군에게 함락되어 '적비의 근거지'가
되었음을 보고하고 있으나, 태평군이 남경을 도읍지로 삼아 왕조를 열
었다는 사실은 언급하지 않고 있다. 태평군의 강남 점거를 가리켜, 적
도들의 형세가 확대되었지만 관군이 곧 이를 포위하고 여러 차례 전투
로 적세의 예봉을 꺾었다고 전하고 있다. 이는 정보 출처가 청조 관원
의 공로를 과장하여 보고한 관변문서인 점에도 말미암은 것이나, 충격
을 줄이려는 조선 사절의 정치적 배려도 작용한 축소 보고로 읽힌다.
이개방(李開芳)·임봉상(林鳳祥)·길문원(吉文元) 등이 이끄는 태평
천국의 북벌군이 서북진하면서 6월 초에 회경(懷慶)을 포위하고 여러
번 강공(强攻)을 퍼부었으나 함락시키지 못했다. 그 사이 청조는 흠차
대신 눌이경액(訥爾經額), 방판군무(帮辦軍務) 탁명아(托明阿)·은화(恩
華), 내각학사 승보(勝保), 제독 선록(善祿), 도통(都統) 서능아(西凌阿)
등이 지휘하는 원군(모두 약 2만)이 회경부를 응원하여 치열한 방어전을
펼쳤다. 태평군은 두 달 가까이 회경을 공략했으나 함락시키지 못하자,
7월 하순에 회경의 포위를 풀고 서진한다. 사신은 청군이 총력으로 북
벌군 공격을 막아낸 회경 전투를 전하면서 청군의 승리를 과장한 뒤에,
회경이 북경에서 1천7백 리나 떨어져 있다는 사실을 애써 밝히고 있다.
위기감을 줄여보자는 것이다.

---

19) 《日省錄》, 철종 4년(1853) 9월 19일, 首譯(李尙迪)別單.

앞서 소개한 '관제의 신병'이 관군을 도와 태평군을 물리친 일화 C. ④를 다시 보자. 태평천국의 북벌군은 회경 공략에 앞서 5월 중순 기현(杞縣)을 거쳐 진류(陳留)에서 변량(汴梁)을 공격했으나 큰 비 때문에 이를 떨어뜨리지 못하였다. 관우가 현령하였다는 것은 이때의 이야기다. 서장관과 수역도 〈별단〉에서 이 일을 자세히 다루었다. 서장관 〈별단〉은 이렇게 전한다.

二. ② 한 무리의 적비가 변량에 이르러 성을 공격하는 날 홀연히 천둥이 치며 큰비가 내려 성호(城壕)가 수장(數丈)이나 넘쳤고 적영(賊營)의 화약이 모두 젖었습니다. 그때 적도들은 장신적면(長身赤面)한 사람이 대도(大刀)를 잡고 신병을 지휘하는 것을 보고 모두 놀라고 두려워하여 감히 성을 공격하지 못하였습니다. 아마 그곳에 관제묘가 있어서 관제가 현령한 까닭일 것입니다. 적이 바삐 공현(鞏縣)으로 달아나 하·락운매선(河洛運煤船)을 탈취하여 황하로 들어가려는데, 강물이 갑자기 넘쳐 배가 표몰(漂沒)하여 물에 빠져 죽은 자가 헤아릴 수 없었습니다. 또 유원(柳園) 나루로 향했더니 강물이 전부 말라 배를 띄울 수 없었습니다. 이로써 관병은 무수한 자들을 사로잡았으니 관제의 도우심이라 하지 않을 수 없습니다. 관묘에 치제(致祭)하고 숭호를 더할 의논을 하니 인심이 이 때문에 자못 편안합니다.[20]

삼국시대의 영웅 관운장이 현령하여 신병을 거느리고 태평군을 물리쳤다는 믿기 어려운 이야기는 청대에 절정에 달했던 관제(關帝) 신앙의 한 모습을 보여준다. 관제는 조선에서도 임진왜란 이후 점차 널리 숭배되었다. 이 일화는 사신의 복명은 물론 이처럼 서장관의 〈별단〉에는 더

---

20) 주 18)과 같음.

욱 자세하고, 수역 또한 중요 기사로 다루었다. 국왕도 이 일에 대하여
사신에게 따로 질문하는 것으로 보아 그 관심의 정도를 알 수 있다. 조
선왕조의 군신이 함께 큰 관심을 기울인 흥미 있는 이 일화를 통하여,
우리는 조선왕조의 군신이 하늘은 여전히 청조의 편이라는 사실을 애
써 믿으려 하고 있음을 알 수 있다. 그런데 관우의 신병 이야기는 당시
널리 알려져 있었던 듯하다. 이 관제 관련 일화는 광동 사람 나삼(羅森)
이 일본의 막부 관원에게 전해준 그의 저술 《만청기사(滿淸紀事)》에
실려 일본에도 널리 알려졌다.21)

철종은 사신의 보고를 듣고 난 다음 "보잘것없는 도적이 해가 바뀌
어도 아직 토평되지 않으니 필경 황상의 우려하심이 적지 않으리라"고
논평하고 있다. 황제의 걱정을 들어 사태의 심각성을 표명했다고 할 것
이다. 철종의 관심은 이어져서 정사에게 다른 소문은 없는가를 확인하
고 있다. 이에 정사 강시영은 "그 나라 사람들 말로는 출전한 장수들이
게으르고 싸움에 힘을 쏟지 않아서 아직도 난이 평정되지 못하고 있다
고 합니다"라고 청조의 부패상을 정확히 지적하고 있다.22) 수역도 관료
의 기강 해이와 부패상을 드러내는 여러 사례를 〈별단〉에다 정리하여
이를 뒷받침하고 있다. 그는 우선 "봄부터 적세가 창궐하자 각처 성성
(省城)의 문무관이 형세를 관망하다가 성을 버리고 도망하는 자가 셀

21) 羅森, 《滿淸紀事》는 1854년 2월 막부의 요리키(与力) 히라야마 겐지로(平山謙二
郎)가 페리 함대에 서기(통역으로도 알려짐)로 탑승하고 있었던 羅森으로부터 빌
려와 베낀 것으로, 처음에 표제 없이 전전하면서 많은 사본이 만들어졌고, 나중
에 개정·증보되어 목활자본 일책(一冊)으로 간행되었다. 여기서 참고한 것은 勝
海舟, 《開國起源》上, 東京: 原書房, 1968에 수록된 것이다. 다만 《開國起源》에 수
록된 《滿淸紀事》에는 홀연히 나타나 신병을 지휘한 장수가 키가 크고 붉은 얼굴
을 하였으며 대도(大刀)를 지녔다고만 할 뿐 관우의 현령이란 기술은 없다. 또
요시다 쇼인(吉田松陰)이 《滿淸紀事》를 편역하여 낸 《淸國咸豊亂記》에는 이 일화
를 소개하면서 끝부분에다 '이 모두 귀덕사(歸德寺)의 불력(佛力)'이라고 했다.
《吉田松陰全集》二卷, 76쪽.

22) 주 17)과 같음.

수 없이 많지만, 순난(殉難)하여 죽는 사람 역시 끊이지 않는데, 특히 한인이 많다"면서 사천 사람 양희(楊熙)의 예를 들고 있다. 또 대신의 무능과 황제의 졸렬한 진압 방법도 지적하고 있다.

　3. ② 작년에 대신 새상아가 광서에서 감군(監軍)했는데 완게(玩愒)하다 실기함으로써 결국 적의 기세를 올려 동남제성(東南諸省)이 거침없이 유린되도록 하였습니다. 붙잡아 올려 죄를 논하면서 가을을 기다려 참(斬)하기로 하자, 조정의 의논이 비등하고 탄핵 상소가 번갈아 나오면서 신속히 정형(正刑)을 베풀 것을 청하였으나 황상께서 얼른 허가하지 않고 자꾸 미루다가, 요즘 들어 새상아를 다시 파견하여 천진(天津)을 방어하도록 했습니다. 아마도 적병이 몰래 황하를 건너 회경에 들어갔으므로 어쩌면 수군이 북상할지도 모른다는 우려가 있기 때문에 그러한 것이라 추측됩니다. 그러나 회경의 적도는 직예총독 눌이경액에게 몇 번 패하여 남은 무리가 많지 않아 곧 박멸될 것으로 보입니다.

　사신은 이처럼 청조에 유리한 상황을 전하면서도 한편으로는 객관적인 전황은 물론 청조의 무능과 부패도 아울러 지적하고 있다. 그래서 사신은 청나라가 이 사태를 극복하는 데는 시간이 필요할 것이라는 결론을 내리고 있다. 충격의 완화를 꾀하면서도 실제 상황을 조심스레 전하고 있는 것이다. 그래서 이전처럼 태평군이 '걸간지도'나 '오합지졸'에 지나지 않는다는 극단적인 평가를 자제하고 있다. 태평군의 기세와 이에 대한 청조의 대응을 종합해 볼 때 그것이 비록 단편적인 정보라 하더라도 사태의 심각성을 인식했던 것으로 보인다. 1853년 9월까지 입수한 정보는 사신이 충격을 줄이려는 정치적 배려를 하고 있었다고는 하지만 조선정부를 긴장시키기에 충분하였을 것이다. 세도정권은 이 사태를 중시하고 사태의 전말을 정확히 탐지해 낼 만한 인물을 사신으로 선발하는 등 신중한 대응을 하기 시작한다.

남경에 도읍한 태평천국은 여러 제도를 만들어 본격적인 왕조체제를 출범시키고, 한편으로 군사작전도 지속적으로 수행한다. 북경 공략을 위한 북벌군의 진격이 시작되었고 수도 천경의 안정을 다지기 위한 군대가 서정에 나서는 등, 태평천국은 청군의 저지를 무너뜨리며 거침없는 진군을 계속한다. 이리하여 전역(戰域)이 중국 전체로 넓어지면서, 태평군의 함성과 발자취가 북경의 코앞인 천진에 이르게 된다. 이렇게 전장이 확대되고 격렬한 전투가 계속되면서 전란의 소식은 널리 알려지지 않을 수 없게 되었다. 이러한 소식을 담은 정보는 해가 바뀌어 철종 5년(1854), 동지사가 귀국하자 더욱 구체화된 내용을 바탕으로 종합되고 정리된다.

수역 변광운(卞光韻)의 〈별단〉은 동란에 휩싸인 중국 현지의 상황을 요령 있게 정리하고 있다. 전란의 전모를 파악하여 정리하고 있는 이 〈별단〉은 세 부분으로 나눌 수 있다.23) 먼저 병란의 경과를 보자. 금전기의에서부터 북벌군의 근황까지를 다루고 있다.

4. ① 도둑의 수령 양수청·홍수전·임봉상 등은 광서에서 처음 일어나 호남·강서·호북·안휘·강남을 잇따라 범한 뒤에 강녕·양주·과주·진강·노주(蘆州, 廬州)에 분거(分據)하고 있는데, 강녕에서는 위과거(僞科擧)를 베풀어 사인(士人)을 뽑기에 이르렀습니다. 양주의 적은 두 무리로 나뉘어 하나는 양주를 버리고 과주의 적과 합하였으며, 또 하나는 하남을 거쳐 도하하여 먼저 회경을 점거하고 산서를 범한 다음, 직예(直隷)로 돌진하여 끝내 천진을 창탈하고 다시 둘로 갈라져 하나는 정해(靜海)에 있고 하

---

23) 《日省錄》, 철종 5년(1854) 3월 16일, 首譯(卞光韻)別單; 《同文彙考》 補續, 使臣別單.

주 4)에서 언급한 대로 《同文彙考》의 〈별단〉 내용이 더 정확하고 잘 정리되어 있다는 예의 하나로 이 卞光韻別單을 들 수 있겠다.

後財用聲竭捐輸猶爲不足户部奏請鼓鑄當百
五十當百當五十等錢一山西之賊昨秋來擄百
天津勢益猖獗同爲官兵龔破一山西之賊靜海一走獨
柳而本年正月初五日瞵係及僧格林沁等追攻
獨柳賊不能支退保青縣唐家屯矣初九日靜海
賊仝股來援西僧格林沁督泉通戰覽賊一千餘
名生擒一百七十餘名而西凌阿又率吉林黑龍
江兵連日發賊六七百名前後擒覽合爲數千餘
級而餘賊匪入竄河間府衍城村一京城則設巡防
慶惠親王綿愉管領江寧則啇荣駐北鎭江則許

甲寅三月

乃到駐北亦州則琦善陳金綬駐北十五日又派
宗室載齡馳赴固安駐北而統領涿州通州蘆溝
橋等處官兵一令番禮卻之操束我人殊甚不許街
上出入至於上諭京報等文字一切防禁秘其甚緊
嚴〇首譯初單一賊魁楊秀清洪秀全林鳳祥等
始起於廣西連犯湖南江西湖北安徽江南後分
據江寧楊州瓜州鎭江蘆州江寧則至發偽科試
士楊州之賊分爲二股一則秉楊州與瓜州賊合
一則由河南渡河先攻懷慶後犯山西次突直隸
遂捨天津而又分爲二股一擾靜海一擾獨柳此

수역 변광운 〈별단〉, 《일성록》

亦屬望云
道光二十八年三月二十四日
進賀謝恩兼冬至使行首譯卞光韻聞見事件
賊魁洪秀全楊秀淸林鳳祥等始起於廣西連犯湖南江西
湖北安徽江寧分據金陵鎭江楊州蘆州而金陵則至設偽
科試士楊州之賊分爲二股一則秉楊州今襲瓦州一走僞
河南渡河先越懷慶後犯山西次突直隸逐逼天津而專事
擄奪初無嗣兵守城之事直是流賊是白乎於天津之賊又
分爲二股一擾靜海一擾獨柳僧出距京師二百四十里地欽
差大臣勝保等先自山西復沠僧格林沁出征天
津官兵恰本年正月初九初十又
爲林沁等所破餘賊今寔河間府大軍趕圍目下靜海獨柳

同文彙考 補編

使臣別單

六十一

匪踪勢將不日收復後則官軍大隊俱赴江南云而迷
亦復不少領兵大員如蒙古副都統圖
庫僉安徽巡撫周天源等俱有戰歿此乃昨冬以後之事外
此聚衆幾千裁官掠城者比比有之隨撲隨起如小小搶
奪之賊幾乎無處無之而經沠軍之議似懲於明季流賊
手脫以及肩腿等處輙烙印若千字則瓜州賊印焉十字或三
如厶或圓如環假令金陵賊印焉十字狀若半月形或半月
各各不同而烙印時先問肯從與否若稍趂起則便即斬戮
故被脅之徒皆有一印所經地方不從則殺幸而逃脫出來

수역 변광운 〈별단〉, 《동문휘고》

나는 독류(獨柳)에 있는데, 이곳은 경사(京師)에서 240리 떨어진 곳입니다. 흠차대신 승보 들이 먼저 산서로부터 뒤쫓아 이곳에 이르고, 나중에 또 승격림심(僧格林沁)이 천진에 출정하게 하니 관병은 도합 30여 만을 헤아릴 정도로 많아 여러 차례 승첩이 있었습니다. 적은 올해 정월 9·10일 이틀 동안 연이어 승격림심 등에게 격파되어, 이제 하간부(河間府)로 달아나 숨었으나 대군에게 포위되었습니다.

사실과 거의 틀림이 없을 만큼 정확하고 또 종합적으로 정리되어 있다. 도적의 우두머리, 즉 태평군의 지도자로는 홍수전보다 양수청이 먼저 거명되고 있다.[24] 군·정(軍政)의 대권을 장악하여 실권자로 부상한 양수청의 위치가 파악된 듯하다. 또한 광서에서 거병하여 각지를 공략한 일, 남경에서 과거를 실시하여 지식인을 선발한 일 등은 거의 정확하다. 또 북벌군의 활약상도 잘 정리되어 있다. 북벌에 나선 태평군의 진격 코스를 하남에서 산서를 거쳐 직예에 이르렀다고 한 것이나, 북벌군이 천진을 공략하다가 청군의 공세를 만나 다시 정해와 독류로 이동하여 주둔하고 있음은 실제 그대로이다.

그는 이어 적비, 곧 태평군이 일어난 원인과 성격, 그리고 진압에 나선 청나라 군대가 안고 있는 문제점 등을 살폈다.

4. ② 그런데 적비는 애초 해마다 되풀이되는 흉년과 관리의 탐학으로 말미암아 분격하여 변을 일으켰기에 당초 원대한 뜻이 없고 이르는 곳마다 오직 창략(搶掠)을 일삼을 뿐, 군대가 머물면서 수성(守城)하는 일을 전혀 않고 약탈이 끝나면 곧 떠나고 마니, 이는 말 그대로 유적일 뿐입니다. 따

---

24) 《同文彙考》에 수록된 변광운 〈별단〉에는 홍수전(洪秀全)·양수청(楊秀淸)·임봉상(林鳳祥)의 순으로 되어 있다. 《同文彙考》를 편찬하는 과정에서 나중에 탐지한 정보나 다른 자료를 이용하여 원고를 교정하였기 때문일 것이다.

라서 잃었던 주군(州郡)이 빨리 회복되긴 하지만 텅 빈 성만 남아 있을 뿐 자녀옥백(子女玉帛)이 탕잔(蕩殘)하여 남은 것이 없습니다. 이에 강녕 등에 둔거하는 적의 경우에는 다만 재물의 풍요함에 기대어 목전의 쾌락을 즐기며, 여러 적들은 피차의 성세(聲勢)에 서로 의지하고 있을 따름입니다. 향영·기선·진금수(陳金綬)·허내교(許乃釗, 許乃濟) 등이 통수(統帥)하는데, 다루는 군대는 몇 십만에 지나지 않고 분산 주둔하여 서로의 연결이 단절되어 있는데다 (각각) 적도(賊徒)의 횡일(橫逸)을 막고 있는 까닭으로 거느리고 있는 수하는 매우 적습니다. 그러므로 비록 대거 소탕하고자 하여도 그 세가 충분하지 못해 다만 앉아서 군향(軍餉)을 축낼 뿐 계책 하나도 펼치지 못합니다.

거듭되는 흉년과 관리의 탐학을 기의(起義)의 원인으로 들었다. 이 전란이 천재에다 인재까지 겹친 데서 온 것으로 파악하였다. 원인과 경과 등을 살펴 전란을 종합적으로 파악하면서도 태평군을 유적(流賊)으로 규정하고 있다. 이는 태평군이 진격 과정에서 보여준 모습에 바탕을 둔 것이기도 하지만, 특히 북벌군의 진격 과정에서 유적의 성격이 강하게 드러난 데서도 비롯할 것이다. 관군에 대하여 지휘계통이 문란하고 무능하다고 비판하고 있는 점도 주목된다. 팔기(八旗)와 녹영(綠營)을 근간으로 하는 청나라 군대는 원래부터 지방에 분산 배치되어 대규모 부대의 연합훈련이 없는데다가 오랜 기간의 평화로 이미 군대로서 기능을 잃은 지 오래였다. 소규모 지방 반란이었던 백련교의 난을 진압하는 데 10년이 걸렸고, 제1차 아편전쟁에서도 어이없는 패배를 하고 말았던 것은 필연적 결과였다. 이 〈별단〉은 태평군 지도자 세 사람의 이름을 들고, 태평천국이 남경을 점령하여 그 일대를 근거지로 삼고 있으며, 과거를 실시한 사실 등을 적고 있다. 태평천국이 국가체제를 갖추고 있음을 시사하였지만, 나라 이름과 수도, 지도자들이 왕을 칭하고 있음과 정치 군사적 조직 등에 대해서는 전혀 밝혀내지 못하고 있다. 이 〈별단〉은 끝으로 태평군으로 말미암아 관민(官民)이 입은 손실과 태평군의 악독함, 당시 민중의 어려운 처지를 이렇게 전한다.

4. ③ 적비가 9성을 유린함에 전후하여 신민사녀(紳民士女)의 사절자(死節者)는 부지기수요, 관군의 패배 또한 적지 않습니다. 군대를 지휘하는 대관(大官)인 몽고 부도통(副都統) 동감(佟鑑), 흑룡강 부도통 도고로(圖庫魯), 안휘 순무 강충원(江忠源) 같은 이가 전몰했는데, 이는 지난 겨울 이후의 일입니다. 이 밖에도 수천 명씩 무리를 지어 관리를 살해하고 성을 점거하는 자가 흔하며 진압해도 계속하여 금방 바로 일어납니다. ④ 적비는 도처에서 사람을 사로잡아 장남(壯男)이면 군정(軍丁)으로 충용합니다. 머리나 손목, 어깨나 넓적다리 등에 모두 낙인을 찍는데, 십자 형상이나 또는 반달 모양을, 또는 △와 같은 세모이거나 고리와 같은 원을 이루고 있습니다. 가령 강녕의 적은 십자인이고 과주의 적은 반월인(半月印)을 하는 등 각각 다릅니다. 낙인할 때 먼저 복종 여부를 묻는데, 만일 조금이라도 머뭇거리면 곧바로 베어 죽입니다. 그래서 위협받았던 무리는 모두 표시가 있습니다. 지나는 지방에서 따르지 않으면 곧 죽이고, 수인(受印)하고서 운 좋게 탈출한다 해도 관병에게 죽게 되므로 이래도 저래도 똑같이 죽기만을 기다리는 통탄스러움이 있습니다. 그래서 적비는 쳐서 부수기를 거듭하는데도 도당은 늘 번성하니, 그 법이 가장 악독합니다.

태평군은 거듭되는 패배에도 그 세력이 여전하여, 변함없이 기세를 떨치고 있기 때문에 관민의 손실이 만만치 않음을 보여준다. 또 태평군에 참여하는 민중은 자발적으로 참가하지 않았기 때문에, 태평군은 강제로 동원된 민중을 묶어두기 위하여 이들을 철저하고 엄중하게 관리하고 있다고 전한다. 태평군 내부의 엄격한 규율이 이렇게 전해진 것으로 보인다. 또 태평군을 잇달아 쳐서 없애는데도 오히려 그 세력이 더욱 치성해지는 까닭은, 관군에 투항해도 관군이 이를 받아들이지 않고 죽이기 때문인 것도 지적한다. 도적의 기세가 더욱 번성해 가는 데는 그 책임이 관군에게도 있음을 밝히고 있다. 투항자를 받아들여 중상(重賞)을 내리라는 황제의 유지(2. ③)가 실제로는 이처럼 지켜지지 않고 있음을 예리하게 지적하고 있는 것이다.

서장관 〈별단〉은 황제의 안부, 재정의 궁핍, 청군 장수들의 활약상, 정보 얻기의 어려움 등을 간략하게 정리하고 있다. 세 사신의 복명 내용은 〈별단〉의 내용 가운데서 일부 전투 경과를 요약한 정도에 그치고 있어 수역 〈별단〉의 종합적인 보고와 대조된다. 정사는 북경 근처에서 청군이 승리했다는 극히 한정된 예를 들면서 인심 또한 안정되어 있으므로 사태는 깊이 우려할 바 없을 듯하다고 결론을 내리고 있다. 그는 서장관의 보고처럼 정보 얻기가 매우 힘들다는 점, 그리고 3년 동안의 군수(軍需)로 청조의 재정이 고갈되어 황급한 지경에 이른 점 등을 지적하여 보고를 마치고 있다.

그런데 조선 정부가 이 정보까지 종합했다면 태평군에 의해 격동하는 중국대륙의 실상이나 태평천국의 실체에 대하여 어느 정도 윤곽을 잡을 수 있었으리라 믿어지나, 정사의 복명에서 보듯이 아직도 사태를 심각하게 받아들이지는 않고 있다.

철종 6년(1855) 3월에 귀국하는 동지사행의 서장관 박홍양(朴弘陽)은 '도적이 일으킨 소란[匪擾]'에 대하여 상세히 정리한 〈별단〉을 제출한다. 장문의 이 〈별단〉은 각지에서 일어났던 전투 경과를 주된 내용으로 하고 있다는 점에서 이전의 것들과 큰 차이는 없으나, 이를 더욱 자세하게 정리하면서 태평천국 이해에 도움이 될 만한 몇 가지 사실을 소개하고 있는 점이 특색이라 하겠다. 이 〈별단〉은 먼저 비요(匪擾)의 경위와 그 형세가 성한 이유를 이렇게 설명하고 있다.

三. ① 도광(道光) 말년부터 양광(兩廣)의 묘족(苗族)이 광민(獷民)과 더불어 서로 선동하여 난을 일으켰습니다. 지방의 관리는 애초에 능히 이를 무마하지 못하여 일이 일어났고, 끝내는 또 이것을 은폐하려 하다가 화를 키워 드디어 만연한 지 이미 6, 7년이 된지라, 금릉과 안경(安慶)이 곧 (그들의) 소굴이 되었고 나머지 각 성도 그리 된 곳이 많습니다. 토적(土賊)이 일어날 때 이 틈을 이용하여 무리를 불러 모으고, 게다가 사교(邪敎)로써 속이고 꾀었으므로 그 무리가 이렇게 번성했습니다.25)

사신의 보고에서 태평천국의 흥기와 발전이 종교와 관련이 있다고 언급되는 일은 아주 드문데, 여기서는 태평군이 번성한 이유 가운데 하나를 종교에서 찾고 있는 점이 새롭다. 그러나 그 종교를 사교라고만 밝히고 있어 아쉬움이 남는다. 태평천국이 받드는 배상제교(拜上帝敎)가 기독교나 또는 기독교적 색채를 강하게 지닌 종교로까지는 파악되지 않고 있는 것이다. 이어서 승격림심이 천진의 적비를 깨뜨리고, 태평군의 북벌 장령 임봉상을 붙잡아 북경으로 압송하여 처형하게 함으로써 직예 지역이 적비의 위협으로부터 벗어났다는 사실, 대학사 승보가 계속되는 작전 실패 때문에 붙잡혀 가서 벌을 받은 일, 청군이 상해현성(上海縣城)에 대대적인 공격을 가해 소도회(小刀會) 수령인 유려천(劉麗川)과 이선운(李仙雲)을 살해하고 소도회가 점령하고 있던 상해를 되찾은 사실을 열거하고 나서, 여러 다른 지역의 전황도 자세히 정리하고 있다.26)

---

25) 《日省錄》, 철종 6년(1855) 3월 18일, 書狀官(朴弘陽)別單.

26) 위 朴弘陽別單은 이렇게 이어진다.
正月 攻金陵 轟破城墻數處 該逆盡力死守 金山·六合·鎭江等賊 連爲殲敗 終未就平. 安徽之瓜州一帶 督撫琦善·陳金綬·托明阿等主剿 屢破其黃天蕩·儀徵·新城諸賊巢 太平府則由營以七月克復楚城 賊匪竄伏蕪胡(湖) 犯徽寧 正月 又破其向金陵者 廬州一股. 督撫和春與福濟 主剿六安·英山·含山等州縣 俱已收復. 舒城·巢湖·桐城·潛山等賊 多未就平.

박홍양의 〈별단〉을 다른 〈별단〉과 견주어보면, 각 지역별로 매우 상세하게 태평군과 청군의 대치 상태를 전하고 있다. 그런데, 이 〈별단〉은 청나라 장수들을 숱하게 열거하면서도 태평군 장수는 거의 들먹이지 않고 있는 점이 이채롭다. 증국번의 이름이 노국번(魯國藩)으로 잘못 표기되어 있기는 해도 처음 등장하는 것도 눈에 띈다.

이처럼 각지에서 벌어진 태평군과 관군의 전투 상황을 상세히 소개하고 있는 박홍양의 이 〈별단〉은 끝머리에서 이를 아래와 같이 총괄하고 있어서, 전란의 경과와 진행 중인 전국(戰局) 현황을 쉽게 정리할 수 있도록 해준다.

三. ② 비요 지방을 통괄하여 보건대 초월(楚粵)이 먼저 일이 일어난 땅입니다. 광동 서계(西界)의 여러 군(郡)은 광서 동북계의 적도들에게 합해졌습니다. 그들은 북상하여 호남의 보경부(寶慶府) 이동과 강서의 연서(沿西)지방, 그리고 호북성의 동쪽 절반을 소란에 빠뜨렸습니다. 안휘는 동남의 몇 군 외에는 모두 소란해졌습니다. 강소(江蘇)는 태호(太湖) 이동에서 홍택(洪澤) 이북의 성 절반이 피해를 입지 않았습니다. 광서비(廣西匪)는 또한 서쪽으로 귀주(貴州)에 이어 성의 남부를 어지럽히며 사천 지경까지 이르렀습니다. 이른바 장발적(長髮賊)은 강·휘(江徽)지방에 웅크리고 있는 초월의 한 무리를 가리키는 것인데, 각처의 적 두목은 위홍의(僞紅衣)를 갖추어 (입어서) 구별하며 병졸은 모두 짧은 옷을 입는데, 평민의 의복을 약

河南之永城·亳州等賊 皆合於安徽匪股 湖南·湖北督撫揚霈(楊霖)·魯(曾)國藩·駱秉章·塔齊布等主剿 收復岳州後 復有兩廣賊擾撲 桂陽·臨武·道州·零陵·嘉禾等諸郡縣 次第擊破 沔陽·京山·漢口·武昌 皆于秋間克復 繼復黃州·應城 進剿蘄州·興國一帶 復大冶·廣濟等縣 仍復蘄州·沔陽及潯江 一面漸就肅清 敗匪死守九江 與陸軍互相抵拒 正月由莉竹舖上竄陽邏 又黃梅賊搶漢鎭 官兵潰散 節節退守. 江西之德安·武寧·義寧·信豐·崇仁·吳城等賊 巡撫陳啓邁擊之 或已收復 亦未盡平. 廣東則督撫葉明深(琛)·柏貴主剿 匪魁陳榮 踞羅定洲·九灣等鄕 五路進攻擒之. 其餘諸郡皆卽破復 賊勢漸散. 廣西永福·武緣諸縣游匪 巡撫勞崇光屢擊敗之 雖不滋大 尙未剿盡. 貴州之匪……

취하여도 반드시 이를 잘라서 입습니다.

장발적이라는 태평군의 또 다른 호칭이 처음으로 등장하는 것도 새
로운 사실이다.[27) 또 태평군 장수와 사졸의 복장을 소개하고 있는데,
이 점도 다른 정보에서는 찾아보기 힘들다.

서장관의 〈별단〉이 주로 각지에 있는 청군의 활약을 자세히 열거하
고 있기 때문인지 정사의 전황 판단은 매우 낙관적이다. 그는 먼저 청
국의 올해 농사는 풍작이고 인심 역시 소요가 없다고 답한 뒤 태평군의
현황을 이렇게 설명한다.

> D. ① 중국의 여러 도적은 그 사이 이미 토평되어 재작년에 견주면 장
> 강 이북은 점점 안정되어 무사합니다. ② …… 그 〈당보(唐報, 塘報)〉를
> 얻어 보니 비록 미처 토평하지 못했지만 이를 단단히 둘러막고 굳건히 지
> 키고 있으므로 적도는 감히 동요하지 못하며, 또 강남은 연경에서 수천 리
> 나 떨어져 있습니다. 목하 별로 우려할 것이 없습니다.[28)

황제가 여러 해 만에 행행(行幸)하였고 몇 년째 중지했던 외국 사신
에게 베푸는 잔치[宴饗]를 금년부터 재개한 것을 보면, 정세는 과연 편
안히 정착되어 있음을 미루어 알 수 있고, 따라서 지금 그다지 우려할
것이 없다고 보고한다. 또 적난은 북경에서 멀리 떨어져 있는 강남에서
벌어지고 있으므로 근심할 필요가 없다고도 한다. 사신이 북경의 상황
을 중심으로 사태를 파악하고 있음을 극명하게 보여주는 하나의 예다.
또 서장관이나 수역이 〈별단〉에서 청나라가 지니고 있는 문제점을 지

---

27) 장발적이란 호칭은 1858년의 賫咨官手本에서 한 번 더 보인다. 또 염군(捻軍)을
   착각하여 이렇게 부르는 예도 보인다.

28) 《日省錄》, 철종 6년(1855) 3월 18일, 召見回還冬至使.

적하거나 비판하고 있지만, 이에 대해서는 아무런 언급도 하지 않고 넘겨버린다. 이 점 지난해 사신의 복명 태도와 변함이 없다.

1854년 말, 강소순무 길이항아(吉爾杭阿)가 지휘하는 청군은 프랑스 제독 라게르(Laguerre, 辣尼爾)군과 연합하여 소도회가 점령하고 있는 상해현성을 되찾았다. 한편 태평천국의 북벌군은 전반적으로 매우 어려운 조건에 놓여 있었다. 남방 출신의 북벌군은 북방의 혹한에 시달렸다. 또 화북지방의 풍속에 어두워서 현지에서 환영받기는커녕 공묘(孔廟)를 파괴하여 반감을 사는 등 문화적 충돌로 고전하기도 한다. 거기다 천경에서 파견한 지원군과도 합세하지 못하였기 때문에 점차 고립되고 있었다. 태평군이 직예까지 진출하자 청군은 총공세로 나왔다. 임봉상과 이개방이 이끄는 북벌군은 결국 각기 고립되어 청군에게 패하였다. 이처럼 1854년 말부터 이듬해 초까지 전체 국면은 청군에게 유리하였다. 바로 이 기간에 북경에 머물고 있었던 조선의 동지사행은 청군이 우세한 국면을 맞았기 때문에 정보를 얻기도 어렵지 않았을 것이다. 이러한 전황이 청조의 안정이라는 조선 사신의 결론을 이끌어낸 배경이 되었다.

철종 7년(1856)이 되면 2월에 진위진향사(陳慰進香使)가, 3월에는 동지사가, 6월에는 진하사은사(進賀謝恩使)가 차례로 귀국하여 복명하게 된다. 이들 사신이 가져온 정보에서는 1855년의 그것들에 견주어서 이렇다 할 차이를 찾아볼 수 없다. 먼저 2월에 귀국한 진위진향사의 서장관이 〈별단〉으로 정리한 내용 가운데 주요 부분을 보기로 하자.

四. ① 남비(南匪)를 고당(高唐)과 풍관(馮官)에서 이긴 뒤 도하의 인심은 점점 안정되어 가고 있지만, 금릉·무창·한양 등지는 큰 무리의 도적이 점거한 지 이미 오래이며 그 출몰도 무상합니다. 호북 총독 관문(官文)·순무 호림익(胡林翼)·흠차제독 향영·강소순무 탁명아(托明阿) 등이 전후하여 독전하면서 여러 차례 승전하였는데, 적도가 감히 북상하지 못하는 것은 진실로 향영 등의 방어력으로 말미암은 것입니다. 지난해 11월과 12월 사이에 향영은 총병(總兵) 장국량(張國樑)에게 금릉 용발자(龍脖子) 등지의 적을 공격하도록 하여서 4, 5천 인을 잡거나 베었습니다. 관문과 나택남(羅澤南) 등도 무창과 한양 등지로 진공하여 도적 수천 인을 쓰러뜨리고 죽였으며, 적선(賊船)과 적의 요새를 셀 수 없이 불태웠는데, 이는 근래의 대첩(大捷)이기는 하나, 적의 소굴을 모두 소탕하지는 못하였습니다. 호남과 양광의 적비는, 흠차독무 섭명심(葉明深, 葉明琛)·증국번·낙병장(駱秉章)·백귀(柏貴) 등이 여러 차례 단용(團勇)을 절제(節制)하고 도초(堵勦)에 분력(奮力)하여 한천(漢川)·통성(通城)·개건(開建)·덕현(德縣) 등의 현성을 차례로 수복하였습니다만, 초멸해도 다시 일어나서 한결같이 더욱 번성합니다. 기타 안휘·강절·운귀 등지에는 토비(土匪)·유비(游匪)·묘비(苗匪)·이비(夷匪) 등이 곳곳에서 재난을 일으킵니다. 〈당보〉는 달마다 연이어 승첩을 아뢰건만 철병하는 것을 아직 보지 못했으며, 병용(兵勇)의 상(賞)을 청하는 일과 전장에서 죽은 자들의 구휼을 논의하는 일로 거의 한가한 날이 없습니다.[29]

여기서 새로운 점이라면 단용의 활약이 막연한 대로 소개되고 있는 점, 승리의 소식은 잇달아 들어와도 철병하는 것을 아직 보지 못했으며, 병사들의 포상 청구와 전몰자의 진휼로 편한 날이 없다고 꼬집고 있는 점 정도를 들 수 있다. 이어서 6월에 귀국한 사행의 수역 〈별단〉을 보자.

  5. 남경의 적은 근거지를 견고히 지켜, 금년 봄 이후 승리했다는 상주는

---

29) 《日省錄》, 철종 7년(1856) 2월 14일, 書狀官(申佐模)別單; 《同文彙考》 補續, 使臣別單.

하나도 없으며, 가을을 기다려 몽고병과 만한병(滿漢兵)을 많이 내어서 크게 소탕하겠다는 명령이 이미 있었습니다. 그 밖에 각 성의 토비도 그치지 않아 염비(捻匪)·묘비·양비(洋匪) 등 여럿이 있는데, 이른바 염비는 이미 수도 적지 않고 세도 매우 강하여 산동과 하남 사이를 오가며 항상 도망해 숨기 때문에 더욱 소란해져 가볍지 않습니다.30)

남경의 태평군은 근거지를 굳건히 지키고 있어서, 올 봄 이후에 관군이 승리했다는 상주는 한 건도 없으며, 가을이 되기를 기다려 몽골병사와 만한병 등 많은 군대를 보충해서 크게 소탕할 것이라고 하는 소식을 전하고 있다. 염군의 활동도 처음 소개되는데 그 형세가 결코 가볍지 않다고 보고 있다. 같은 사행의 서장관도 〈별단〉에서 "금릉적비는 여러 해 서로 버티고 있어서 아직도 토평하지 못하였다"고 밝히면서, 그 밖의 지역도 관군이 "승리했다고 상주하는 소식은 빈번히 들리나 여비(餘匪)는 오히려 더욱 경계를 요합니다"라고 보고한다. 또 청군이 점점 지쳐가고 있으며 군자금을 대기도 아주 어렵다는 점을 아울러 전하고 있다.31)

서장관과 수역은 〈별단〉을 통하여 태평군 진압에 나서고 있는 청조의 군대가 태평군과의 싸움에서 잇달아 이기고 있다는 '승리의 연속'이 사실과 다른 허구임을 지적하고, 청나라 정부가 안고 있는 문제점도 함께 밝히고 있다. 그러나 같은 사행에서도 정사의 복명은 다르다. 정사들의 복명은 관군의 태평군 진압이 완전히 끝나지는 않았지만, 태평군이 열세에 놓여 있으므로 머지않아 진압될 것이라고 이구동성으로 낙관적인 전망을 전하고 있는 점에서 공통된다. 예를 들면 안휘·강서·양광 등지의 적비는 E. "잠시 소평되지는 못했지만 적의 예기(銳氣)는

---

30) 《日省錄》, 철종 7년(1856) 6월 11일, 首譯(李經修)別單.

31) 위의 책, 같은 날, 書狀官(趙翼東)別單.

점차 쇠하여 세가 오래가지 못할 것이라 합니다"[32]라든가 F. "안휘·
양광의 여비는 비록 도처에서 걱정거리가 되어왔지만 지금 거의 숙청
(肅淸)하였습니다. 금릉의 큰 무리 적도는 소혈을 굳게 지키고 있어서
지금은 비록 다 소탕하지 못했지만, 역시 머지않아 초멸될 것이라 합니
다"[33]라는 등이다. 이 두 사례는 청조 쪽의 말을 인용하여 전하고 있지
만, 사신 자신의 견해로 복명하는 예도 있다. G. "적비는 작년과 마찬
가지로 경계를 나눠 서로 지키고 있으며, 정토(征討)했다고 듣지 못하
였습니다. 지나온 여러 곳과 황성 안팎은 모두 안연(晏然)합니다"[34]의
경우가 그것이다. 어느 쪽도 시각을 같이하고 있다는 점에서는 다를 것
이 없다.

2. 승전보는 잦은데 적비(賊匪)는 치성하고

1) 천경사변(天京事變)

천경(남경)에 도읍하여 3년이 되는 1856년, 태평천국은 군사적으로
전성기를 맞이한다. 이 해 들어와 여름까지 태평군은 호북과 강서, 안
휘에서 대승하였고, 양주에서는 강북대영을, 진강과 천경에서는 강남대
영을 격파하였다. 모처럼 만에 천경의 긴장이 풀렸고, 장강에 줄지어
떠 있는 크고 작은 선박은 태평천국의 번영을 과시하고 있었다. 장강은
무한에서 진강까지의 구간이 동서를 잇고 남북을 묶어주어 태평천국의
대동맥이 되고 있었다.

---

32) 《日省錄》, 철종 7년(1856) 2월 14일, 召見回還陳慰進香兼謝恩使.

33) 위의 책, 철종 7년(1856) 3월 22일, 召見回還三使臣(동지정사 趙得林).

34) 위의 책, 철종 7년(1856) 6월 11일, 召見回還三使臣(진하겸은정사 朴齊憲).

　그러나 이 번영은 길지 않았다. 지도체제 내부에서 증폭되어 가던 불신과 갈등이 폭발하여 태평천국에 암운을 드리운다. 천왕 홍수전은 천경에 도읍한 뒤 점차 종교 활동에 빠져들어 정사를 돌보지 않게 되었고, 그 사이에 군·정의 대권을 동왕 양수청이 장악하게 되었다. 양수청은 태평천국이 초기의 난관을 극복하고 급속하게 발전하는 과정에서 탁월한 군사·정치적 재능을 발휘하여 지대한 공헌을 했다. 천경에 도읍하고 나서부터 동왕은 군·정의 대권을 거머쥐고 태평천국의 실질적인 지도자로 행세하며 전횡을 일삼았고, 개인적인 야망을 드러낸다. 그리하여 천왕을 비롯한 여러 왕들과의 사이에 불신과 갈등이 심화되고 있었다.

　1856년, 천경을 위협하던 강남대영과 강북대영이 무너지고 잠시 천경의 포위가 풀렸다. 동왕 양수청은 이를 모두 자신의 공로라고 선전하며 태평천국의 권력을 탈취하려는 야심을 드러낸다. 이해 7월, 동왕은 천왕에게 자신을 '만세(萬歲)'에 봉하라고 핍박함으로써 홍과 양 사이의 모순이 격화된다. 만세 칭호는 천왕에게만 허용되어 있었고, 동왕은 당시 '구천세(九千歲)'였다. 위기를 느낀 천왕 홍수전은 일단 이를 수락하여 시간을 버는 한편, 북왕 위창휘(韋昌輝)와 연왕(燕王) 진일강(秦日綱), 익왕(翼王) 석달개(石達開) 등에게 천경으로 돌아와 동왕을 견제하라는 밀조(密詔)를 보냈다. 양수청의 노골적인 전횡이 진행되는 동안 개인적 야망을 숨기고 때를 기다리던 북왕 위창휘는 천왕의 밀조를 받자 8월 초 천경에 입성, 심야에 동왕부를 포위 공격하여 양수청과 그 수하 및 가족 등을 살해하였다. 이 살육은 열흘 동안 이어지면서 동왕의 가족은 물론 동왕부의 관원과 군사들에게까지 미쳐서 모두 2만여 명이 살해되었다. 이 때문에 천경은 공포의 도가니가 되었다.

　무창에서 천왕의 밀명을 받고 천경으로 돌아온 익왕 석달개가 무고한 사람까지 마구 살해한 북왕의 잔혹한 행위를 비판하고 책임을 추궁

하자, 북왕은 익왕까지 제거하려 했다. 위협을 느낀 익왕은 단신으로 겨우 천경을 빠져나갔고, 북왕은 천경에 남아 있던 익왕의 가족을 모두 죽여서 보복한다. 이에 천왕은 위창휘를 처단하고, 익왕을 천경으로 불러들여 대권을 맡기었다. 그러나 천왕은 익왕마저도 의심하여 무능한 형제들을 왕으로 봉한 뒤 공동으로 국정을 관장하도록 함으로써 익왕을 견제한다. 천왕은 큰형 인발(仁發)을 안왕(安王)으로 봉하고 작은형 인달(仁達)을 복왕(福王)에 봉하여 익왕을 견제하도록 했다. 시기와 견제를 견디다 못한 석달개는 이듬해 4월, 사천 지역 원정을 구실 삼아 부하 장병을 거느리고 천경을 떠난다. 석달개 부대는 끝까지 태평천국 기치를 내걸었지만, 사실상 태평천국 이탈이었다.

천경사변 또는 양위내홍(楊韋內訌)이라고 일컫는 이 사태는 이로써 일단 종결되지만, 태평천국 실패의 결정적인 요인으로 작용하게 된다. 태평천국의 우수한 장령 다수가 양당(楊黨)과 위당(韋黨)이라는 죄목으로 살해되었고, 석달개도 다수의 중심부대를 거느리고 천경을 떠나게 되어 태평군 내부는 극도로 분열되고 혁명 역량은 현저히 감소된다. 조정의 기강이 풀리고 인심은 흩어졌다. 뒷날 충왕(忠王) 이수성(李秀成)은 지도부의 내홍이 초래한 결과를 "인심이 변화하고 정견(政見)은 하나로 모이지 않아 각인각색의 기분을 갖게 되었다. 당시 모두 해산하고 싶다는 기분이었지만 그러지 않았던 것은 청군이 광서인을 붙잡으면 용서하지 않고 모두 죽인다고 들었기 때문이다"[35]라고 진술하고 있다.

양위내홍은 군사적인 측면에서도 청군을 비롯한 태평천국의 적들에게 휴식을 제공하여 반격할 수 있는 여유를 주게 됨으로써, 태평군은 공격에서 방어로 전환하지 않을 수 없게 되었다. 전체적인 혁명 정세도 정체와 쇠퇴의 국면으로 접어들면서 태평천국은 보수화하게 된다.

---

35) 中國史學會 主編, 《太平天國》 二, 〈李秀成自述〉.

이처럼 태평천국의 앞날에 결정적 타격을 가했던 천경의 변란은 2년 뒤인 철종 9년(1858)에 보고된다. 뇌자관의 〈수본(手本)〉은 이 사건을 아래와 같이 정리하여 알려왔다.

〈 1 〉 남녘 도적의 사변은 관군이 금릉을 포위한 지 1년이 가까워 오는 데, 도적 두목 양수청이 위성(韋成, 韋正)에게 살해되었고 위성은 석달개에 게 살해되어 스스로 서로 도륙하니 그 세가 심히 위축되었지만 아직 초멸 하지 못했습니다.[36]

사건의 결과는 비교적 정확하게 파악되어 있다. 이 사건이 태평천국 에 커다란 타격을 주었음을 알리고 있다. 이듬해 서장관 〈별단〉은 같은 내용을 五. "금릉 도적의 우두머리 양수청은 그의 부하에게 살해되었 고, 나머지 도적 무리는 예처럼 근거지를 굳게 지키고 있습니다"[37]라고 표현을 달리하여 보고한다. 천경에서 발생한 이 변란의 여파로 익왕 석 달개는 1857년 5월 말께 천경을 떠나 20만 군을 거느리고 원정길에 나 섬으로써 태평천국을 이탈한다. 석달개는 강서·절강·복건·호남 일 대를 전전(轉戰)하다가, 광서로 들어가서 태평천국의 여러 제도를 개선 해 보려 한다. 이후에도 그는 호북·귀주·운남·사천을 전전하였다. 석달개 부대의 발자취는 9개 성에 미쳤다.

그런데, 이 천경사변을 비롯하여 그 전후에 일어난 일들은 조선사신 이 전래한 정보에서는 매우 혼란스럽게 나타나고 있다. 철종 9년(1858) 1월에는 안왕 홍인발이 살해되었다고[38] 전해지더니, 3월에는 천왕 홍 수전이 병사했다는 정보도 들어오고 있다.

---

36) 《日省錄》, 철종 9년(1858) 12월 초4일, 賚咨官李尙健 以手本報備局.

37) 위의 책, 철종 10년(1859) 3월 20일, 書狀官(金直淵)別單.

38) 위의 책, 철종 9년(1858) 정월 초2일, 書狀官(安喜壽)別單.

6. 여주·과주·진강 등이 차례로 수복된 이후 그들이 서로 의지하여 버티는 기세는 이미 한쪽 팔이 잘려나간 상태입니다. 또 그들의 장수 가운데 홍수천(洪秀泉, 洪秀全)은 이미 병사하였고 그 밖에 홍인발·소조귀(蕭朝貴, 蕭朝貴)·풍운산·황생재(黃生才)·진승종(陳承宗)·이개방·임봉상 등은 전망(戰亡)하거나 살육되어, 지금은 양수청과 석달개 등 몇 사람이 공성(空城)을 곤수(困守)하고 있는데, 곧 섬멸될 형세이오니 이는 걱정거리가 될 수 없습니다.[39]

홍수전이 병사했다는 오보는 1853년 9월에 이어 이번이 두 번째이다. 이 오보를 얻어온 사신 일행이 북경에 머무르고 있었을 때나 돌아와서 복명하고 있을 때, 홍수전이 건재했음은 물론 앞서 죽었다고 알려진 홍인발도 바로 이 해에 안왕(安王)으로 봉해진다. 이 〈별단〉의 내용대로라면 1858년 현재의 태평천국은 2년 전에 죽은 양수청과 태평천국을 이탈하여 독자적으로 활동을 벌인 지 1년도 넘는 석달개가 권력의 정상에 있는 셈이 된다. 그런데 이러한 종류의 오보는 철종 14년(1863)까지 계속 들어오고 있다. 아래에 열거한 것은 1860년, 61년, 63년에 들어온 정보에서 각각 추린 것이다.

7. 강남적비는 아직 굳건히 근거를 지키고 있는데 도적 가운데 익왕 석달개라는 자는 작년에 광서로 숨어 들어와서 도처에서 소요를 일으켰으며, 현재 경원부(慶遠府)에 웅거하고 있습니다. 관군이 여러 차례 공격하여 서로 승부를 나눠가졌다 합니다.[40]

H. 석달개는 광서인으로 홍수전의 휘하가 되었는데, 그 사람됨이 가장

---

39) 《日省錄》, 철종 9년(1858) 3월 28일, 首譯(方禹叙)別單.
40) 위의 책, 철종 11년(1860) 3월 24일, 首譯(卞光韻)別單.

약고 교활하여 홍수전이 죽은 뒤 그 무리를 이끌고 강남에 웅거하며 국호
를 태평천국이라 했는데, 이가 월비(粤匪)의 우두머리입니다.[41)]

六. 홍수천(洪受天, 洪秀全)·양수청이 죽은 뒤부터 석달개가 우두머리
가 되어 사사롭게 13왕을 세웠습니다.[42)]

이처럼 정확하지 못한 정보의 배경은 몇 가지로 생각해 볼 수 있다.
그 하나는 태평천국이 광대한 지역을 신속하게 이동하면서 전개한 여
러 지역의 투쟁을 각 지방의 보고자들이 해당 지역의 적비로 청조 조정
에 보고하였고, 조선 사신은 이를 그대로 받아들였다. 그러다보니 조선
사신은 하나의 통일된 세력으로 태평천국을 파악하지 못하였다. 석달개
는 태평천국 이탈 후에도 여전히 태평군 깃발을 내걸었으므로, 조선 사
절은 석달개가 광대한 지역을 유동(流動)하면서 원정하는 것을 전과 다
를 바 없는 태평군의 활약으로 보고 있는 것이다.

또 한 가지는 석달개라는 인물의 지위와 활약상에서 비롯되었을 것
이다. 지모와 용맹을 두루 갖춘 석달개는 뛰어난 전략가이면서 동시에
정치적 역량도 더불어 지녔던 걸출한 인물이었다. 석달개의 지도력은
태평천국 내부에서는 물론이고, 적대하는 청조 측이나[43)] 서방의 관찰
자들도[44)] 모두 인정하는 바였다. 천경사변 이후 태평천국의 명운이 석

---

41) 《大東稗林》〈哲宗紀事〉卷九, 철종 12년(1861) 辛酉 6월, 熱河副使朴珪壽抵人書.
 여기서 이용한 《大東稗林》은 국사편찬위원회 영인본을 국학자료원에서 다시 영
 인한 것을 이용하였다. 이에 따르면 국호가 '太平天子'로 읽히는데, 이는 의미로
 나 발음으로나 있기 어려운 착오이다. 이는 《大東稗林》의 편찬 과정에서 '國'자
 의 초서(草書)를 잘못 필사한 것으로 보인다.

42) 《日省錄》, 철종 14년(1863) 6월 17일, 書狀官(李寅命)別單; 《同文彙考》 補續, 使臣
 別單.

43) 《曾文正公全集》 二. 奏稿 卷2. 〈遵旨移師援閩摺〉; 《左文襄公全集》 書牘 卷4. 〈與王
 朴山〉.

달개에게 달려 있다는 사실은 태평천국 안에서는 물론 청조 쪽에도 공통된 인식이었다. 석달개는 태평군 진압의 주역을 맡아 활동하던 증국번에게도 가장 다루기 어려운 상대였다. 증국번은 석달개의 인물됨과 향배가 전체 전국(戰局)에 미치는 영향에 대하여 함풍제에게 분석하여 보고할 정도였다.[45]

이러한 사정으로 말미암아 천경사변 이후의 태평천국을 석달개가 이끌어가고 있다고 비쳐진 것은 매우 자연스런 일이었을 것이다. 거기다 연원을 알 수 없는 홍수전의 병사설이 더해져서 이를 더욱 확고한 사실로 만들어준 것으로 보인다.

2) 인식의 전환

관군이 승리했다는 소식은 되풀이되는데도 각지의 적비는 여전히 창궐하여 전역(戰役)이 그칠 날이 없게 되자, 사신들은 비로소 청나라의 군대가 태평군을 진압할 능력을 갖추고 있는가에 대하여 의구심을 갖게 된다. 청군의 능력에 대한 회의는 태평군에 대한 평가를 바꾸게 한다. 사신은 이제 청군의 군사적 능력을 회의적으로 보는 한편, 오합지졸로 과소평가해 왔던 태평군 등 이른바 적비 세력에 대한 인식을 새롭게 한다.

청군과 태평군에 대한 인식의 전환은 사신들이 탐지한 정보에서는 주로 청조의 적란 진압에 대하여 전망하는 형식으로 표현되고 있다. 그런데, 처음 한동안은 같은 사행이라도 주로 서장관의 〈별단〉 내용과 정사와 부사의 구두 복명의 내용이 차이를 보이고 있다. 같은 정보를 놓고 사태를 달리 인식하여 해석하고 있는 것이다. 우선 〈별단〉부터 검토

---

44) 羅爾綱, 《太平天國史事考》, 北京: 三聯書店, 1955, 282~283쪽.

45) 《曾文正公全集》 二. 奏稿 卷2. 〈遵旨移師援閩摺〉.

해 보기로 한다.

청군의 태평군 진압 능력에 의문을 나타내고 있는 예는 이미 철종 7년(1856)의 보고 四 ①과 5 가운데 볼 수 있었다. 이러한 회의는 1857년 이후가 되면서 더욱 뚜렷해지고 있다. 1857년에는 七. "적도의 사요(肆擾)가 아직 그치지 않아 강역(疆域)의 숙청(肅淸)이 늦어지고 있다"[46]고 서장관 〈별단〉에 나타난다. 1858년 정월이 되면 수역의 〈별단〉에서 각지의 적비는 8. "명목(名目)이 많으며 소란하고 안정되지 않아 구제할 방법이 없다"[47]로 바뀐다. 같은 해 10월에는 관군이 열심히 진압하지만 각지에서 적비는 여전히 널리 번져 있다고 보고한다.

〈1〉② 그 밖에 안휘·강서·호남·호북·광서·절강의 장발적, 운남의 회비(回匪), 귀주의 묘비(苗匪), 하남의 염비, 복건의 토비가 줄곧 만연하여 여름, 가을 이래 각처의 관군이 누차 싸움에 이겼는데, 박멸하고 나면 다시 치성해져서 출몰이 무상합니다.[48]

그리하여 태평천국이 흥기한 지 10년이 되는 철종 11년(1860) 3월에는 청나라 관군이 부진하여 적비를 진압할 기약이 없다고 전해온다. 관군의 능력에 대한 불신과 회의의 정도가 아주 높았음을 알 수 있다.

八. 금릉적비는 비록 세가 곤궁하고 위축되었다 해도 관군이 부진하여 이제까지 서로 버티고 있습니다. 운·귀·민·월·양광·호남·호북 여러 곳의 각종 적비는 줄곧 창궐하여 박멸해도 다시 일어나니 초평의 기약

---

46) 《日省錄》, 철종 8년(1857) 3월 24일, 書狀官(李容佐)別單; 《同文彙考》 補續, 使臣別單.

47) 위의 책, 철종 9년(1858) 정월 초2일, 首譯(卞光韻)別單.

48) 주 36)과 같음.

82

이 묘연합니다.49)

또 같은 해 8월에도 서장관이 "남비가 근래 더욱 치장(鴟張)하여서, 주군(州郡)을 회복하는 대로 금방 잃고 있으며 염비와 회비 등도 도처에서 갈수록 시끄럽다"50)고 보고한다. 청나라의 난리 평정 능력을 회의적으로 보는 이런 견해는 영·불군에 의한 북경 함락의 충격을 전해오는 동년 10월의 뇌자관 〈수본〉에서 더욱 강도가 높아진다.

> 〈2〉 남변(南邊)의 적경(賊警)은 금릉에서 근거를 굳게 지키고 있는 몇 갈래의 토비가 서로 응원하고 있으며, 소주를 절거(竊據)한 이사영(李士英) 등은 여전히 분략(奔掠)하고 있고, 절강 항주 지역에서는 장발적 장락행(張樂行)·익적(翼賊) 석달개 들이 운남 회비·귀주 묘비·하남 염비·복건 토비 등과 더불어 성세(聲勢)가 연접하여 동찬서원(東竄西援)하면서 줄곧 만연하고 있습니다. 안휘·강서·호남·호북·광서 등의 땅에서는 유독(流毒)이 날로 심하여 출몰이 무상합니다. 각처의 관군이 여러 해 쫓는 것이 바람을 사로잡는 것과 같아서 숙청이 묘연하니 군향의 접제(接濟)를 장차 어찌 주판(籌辦)할지 모른다 합니다.51)

이 〈수본〉은 제2차 아편전쟁의 상세한 경과가 주된 내용이다. 때문에 뇌자관은 백일하에 폭로된 청군의 무능을 목격할 수 있었다. 그가 태평군을 토벌한다면서 태평군의 뒤를 쫓아다니는 관군의 작전 모습을 '바람을 붙잡는 것 같다'고까지 말하는 것도 무리는 아니었다. 1862년에는 서장관이 九. "남비는 이처럼 더욱 소란스러워서 지난해 11월에

---

49) 《日省錄》, 철종 11년(1860) 3월 24일, 書狀官(高時鴻)別單.

50) 위의 책, 철종 11년(1860) 8월 17일, 書狀官(李後善)別單.

51) 위의 책, 철종 11년(1860) 12월 초9일, 賚咨官金景遂 以手本報備局.

절강을 빼앗겼으며, 그 나머지 소주·항주·안휘·영파 등지도 역시 모두 가득 차서 빨리 깨끗이 초멸하여 극복하기 어렵습니다"[52]라고 보고한다. 적비가 아직도 각지에 만연하여 금방 쉽게 토벌할 수 없으니, 완전히 평정하기까지는 아직 더 시일이 필요할 것으로 전망하고 있다.

한편 1856년부터 서장관이나 수역의 〈별단〉에서 태평군에 대한 시각이 바뀌고 있는 것과는 대조적으로, 정사나 부사의 구두 복명에서는 청군과 태평군 등에 대한 인식의 전환이 훨씬 늦어져서, 1859년에 가서야 이루어진다. 따라서 1857년의 정보도 앞에서 본 1856년의 그것과 궤를 같이 하고 있다.

> I. 듣건대 작년 가을과 겨울 사이에 안휘 등지에 적병(賊兵)이 출몰하고, 금릉 땅에서는 비록 전부 초멸하지는 못하였지만, 나머지 무리는 날카로운 기세가 꺾이어, 전과 견주어 조금 편안해졌습니다. 귀주성의 여러 지역에 있는 토비는 관병이 여러 번 승전하여 차례로 수복되어 가니 깊이 우려할 것이 없다 합니다.[53]

특히, 이 동지사행은 적비 곧 태평천국 쪽에서 왕을 칭하고 있다는 사실을 처음으로 탐지하여 복명하지만, 이 칭왕 사실의 확인이 중국의 병란 사태를 평가하는 데 별다른 영향을 미친 것 같지는 않다. 철종 9년(1858)이 되어도 "이제 적세가 점차 기울고 있다"[54]고 하여 관군이 우세하다는 판단에는 변함이 없다. 그런 가운데서 흥미 있는 내용도 눈에 띤다. 즉 J. "남방에 흉년이 아주 심하여 미곡을 줄지어 나르고 있는데, 이는 바로 구휼을 베풀려는 것입니다. 〈당보(塘報)〉에서 본 바로는

---

52) 앞의 책, 철종 13년(1862) 3월 29일, 書狀官(閔達鏞)別單.
53) 위의 책, 철종 8년(1857) 3월 24일, 召見回還冬至使.
54) 위의 책, 철종 9년(1858) 정월 초2일, 召見回還告訃使李維謙.

적비 또한 큰 흉년을 만나서 사졸 가운데 굶어죽는 자가 많습니다"[55]
라고 한 내용이 그것이다. 청조와 관련된 내용이라면 또 모르되 태평군
쪽의 이런 정보는 처음이다. 청조 관원이 태평군 쪽에 크게 불리한 이
일을 태평군의 사기 저하와 약체화를 촉진하는 요소라고 여겨, 크게 부
풀려 보고한 데서 비롯한 정보로 여겨진다.

태평천국의 존재가 아직 확실하게 드러나지 않았던 초기의 한 예를
빼면 사신의 복명에서는 태평군 세력에 대한 과소평가가 분명하게 드
러난다. 이런 처지에서 청조의 태평군 진압에 대한 전망을 한다면, 그
전망이 낙관적으로 되는 것은 당연한 일일 것이다. 그러나 적어도 철종
4년(1853) 가을 이후부터 연행사절이 탐지해 온 정보가 상당히 정확하
고 내용도 풍부한 편이어서, 이들 정보만으로도 태평천국의 실체에 어
느 정도 정확한 접근이 가능했을 터였다. 그럼에도 태평군이 파죽지세
로 진격하는 모습에는 눈을 감고, 청조 관원의 말과 기록만을 그대로
옮기면서 관군이 우세하다는 관점으로 일관하는 까닭은 무엇이었을까?

사신 자신이 말하는 대로 정보를 탐지해 내기가 어렵다는 점을 먼저
들어야 할 것이다. 따라서 그 점은 논외로 하더라도 사신 자신들이 얻
은 정보를 면밀하게 검토하였더라면, 낙관적인 시각으로 일관하지는 않
았을 것이다. 〈별단〉이나 〈수본〉의 내용이 이미 철종 7년(1856)부터
관군의 능력에 대하여 회의적이고 비판적인 지적을 하고 있다는 점에
서도 이 점은 입증된다 하겠다. 또한 사태를 낙관하는 시각이 정보의
수집에 적극성을 감소시키고, 이미 얻은 정보의 분석도 소홀하게 하여
의례적인 복명이 되게 했을 가능성도 있다. 또 다른 차원에서는 사신이
서장관이나 수역의 〈별단〉 내용을 정확하게 인지하고 나서도 정치적인
배려에서 이를 무시했을 가능성도 배제할 수는 없다. 사신이 언제나 청

---

55) 《日省錄》, 철종 9년(1858) 정월 초2일, 召見回還告訃使李維謙.

조 정국의 안정 여부에 주목하고 있음을 복명 기사에서 읽어내기는 어렵지 않기 때문이다.

사신들의 낙관적인 견해는 철종 10년(1859)이 되면서부터 갑자기 암전(暗轉)한다. 우선 정사의 복명부터 들어본다.

K. ① 지난해 연형(年形)이 흉년은 면했다 하지만 기근이 연이은 나머지 기운이 위축되어 있습니다. 직예와 산동지방 등은 정사년 이래 가뭄과 메뚜기의 재앙으로 자주 흉년이 들게 되어 경성(북경) 내외에 거지[流丐之民]가 많고 또 도둑의 재난도 많은데, 관외(關外)는 더욱 심하여 수십 인이나 사오십 인이 떼를 지어 남의 재화를 창탈(搶奪)하며, 그 밖의 각 성 주현에는 적비의 산취(散聚)가 무상합니다. 금릉적의 괴수 양수청은 이미 죽었다고 하지만 여당은 여전히 근거를 굳게 지키고 있으며, 하남 등지에는 염비가 자요(滋擾)하나 초획의 기약이 없습니다. ② 황성 안에 아라사관(俄羅斯館)이 있는데, 5년마다 30여 명이 번갈아 와서 머뭅니다만, 지난 9월에는 연한이 차지 않았는데도 70여 명이 돌연 스스로 와서 함께 머물면서 관사를 늘려놓고[添造] 방자히 거리를 나다니지만, 이를 제재하지 못하고 있습니다. ③ 작년 4월에 영이선(英夷船) 70여 척이 천진에 와서 머물며 내지에 개시(開市)할 것을 청했으나 불허하자, 상륙하여 전쟁을 하겠다고 위협하므로 부득이 임시방편으로 이를 허락하고 화의했지만, 실제로는 약조를 따를 수 없으므로 천진 해구(海口)에다 포대를 쌓고 이번 정월 26일 승왕 격림심(僧王格林沁)이 몽고 찰합병(察哈兵) 1만 2천 명을 거느리고 출진하여 음우(陰雨)에 대비를 하고 있습니다. 관동의 연해 지역 역시 방수(防守)함이 많았는데 이는 역로(歷路)에서 보고 들은 것입니다. …… ④ 본시 대국에는 평소 흥와・조산(興訛造訕)의 폐가 없습니다. 신이 일찍이 부사로 다녀온 지가 이제 10년이 되었습니다만, 인심은 예전 같지 않아서 와언(訛言)이 많고, 또 도둑 걱정도 많아서 전일과 크게 달랐습니다.56)

잇달아 일어나는 자연재해로 기근이 연속되고 농사 불황의 여파로 많은 걸인과 도둑이 생겨나 북경성 안팎을 소란하게 하는 일, 오랜 시간이 지났지만 여전히 평정될 기미가 보이지 않는 적비의 소식, 천진조약의 이행을 강요해 오는 서구 열강의 움직임 등을 목격할 수 있었던 사신으로서는 청조의 사정을 낙관적으로만 볼 수는 없었다. 사신의 견문 범위는 사행로의 주변 지역과 북경 부근 정도로 한정된다. 그래서 왕래하면서 목격한 지역이 무사하면 중국 전체가 무사한 것으로 되기 십상이었다. 그러나 이번 사행은 북경의 치안마저 위협받고 있는 상황을 체험하였다. 아무리 사신이 의도적으로 낙관적 결론을 이끌어내려고 해도, 만사가 순조롭다고는 도저히 말할 수 없었으리라. 이때의 정사 이근우(李根友)는 이미 10년 전에 부사 직함을 띠고 북경을 다녀온 바 있었다. 따라서 그는 당시와 현재를 비교하면서 더 정확하게 정세를 판단할 수 있을 것으로 기대되는 인물이기도 했다. 이근우는 술렁대는 현지의 사정을 10년 전의 체험에 비추어 보면서 사태를 좀더 정확하고 심층적으로 인식할 수 있었던 것으로 보인다.

철종 11년(1860) 3월에 복명하는 사신도 사태가 어렵다고 보고한다.

L. 강남적비는 아직도 근거를 단단히 지키고 있으며 그 밖에 운귀·민월·양광·호남·북 등의 각종 적비는 여전히 창치(猖熾)합니다. 지난 여름 영길리(英吉利, 영국)가 패하여 물러갔지만, 다시 올 것이 근심되어 승왕(승격림심)이 군대를 통솔하여 천진 등지에 주찰(住札, 駐札)해 있습니다. …… 농황은 흉년을 면하지 못했지만 인심이 대단히 황급한 데는 이르지 않았습니다.[57]

---

56) 《日省錄》, 철종 10년(1859) 3월 20일, 召見回還冬至使.

57) 위의 책, 철종 11년(1860) 3월 24일, 召見回還冬至使.

내적(內賊)과 외이(外夷)라는 양면의 적과 마주하고 있는 청조의 난처한 처지가 복명에 반영되고 있다. 지난 여름 영국이 패하여 물러갔는데, 그 영국이 다시 올 것에 대비하고 있다는 표현은 천진조약 비준을 둘러싸고 열강이 북경에 입성하려고 꾀하면서 생긴 전단(戰端)을 가리키고 있는 것으로 보이는데, 그 이후에 전개된 열강과의 긴장 관계가 파악되지 않은 듯하다. 사신은 현지의 정세를 보고하면서 농사의 작황과 결부시켜서 인심이 '대단히 황급한 지경'에는 이르지 않았다고 결론 짓고 있다. 흉년인데도 인심이 대단히 황급한 지경까지는 다다르지 않았다는 이 표현은 결론을 부드럽게 맺기 위한 것이어서, 실제로는 흉년으로 말미암아 인심이 흉흉하지만 폭발하지는 않고 있다는 얘기가 될 것이다.

3) 조선 관인의 태평천국에 대한 지견(知見)

태평천국에 관련된 많은 양의 정보가 있었지만 태평천국의 실체에 대해서는 반드시 많은 사실이 알려졌다고 말하기 어렵다. 사신들이 중국에서 탐지해 온 정보를 통해서 알려진 사실은 태평군이 광서에서 일어나 파죽지세로 진격을 계속하며 청나라 군대와 각지에서 치른 전투가 주된 내용이었다. 태평천국 내부의 사정은 남경이 근거지의 하나라는 것, 그 남경에서 과거를 실시했다는 것, 홍수전과 양수청 등 주요 지도자의 이름, 그리고 이들이 칭왕(稱王)하고 봉왕(封王)하였다는 정도가 알려졌을 뿐이다.

적비가 발생한 원인과 적비의 성격, 구성원들의 종족, 관군이 계속 진압 작전을 펼치는데도 여전히 적비가 번성한 이유 들이 밝혀지고 있다. 광서에서 적비가 일어난 것은 해마다 흉년이 되풀이되는데다 관리들의 탐학이 심하여 이를 견디지 못하고 분격하여 난을 일으켰기 때문이다. 이들 적비는 모두 한족(漢族)으로 구성되어 있다. 이들은 원대한 뜻을 품고 멀리 내다보며 일을 꾀할 줄 모르는 오합지중이다. 가는 곳마다 약탈을 일삼을 뿐 군대가 머물러 수성(守城)하는 일이 없으니 말 그대로 유적(流賊)이다. 난이 커지면서 도적의 무리가 번성하는 이유로, 관리들이 무능하고 부패하여 초기의 대응에 실패하였음을 먼저 든다. 또 다른 이유는 청조 군대의 구조적 모순에서 찾고 있다. 청조가 많은 장수를 동원하여 대거 진압에 나서지만 각 장수가 거느리는 군사가 적고, 그나마 분산 주둔하고 있어서 효과적인 연합 작전을 펼치지 못하기 때문이라는 것이다. 적비가 번성한 이유를 적비의 강성함이라기보다는 청국 정부의 대응이 미숙하거나 부적절한 데서 온 것으로 보고 있다.

태평천국에서 종교적 요소도 찾아낸다. 적비는 사교(邪敎)로써 무리를 꾀어내 이를 광신하도록 만들었기 때문에 번성한다 하였다. 사교는 중국의 전통적인 비밀결사로 파악된 것으로 보인다. 사신이 사교를 언급하면서 이렇다 할 논평을 가하고 있지 않기 때문이다. 만약 태평천국이 지향하고 있는 세계가 배상제교(拜上帝敎)에 바탕을 두고 있으며, 그 배상제교가 서양의 기독교라거나 혹은 기독교적 색채가 농후한 것으로 알려졌더라면 사신은 물론 조선왕조의 반응은 훨씬 달라졌을 것이고, 왕조 차원의 첨예한 관심사가 되었을 것이다. 조선은 이미 천주교도에 대하여 대탄압[신유사옥(辛酉邪獄), 1801]을 가한 바 있고 프랑스의 선교사를 처형하기도 하였다. 또 통상과 선교를 요구해 오는 이양선의 출몰에 위협을 느끼며 긴장하고 있었다. 거기다 제1차 아편전쟁의 여파로 국내의 기독교도가 서방의 세력과 내통하여 반란을 꾀할지도 모른다는 의구심으로 말미암아 기독교도의 동향에 비상한 관심을 기울이고 있었기 때문이다.[58]

---

58) 이 책 제3장 2절 참조.

태평군에 대한 호칭은 주로 태평군이 활약하는 지역 명칭을 따서 부르고 있다. 광서적비·남방적비·강남적비·남비·월비 등이다. 장발적이라는 호칭은 아주 가끔 등장한다. 국호는 앞서 H에서 보았듯이 1861년에 '태평천국(太平天國)'이라고 한 차례 알려지지만, 이것도 국왕에게 공식으로 보고된 것은 아니고, 부사가 사신(私信)에서 언급하고 있을 뿐이다. 그래서 2년 뒤인 1863년에는 오히려 "남비의 국호와 연호는 이를 알고 있는 사람이 없다"고 보고된다. 겨우 2년 차이를 두고도 사신들 사이에서 정보가 공유되고 있지 않음을 보여주는 예이기도 하다.

태평천국의 지도자와 그 구성원이 모두 한인이라는 사실은 1853년에 일찍이 수역 〈별단〉에서 지적되었다. 그러나 이에 대하여 국왕이나 사신이 더 이상 관심을 보이지 않았다. 그 뒤부터 사신이 탐지한 정보에서 아무런 언급이 없다. 오히려 유민이나 유적, 토구, 광민(獷民), 오합지중, 걸간지도(揭竿之徒) 등으로 단순화하여 부르고 있다. 이로 보아 조선의 사신은 이를 '민족 모순'이라는 시각으로 인식하지 않았음을 알 수 있다.

태평천국 지도자들의 이름은 철종 4년(1853)부터 상당수가 알려진다. 1853년 3월에 소조귀와 홍수전이, 같은 해 9월에 홍수전과 양수청이, 1854년 3월에는 양·홍과 임봉상 등이 거명된다. 이후 시간이 경과하면서 풍운산·위창휘·석달개·이개방·이수성(李秀成) 등 상당수 태평군 지도자의 이름이 보고된다. 이들 지도자들이 태평천국에서 차지하는 지위를 보면, 홍수전이 으뜸가는 지도자로 드러나지만 때로 양수청이 수괴로 파악되기도 하였다.

태평천국 지도부의 칭왕과 봉왕에 대한 사실은 조선정부의 관심사였다. 이를 전해주는 1857년과 1861년의 정보를 차례로 정리해 보자.

천왕 홍수전 화상(A. F. Lindley, *TI PING TIEN KWOH*, 1866)

태평천국 천왕 옥새

충왕 이수성(A. F. Lindley, *TI PING TIEN KWOH*, 1866)

9. 금릉·안경·강서 등지에서 적괴(賊魁) 양수청과 위정 등이 왕호를 위칭(僞稱)하고 있다 합니다.[59]

十. 천하 각 성이 모두 군무에 대한 일이 많은데 적비의 명목이 한둘에 그치지 않아서입니다. 월비가 강남에 의거한 지 이미 여러 해 되었는데 그 세가 심대하며, 그 수하에 위왕(僞王)으로 봉해진 자가 많다 합니다.[60]

10. 각 성이 모두 군무를 담당해 온 것이 실로 한두 해가 아니며, 적비의 명목(名目) 역시 한두 가지가 아닙니다. 강남을 어지럽히고 있는 자를 월비(越匪, 粤匪)라 합니다. 그 수령은 홍수천(洪秀泉, 洪秀全)이고 그 도당 양수청이 가장 교활하였는데 이미 죽었으며, 지금은 수하에 위왕(僞王)으로 봉해진 자가 심히 많습니다.[61]

---

59) 《日省錄》, 철종 8년(1857) 3월 24일, 首譯(李埅)別單; 《同文彙考》 補續, 使臣別單.
60) 《日省錄》, 철종 12년(1861) 3월 27일, 書狀官(趙雲周)別單.

9는 수역이 〈별단〉에다 정리한 기사이다. 이에 대하여 복명 석상에서 국왕이 사신에게 칭왕에 관한 사실을 확인하고 있지만, 칭왕에 대한 일을 두고 군신(君臣) 사이에는 아무런 논평도 없었다. 十은 1861년 정사의 보고이며, 10은 같은 사행의 수역 〈별단〉이다. 이러한 칭왕과 봉왕에 관한 기사를 통하여 홍수전이 왕을 칭했음을 유추할 수는 있다. 그러나 홍수전이 왕을 칭했다는 사실이나 그 왕호가 천왕이라는 사실은 조선 사신의 보고에서는 끝까지 알려지지 않았다. 1863년의 서장관 〈별단〉에는 앞의 六에 나타나듯이 홍수전과 양수청이 죽고 나서 석달개가 사사로이 13인의 왕을 봉했다는 정보가 들어온다. 태평천국 후기가 되면 봉왕의 수가 늘어나는데다, 앞에서 보았듯이 홍수전이 병사했다는 오보가 들어오고, 석달개가 천경을 이탈한 뒤의 행적까지도 태평군 내부의 움직임으로 알려지면서 생겨난 그릇된 정보로 볼 수 있다. 왕호가 정확히 알려지는 그 밖의 예를 들면 안왕 홍인발은 1858년에,62) 익왕 석달개는 1860년에,63) 충왕 이수성은 1863년에64) 알려지는 정도이다. 그런데 칭왕과 봉왕에는 관심을 보이면서도, 태평천국이 어떠한 통치기구를 갖고 있으며, 태평군이 장악한 지역의 향촌 통치는 어떻게 이루어지고 있는가를 탐지한 정보는 보이지 않는다.

태평군 병사들의 복장과 내부 관리, 엄격한 규율에 대해서도 약간의 정보를 가지고 있었다. 적비는 변발(辮髮)을 풀고 장발을 하였으며, 부대별로 몸에다 표지를 새기는데 그 표지는 십자 모양이나 반달 모양, 동그라미나 삼각형 등이다. 장수는 붉은 옷[紅衣]를 입어 병사들과 구

61)《日省錄》, 철종 12년(1861) 3월 27일, 首譯(李埅)別單.
62) 위의 책, 철종 9년(1858) 정월 초2일, 書狀官(安喜壽)別單. 이 〈별단〉에서 홍수전(洪秀全)의 큰형[長兄] 인발(仁發)이 조카[姪] 인발(仁發)로 파악되어 있다.
63) 위의 책, 철종 11년(1860) 3월 24일, 首譯(卞光韻)別單.
64) 위의 책, 철종 14년(1863) 4월 초4일, 書狀官李在聞進聞見別單;《同文彙考》補續, 使臣別單.

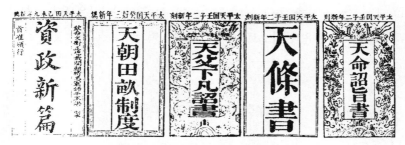

태평천국 관서(中國史學會主編 《太平天國 1》)

분하였다. 병사들은 짧은 옷을 입으며, 평민들의 옷가지를 빼앗아 입을 때도 반드시 짧게 잘라서 입는다. 병사들은 아주 악독하다고 전한다. 태평군이 엄격한 규율 아래서 죽음을 두려워 않고 용감히 싸우는 모습이 그렇게 비춰진 것으로 보인다. 그러나 사신은 태평군 병사가 악독한 이유를 달리 설명한다. 처음 적비에 가담할 때 복종을 맹세하지 않으면 적비에게 살해되며, 관군에게 붙잡히거나 투항해도 모두 살해되기 때문이라는 것이다. 또 적비를 계속하여 쳐부수는데도 늘 번성하는 이유도 여기에 있다 하였다.

배상제회의 여러 교리서나 혁명을 선전하는 〈봉천토호격(奉天討胡檄)〉, 〈천조전무제도(天朝田畝制度)〉처럼 태평천국이 간행하여 반포한 숱한 문서에 대한 정보도 전혀 없다.[65] 태평군의 엄격한 기율이나 성고(聖庫)제도, 남영(男營)과 여영(女營) 같은 태평천국의 특색 있는 제도도 전해지지 않는다. 따라서 연행사신의 정보를 통해서는 태평천국의 주의

---

65) 연행사신들의 서적 수입은 태평천국 기간에도 꾸준히 이루어지고 있다. 그러나 청조의 학인이나 관인들의 태평천국 체험기나 이에 관련된 서적, 또 태평천국 쪽의 많은 간행물의 수입에 대해서는 알려지지 않고 있다. 그런데 한국 개화사상의 선구자 가운데 한 사람인 역관 오경석(吳慶錫)이 연행 때 구입한 많은 서적 가운데 《粤匪紀略》이 포함되어 있다(愼鏞廈, 〈吳慶錫의 開化思想과 開化活動〉, 《歷史學報》 107집, 1985, 147·162쪽). 이로 미루어 보건대 이들 문서는 어느 정도 국내에 반입되었을 것으로 보이나 지금까지는 별로 밝혀지지 않았다.

나 주장, 그 이상과 지향에 대해서는 알 길이 없다. 처음부터 오합지
중·걸간지도·유적 등으로 시각을 고정시켜 놓은 결과일 것이다.

3. 적비와 양이(洋夷)

1) 승격림심과 증국번

전란이 오래 지속되는 사이에 많은 청조 관원의 이름이 부침(浮沈)한
다. 그 가운데 태평천국의 진압에 두드러진 활약을 보여주는 대표적인
인물이면서, 한편으로는 여러 가지 면에서 매우 뚜렷한 대조를 보여주
는 두 사람을 든다면 승격림심과 증국번일 것이다. 이들은 조선 사신이
탐지해 온 태평천국 관련 정보에서도 선명한 대조를 이루고 있다.

승격림심(僧格林沁, ?~1865)은 몽골 과이친기(科爾親旗)의 귀족으로,
용맹과 지략이 뛰어나 청조에서 으뜸으로 치는 걸출한 무인이었다. 승
(僧)은 태평군 진압의 공로로 친왕(親王)에까지 오른다. 영·불 함대의
침입을 격퇴하고, 염군(捻軍)의 진압에서도 활약했다. 그의 이름은 일찍
부터 조선사신의 복명에서 자주 거론될 뿐만 아니라 그 인물됨과 전공
(戰功)이 여러 차례 소개된다. 또 주전척화론자(主戰斥和論者)였던 그의
상소문이 소개되기도 했다.

증국번(1811~1872)은 호남 상향(湘鄕) 출신으로 1838년 진사에 합
격, 한림원(翰林院)에 들어가서 여러 직임을 거친 뒤에 예부시랑(禮部侍
郞)에 올랐다. 1852년 9월, 모친상을 당해 고향에서 복상 중, 이듬해 정
월 호남순무를 도와 단련을 조직하여 태평군을 막으라는 명을 받았다.
이리하여 그는 상군(湘軍)을 조직·육성하여 태평군 공격의 주력을 맡
았다. 증국번은 태평천국을 전통질서에 대한 미증유의 도전으로 보고,

명교(名敎)의 수호를 외치며 태평군 진압에 나섰고, 태평천국의 멸망에 결정적인 구실을 했다. 그러나 증국번의 경우, 그 이름이 조선 사신의 보고에 나타나는 것은 그 시기도 늦거니와(1855년 이후에 가끔 열거되기는 한다), 빈도와 내용에서도 승격림심과 비교가 되지 않는다. 증은 1861년에 가서야 겨우 평가를 받기 시작했다.

十一. 총독 증국번이 황제의 명을 받들어 도적을 치러 나섰는데 충정(忠貞)하고 염백(廉白)하여 평소에 위명(威名)이 드러났으며, 문무(文武)를 겸비하여 중외(中外)의 인망이 모두 그에게 몰려 있습니다. 절강 남북의 안위(安危)가 모두 다 오로지 증국번 한 사람에게 걸려 있다 합니다.[66]

1863년에는 이런 인재론도 보인다.

11. 당대의 인재를 논하면 모두 승왕(僧王)을 제일로 치며, 양강총독 증국번, 민절(閩浙)총독 좌종당(左宗棠), 안휘순무 이속의(李續宜) 등은 세상에서 이들 인재를 옛 사람과 견주어 부끄럽지 않다 여기는데도 군흥(軍興)이래 전후 10여 년이 되도록 성공하지 못하니, 비록 인재가 있다 하나 그 나머지는 국운(國運)이 어떠한지에 달려 있는 일이라고들 말합니다.[67]

10여 년 동안이나 병란을 진압하지 못하고 있음은 뛰어난 인재들이 없어서가 아니고 국운 앞에서는 어쩔 수 없다는 의미일 것이다. 여기서 당시 인구에 회자되고 있는 인물이 누구인가를 알 수 있다. 증국번은 이 인물평에서 거론된 한인의 인재 가운데서 으뜸에 자리 잡고 있다. 사신이 입수하여 보고한 정보에서 증국번의 이름을 자주 보게 되는

---

66) 《日省錄》, 철종 12년(1861) 6월 19일, 書狀官(申轍求)別單.
67) 위의 책, 철종 14년(1863) 6월 17일, 首譯(李尙迪)別單.

것은 그가 양강 총독에 부임하는 1860년 이후의 일이다. 증은 이처럼 늦게야 부각되지만, 그의 명성이 1850년대에 '안위(安危)를 좌우할 주춧돌과 같은 인물'로 청조 사대부 사이에 알려져 있었다는 정보는 철종 6년(1855)에 이미 들어와 있었다.[68] 좌종당이나 이홍장 등의 이름도 태평천국 말기에 가서야 보이기 시작하는데, 이 점도 증의 경우와 비슷하다 할 것이다. 뿐만 아니라 그들이 조직하여 지휘한 상군이나 회군(淮軍)의 활약상은 거의 알려지지 않는다.

우리는 여기서 청조 권력구조 내부에 도사리고 있는 만·한(滿漢) 대립의 일단을 읽을 수 있고, 나아가서 조선사신이 정보를 탐지하는 데서 작용하는 제약의 한 단면을 볼 수 있다. 1865년, 청조 직계의 유일한 용장(勇將)이었던 승격림심이 염군과 싸우다 패하여 죽었다. 이 승격림심의 패사(敗死)는 청 말의 군사 주도권이 상군과 회군 등 한인의 손으로 넘어가는 계기가 된다. 조선사신의 정보에서 증국번이 두드러지기 시작하는 것은 앞으로 다가올 청말 한인관료 시대의 도래를 예고했다고도 할 수 있겠다.

2) 제2차 아편전쟁

태평군에 관한 평가가 바뀌어 청조의 적란이 언제 평정될지 알 수 없다는 보고가 이어지는 가운데 1860년 12월, 뇌자관은 영·불연합군이 북경을 점령했다는 충격적인 소식을 〈수본〉에 담아 비변사(備邊司)에 제출하였다.[69] 그 〈수본〉에는 함풍제가 자금성(紫禁城)을 버리고 열하(熱河)로 피난하였으며, 북경조약이 체결되었다는 등, 제2차 아편전쟁에 관한 자세한 경과가 소상하게 적혀 있었다. 급보를 접하고 경악한

---

68) 徐慶淳,《夢經堂日史》編四 紫禁瑣述.

69)《日省錄》, 철종 11년(1860) 12월 초9일.

조선정부는 민감하게 반응한다. 곧바로 열하문안사를 파견하기로 결정한다. 비변사의 계언에 따른 것이다.[70] 문안이라는 의례도 의례지만, 그보다도 오히려 언제 쳐들어올지 모르는 열강 세력, 평정될 줄 모르는 적비에 대한 불안감과 경계심으로 말미암아, 그 사정을 탐색하고 대책을 세우자는 의미가 컸다. 해가 바뀌어 정월, 문안사 일행이 출발 인사를 할 때 철종이 내린 아래와 같은 명령에서도 그 정황이 드러난다.

> 금번 사행(使行)은 곧 황성에 큰 일이 일어난 때문이다. 이번에는 다른 때와 달라서 경들을 보내는 나의 마음이 심히 걸리니 반드시 잘 다녀와야 할 것이다. 또한 황성의 적비는 근자에 어떠한지 알지 못하니 상세히 탐지할 것이며, 탐지하는 대로 선래편(先來便)으로 신속하게 보낸다면, 중국의 신식(信息)을 알 수 있고, 경들의 안부도 알 수 있겠다.[71]

국왕은 이번 사행의 특수성을 강조하면서, 현지의 사정을 상세하게 탐지하되 사신이 귀국하기 전이라도 정보를 얻는 대로 별편을 마련하여 신속히 알리라고 당부하고 있다.

복합적 사명을 띠고 불안 속에 떠났던 문안사는 6월에 귀국하게 된다. 그런데 문안사의 귀국에 앞서서 지난해에 파견되었던 동지사행이 3월에 돌아와서, 서양 오랑캐가 몰고 온 회오리 이후의 현지 정황을 복명한다. 이에 임하는 철종도 매우 깊은 관심을 보이며 다방면에 걸쳐 질문을 하고 있다. 이에 대한 사신의 대답 가운데 중요한 부분을 보기로 한다.

---

70) 앞의 책, 같은 날; 《備邊司謄錄》 제247책, 철종 11년(1860) 庚申 12월 초9일; 《哲宗實錄》, 11년 12월 戊辰.
71) 《日省錄》, 철종 12년(1861) 정월 18일.

M. ① 저쪽 중국의 사정은 이미 모두 언계(諺啓)하였고 이제 또 서장관의 〈별단〉이 있으니 새로 아뢸 내용이 없습니다. 다만 보고 들은 바로써 곰곰이 따져볼 때 한두 가지 우견(愚見)이 없을 수 없습니다. 양이와 억지로 화친했지만 외구(外寇)가 점점 치성하여 황가(皇駕)가 북수(北狩)하기에 이르렀으니, 천하가 어지럽지 않다고 말할 수는 없겠습니다. 그러나 성궐(城闕)·궁부(宮府)·시창(市廠)·여리(閭里)는 예처럼 편안하고, 장병이 교루(郊壘)에 주둔함에 기색은 정돈되어 여유가 있으며, 도적이 근성(近省)에 숨었는데 방어함이 침착하고 여유가 있으니, 이는 민심이 일이 일어나기도 전에 소란을 떨지 않고, 조정의 계략은 일이 닥치고 나서야 어찌할 줄 몰라 하는 착오를 범하지 않기 때문입니다.

② 중국이 화약(和約)을 받아들인 것은 세(勢)가 부득이한 데서 나온 것이니, 영·법과 맺은 화약서를 보면 가히 이를 추지(推知)할 수 있습니다. 사교(기독교)는 중국이 배척하는 바인데도 그 전습(傳習)을 허가하였고, 양약(洋藥: 아편)도 중국이 금하는 바이지만 그 교역을 허가하였습니다. 맺어진 기타의 조관(條款)도 모두 양이가 편할 대로 취하였으니 그 힘에 굽히어 억지로 화친하였음을 가히 알 수 있습니다.

③ …… 열하는 황제가 때에 따라 수렵(蒐獵)을 하는 곳으로 황가(皇駕)가 때마침 순유(巡遊)하는 것은 놀랄 만한 일이 못되는데도 동인(東人)이 그 왕래를 두고 이를 근심하다 기뻐하다 하는 것은 구례(舊例)를 깊이 알지 못하여 그러는 것입니다.

④ 무릇 중국은 바야흐로 근심스런 시기를 맞고 있으나 오히려 이처럼 태연하고 한가한데, 우리나라는 한 구석의 청평(淸平)한 지역에 있으면서 어찌 풍성(風聲)을 듣자마자 서로 선동을 하고 있습니까. 지금 근심할 것은 두 가지가 있습니다.

ㄱ) 양이가 이미 황성에 가득 차서 혹시 그 기세를 몰아 동범(東犯)할까 하는 두려움입니다. 신은 꼭 그렇지는 않다고 말하겠습니다. 그들은 교역

으로써 본무(本務)를 삼는데, 우리나라는 교역할 만한 재보(財寶)가 없으니
무슨 까닭으로 가볍게 남의 나라에 침입하겠습니까. 다만 사교를 익히고
양약을 먹는 무리가 있어 몰래 서로 창도(倡導)한다면 역시 오지 않는다고
보장하기 어려울 뿐입니다.

ㄴ) 남비(태평군)가 번성하여 근성에 미쳐 혹 우리나라의 서쪽 변경을
창탈(搶奪)하지 않을까 하는 두려움인데, 신은 곧 그렇지 않다고 생각합니
다. 황성은 근본이 굳건하고 요·심(遼瀋)의 공위(控衛)는 장대한데 어찌
가벼이 이를 깨뜨리고 넘어올 수 있겠습니까. 다만 변잡(邊卡) 내외를 왕래
하는 소응지도(嘯應之徒)가 있으면 그 무사함을 보장하기 어려울 것입니다.

그런즉 가히 걱정할 것은 국내에 있지 외구(外寇)에 있지 않습니다. 오늘
을 위한 계책으로는 일에 앞서 소란스러워도 아니 되며 또한 아무런 준비
가 없어서도 안 될 것이니, 마땅히 서둘지도 말고 태만하지도 않게 변방(邊
防)을 엄히 하고 무비(武備)를 잘하여 우리 백성으로 하여금 주의는 하되
두려움은 없도록 한다면, 천하는 비록 어지럽다 해도 국내는 저절로 안정
될 것입니다.[72]

10년을 이어온 적란은 진정될 기미가 보이지 않는다. 거기다 양이에
게 북경을 점령당했고 억지로 화약을 맺어야만 했다. 이러한 미증유의
노대국(老大國) 사태를 알게 된 조선의 지배층이 이 문제를 얼마나 중
대하게 받아들였는가는 사신의 이 복명에서도 잘 드러난다.

사신이 언계를 사용하고 있는 것도 사태의 심각성을 말해준다. 신속
한 보고를 위하여 내는 언계는 청조 관헌의 오해를 살 우려가 있다 해
서 보통 때는 잘 쓰지 않는다. 그런데 앞에서 보듯이 국왕 자신이 문안
사가 출발할 때 언계를 내도록 명령할 정도였다. 북경 함락 사태를 전

72) 《日省錄》, 철종 12년(1861) 3월 27일, 召見回還三使臣; 《承政院日記》 咸豊 11년
(1861) 辛酉 3월 27일; 《哲宗實錄》, 12년(1861) 3월 乙卯.

혀 예상하지 못하고 연행에 올랐던 동지사 일행은, 현지의 사태를 접하자 언계로 미리 보고하지 않을 수 없을 정도로 사안이 긴급하다고 인식했다. 머지않아 조선도 청조와 같은 곤경에 빠지는 것이 아닐까 하는 불안과 경계심에서 오는 위기감의 반영이기도 했던 것이다. ④의 내용은 이를 더욱 선명하게 보여준다. 그 불안과 경계의 대상은 서양 오랑캐만이 아니고 청나라의 적비도 포함된다는 점을 ④ ㄴ)을 통해 알 수 있다.

조선정부 당국자가 청나라의 내우, 곧 태평천국 등 반청투쟁에 대하여, 이를 위기로 여겨 드러내놓고 직접 경계심을 내보인 것은 이때가 처음이자 마지막이었다. 북경 함락에 대한 충격파의 연장선에서 불안과 경계심이 증폭된 것이 경계심을 유발한 요인의 하나일 것이다. 또 하나의 요인은 백일하에 드러난 청조의 무능을 더 이상 감추거나 얼버무려 넘길 수 없는 지경에 이르렀다는 판단 때문일 것이다. 그래서 현실로 드러난 사실을 일단 인정하고 이를 수습할 길을 찾는 방법을 선택한 것으로 보인다.

북경이 함락되고 청나라의 황제가 난을 피하여 몽진했다는 이 대사건은 조선의 지배층뿐만 아니라 일반에게도 널리 알려졌다. 이 소문이 퍼지자 서울 장안이 한때 혼란 상태에 빠졌고, 관료들 가운데 낙향하는 자들마저 나왔다고 하는 것은 일찍부터 잘 알려져 있다.[73] 사신의 복명이 매우 신중하게 이루어지고 있는 데서도 당시의 분위기를 알 수 있다. 특히 사신은 함풍제가 열하로 거둥하게 된 전말과 그 의미를 묻는 국왕에게 ③과 같은 궁색한 설명을 하고 있다. 황제가 궁성을 비우고 열하로 옮겨갔다는 일이 단순한 연례행사가 아니라 피란이란 사실을

73)《日省錄》, 철종 12년(1861) 정월 29일;《承政院日記》咸豊 11년(1861) 1월 29일.
C. Dallet, 崔奭祐·安應烈 譯,《韓國天主敎會史》下, 대구: 분도출판사, 1982, 315~319쪽; H. B. Hulbert, The History of Korea, vol.II., pp. 200~202; 헐버트 지음, 신복룡 옮김,《大韓帝國史序說》, 탐구당, 1973, 119~120쪽.

사신 자신이 누구보다도 잘 알고 있을 터인데도 신석우는 이를 황제의 정례적인 수렵행차라고 강변한다. 사신은 이처럼 충격을 줄이려고 애쓰고 있다. 그래서 드러난 사실은 그대로 인정하되 사태의 해석을 통하여 위기를 누그러뜨리려고 이처럼 정보를 왜곡하여 해석하고 있는 것이다.

조선정부는 사신의 이러한 정세 분석을 토대로 위기감에서 벗어나 일단 안정을 되찾은 것으로 보인다. 이후 열하문안사의 언계가 들어오고, 문안부사 박규수의 보고서신이[74] 들어와 그 내용이 알려지면서 안정에 대한 확신을 갖게 된 것으로 보인다. 부사 박규수는 적비와 청군의 동태를 비교적 짜임새 있게 정리한 다음 이를 청조의 '심복지환(心腹之患)'으로 진단한다. 그러나 박규수는 이 중대한 환난을 청나라 장수들이 잘 막고 있다고 결론 내리기를 잊지 않고 있다. 이어 양이의 동태에 대한 현황 정리와 분석에서도 앞서 본 신석우의 견해와 거의 같은 의견을 피력하면서 사태를 전망하고 있다. 이러한 일련의 정보 분석과정을 거치면서 조선정부는 일단 안정을 되찾게 되는 것이다.

이 점은 6월에 귀국하는 열하문안사의 복명에서도 알 수 있다. 안팎의 적비, 특히 양이, 곧 서구열강 세력의 움직임에 강한 불안과 위기감을 품고 출발했던 문안사였다. 중원의 정세를 자세히 진술하라는 철종에게 사신은 이렇게 보고를 시작한다.

N. ① 그동안의 일은 이미 언계를 통해 대략 보고한 바 있었습니다. 각 성의 적비가 창궐한 지 이제 10여 년이 되었습니다. 그동안 비록 승첩 때에도 거괴(巨魁)는 그대로 있거나 오히려 근거지를 굳게 지켜 쉽게 초멸하기 어려웠습니다. 그러나 총독에 합당한 인물을 얻었고 방어가 심히 굳건하여, 적도 역시 염병(斂兵)하고 자수(自守)하기만 할 뿐 감히 다시 침략하

---

74) 《大東稗林》, 〈哲宗紀事〉 卷九, 12년(1861) 辛酉 6월, 熱河副使朴珪壽抵人書; 《龍湖閒錄》 三, 〈別使先來便錄紙〉(국사편찬위원회, 1979), 7~10쪽.

102

지는 못합니다. ② 향마적(响馬賊)은 각기 해당 지부(知府)가 엄히 금집(禁戢)하고 이미 붙잡은 자는 법에 따라 처단하며, 산도자(散逃者)는 보는 대로 살피고 조사하니 연로(沿路)가 청정(淸淨)합니다. ③ 양이는 거리낌 없이 왕래하고 관(關)에서 조사하지 않아 자의로 교역하니 거래에 세금이 없습니다. 그러나 별다른 침요(侵擾)의 실마리는 없습니다. 그래서 도민(都民)은 처음에는 자못 의심하고 겁내었으나 오래되자 점점 익숙하고 편해져서 심상히 여기게 되었고, 여리와 시창은 예처럼 안도하여 조금도 소란이 없습니다.75)

이 보고에서는 이미 양이에 대한 두려움이 보이지 않는다. "하물며 이번 사행은 더욱 중대하여 어찌 감당할지 몰라 엎드려 주야로 근심과 걱정이라"76)던 출발 당시의 사신의 말을 상기하면 예상 밖이다. 3월에 돌아온 동지사도, 또한 6월에 귀국한 문안사도, 그들이 각각 북경에 도착했을 때 영·불군은 이미 북경조약을 체결하고 북경에서 물러간 지 2개월, 6개월이 지난 뒤였다. 영·불군이 몰고 온 회오리를 목격하지 못하고, 폭풍이 지나간 한참 뒤에 북경의 표면적인 안정을 접한 사신은 양이의 직접적인 위협을 피부로 느낄 수 없었다. 그래서 복명할 때에도 청조의 첫째가는 현안으로 적비 — 태평군과 염군 등 — 를 거론하고 있다. 이는 1년 전인 1860년 8월, 돌아온 사신을 불러 복명을 받는 자리에서 철종이 "중국의 첫째가는 근심거리는 적비"라 했던 것과 같은 인식이다. 서양 열강의 침략으로 대제국의 수도가 함락되고 황제가 피난하는 미증유의 사태를 겪은 뒤의 시국 인식이라고는 보기 어렵다. 그래서 사신은 청조의 적란 진압에 대한 전망을 "쉽게 쳐서 없애기는 어

75) 《日省錄》, 철종 12년(1861) 6월 19일, 召見回還三使臣(열하문안정사趙徽林); 《承政院日記》, 咸豊 11년(1861) 辛酉 6월 19일; 《哲宗實錄》, 12년(1861) 6월 丙子.
76) 《日省錄》, 철종 12년(1861) 정월 18일, 召見三使臣.

렵다[猝難勦滅]"고 결론짓고 있다.

그 밖에도 사신은 열하에서 아직 환궁하지 못하고 있는 함풍제의 병이 무거우며, 황성 안이 안정을 되찾았다고는 해도 아직 공허하고 행정 기능이 제대로 발휘되지 못하고 있다고 보고의 영역을 넓히고 있다. 이처럼 어두운 면을 견문하고 돌아온 사신이 청나라의 반란 진압 능력을 회의적으로 평가하는 것은 당연한 일이었다. 그러나 사신은 청조가 총독다운 총독들을 확보하고 있어서 적세의 예봉을 꺾을 수 있을 것이라고 희망적 결론 끌어오기를 잊지 않고 있다.

철종 7년(1856)부터 나타나기 시작한 청조의 적란 평정 능력에 관한 회의(懷疑)는 철종 10년(1859)을 경계로 하여 명확해지고 있다. 이는 태평군의 활약은 물론 태평천국에 고무되거나 또는 독자적으로 발생한 각종 투쟁의 만연이라는 상황에서 비롯된 것이었다. 거기다 이 기간은 제2차 아편전쟁과 겹치는 시기여서, 서양 열강의 중국 침략이라는 충격적인 사태의 전개가 청조의 통치능력에 대한 회의를 더욱 키웠음을 알 수 있다.

3) 강 건너 불이 발등의 불로

적비 세력에 대한 사신의 시각이 바뀌어가는 것과 함께 철종의 중국 정세에 대한 관심도 한층 높아간다. 특히, 1860년에는 강한 위기감까지 드러내 보이고 있다. 대륙의 정세에 대한 관심의 증대는 이듬해 12월, 청나라의 칙사 일행을 접견하는 철종의 태도에서도 나타난다. 이 칙행(勅行)은 함풍제의 사거(死去)에 관한 부칙(訃勅)과 유조(遺詔), 새 황제의 등극개원(登極改元) 조칙을 가져왔다. 국왕은 상칙(上勅)과 부칙(副勅)을 접견하는 자리에서 적비에 대한 일을 묻고 있다. 칙사에게 청의 국내 사정 특히, 걱정거리에 대하여 묻는 예는 태평천국 기간 동안의 다섯 차례의 칙행 접견에서 일찍이 없던 일이었다. 철종은 칙사가 오기 전에, 이 해 들어서만 벌써 두 차례나 이미 동지사행과 문안사행에게서 중국 정세에 관한 상세한 보고를 받고 있었다. 거기다 칙사를 맞이하기 두 달 전 출국 인사를 올리는 동지사에게, 또 칙사 접견 이틀 전에 출발한 진향사에게도 중국의 사정을 상세히 탐지해 오도록 명령하고 있다. 그런데도 이처럼 칙사에게 직접 물어 확인하고 있는 것은 철종이 청조의 사태를 얼마나 심각하게 받아들이고 있는가를 보여준다. 그러나 이에 대한 칙사의 답변은 지나치게 여유작작하다.

> 애당초부터 크게 근심할 일이 아니었고 지금은 모든 적비가 소멸되었으니 산동지방은 더더욱 걱정할 것이 없습니다. 또 양이가 접근해 온 것은 본래 다른 까닭이 아니라 다만 교역할 수 있도록 하자는 것이었지만 이제 모두 물러갔기 때문에 걱정할 만한 일이 없습니다.[77]

이 단계가 되면 청조는 태평군 진압에 어느 정도 자신감이 생겼고, 양이도 또한 당장 소동을 일으키고 있지는 않았으므로 칙사의 대답은 틀렸다 할 수는 없다. 그러나 전체로 보면 상국(上國)의 체면을 충분히 고려한 외교적인 수사라 할 수 있겠다. 서양 열강에 대한 답변에서도 이 점은 드러난다. 그리고 이러한 청조 관원의 답변은, M ④에서 보았던 사신 보고의 정보 출처가 청의 관변임을 보여주는 것이기도 하다. 이 사실은 이듬해에 귀국하는 사신의 복명에서도 그대로 입증된다.

철종 13년(1862)이 되면, 동 12년(1861)부터 13년 초에 걸쳐 중국의 사정을 상세히 탐지해 오라는 국왕의 명을 받고 출발했던 사신들이 속속 귀국하여 복명한다. 〈별단〉에서는 태평군의 상해 진격, 지속적인 이

---

77) 《日省錄》, 철종 12년(1861) 12월 22일.

권 확보를 위하여 중립의 허울을 버리고 청조와 연합하게 된 서양 열강의 움직임 등이 보고된다. 3월에 동지사의 수역이 상해의 소식을 전해온다. 1861년 12월부터 태평군의 상해 진격이 벌어졌다. 이에 놀란 청군은 영·불연합군 그리고 양창대[洋槍隊: 상승군(常勝軍)으로 개칭하기전의 명칭]와 연합하여, 진격해 오는 태평군과 격전을 벌이게 되는데, 사신들은 바로 그 상해 공방전에 관한 정보를 전해온 것이다.

12. 상해진(上海鎭)은 화선(貨船)이 다 집결하는 곳으로서, 양인(洋人)들은 집을 짓고 점포를 열어 서로 장사하고 있습니다. 장발적이 졸지에 쳐들어와 포사(舖舍)를 불태우고 재화를 노략질하여 양인의 전사자가 거의 천 명에 가깝습니다.[78]

十二. 4월의 남교(南橋) 싸움은 영·법 양국이 장수를 파견하여 군대를 거느리고 관군과 협동하여 적비의 진지를 공파하고 사로잡아 죽인 자가 아주 많았는데, 독전하는 사이에 법국 제독 복라덕(卜羅德, A. L. Protet)이 몸을 돌보지 않고 분전하다 마침내 쓰러져서 포휼(褒恤)하라고 명했습니다.[79]

13. 이는 양인이 중국과 함께 마음을 다하여 화호(和好)하고, 더불어 환난을 같이하기 때문이며, 다른 뜻은 없다고 합니다.[80]

12는 태평군의 상해 공격을 전하고 있다. 7월로 접어들자 서장관은 서양 열강이 청나라 군대와 연합하여 태평군 진압에 나섰음을 보고하

---

78) 앞의 책, 철종 13년(1862) 3월 29일, 首譯(李埅)別單;《同文彙考》補續, 使臣別單.
79)《日省錄》, 철종 13년(1862) 7월 초 2일, 書狀官(奇慶鉉)別單.
80) 위의 책, 같은 날, 首譯(吳膺賢)別單.

는데, 十二가 그것이다. 이때 중립을 버린 영국과 프랑스가 개입한 군대인 이른바 상승군이 편성되어 청조의 관군 및 회군(淮軍) 등과 연합하여 태평군과 싸우게 되었던 것이다. 수역도 역시 동일한 내용을 전하고 나서, 영국과 프랑스 등 열강이 청군과 협력하여 태평군 진압에 나선 뜻밖의 사실을 13과 같이 해명하고 있다. 이 해명 부분은 사신의 구두 복명에서 다시 언급될 것이다.

이어서 철종 13년(1862) 한 해 동안에 이루어진 사신의 복명 가운데 양이와 적비를 거론하고 있는 것을 순서대로 추려보면 아래와 같다.

O. ① ㄱ) 남변(南邊)적비는 줄곧 번성하여 조금도 세가 줄지 않아서 비록 회복된 주군이 있다 해도 승패가 무상하니 속히 평정되기 어려울 것입니다. 그 밖의 토비 또한 각처에서 여전히 출몰하는데 산동의 토비 공할자(龔瞎子)와 장락행(張樂行)의 무리가 더욱 창궐하고 있습니다. 그러나 승격림심이 군심(軍心)을 두텁게 얻고 있어서 의지함이 크기 때문에 산동은 오히려 근심할 것이 없다 합니다. ㄴ) 용병(用兵)한 지 벌써 10여 년이라 재갈(財竭)은 갈수록 더욱 심해지고 있습니다. 그리고 남로(南路)가 막혀 조선(漕船)과 상박(商舶)이 통행하지 못하여 백관의 녹행(祿俸, 祿俸)과 군병의 양향(糧餉)을 지급하지 못한 것이 매우 오래되니, 도하의 곡가는 이로 말미암아 용귀(踊貴)하고 도둑에 대한 근심[竊發之患]이 아주 많습니다. ② 상해진에 집을 지어 거주하는 양인은 작년에 장발적에게 초살(勦殺)된 바 많았는데, 양인은 이에 크게 원한을 품고 보복하려 한다고 합니다.[81]

P. ① 양인은 오로지 교역을 위주로 하는데 연전에 소란을 피운 것도 오직 이로 말미암은 것입니다. 이번에 성 안 두 곳에 가게를 세우고 왕래가

---

81) 《日省錄》, 철종 13년(1862) 3월 29일, 召見回還冬至使(정사 李源命).

무상하지만, 백성에게는 조금도 해를 끼치지 않습니다. ② 양인인 화이(華爾)와 백제문(白齊文) 등이 진공하여 크게 이겼고, 승왕과 좌종당은 힘을 아울러 협공하여, 참획하거나 사로잡은 바가 헤아릴 수 없어서 이제 거의 소탕을 바라볼 수 있게 되었다고 합니다.[82]

Q. ① 산동적비는 근자에 이미 토평되었지만 하내·하남·금릉·소·항 등지는 아직도 창궐하여 걱정입니다. 봄 들고부터 여러 번 승첩을 얻었고, 4월과 5월 사이에 요해처와 관애(關隘)의 수복이 잦아 적세가 막히고 꺾이어 도적 초제(剿除)의 오랜 바람이 거의 이루어져 가니, 그 밖의 자잘한 토비는 근심할 것이 못된다고 합니다. ② ㄱ) 영·법 양국과 중국은 형제의 나라를 칭하며, 환난상구(患難相救)의 교분이 있다고 말합니다. 견장솔사(遣將率師)로 합력하여 도적을 치는데, 광동과 광서에 항상 병선이 와서 머물면서 자원하여 전쟁에 나아간 자가 많고 승리의 공도 많았습니다. 심지어 제독 한 사람은 죽음에까지 이른지라, 제사를 지내고 가속을 포휼(襃恤)하라고 황제가 명하였습니다. ㄴ) 다만 양인으로 황성에 들어와 사는 자는 제택(第宅)의 장려함이 궁궐과 다르지 않고 자기네 나라에 사는 것처럼 보이지만 통제할 방법이 없습니다. ㄷ) 그 무리가 거처하는 곳을 저들(중국인)은 상관하려 하지 않는데 모두 두려워 피하려는 마음[畏避之心]이 있어서이며, 지금의 모습은 오직 그 강화(講和)만이 걱정거리를 만들지 않는다고 보기 때문입니다. 이는 참으로 심복(心腹)의 질환이어서 그 걱정됨은 남비보다 더한 것 같다고 합니다.[83]

한두 달 간격을 두고 이어지는 이들 보고 가운데서 먼저 눈길을 끄는 사실은 P ②와 Q ①에 보이는 것처럼 청조의 적란 진압에 대한 견

---

82) 《承政院日記》, 咸豊 12년(1862) 임술 5월 초2일.
83) 《日省錄》, 철종 13년(1862) 7월 초2일, 召見回還三使臣(진하사은정사 徐憲淳).

해가 바뀐 것이다. 여기서 1861년 말 이후 날로 불리해져 가는 태평군의 처지, 중립이라는 가면을 버리고 청조 쪽으로 돌아선 서양 열강, 상승군의 재정비 같은 객관적인 정세를 사신이 얼마만큼이나 파악했는가는 확실하지 않다. 그러나 청군이 태평군에게 승리를 거두었다는 사실은 청조에 크게 유리한 정보이기 때문에 종전 같으면 사신의 구두 복명이나 〈별단〉에서 아주 자세하게 다루었을 것이다. 그럼에도 적비 진압의 전망이 매우 밝다는 결론을 도출한 내용은 지극히 간략하고 추상적이기까지 하다. 많은 정보를 수집하여 이를 종합하고 분석하여 그 바탕에서 전체적인 정세를 판단한 끝에 얻어낸 결론이라기보다 오히려 十二나 P②, Q②에 보이는 것처럼 영·불연합군과 양창대(상승군)의 활약이 과대하게 포장되어 전해지면서, 서양 군대의 개입을 국면 전환의 결정적 요인으로 평가하였기 때문으로 보인다.

상승군의 경우는 대장 워드(Frederick T. Ward, 華爾)나 부관인 버재바인(Henrry A. Burgevine, 白齊文) 등 지휘관의 이름까지 밝히고 있다. 그런데 사신은 영·불연합군에 대해서 여러 번 언급하고 있지만, 실제로는 용병 집단이기도 한 상승군을 영·불연합군으로 혼동하고 있다. 영국군과 프랑스군의 움직임을 상승군의 그것과 구별하지 못하고, 영국군과 프랑스군의 활동, 그리고 상승군의 동정까지를 모두 영·불 등 열강의 연합군 활동으로 혼동하고 있는 것이다.

O①ㄱ)과 Q①, 특히 O의 내용을 보면, 사신은 산동지방의 형세에 많은 관심을 쏟고 있다. 수도 북경에서 가까운 지역이어서, 사신이 접하는 정보량도 많고 또 더 생생한 체험이 가능하기 때문이다. 이는 직예나 성경(盛京) 쪽 정보가 자세하다는 것과 같은 맥락에서 이해할 수 있겠다. 또 이 지역은 사행로이거나 그 근접 지역이며, 육지와 바다 양면으로 조선과 국경을 접하고 있어서 사신은 물론 국왕도 이 지역 안위에 깊은 관심을 보이고 있다. 1861년부터 이듬해 초에 걸쳐 염군, 산동

백련교도, 직예 팔괘교도(八卦敎徒) 등의 활동이 활발하게 전개되자 조선 쪽은 일말의 불안을 가지고 있었다. M ④ ㄴ)은 그러한 일반적 상황을 알려주고 있으며, 十二의 앞부분에서도 유독 산동을 회복하였다는 사실이 강조되고 있는 것이다. 이는 앞서 본 칙사의 답변에도 나타나고 있다. 적비의 일을 묻는 철종에게 칙사는 산동 지역이 특히 안정되어 있다고 강조하여 설명했었다.

P ②와 Q ② ㄱ), 十二는 영·불군(정확히 말하면 상승군)이 청조와 연합하여 태평군 진압에 나선 사실에 대한 정보이다. 이들 정보에서는 한 가지 공통점이 나타난다. 종전 같으면 서양인을 '양이'라고 표현하였을 터인데, 갑자기 '양인'으로 바꾸어 부르고 있다는 점이다. 겨우 한두 해 전까지만 해도 사신은 '영이(英夷)' 또는 '영이(嘆夷)'라고 부르고 있었다. 짧은 기간에 매우 대조되는 변화가 나타난 것이다. 사신도 이에 대한 거부감이나 저항감 때문인지 적지 않은 해명을 덧붙이고 있다. 양인이 추구하는 것은 '오로지 교역'이라든가, 양인에게 '다른 뜻'이 없다든가, 양인은 왕래가 무상하지만 백성에게 전혀 해를 끼치지 않는다고 강조하고 있다.

여기서 우리는 상반되는 두 처지를 읽을 수 있다. 북경조약 체결 뒤 장강 연안 여러 항구의 개항 등 많은 이권을 얻어놓고 개항장 등에서 거침없이 행동하며, 자신에 차 있는 열강 세력의 모습이 그 하나다.

또 한편은 청조의 괴로운 처지다. 북경조약을 체결하고 나서 영·불 연합군이 모두 남쪽으로 철수하자, 청조는 열강이 청조에 대한 지배 야심은 없고 오히려 청조를 지지하면서 그들의 이권을 지키려는 것으로 인식하게 되었다. 흠차대신 공친왕(恭親王) 혁흔(奕訢)과 대학사 계량(桂良) 등은 함풍제에게 서양 열강이 이제껏 중국인이 알고 있던 서양과는 다르다고 보고한다.

조약을 교환한 이후 그 오랑캐는 천진에서 물러나 서둘러 남쪽으로 갔으며, 요구하는 사항은 모두 조약에 근거하고 있습니다. 그 오랑캐는 결코 우리의 토지와 인민을 탐하지 않으니, 오히려 신의로써 조종하고 그들의 성질을 순화시키면 스스로 진흥을 도모할 수 있으니 전대(前代)의 일과는 조금 다른 것 같습니다.[84]

이 상주문에서 공친왕 등은 당시의 시국과 정세를 분석하고 있다. 태평군과 염군 등 이른바 적비는 '심복지해(心腹之害)'이며 서양 침략 세력은 '부액지우(肘腋之憂)'와 '지체지환(肢體之患)'으로 진단한다. 따라서 먼저 장발적과 염적 곧 국내의 반란 세력을 멸하고, 다음으로 러시아를 다스리며, 영국은 또 그 다음[減髮捻爲先 治俄次之 治英又次之]이라고 우선 순위를 정하여 그 대책을 상주하고 있다.

흠차대신이자 양강 총독인 증국번 등도 "영파와 상해는 모두 통상과 관련되는 항구이며 양인과 우리는 그 이해를 같이 하니, 지금부터는 함께 싸우고 함께 이를 지켜야 합니다"[85]라는 이유를 들면서 양병차용론(洋兵借用論)을 주장한다. 북경이 함락되고 황제가 피난하는 사태까지 겪은 청조로서는 이러한 정세론과 시국 수습책을 받아들여야만 했던 것이다.

그리고 사신의 이 같은 해명은 청과 조선의 관계에서도 고려될 수 있겠다. 천하의 중심이며 종주국을 자처하는 청조로서는 지금까지 일관되게 이적시(夷狄視)해 왔던 서구 세력과 어쩔 수 없이 갑작스럽게 연합해야만 했고, 이를 해명하는 데 명분과 체면을 고려하지 않을 수 없다는 딜레마가 있었다. 앞에 나온 칙사의 답변도 같은 범주에 넣을 수

---

84) 《籌辦夷務始末》권71, 咸豊 10년(1860) 12월 壬戌. 〈奕訢桂良文祥奏統計全局酌擬章程六條呈覽請議遵行摺〉.
85) 《曾文正公全集》三, 奏稿 卷3. 〈議覆借洋兵勦賊片〉.

있겠다. 한편 조선도 열강의 움직임과 대륙 정세에 신경을 곤두세우고 있는 판국이라, 사신으로서는 국내의 불안을 가중시킬 만한 정보는 되도록 피하고 안정을 해치지 않는 긍정적인 정보를 전하려는 정치적 배려가 작용하여, 궁색한 청조 쪽의 해명을 그대로 채택했다 할 수 있을 것이다.

4. 남비 평정, 우려는 여전

1) 사양길의 태평군

1861년 연말까지 태평천국은 안경(安慶)과 양자강 상류 지역을 잃게 된다. 이로 말미암아 천경의 운명이 결정적으로 위태로워진다. 1862년부터 군사 정세는 완전히 뒤바뀌기 시작, 태평군은 날이 갈수록 불리한 처지에 빠져든다. 그러나 이 같은 객관적 정세에도 불구하고 이미 언급했듯이 사신이 가져온 정보에서 이런 상황을 읽어내기는 어렵다. 1863년부터 남경 함락 소식이 들어오는 1865년까지의 기간에도 사신의 정보에서는 적비의 활동이 여전한 것으로 나타난다. 그렇다고 사태의 심각성에 대한 긴장감도 보이지 않는다. 그래서 이를 종합해 보면 매우 완만하기는 하나 청조의 태평천국 진압에 대한 전망이 조금씩 밝아지고 있음을 알 수 있다.

철종 14년(1863)에는 사행의 복명이 두 차례 있었다. 4월에 귀국한 동지사행의 서장관 〈별단〉은 태평천국을 이수성이 주도하고 있고, 관군에게 큰 피해를 입고도 여전히 버티고 있어 전란은 계속되고 있다며 때와 곳을 밝히지 않은 채 전체의 전국(戰局)을 이렇게 정리하고 있다.

十三. 금릉역수(金陵逆首) 위충왕(僞忠王) 이수성이 각로(各路)의 적당(賊黨)을 규합하고 또 큰 무리의 사나운 도적을 이끄는데 스스로 60만 명이나 된다고 하였습니다. 관군은 (그들과) 40여 차례 싸움을 치러 적도를 깨뜨려 만여 명을 죽이고 그 위왕(僞王)을 죽였습니다. 역도는 쇠퇴하게 되었으나, 잔당[餘孽]은 이제까지 근거를 굳게 지키고 있습니다. 적비의 당류(黨類)는 하나가 아니어서 각 주와 각 성에서 모이고 흩어지니, 영루(營壘)가 서로 마주하며 늘어서고 군량 운송이 그치지 않습니다.[86]

정사 역시 태평군과 열강의 동태를 "성 안은 안여(晏如)한데 왕왕 토비가 있으며, 양인은 전과 같이 출몰합니다"[87]라고 지극히 간략하게 보고하고 있을 뿐이다. 6월에 돌아온 진주사행의 서장관 〈별단〉은 취향이 조금 다르다.

十四. 남변적비는 금릉을 굳게 지키고 도당이 각 성에 산재하여 성을 공격하고 재물을 빼앗으며 왕래가 무상합니다. (석)달개는 수로를 좇아 촉(蜀)에 들어가 지금 유린하고 있는데 승패를 알 수 없습니다. 이른바 관병이라는 것이 전혀 힘을 쓰지 못하니 토평을 기약할 수 없습니다. 하남 염비는 출몰을 예측하기 어려워 승왕이 산동에서 하남으로 이주하여 적지 않은 전공을 세웠는데, 이제 방향을 바꿔 안휘로 향하였습니다.[88]

청나라의 관군은 쓸모가 없는 군대라서 적비를 토벌하고 평정하는

---

86) 《日省錄》, 철종 14년(1863) 4월 초4일, 書狀官(李在聞)別單; 《同文彙考》 補續, 使臣別單.

87) 《日省錄》, 철종 14년(1863) 4월 초4일, 召見回還冬至使(정사 李宜翼).

88) 위의 책, 철종 14년(1863) 6월 17일, 書狀官(李寅命)別單; 《同文彙考》 補續, 使臣別單.

일을 기약할 수 없다고 혹평하고 있다. 염군 토벌에 나선 승격림심은 산동에서 하남으로 옮겨 많은 공을 세웠는데, 또다시 염비 출몰 지역인 안휘로 향하고 있어서 분주하다고 소개하고 있다. 1863년 한 해 동안, 사신이 탐지한 정보에서 청나라 군대와 태평군 및 염군에 대한 평가는 저마다 다르지만, 탐지한 전황이 많지 않고 구체적이지 않다는 공통점을 지니고 있는 것은 전국(戰局)이 소강 상태임을 의미할 것이다. 고종(高宗) 원년(1864) 3월이 되면 동지사행이 귀국하여, 태평천국의 세력이 많이 약화되었으므로 그 최후가 멀지 않으리라는 전망을 담아서 보고한다.

十五. 남비는 요즘 자못 그친 듯하더니 오히려 다시 출몰하여 주군(州郡)을 침요합니다. 흠차대신 승격림심・호광총독 관문(官文)・양강총독 증국번이 안휘・강소・절강・하남성 등에 분주(分住, 分駐)하고 있으나 끝내 경계를 풀지 못하고 있습니다. 군향을 수송하고 순난자(殉難者)에게 은휼(隱恤, 恩恤)지전(之典)을 마련하는 데 여념이 없습니다. 그래서 변보(邊報)로써 왕래하는 자도 많고 역마(驛馬)도 끊이지 않습니다.[89]

R. 북경의 인심은 안여하며 소・항의 적비는 이미 토평되었고 금릉은 근거를 굳게 지킨 것이 이미 오래라 쉬이 초멸하지 못하지만 그들 역시 세가 약해져서 오래 지탱하기는 어려울 것 같습니다.[90]

서장관 〈별단〉과 정사의 복명은 이처럼 똑같은 사실을 두고 표현 방법을 약간 달리하고 있다. 청조의 진압 능력이란 측면에서 보자면 서장

---

89) 《日省錄》, 고종 원년(1864) 3월 28일, 書狀官(尹顯岐)別單; 《同文彙考》補續, 使臣別單.
90) 《日省錄》, 고종 원년(1864) 3월 초9일, 召見回還上副使.

관이 매우 비판적인 데 견주어 정사는 훨씬 낙관적이다.

두 달 뒤에 이루어진 주청사행(奏請使行)의 귀국 보고에서 수역은 대륙 각지의 상황을 이렇게 정리하고 있다.

> 14. 강남·강서·절강·안휘·양광·섬서·운귀·복건·사천·감숙 등 각 성의 병란은 아직 토평되지 않았습니다. 이따금 되찾은 성도 있지만 다시 잃는 경우도 많습니다. 이 밖에 호남·호북·산동·산서·직예·성경성은 잠시 다른 걱정은 없습니다. 하남은 비록 이미 편안해졌다 하나 이른바 염비 무리의 출몰이 무상합니다.[91]

정사는 "남비는 점차 토평되어 가고, 외양이 안여하다"[92]고 매우 간명하게 낙관적 전망을 내놓고 있다. 앞에서 본 〈별단〉과 구두 복명의 차이는 여기서도 동일하게 나타난다. 이처럼 청조가 태평군을 진압했다는 사실은 이 시점에서도 아직 명확하게 드러나지 않고 있다. 이 두 해 동안, 청조의 태평천국 진압에 대하여 〈별단〉에서는 회의적인 전망을 하고 있는 것과 달리, 사신의 구두 복명에서는 확신을 유보하면서도 막연히 믿고 있는 점이 대조를 이루고 있을 뿐이다.

2) 남비 평정, 여전한 우려

태평천국의 투쟁은 1864년 6월, 상군 지휘관 증국전(曾國荃)이 태평천국의 수도 천경을 점령함으로써 끝을 맺는다. 그러나 치열한 남경 포위작전의 전투 경과를 전하는 정보는 찾을 수가 없다. 태평천국은 청조

---

91) 《日省錄》, 고종 원년(1864) 5월 23일, 首譯(李尙迪)別單; 《同文彙考》 補續, 使臣別單.

92) 《日省錄》, 고종 원년(1864) 5월 23일, 召見回還三使臣.

최대의 위기였다. 증국번은 태평천국을 가리켜 '대청의 변이요 개벽 이래 명교(名敎)의 기변(奇變)'이라 했다. 증국번이 민족 모순과 계급 모순 사이에서 고뇌 끝에 내린 결론이다. 공친왕 등은 '발염(髮捻)은 심복지해요, 서양은 지체지환'이라 했을 정도였다. 공친왕 등 만족 지배 세력이 서양 열강의 요구 조건을 모두 삼키면서 내린 고육의 결론이다. 이처럼 청조 지배자에게는 태평천국과 그 밖의 반청 세력은 직접적인 위협이었다. 그런데, 그 태평천국을 진압한 일에 대하여 사신은 왜 구체적인 정보를 탐지할 수 없었을까?

증국번은 아우 국전이 태평천국에게서 남경을 되찾았다는 사실을 알려오자, 이를 아주 상세하게 정리하여 신속하게 청나라 정부에 보고하였다.[93] 증국번은 아우 국전의 〈자문(咨文)〉을 거의 그대로 인용하여, 상군이 남경을 수복한 공로를 상주(上奏)하고 있다. 증국번은 이 상주문에서, 남경 극복은 2년여의 시간이 걸렸고, 1만의 병사자와 8~9천명의 전사자를 내면서 이루어낸 전과이며, 도적의 저항이 너무 완강하여 한 사람도 항복하는 자가 없었기 때문에 남경 성내에 있던 10만 인 모두를 참살하는 격렬한 전투 끝에 이루어낸 전과라고 자랑하고 있다. 물론 이 전과 내용은 과장이 심하다. 상군(湘軍)의 공로를 강조하기 위하여 부풀린 것이었다.

14년여 만에 이루어진 청조의 태평천국 진압은 청조로서는 크게 자랑할 만한 업적이었다. 이는 널리 선전되고도 남을 사건이었고, 조선 사신은 그만큼 쉽게 정보를 입수할 수 있었을 것이다. 또 조선왕조 쪽으로 보아도 매우 고무적인 정보였을 것이다. 그런데도 사신은 이에 대한 정보를 얻지 못하고 있다.

이처럼 청나라나 조선 양쪽에 다같이 유리한 정보를 사신이 탐지하

---

93) 《曾文正公全集》 三. 奏稿 卷3, 〈金陵克復全股悍賊盡數殲減摺〉.

지 못하고 있는 것은 사신의 능력과 자질에서 비롯된 측면도 있겠지만, 그보다는 다른 데서 이유를 찾아야 할 것으로 보인다. 그동안 사신이 탐지한 태평군에 관한 정보는 각지의 전투 경과가 대부분이었지만, 그것도 청조 관군에 관한 것이 거의 전부였고, 상군이나 회군 등의 활약에 대한 정보는 거의 없었다고 해도 지나친 말이 아니다. 증국번이 양강총독으로 임명되기 이전에는 한인 장령(漢人將領)의 활약에 대한 정보가 거의 없었음은 앞서 이미 지적한 바 있다. 증국번은 1860년에 이미 양강총독이 되었고 그 아우인 국전도 1863년에 절강순무의 직함을 얻었지만, 국전이 남경 탈회 작전을 수행하며 지휘한 군대는 관군이 아니었다. 남경의 수복은 대사건이었지만, 이는 한인 장령이 지휘한 비정규군이었기 때문에 〈경보〉 등에 별로 알려지지 않았던 것이 아닌가 여겨진다. 또 연행사절의 북경 체류 기간과 남경 탈환 사이에는 반년 정도 시간 간격이 있다. 1864년에는 남경이 상군에게 함락당하기 직전에 한 차례 사행이 있었고, 동지사가 북경에 도착한 시점은 태평천국의 멸망으로부터 반년이 지난 연말이었기 때문이다.

그래서 태평천국의 멸망에 대한 사실은 고종 2년(1865) 2월이 되어서야 '남비 토평'이란 말로 기정사실이 되어 사은사행의 복명으로 알려진다. 그 사이에 토평의 경과가 어떠했는가를 전하는 내용도 없다. 서장관과 수역도 청조가 남경을 수복한 이후의 모습만을 전하고 있다. 서장관은 十六. "금릉을 수복한 뒤에 역괴(逆魁)의 지족(支族)인 복진(福瑱)과 인간(仁玕)을 사로잡아 법대로 처분하여 남방이 숙청되었습니다.……"[94]라고 〈별단〉에 정리하였다. 수역의 보고는 더 자세하지만 남경 수복의 경과는 설명하지 않고, 남경 수복 이후의 사정만을 전하고 있다.

---

94) 《日省錄》, 고종 2년(1865) 2월 초6일, 書狀官(鄭顯德)別單; 《同文彙考》 補續, 使臣別單.

15. ① 남로가 이미 뚫리어 상화(商貨)가 교집(交集)하고 군향도 대부분 폐하여 나라 재정이 다소 나아졌습니다. 무릇 난리를 겪은 지방은 전량(錢糧) 부족이 누적되어 특별히 활면(豁免)을 허락했고, 각 성의 연납(捐納)은 그 다과에 맞추어 학액(學額)을 증광(增廣)하였습니다. 또 뒷수습할 총국(摠局)을 세워서 상인을 불러 모으기도 하고 유민을 안집(安集)하기도 하여, 수습과 정돈의 방책은 행하지 않은 것이 없습니다. 십여 년 이래 순난(殉難)하고 입근(立殣)한 자는 금방 일일이 조사하고 찾아내 등급을 나눠 구휼을 꾀하면서 오직 빠뜨림이 있지 않을까 두려워합니다. ② 동남지방을 이미 진정시켰다고는 해도, 섬서·감숙의 회비, 운남의 묘비, 복건의 발·염은 도처에서 소요를 일으키니 아직 싸움이 그치지 않습니다. 그러나 이 같은 무리는 이미 많지 않은 만큼 진압하는 쪽에서 빠른 시일 내에 기필코 평정할 수 있을 것이라 합니다.[95]

정사의 복명 역시 다르지 않았다. 그 내용은 태평군이 이미 평정되고 비로소 도로가 열려서 그동안 난리 때문에 길이 막혀 북경에 오지 못하던 유구국(琉球國)의 사신이 왔다는 것이다.[96] 4월 들어서도 동지사행이 비슷한 보고를 계속한다.

十七. 남비의 홍수천(洪秀泉, 洪秀全) 자신은 죽고 그 아들 복진과 도당은 거의 모두가 사로잡혔으니 남방은 얼마간 조용해졌다고 할 수 있겠습니다. 그러나 아직 염비의 무리가 있어 곳곳에 숨어서 어지럽히니 금방 빠짐없이 소평하기 어렵습니다. 섬서와 감숙의 두 성은 회비(回匪)가 더욱 만연하여 근심됨이 적지 않습니다.[97]

---

95) 《日省錄》, 같은 날, 首譯(朴迪性)別單; 《同文彙考》 補續, 使臣別單.
96) 《日省錄》, 고종 2년(1865) 2월 초6일, 召見回還三使臣.
97) 《同文彙考》 補續, 使臣別單; 《日省錄》, 고종 2년(1865) 4월 초8일, 首譯(卞光韻)別單.

이는 서장관이 정리한 태평천국 멸망 뒤의 상황이거니와, 같은 사행의 수역은 이를 좀더 상세히 설명하고 있다. 정사는 또 청나라(북경일 터이다)의 인심을 전하면서, 10년 전과는 달리 물가가 아주 비싼데 이는 적비 곧 태평군 때문이라고 복명하고 있다.

1866년 이후가 되어도 연행사절은 적비의 동태와 이에 시달리는 청군의 모습을 전하는 보고를 여전히 계속하고 있다. 이는 태평군의 남은 세력 및 이와 연합한 염군, 그리고 회족의 저항 등 태평천국이 멸망한 뒤에도 계속되는 각지의 반청투쟁에 관한 정보였다. 화중과 화북 지역을 휩쓴 태평군, 염군 등의 투쟁에 이어 1860년대와 1870년대에 중국의 서남 지역과 서북 지역에서 이슬람교도들이 청조에 반기를 들고 처절한 투쟁을 전개한다. 태평천국이 멸망하고 나서도 이어지는 청조의 병란에 관한 정보는 이런 정세를 반영해 주고 있는 것이다.

조선의 사신들에게 태평천국의 흥기는 세 성 지역에 만연하고 있던 적비 가운데 하나가 흥기한 것으로 파악되었듯이, 그 멸망 역시 중국 전역을 소란하게 만든 각종 적비 가운데 가장 강성하고 오랜 기간을 버텨 온 '강남적비'가 토평된 것이었다. 그리하여 태평천국의 멸망으로도 중국의 적란은 끝나지 않았다는 것이 연행사절과 조선정부 당국의 인식이었다.

맺음말

19세기 중엽의 조선왕조는 안팎으로 거센 도전에 직면해 있었다. 밖에서는 서양 세력이 몰고 오는 침략의 파고가 높아지고 있었고, 안으로는 양반관료정치가 무너져 내리고 있었다. 시대의 변화에 능동적으로 대처하기 위해서는 물론이고 최소한 국가의 존립을 위해서도 국내외 정세에 대한 정확한 인식과 이에 바탕을 둔 과감하고 적절한 대응을 요구받고 있었다. 이러한 시기에 국경을 맞대고 이웃하는 대국 청나라에서 일어난 태평천국이라는 대병란은 그것이 청나라의 내우라고는 해도, 중증에 이른 왕조 말기의 여러 병폐를 비슷하게 앓고 있는 조선왕조에게도 초미의 관심사였을 터이다. 40여 년 전에 홍경래(洪景來)가 민중을 규합하여 반기를 들었고, 한때 평안도 일대를 휩쓸 기세를 보이며 지배층의 각성을 촉구했다. 긴장한 지배층은 그 대책을 마련하는 듯했지만, 홍경래가 제기했던 문제는 어느 것 하나 해결하지 못하였다. 양반관료체제의 모순은 더욱 복잡하게 엉클어지고 더 깊이 곪아가다가 임술농민항쟁으로 폭발하였다.

조선왕조는 주로 연행사절을 통하여 태평천국과 염군, 제2차 아편전쟁에 관한 비교적 상세한 정보를 지속적으로 얻고 있었다. 조선정부는 이처럼 다량의 정보를 통하여 태평천국을 비롯한 청나라의 대전란을 어떻게 인식하였으며, 또 어떻게 대응하였을까를 살펴보려고 하였다. 이에 북경 왕래 사절을 통해 조선정부에 들어온 정보를 바탕으로 태평천국의 투쟁을 재구성해 가면서 조선왕조의 태평천국에 관한 인식을 정리하여 보았다. 그 결과, 시기에 따라 인식의 전환이 이루어지고 있었음을 알 수 있다. 그 인식의 변화가 반드시 일관된 것은 아니지만 대체로 네 단계로 나누어 볼 수 있겠다.

제1기(1851~1855): 태평천국의 급속한 발전에 따라 태평군의 성세(盛勢)를 전하면서도 이를 '걸간지도(揭竿之徒)'나 원대한 뜻이 없는 '유적(流賊)' 등으로 평가하고, 머지않아 초멸될 것이니 지나치게 염려하거나 깊이 근심할 일이 아니라고 인식한다. 또 도적의 근거지 강남은 연경에서 수천 리 떨어져 있는 곳이니 "지금 당장 우려할 일은 별로 없다"라는 관점도 많이 보인다. 어느 정도 객관적 정세를 전하면서도 정보의 해석 과정에서는 이를 반영시키지 않고 있다. 체제의 안정을 해치지 않으려는 배려 때문에 사실과 일치하지 않은 희망적 관측에 바탕을 둔 안이한 인식이었다.

제2기(1856～1858): 태평천국이 최전성기에서 내리막길로 접어드는 기간이다. 정사와 부사의 구두 복명은 제1기와 이렇다 할 변화가 없다. 그러나 서장관과 수역의 〈별단〉에서는 병란이 장기화할 것이라는 우려가 지속적으로 표명된다. 이는 태평군의 투쟁은 물론 염군 등 각종 반청투쟁의 만연과, 언제나 승리했다는 소식을 전하면서도 실제로는 적란을 진압하지 못하는 청조의 능력에 대한 회의와 비판에서 비롯된 변화였다. 따라서 동일한 사실을 전하면서도 정·부사의 구두 복명과 서장관 및 수역의 〈별단〉은 각각 해석과 평가를 달리하고 있는 시기이다.

제3기(1859～1862): 제2기 후자의 인식이 고정된다. 태평군을 비롯한 각종 적비는 더욱 거세어져서 쳐서 없앨 조짐이 보이지 않는다거나 '금방 초멸하기 어렵다'라는 등 우려가 심화된다. 특히 제2차 아편전쟁으로 북경이 점령당하고 황제가 피란하는 사태는, 조선왕조로 하여금 양이와 함께 적비도 국내에 침입할 가능성이 있다고 논의하게 할 정도로 위기감을 고조시킨다. 객관적 정세로 볼 때 태평군의 약세가 이미 확실해지고 있었는데도 이런 인식으로 일관하는 배경에는, 장기간에 걸쳐 승전보를 전하면서도 적란을 평정하지 못하는 청조의 통치능력에 대한 회의와 불신이 짙어진데다 서양 열강의 침입이 겹쳐지면서 충격의 도가 팽창하였기 때문이었다. 그러나 '적비의 창치(猖熾)'를 전하면서도 북경이 안정되어 있음을 강조하고 있는데, 이는 국내의 안정을 고려한 의도적인 해석으로 보인다.

제4기(1863～1865): 태평군의 여세와 각종 투쟁의 만연을 전하면서도 아주 완만하게 청조의 태평천국 진압 전망을 시사한다. 그러나 태평천국의 멸망은 아무런 경과 설명도 없이 갑자기 기정사실로 보고된다. 청조의 태평천국 진압을 동남 지역 적비의 평정으로 인식한다. 따라서 염군과 회군 등의 투쟁 사실을 들면서 동남은 비록 평정되었으나 청조의 근심은 줄지 않고 여전히 이어지고 있다고 보고 있다. 남경이 함락됨으로써 14년여에 걸친 태평천국의 투쟁은 끝이 났다. 이 사실은 조선정부의 큰 관심을 끌지 못한 것으로 나타난다. 이는, 제2차 아편전쟁을 전후하여 고조되었던 위기의식이 일단은 해소되었고, 1864년에는 중국정세에 지속적으로 깊은 관심을 보여왔던 철종이 서거했으며, 고종이 어린 나이로 즉위하여 대왕대비의 수렴청정이 이루어지는 과도기가 태평천국의 말기와 일치한다는 것도 한 이유가 될 수 있겠다.

그러나 더 근본적인 이유는 다른 데 있다. 태평천국의 흥기가 광동·광서·호남 세 성 지역의 크고 작은 각종 봉기의 연장으로 일어난 지방 적비 세력의 하나로 파악됨으로써, 이들 각종 봉기와 병렬되어 보고되었다. 거기다 금전기의(金田起義) 이후 태평천국이 발전해 가면서, 이에 고무되거나 또는 독자적으로 일어난 염군 등의 각종 투쟁이 겹쳐지는 까닭에, 조선사신은 태평군의 세력을 상대화하여 평가하게 되었던 것이다. 태평천국의 중심지 남경은 사신의 시야에서 너무 멀었고, 시계(視界)에 들어오기 시작하던 태평천국의 북벌군은 청조의 총력 저지로 천진 근처에서 격퇴당했다. 염군 등의 투쟁활동은 더 가까운 지점에서 전개되고 있어서 더 크고 선명한 모습으로 포착되었기 때문에 이 상대화는 계속 유지된 것으로 보인다. 게다가 태평천국이 멸망한 뒤에도 태평군의 잔여 세력과 이와 연합한 염군의 투쟁은 물론 이슬람교도의 반청투쟁 등 이른바 적비의 소요가 계속되었다. 이런 이유들이 함께 어우러지면서 태평천국을 하나의 거대한 통일 세력으로는 인식하지 못했던 것이다. 그리하여 조선 사신의 눈에 비친 태평천국의 멸망은 청나라에 만연한 각종 적비 가운데 강남에 근거를 굳건히 하고 오래 버텨온 '남비' 또는 '강남적비'를 청조가 겨우 진압한 것이었을 뿐이었다. 그래서 청조의 적란은 결코 끝난 것이 아니었다.

 이러한 인식의 한계는 사신과 정보 출처의 거리라는 제약 아래에서 얻어온 정보 그 자체에서도 말미암는다. 그러나 더 큰 원인은 조선왕조가 정보를 분석하고 평가하는 능력 곧 정보 처리 능력이 미약했고, 설사 정보를 제대로 처리할 수 있는 능력을 가졌을 경우조차도 이를 회피할 수밖에 없도록 만든 조선왕조의 정치 상황이다. 이런 면은 장을 달리하여 검토될 것이다.

제2장 연행정보와 태평천국 인식의 정치적 배경

머리말

앞서 조선왕조가 연행사신을 통하여 입수한 중국 정보를 바탕으로 태평천국이라는 청조의 대전란을 어떻게 인식하였는가를 살펴보았다. 조선왕조는 특히 1860년의 북경 함락 사태와 1862년의 전국적인 농민 항쟁을 계기로 대외 문제에서나 국내 문제에서 위기의식을 가지고 대응하고 있었다. 그러나 당시 안팎의 절박한 위기에 직면하고도 그 대응은 매우 소극적이고 철저하지 못한 것으로 보인다. 조선왕조의 태평천국에 대한 인식은 정보 그 자체에 바탕을 두고 있지만, 한편으로는 정보 처리의 태도와 정보 활용 능력도 그 인식에 영향을 미칠 것이다. 대외적인 위기 정보를 대하는 태도와 정보 처리 능력은 당시 조선왕조가 처한 정치적 상황과 그 정치구조에 따라서 결정되었을 것으로 보인다. 조선왕조의 태평천국에 대한 인식의 배경을 더 명확하고 구조적으로 이해하기 위하여 정보 자체의 성격과 조선왕조의 정치 상황을 조명해 보기로 한다.

먼저 태평천국 기간을 포함한 19세기 초·중엽에 연행하였던 사신은 어떤 조건에서 정보를 얻고 있는가를 정리한다. 사신은 늘 정보를 탐지하기가 어렵다고 말하고 있다. 정보 얻기의 어려움을 일반적 제약과 전란기라는 특수 상황에서 발생하는 제약으로 나누어서 살핀다. 그리고 현지의 정보 출처 등에 대하여 알아본다. 이어서 연행사절은 당시 어떻게 선발되었으며 그들의 정치적 지위는 어느 정도였는가, 또 그 당시 사신으로 뽑혔던 인물들은 어떤 특색이 있는가를 정리해 볼 것이다. 사신들의 중국 견문 기록에는 조선 지식인의 중국에 대한 인식이 드러나고 있다. 당시 사신들이 청조 중국을 어떻게 인식하고 있었는지, 즉 사신의 중국관에 대해서도 개략적으로 고찰하여 볼 것이다.

끝으로 정치 상황을 고찰할 것이다. 19세기 전반기(前半期)의 정치를 흔히 세도정치(勢道政治)라고 한다. 태평천국과 거의 시기를 같이하는 철종 임금의 재위 기간은 그 세도정치가 확대·심화된 시기라 할 수 있다. 따라서 이 시기에는 세도정치의 말기적 현상들이 드러났다고 할 수 있을 것이다. 세도정치는 그 구체적 실상이 잘 알려지지 않고 있다가 최근 들어 본격적으로 연구되기 시작하였다. 세도정치기의 권력구조가 어떤 모습을 하고 있었는가를 19세기 정치사 연구의 업적을 통하여 그려볼 것이다.[1] 정치구조의 특색, 비변사(備邊司)라는 기구의 존재 형태, 국왕의 위상과 세도 권력과의 관계, 정치 운영의 논리 등을 개략적으로 정리해 본다면, 확대·심화기의 세도정치의 윤곽이 어느 정도 드러날 것으로 기대한다.

이러한 작업을 통해서 우리는 태평천국 시기에 연행사절이 어떠한 상황에서 정보를 수집하고 해석하여 보고하고 있으며, 양적으로나 질적으로 충분히 활용 가능한 정보들이 실제로 어떻게 처리되고 있는가, 중국의 병란과 기타 대외 위기에 대하여 풍부하다고 할 만한 정보를 지속적으로 확보하고 있는 조선왕조가 이들 정보를 바탕으로 대륙의 정세와 스스로의 현실을 어떻게 인식하고 있으며, 왜 그러한 인식과 대응을 하고 있는가를 어느 정도 이해할 수 있을 것이다.

---

1) 공동 연구의 성과인 한국역사연구회 19세기정치사연구반, 《조선정치사 1800 ~1863》 상·하, 청년사, 1990를 들 수 있다. 이 책의 본 장 제2절과 제3절 정치사 관련 부분은 위 책에 크게 힘입었다. 이하 《조선정치사》로 약기한다.

1. 연행정보의 성격

1) 정보 수집의 어려움

이미 살펴본 대로 태평천국의 전 기간을 통하여 조선정부에는 결코 적지 않은 양의 태평천국에 관한 정보가 지속적으로 들어오는데, 그것도 거의 정기적으로 입수되었다. 이처럼 양적으로 풍부한 정보를 이용하여, 오늘날 우리의 지견(知見)으로 태평천국의 투쟁을 재구성해 보려고 하면 공백이 너무 많다는 제약이 따른다. 이러한 제약은 어디에서 말미암는가를 정리해 보고자 한다. 이는 조선사신이 수집하여 보고한 태평천국에 관한 정보의 성격을 밝히는 일이면서, 조선정부의 태평천국 인식의 배경을 이해하는 작업이 될 것이다. 사신의 정보 탐지에 대한 제약은 크게 두 가지로 볼 수 있다. 그 하나는 청대(淸代)에 들어와서 연행사신이 갖는 일반적인 제약이며, 또 하나는 전란으로 격동하는 19세기 중엽의 특수한 상황이 만들어내는 제약이다.

(1) 일반적 제약

연행사신이 수집해 온 각종 정보는 종류도 다양하고 양도 풍부하며, 또 끊어짐 없이 이루어진 동시대의 중국왕조에 대한 관찰 기록임은 널리 알려져 있다.[2] 그런데 좀더 자세히 들여다 보면 부연사행(赴燕使行)

---

[2] 연행사절에 대한 구체적 사실은 다음의 논저를 참조.
　　全海宗, 《韓中關係史 研究》, 一潮閣, 1970; 全海宗, 《東亞文化의 比較史的 研究》, 一潮閣, 1976; 黃元九, 《東亞細亞史研究》, 一潮閣, 1977; 張存武, 《淸代中韓關係論文集》, 臺北: 臺灣商務印書館, 1987; 金聖七, 〈燕行小攷〉, 《歷史學報》第12輯, 歷史學會, 1960; 閔斗基, 〈《熱河日記》에 비친 淸朝統治의 諸樣相〉, 同 《中國近代史研究》, 一潮閣, 1973; 高炳翊, 〈李朝人의 外國觀〉, 同 《東亞史의 傳統》, 一潮閣, 1976; 柳承宙, 〈朝鮮後期 對淸貿易의 전개과정 ─ 17·8세기 赴燕譯官의 무역활동을 중심으로〉, 《白山學報》 8輯, 1976.

의 견문은 시간과 공간의 양면에서 한계를 지니고 있었다. 사행은 편도 약 50일의 여정을 비교적 제한된 여로를 통하여 서울과 북경을 오갔다. 또 사행로(使行路)라고 부를 수 있는 이 여로는 거의 동일하였다. 제한된 시간에 정해진 길을 오고 가면서 얻어오는 정보량이 한정되고, 거의 같은 지역에서 비슷한 견문밖에 할 수 없어 종류도 단조롭다. 거기다 사신들은 현지에 상주하는 직업 외교관이 아니고 필요에 따라 수시로 임명되어 부여된 사명을 수행한다. 또 상인이나 여행가, 유학생, 종교인과 같은 현지 사정에 밝거나 현지에 상주하는 사람들의 도움을 기대할 수도 없는지라 정확하고 많은 견문을 할 수 없었다.

특히 사행의 연로(沿路)는 태평군(太平軍)의 발자취가 전혀 미치지 않은 지역이었으므로, 사신은 태평군의 모습이나 활동을 목격할 수도 없었다. 태평천국에 관한 견문은 오로지 간접 견문이었다. 1852년 12월에 호북의 성도(省都) 무창을 깨뜨린 태평군은 호남·북 농민들의 대대적인 호응으로 병력이 50만으로 발전하였고, 1853년 2월의 남경 공략을 눈앞에 두고 있었다. 1월의 전황까지를 탐지할 수 있었을 터인 동지사 일행은 3월 말에 귀국하여 태평군을 '걸간지도'라고 보고한다. 서장관은 "산서인의 말을 들어보니 강남에 난리가 있음을 모르고 있었습니다. 이로 보건대 그 난이 크지 않음을 알 수 있겠습니다"[3]라고 복명한다.

조선 사신이 태평군을 목격하거나 지근거리에서 그 위세를 접할 뻔했던 적은 1853년 가을 태평천국의 북벌군이 천진 교외까지 육박했을 때였다. 이개방과 임봉상 등이 이끄는 태평천국의 북벌군은 1853년 4월 천경을 출발, 9월 말에 직예의 정해(靜海)와 독류(獨柳)를 점거하고 나서 곧바로 천진을 공격했다. 북벌군이 직예에 진군하자 청 정부는 비

---

3) 《日省錄》, 철종 4년(1855) 3월 28일, 召見回還三使臣.

상을 선포하고 총공세에 나서 북벌군을 저지했다. 원군과 합세하지 못
하고 고립된 북벌군은 1854년 1월 이후 남방으로 퇴각, 2월에는 부성
(阜城), 4월에는 하남의 연진(連鎭), 고당주(高唐州)에서 고립된 채 청군
과 싸우다 소멸한다. 태평군 가운데 최북단까지 진군한 부대가 북벌군
이었지만 그들의 발자취는 북경에서 1백수십 킬로미터 떨어진 천진 교
외에서 멈추었다. 전체의 전황 역시 총력전을 펴는 청군의 우세였기 때
문에 직예에 이른 태평군은 크게 위세를 떨치지 못하였다. 청군의 북벌
군 진압은 수도 방어라는 막중한 성격의 전투여서 보안 역시 철저했다.
이런 사정으로 조선사신은 끝내 태평군을 목격하지 못했고, 그 위협을
피부로 느낄 기회도 없었다.

사신들이 전래한 정보에서는 연로에서 목격한 관군의 이동이나 마적
의 활동, 북경 성내의 도둑이나 거지에 관한 정보가 상대적으로 자세하
다. 이는 곧 직접 체험이 사신의 정보에서 어떻게 드러나는가를 간접
체험과 대조하여 보여주는 것이다. 사신들은 안남국(安南國)이나 유구
국(琉球國)의 사행이 전란으로 길이 막혀 북경까지 오지 못하고 중도에
서 되돌아갔음을 전하고 있다.[4] 또 오랫동안 전란으로 길이 막혀 오지
못했던 유구국의 사신을 청정(淸廷)에서 만났던 것도 중요한 사항으로
보고하고 있다.[5] 이처럼 사행로가 막혀서 사행의 목적을 달성하지 못
했던 것이 조선사신의 직접 체험이었다면, 사태의 전말에 대한 정확성
이나 그에 대한 인식은 훨씬 다르게 나타났을 것이다.

유구국 사신의 사행로를 보자. 유구국 사절은 배 편으로 복건에 도
착, 배를 갈아타고 복주(福州)로 들어와 유구관(琉球館)에서 잠시 여장
을 풀고 나서, 육로로 북경에 가 조공 업무를 마치면 다시 복주로 돌아
와 귀국 준비를 한 다음 배 편으로 귀국한다. 복주에서 북경을 잇는 길

---

4) 앞의 책, 철종 6년(1855) 3월 18일, 書狀官(朴弘陽)別單.

5) 위의 책, 고종 2년(1865) 2월 초6일, 召見回還三使臣.

은 대체로 복주-수구(水口)-청호(淸湖)-항주-소주-청강포(淸江舖)-양향현(良鄕縣)-북경이다. 귀로는 갔던 길을 되돌아오는데 약간 변동이 있기도 했다.

1853년과 1854년에 청국에 갔던 유구사신의 태평천국 전란 체험을 보자.[6] 유구국 사행은 1852년 9월 하순에 나하(那覇)를 출발, 복주를 거쳐 북경에 가서 조공 임무를 마치고, 1853년 4월에 복주로 돌아와서 귀국을 준비하고 있다가 중국의 병란 소식에 접한다. 태평천국이 장악한 남경과 소주, 항주 일대는 북경으로 통하는 사행로이며 유구국의 교역지였다. 때문에 이들 지역에 생긴 변고는 유구사절에게 큰 충격일 수밖에 없었다. 유구사행은 복주에서 소주와 항주를 오가며 비단을 비롯한 물자를 구매하여 귀국할 참이었으나 태평군의 진격으로 말미암아 심대한 타격을 받아야 했다. 놀란 사행은 귀국에 앞서 다급하게 배 편을 마련, 본국으로 '비선(飛船)'을 띄웠고, 이 급보를 아래와 같이 정리하여 신속하게 보고했다.

재작년부터 광서부(廣西府)에서 병란이 있다는데 지금도 끝나지 않았으며 지난해 7, 8월 적병(賊兵)이 쳐들어와 지난달에는 조서부(潮西府)가 공취당해 관병 수만 인이 죽었고, 올 정월에는 안산준(安山峻) 및 강서부(江西府)·구강부(九江府)를 공취했습니다. 2월 11일에 남경성이 탈취당했는데 성 안의 사해(死骸)는 얼마나 되는지 알 수 없고 또 여자와 아이들도 불타 죽어서 땅에 피가 석 자나 쌓이고 강물도 붉게 물들어 탄식하지 않는 이 없습니다. 점차 소주에도 쳐들어온다 하는데 소동이 미치자 크고 작은 가게와 민가가 문을 닫고 원방으로 피해가는 기막힌 일이 벌어지고 있습니

---

6) 유구국 사절의 여정과 획득한 정보에 대해서는 眞榮平房昭, 〈幕末期の海外情報と 琉球〉, 地方史研究協議會 編, 《琉球·沖繩》, 東京: 雄山閣, 1987, 110~114쪽에 따랐다.

다. …… 지금 형편으로는 어용물자를 조달하는 것도 막연하여 관리들이 의논한 끝에 다음 16일부터 성내의 가게를 분주히 돌아다니며 사들이려고 백방으로 애썼으나, 어찌 할 수가 없어 겨우 찌리멘[花縮緬: 비단] 8필을 구했을 뿐입니다.

1854년의 상황은 더욱 심각했다. 10월 6일 진공사은사(進貢謝恩使) 향방동(向邦棟)과 모극진(毛克進) 들이 유구선 두 척으로 나하를 출발, 11일 복건에 도착하여 11월 초까지 머물고 나서 북경을 향해 출발하려 했다. 그러나 전란의 격화로 교통이 끊겨 북경 출발 허가를 얻지 못하였다. 출발 허가는 4개월 뒤에 나왔다. 1855년 5월 3일 갑작스레 다시 연기 명령을 받게 된다. 결국 이듬해 8월 7일에야 복주를 출발하여, 11월 1일 북경에 도착했다. 업무를 마친 유구사신 일행은 1856년 1월 10일 북경을 출발, 4월 5일 복주에 닿았다. 사행로 변경도 여러 차례 있었다. 태평군을 피하여 우회해야 했기 때문이다. 이 사행은 평상시 사행의 소요 시간보다 만 1년 정도를 더 소요했다.

유구사신은 태평군을 처음부터 적비 또는 장발적 등으로 부르고 있다. 또 이 전란을 적란으로 규정하고 있다. 유구사신의 정보 출처가 청조 관변이라는 점은 조선사신의 경우와 같다고 할 수 있다. 그러나 그들이 탐지한 태평천국 관련 정보에는 청조의 관변 문서에다 현지 체험이 더해져 있다. 따라서 전란의 묘사가 구체적이고 생생하다. 그래서 처음부터 청국의 전란을 매우 심각한 것으로 인식하고 있다.

청대에 들어와서 조선사신의 북경 체재 기간은 약 60일까지였다. 태평천국 시기에는 대체로 한 달에서 한 달 반 정도였던 것으로 보인다. 태평천국 기간, 사행 가운데서 북경 체재일이 약 한 달가량으로 확실히 밝혀지는 예는 세 차례다.[7] 길어서 두 달, 짧게는 한 달 동안 북경에 머

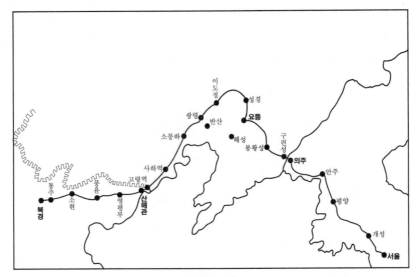

조선사절 연행로.

물면서 번거로운 공식 일정, 유람, 개인적인 교유 등을 가져야 하니 충분한 시간이라고는 할 수 없다. 북경에 머물 때의 행동도 명대(明代) 보다는 나아졌으나 역시 제약이 있었다. 숙소인 회동관(會同館: 玉河館이라는 별칭도 많이 쓴다)에서는 외출도 횟수가 제한된다. 또 감시가 딸리는 일도 있어서 결코 자유스럽지만은 않았다. 주민과의 자유로운 접촉도 경계 대상이었는데, 전란 중이었기 때문에 더욱 심했다.

사신이 조선 쪽에서 받는 제약은 두 가지로 나타난다. 그 하나는 '인신무외교(人臣無外交)'라는 원칙을 확대 해석하여, 사신 자신이 현지의 관인이나 사대부들과 적극적으로 교유하기를 꺼려하는 면이 있었다. 특히 태평천국 시기에는 국내의 정치 상황이 경직되어 있고, 청조가 전란

7) 사신 스스로 북경 체재 일정을 밝히고 있는 경우는 1850년 12월에 복명하는 李景在의 "留館三十日", 1858년 1월에 복명하는 李維謙의 "留館一朔"의 두 차례다. 수행원의 경우는 55년 2월에 복명하는 정사 徐憙淳의 從事官 徐慶淳이 11월 28일에서 12월 22일까지라고 밝히고 있다.

에 휩쓸려 있는 시기라서 사신은 더욱 소극적이었던 것 같다. 이에 대한 비판론이 제기되고 있음을 보아도 당시의 분위기를 알 수 있다.

우리 동방의 선비들은 도읍[燕京]에서 교유하다가 돌아올 때가 되어서는 서로 핑계 대기를, 신하된 자는 외교를 하지 않는다고 하여 빈번하게 왕래하지 않는 것을 의리로 여기니 참으로 가소로운 일이다. 이른바 외교라 하는 것이 어찌 신하가 서로 교유하는 것을 가리키는 것이겠는가. 예경(禮經)의 본문에도 이런 말은 없다. 만약 그렇다면 공자께서도 거원(遽瑗)과 사신을 주고받지 않았어야 했을 것이다.……8)

이처럼 '인신에 외교 없다'라는 원칙을 들어 중국의 학인(學人)이나 관인(官人)과 교유마저 꺼리는 당시의 소극적인 분위기를 비판하면서 박규수(朴珪壽)는 중국 학인과의 지속적인 교유를 주장하고 있다.

또 기독교에 대한 경계가 심해진 이후에는 조선왕조에서 그곳 사대부들과의 접촉을 금하기도 한다. 다만 태평천국의 흥망과 거의 시기를 같이하는 철종의 재위 기간은 기독교에 대한 감시가 비교적 완화된 시기여서, 사신들이 태평천국 기간 동안에 이 문제로 직접 제약을 받은 흔적은 나타나지 않는다. 그러나 기독교와 접촉하기를 꺼리는 분위기는 여전히 지속되고 있었다.

사신들은 자주 정보 얻기의 어려움에 대하여 토로하고 있다. 그쪽 사람들과는 서로 접촉이 없어 그 이면을 상세히 알 수 없다거나9) 일시의 견문으로는 자세히 다 알 수 없다고10) 말하고 있다. 1853년 3월에 귀국하여 복명했던 동지사행의 세 사신은 현지에서 정보 얻기의 어려움

---

8) 朴珪壽, 《瓛齋先生集》 권10, 書牘, 與沈仲復秉成 辛酉.

9) 《日省錄》, 철종 원년(1850) 12월 12일, 召見回還三使臣.

10) 위의 책, 철종 3년(1852) 10월 18일, 召見回還三使臣.

을 입을 모아 이렇게 전하고 있다.

A. ① (정사 서)유훈이 아뢰기를 그곳에서는 언어가 통하지 않고 물정 또한 낯설어서 본디부터 사실을 자세히 알 수 없거니와 〈경보(京報)〉를 보니…… ② (부사 이)인고가 아뢰기를 서장관이 기록한 경보를 죽 한번 살펴보시면…… 그러나 외국의 배신(陪臣)은 견문이 자세하지 않고 어쩌다 조정의 신하를 만난다고 해도 거리낌이 있을까 우려하여 물어보기 어렵습니다. ③ (서장관 송)겸수가 아뢰기를 〈경보〉를 살펴보면 추측할 수는 있지만 그쪽의 동정은 물어보기도 어려울 뿐만 아니라 혹 묻는다고 해도 상하의 풍속이 애초부터 외국인에 대해 그 속사정을 말하지 않으니 그런 까닭에 참으로 상세히 알기가 무척 어렵습니다.[11]

3인의 사신(정·부사, 서장관)은 외국에서 정보를 탐지해 내기가 어렵다고 입을 모아 복명한다. 정보 얻기를 어렵게 하는 요소로는 언어의 불통과 현지 물정의 특수성, 관인이나 사인 같은 상하의 현지인들이 자기네 내부 사정을 외국인에게 이야기하기를 꺼려하는 점 등을 들고 있다. 부사와 서장관이 지적하는 것처럼 현지인들이 외국인과의 접촉을 꺼리거나, 접촉을 한다고 해도 속내를 털어놓지 않는 것은 당시 동아시아 여러 나라의 공통점이기도 했다. 조선은 물론 청국이나 일본이 모두 해금(海禁)정책을 취하고 있었기 때문이다. 이쪽에서 적극적으로 접촉하려 해도 현지인은 국가의 감시를 의식하여, 대화를 삼가고 있는 예는 연행록(燕行錄)에서도 산견되고 있다. 특히, 이 사행이 북경에 체류할 때는 태평군의 진격은 파죽지세였고, 관군은 패배를 거듭하고 있었다. 이러한 관군의 부진으로 정보 통제가 한층 강화되었을 것이다.

---

11) 《日省錄》, 철종 4년(1853) 3월 28일, 召見回還三使臣.

위에서 정사가 지적하는 대로 언어의 장벽도 큰 문제였다. 만어(滿語)와 한어(漢語)가 가능한 것은 역관(譯官)뿐이었다. 사신은 대개 필담(筆談)으로 소통하므로 견문에 한계가 있었고, 더구나 시정(市井)의 이야기를 직접 들을 수는 없었다. 거기다 유일하게 현지의 언어가 가능한 역관도 17세기 말부터는 자질이 문제되고 있었다. 청대에 들어와서 역관의 상대가 만인이나 한인이 아니라 대통아역(大通衙譯)이 되는 경우가 많았다. 이후부터는 만어와 한어의 필요성이 크게 줄어들었기 때문에 역관의 언어 능력이 점차 저하되었던 것이다. 그리하여 부연(赴燕) 역관에 해당 언어를 해득하지 못하는 자가 태반이나 충원되는 형편이었다.[12] 이처럼 역관의 언어 능력이 지속적으로 떨어지고 있었던 실정은 18세기 후반에 와서도 확인된다. 정조 때에 연행했던 정사 홍락성(洪樂性)은 복명하면서 역관의 자질을 걱정하고 있다.

　　그들과 우리나라가 교분을 쌓는 것은 진실로 말을 주고받는 것에 달려 있습니다. 그러나 사신은 애당초 한어를 알지 못하고 이른바 역관이라 하는 자의 말은 상인이 장사할 때 하는 이야기에 지나지 않을 따름입니다. 만약에 조정의 관료와 접해도 대개 피차 이야기를 주고받을 수 없습니다.[13]

홍락성은 역관의 언어 능력이 이미 임무 수행에 도움이 되지 못할 만큼 저하되었음을 들면서, 그 문제를 해결할 대책을 강구해야 한다고 역설하였다. 그러나 그 대책은 논의만 되었을 뿐 구체적으로 이루어진

---

12) 《通文館志》 권3. 事大入京; 柳承宙, 〈朝鮮後期對淸貿易의 展開過程 — 17·18世紀 赴燕譯官의 貿易活動을 中心으로〉, 《白山學報》 제8호, 白山學會, 1970, 338쪽. 이 논문은 역관의 해당 언어 능력의 저하와 상인화를 구체적으로 밝히고 있다.

13) 《正祖實錄》, 8년(1784) 甲辰 3월 己丑.

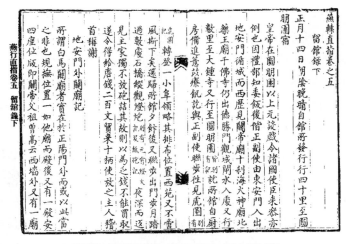

김경선, 〈연원직지〉(大東文化硏究院, 《燕行錄選集》)

것이 별로 없었다. 19세기에 들어와서도 역관의 자질이 향상된 흔적
은 달리 보이지 않는다. 앞에서 우리는 1853년에 정사 서유훈(徐有薰)
이 현지에서 언어가 통하지 않는다고 걱정하는 것을 이미 들었다. 사신
은 이처럼 현지에서 언어가 통하지 않는 불편을 자주 언급하고 있는
데, 이것을 모두 역관 탓으로만 돌릴 수는 없겠지만, 역관의 언어 능력
이 문제되고 있음은 확실하다 하겠다.

이와 함께 역관이 상인화(商人化)하는 것도 문제점이었다. 역관이 상
인화한다는 것은 그만큼 본연의 임무에 소홀해지기 쉽게 됨을 말한다.
사행에 참가한 이들이 모처럼의 중국 나들이 기회에 현지 물건을 구해
오려고 허둥거리던 것은 하나의 풍조가 되어 있었던 듯하다. 순조 32년
(1832), 동지사 서장관 김경선(金景善)은 귀국을 앞두고 청나라 물건 구
하기에 열심인 사행 참가자들의 모습을 이렇게 전하고 있다.

또 중국에 들어온 자들은 누구를 막론하고 한 조각 부싯돌이라도 반드

시 자루에 넣어 귀국하려고 한다. 그러므로 귀국 기일이 정해지면서부터는 상하를 막론하고 일행 모두가 마음을 한가히 가진 자는 거의 없음을 볼 수 있다. 그들은 마치 실물하면 어떡하나 하는 심정으로 허둥지둥, 안절부절 어찌할 바를 모른다. 그리하여 얻은 다소의 물건을 모두 지포(紙布)로 싼다. 싸는 일이 끝나면 피상(皮箱)과 목궤(木櫃)에 나눠 넣고 못을 박는데, 그 소리가 관중(館中)을 진동하니 또한 가소로운 일이다.[14)]

사행 참가자들이 이처럼 중국 물자 구하기에 열심인 풍조에서 역관으로서는 일행의 구매도 도와야 할 것이고, 자신이 맡은 몫의 상행위도 해야 했을 것이니, 원래의 임무인 정보 탐지가 우선 순위에서 밀려나는 것은 어쩌면 자연스러운 일이었다. 그래서 역관 가운데는 본연의 임무보다 무역 활동에 주력하는 자까지 나오게 된다.[15)] 길지 않은 현지 체류 기간 동안 제한된 범위 안에서 행동의 제약을 받아야 하는 역관이 본연의 임무 수행과 무역활동을 동시에 할 경우, 어느 쪽에 비중이 두어지겠는가는 알 만한 일이다.

더구나 역관의 상행위는 그의 뒤에 세 사신이나 그 이상의 권력의 비호나 묵인 없이는 어려운 일이다. 역관이 권세가를 등에 업고 인삼 무역을 하면서 상인과 함께 모리(謀利) 행위를 자행하고 있는 구체적인 예는 철종 즉위년에도 드러나고 있다.[16)] 역관의 인사를 비변사가 장악하고 있던 당시이고 보면, 역관의 선발 기준에 권세가의 의도를 충족시킬 수 있는 능력이 포함될 것이고, 그 권세가의 의중에는 중국 물자와 그 거래 이익이 숨어 있다고 보는 것은 틀림없다 할 것이다.

---

14) 金景善, 《燕轅直指》 제5권 留館錄 下, 《국역연행록선집》 XI, 민족문화추진회, 71쪽.
15) 柳承宙, 주 12)의 논문 참조.
16) 《大東稗林》 〈哲宗紀事〉 즉위년(1849) 7월, 동 9월; 오수창, 〈주요정책의 실상〉, 《조선정치사》 하, 646쪽.

(2) 전란으로 인한 통제

전란이 일어났을 때 정보가 통제되는 것은 상식이다. 하물며 전란 그 자체에 관련된 정보는 말할 것도 없을 것이다. 거기다 청조로서는 청조 자신에게 유리하지도 않고 대국의 체면에도 관계되는 정보를 외국 사신에게 선선히 알려줄 리도 없다. 사신들은 청조의 정보 통제에 대하여 자주 언급하고 있는데, 이런 현상은 전란이 확대되고 치열해짐을 반영하여 1854년 이후 특히 두드러지게 나타난다. 우선 1854년 3월에 회환하는 동지사행의 복명부터 보기로 하자.

> B. ① (정사 윤)치수가 말하기를, …… 서장관이 〈문견사건(聞見事件)〉을 초출(抄出)한 뒤에 일 년치 〈당보(唐報, 塘報)〉를 승정원에 들이는 것이 관례입니다. 그러나 이번에는 심히 엄하게 막고 지키므로 예부와 제독아문(提督衙門)이 윤시(輪示)를 허락하지 않아서 근근이 빌려 보았기 때문에 날과 달[日月]이 이어지지 못하였고, 보기도 하고 못 보기도 하여 전부를 구해 오지 못하였기에 지극히 황송합니다. ② 내[哲宗]가 이르기를, 그 나라의 병사(兵事)가 혹 외국에 누설될까 두려워서 그러는가. ③ 치수가 말하기를, 무릇 기밀에 속하는 일은 모두 내각에서 초록한 뒤에 반시(頒示)하는데, 재정 운용에 대한 한 가지 일은 역시 외국 배신(陪臣)이 문지(聞知)하는 것을 불허합니다만, 이번에는 더욱 심했습니다.17)

청조의 정보 통제, 특히 문자 정보에 대한 통제가 매우 강화되어 있음을 사신은 말하고 있다. 서장관 역시 〈별단〉에서 예부의 단속이 특히 심했음을 "거리 출입을 불허하고 〈상유(上諭)〉나 〈경보(京報)〉 등의 문자 기록은 모두 (유출을) 금하니 그 정도가 매우 엄중하였습니다"18)라고

---

17) 《日省錄》, 철종 5년(1854) 3월 16일, 召見回還冬至使.

18) 위의 책, 같은 날, 書狀官(李綱峻)別單.

보고하고 있다. 이 사행이 북경에 머물던 기간은 태평천국의 북벌군이 천진 이남 수십 리 지점인 양류청(楊柳青)까지 진격해 왔을 때였다. 그리하여 북벌의 태평군과 청조의 최정예 부대가 천진부의 독류(獨柳)와 정해(靜海) 일대에서 대치하는 비상 사태에 놓여 있었던 것이다. 물밀 듯한 기세로 진격을 계속하여 북경성의 코앞인 천진 남쪽 수십 리 지점까지 북벌군이 진격하자, 북경 조정은 공포에 떨었다. 함풍제가 열하로 피난할 준비를 할 정도였다. 청조는 최정예 부대를 동원하고 승격림심(僧格林沁)과 승보(勝保)를 비롯한 중신들에게 이를 거느리고 북벌군을 막도록 하였다. 따라서 이처럼 급박한 청조의 비상 사태가 사행에 대한 정보 통제로 나타났다고 보겠다.

사신의 주 정보원인 〈경보〉는 그 내용에 애초부터 한계가 있는데, 그나마도 군의 기밀 유지 등을 이유로 들어 청조는 외국인이 이를 수집하는 것을 통제하고 있으므로(A ①~③) 필요한 양을 구하기도 힘들었다. 따라서 사신이 〈경보〉를 수집하는 데 남다른 열의를 가져 B에서 보듯 일 년치를 모두 구하려 한다거나 또는 일부를 수집하려 해도 그 성사 여부가 청조의 통제에 달린 것이어서, 입수가 불가능할 수 있다. 그래서 비교적 긴 시간을 두고 전개되는 사건의 전말이나, 장기간에 걸치면서도 상황의 변화가 급박하게 돌아가는 전황의 추이를 파악하는 데는 자연히 중간에 많은 공백이 생길 수밖에 없게 된다. 사신이 B ① 에서 지적한 대로, 사건이 날짜순으로 잘 연결되지 않게 되는 것이다. 특히 태평천국의 투쟁처럼 오랜 기간, 광범한 지역에서 변화무쌍하게 전황이 급변하고, 또 다른 민중투쟁이 서로 얽히거나 동시 다발로 진행되는 경우는 이 제약이 더욱 커질 수밖에 없다. 실제로 조선왕조가 보유한 태평천국 시기의 중국에 대한 정보를 검토해 보면 우리는 바로 이 점을 확인할 수 있다.[19]

청조가 정보를 통제하고 있다는 보고는 계속되고 있다. 단속이 심하고 군기가 심히 엄밀하여 확실한 실상을 알 수 없다거나,[20] 이 모두 군기에 관계되는지라 아무리 노력해도 상세한 사실을 탐지해 낼 수 없다고[21] 진술하고 있다. 이러한 정보 통제에 관한 호소는 1858년까지 사신의 복명에서 거의 해마다 되풀이되고 있다.[22]

진위진향사(1856년 2월 귀국)의 한 종사관은 정보 통제의 다른 예를 소개하고 있다. 그가 북경 성내에 있는 명문가로 알려진 총독 섭명침(葉明琛)의 집 앞을 지나게 되어, 명함을 드리고 그 집을 방문하고자 하였다. 그러자 종사관을 수행하던 마두(馬頭)가 이렇게 말리고 있다.

10년 전만 해도 우리 사신이 도성에 들어가면, 도성 안 많은 인사들이 우리를 맞이하기 위해 모였습니다. 남비[太平軍]가 일어난 뒤부터는 외번인(外藩人)과 교통하는 것은 나라의 금령이 지엄해서, 도처에서 가로막고 지킬 뿐만 아니라 조그만 쪽지까지도 내왕하지 못하게 하니, 전부터 교분이 있는 자이면 삼국(蔘局)에서 모이기로 약속하여 잠시 선 채로 말할 뿐입니다.[23]

태평천국이 홍기한 뒤에 외국인 접촉에 대한 청조의 통제가 더욱 엄격해져서 개인적인 교유까지 감시·통제하고 있음을 볼 수 있다.

---

19) 이 책 제1장 참조.

20) 《日省錄》, 철종 7년(1856) 3월 22일, 書狀官(姜長煥)別單.

21) 위의 책, 철종 8년(1857) 3월 24일, 書狀官(李容佐)別單.

22) 1858년에도 두 예를 볼 수 있다. 1월에 복명하는 서장관 安喜壽는 〈별단〉에서 "此是塘報之所著 而至若隱密事情 軍機至嚴 未有何探"이라 하였다. 같은 해 3월에 귀국하는 서장관도 〈별단〉에서 "而係是軍機 極其嚴密 未得其詳"이라 하고 있다.

23) 徐慶淳, 《夢經堂日史》 編3, 〈日下勝墨〉.

2) 주 정보원과 그 한계

사신이 탐지하고 수집하는 정보의 자료가 왕복 연로와 북경 체재 기간의 견문, 청조 관료들과의 공식·비공식 접촉, 그리고 정기간행물인 〈당보(塘報)〉와 〈경보(京報)〉였음은 사신의 보고에서 명확히 드러난다. 중요한 정보 출처의 하나인 청조 관료들과의 공식·비공식 접촉을 보자. 공식 접촉의 경우, 청조의 관원은 있는 사실을 그대로 알려주기보다는 있어야 할 사실을 전해주는 경우가 많았음을 우리는 이미 앞에서 충분히 확인할 수 있었다. 비공식 접촉도 전란이라는 이유로 국가의 통제가 심한 상황에서는 별로 기대할 것이 없음을 알 수 있었다.

사신의 또 다른 주요 정보원인 〈당보〉와 〈경보〉를 보자. 복명 자료는 대부분 여기에 의지하고 있다.24) 사신은 이를 〈일보(日報)〉라고도 부르며, 조선의 〈조보(朝報)〉와 같다고 설명한다. 철종 4년(1853) 3월에, 동지사행은 정·부사와 서장관 모두 〈경보〉에서 정보를 얻는다고 복명한다(A ① ② ③). 이듬해 3월에 동지정사는 〈당보〉가(B ①), 서장

---

24) 〈경보〉는 淸 雍正帝 때 관보라 할 수 있는 〈저보(邸報)〉의 간행과 배포가 금지되자, 이후 개인이 보방(報房)을 설립하고 매일 내각(內閣)에서 취재하여 인쇄한 후, 유료로 보급하던 정기간행물이다. 〈경보〉는 황실 동정과 정부 인사, 황제의 명령과 관료들의 상주문 등을 실었다. 〈당보〉는 明代의 〈군보(軍報)〉에서 기원하는데, 〈저보〉가 금지되면서 정부 공보의 기능이 더해져 관보로 제작, 배포되었다고 한다. 〈당보〉의 내용도 황제의 명령과 관료의 상주문과 그에 대한 황제의 비답 등이다. 중국 신문사(新聞史) 연구자 사이에서는, 〈저보〉 발행이 금지되자 〈경보〉가 간행되면서 관보로 대체되었다는 주장과, 사설 보방에서 제작하는 〈경보〉가 관보인 〈저보〉를 대신할 수 없으므로, 중앙관서에서 〈당보〉를 제작, 지방 관서에 배포하였다는 견해가 대립되고 있다. 연행사절들은 개인에 따라 정보원을 〈당보〉나 〈경보〉라 하는데, 그들이 접한 문건이 명칭처럼 구분되는지, 아니면 〈경보〉를 개인에 따라 〈당보〉와 〈경보〉로 다르게 호칭하였는지 알 수 없다.
　〈경보〉와 〈당보〉에 대해서는 臺灣臨時舊慣調査會, 《淸國行政法》 1권, 1915; 《六部成語註解》, 1940; 戈公振, 《中國報學史》, 1926, (臺灣學生書局, 1964 再版); 曾虛白 主編, 《中國新聞史》上冊, 臺北: 國立政治大學新聞硏究所, 1966; 車培根, 《中國前近代言論史》, 서울대학교 출판부, 1984; 卓南生, 《中國近代新聞成立史》, 東京: ぺりかん 社, 1990; 萩原淳平, 〈明淸時代の塘報〉, 《田村博士頌壽東洋史論叢》, 1968 참조.

〈경보(京報)〉 동치(同治) 7년 (1868) 2월 17일치. 표지 오른쪽 하단에 천보보방(天輔報房)이라고 찍혀 있다.

〈유접휘존(諭摺彙存)〉. 광서연간(光緒年間)에 여러 날 치 〈경보〉를 묶어서 내기도 했다. 이를 〈유접휘존〉 또는 〈각초휘편(閣鈔彙編)〉이라 했다.

관은 〈경보〉가 중요한 정보 출처라고 복명한다. 몇 가지 예를 더 보기
로 하자.

① 저 나라의 이른바 〈일보(日報)〉라 하는 것은 우리나라의 〈조보(朝報)〉
   와 같은 것인데, 이를 구해서 보았더니 과연 구란(寇亂)이 있었음을 알았
   습니다(50년 12월, 정사).

② 신 등이 연경에 있을 때 그 〈당보(唐報, 塘報)〉를 얻어서 보니 비록 토
   평하지는 못했지만……(55년 3월, 정사).

③ 매월의 〈당보〉가 계속해서 승전을 알리지만 철병하는 것은 보지 못했
   고……(56年 2月, 서장관).

④ 〈당보〉는 우리나라의 〈조보〉와 같은 것인데 매번 통역관 들이 얻어오
   는 것입니다(58年 3月, 정사).

⑤ 신(臣) 등은 2월 6일 북경을 떠났으므로 황제가 돌아오시는 것[回蹕]을
   보지 못하여 마음이 몹시 울적하였습니다. 봉황성(鳳凰城)에 이르러 수위
   처에서 들어온 〈경보〉를 갖다보니……(61年 3月, 정사).

⑥ 외국 사신은 중국의 사정을 자세히 알기 어렵고 간간이 들어 알게 되는
   것은 대부분 길가에서 얻어 듣는 것으로 완전히 믿을 만하다고 할 수 없
   습니다. 〈당보〉라 하는 것은 우리나라의 〈조보〉와 같은 것으로, 그 안의
   내용을 들어 보면……(62年 7月, 정사).

〈경보〉는 다만 사신의 가장 중요한 복명 자료로 쓰이는 데 그치지
않고 사신이 모아 가지고 와서 승정원에 보내 보관하게 했음을 B ①에
서 알 수 있다. 이를 뒷받침하는 사실로 1858년 3월에 복명하는 동지
사에게 국왕은 〈당보〉를 가져왔는가 묻고 있으며, 정사는 ④와 같이
대답하고 있다. 이처럼 사신이 〈경보〉를 수집해왔다는 것은, 사신의 복
명 내용에 적어도 〈경보〉의 내용이 반드시 포함되고 있다는 것을 말해

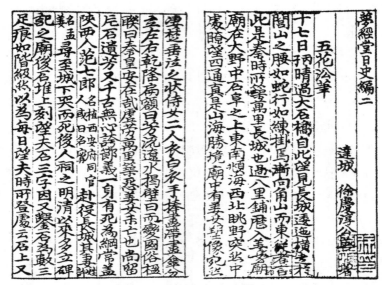

서경순, 〈몽경당일사〉(국역 연행록선집)

준다. 또 〈경보〉에 대해서는 관변 문서라는 점에서 일부의 비판이 있기는 하여도, 사신들은 그 내용을 그대로 믿는 경우가 많았다.

그러나 〈경보〉에 크게 의지하는 데는 몇 가지 함정이 있었다. 첫째로, 〈경보〉는 철저한 관변 기록이라서 일방적인 사실만을 알려준다는 점이다. 사신 스스로가 청조 관헌의 기강이 느슨해진 것을 비판하는 가운데 "군사를 거느리는 신하는 승리를 꾸미고 패배를 숨기는 것을 상책으로 여긴다"[25]고 논할 정도였다. 또 "매월의 〈당보〉에는 승리했다는 소식이 연달아 실리는데도 아직 철병하는 것을 보지 못했다"[26]고 비판하기도 한다. 〈경보〉에 실리는 청조 장령(將領)의 전황 보고가 그

---

25) 《日省錄》, 철종 10년(1859) 3월 20일, 首譯(李尙迪)別單; 《同文彙考》補續, 使臣別單.

26) 《日省錄》, 철종 7년(1856) 7월 24일, 書狀官(申佐模)別單.

다지 믿음직스럽지 못함은 사신들도 잘 알고 있었다. 또 〈경보〉의 내용은 얼마든지 청조의 통제가 가능하다는 점을 고려한다면 그 한계는 명백해진다.

둘째로, 〈경보〉에 실리는 기사가 반드시 사건의 전말을 잘 전해주지도 않는다. 〈경보〉는 편집자가 취재하고 조사하여 사건의 경과를 기사로 정리하여 싣는 것이 아니라, 여러 관청의 문서를 거의 그대로 싣는다. 또 지면의 제약이 있어서, 문서의 내용이 길면 보방에서 형편대로 발췌하여 실었다. 따라서 같은 사안이라도 보방에 따라 내용이 달라졌고, 경우에 따라 사실의 은폐나 왜곡도 일어났다.

연행사절이 사행로를 왕복하며 얻은 견문이나 현지인과 접촉하여 얻은 견문 역시 사실과는 거리가 있거나 많은 한계를 내포하고 있다. 이 점은 앞서 든 ⑥의 예와 같이 사신 자신이 정확하게 간파하고 있다. 또 수행원의 체험과 비판을 통해서도 이를 알 수 있다.

C. 황가장(黃家莊)에 도착하여 묵었다. 점주(店主)의 아우는 기인(旗人)을 자칭하면서 왕년에 요동군(遼東軍)의 발병(發兵) 때 천진의 도적을 치다가 적괴 임봉상(林鳳祥)을 참획(斬獲)하고 돌아왔다 한다. 그 말이 이른바 횡설수설이라 믿을 수 없고 전혀 들을 만한 것이 없다. 그런데 일행은 기화(奇貨)를 얻은 듯, 천상(天上)의 소식을 들은 것같이 여긴다. 나는 웃으며 그 말은 바보의 꿈 이야기일 뿐인데도 역관들이 이른바 중국 사정을 탐지하여 문견 사건을 지어 돌아와 조정에 상주하는 것이 이런 것이 아니겠는가 하였다.27)

전혀 믿을 수 없는 횡설수설을 현지인의 경험담이라 하여 역관들이

---

27) 徐慶淳, 《夢經堂日史》 編5, 〈玉河旋軺錄〉.

마치 대단한 보물이나 얻은 듯이 소중히 여기고 이를 토대로 〈문견별단〉을 작성하여 조정에 보고하고 있다는 것이다. 역관이 중국 사정을 탐지하여 작성한 〈문견별단〉의 허구와 맹점, 그리고 한계를 자신이 현지에서 목격하면서 이렇게 비판하였던 것이다.

2. 연행사절의 정치적 지위와 시각

1) 연행사절의 정치적 지위

이 연구에서 다루는 여러 가지 정보를 탐지하고 수집해서 보고한 것은 연행사신이다. 조선이 청나라에 파견한 이들 사절을 표로 보이면 다음 연행사정일람과 같다. 고찰의 대상은 철종 즉위년(1849)부터 고종 3년(1866)까지 18년 동안의 연행사절이다. 태평천국의 존속 기간보다 전후의 기간을 약간 늘려 잡은 이유는 태평천국 흥기의 배경, 태평천국 멸망 후의 정세를 알아보기 위한 점과, 중국 대륙의 상황이 조선에 전해지기까지는 어느 정도의 시간을 요한다는 점 때문이다. 각 사신의 주요 경력에 대해서는 정치적으로 세도정치기로 구분되는 19세기 전반 곧 순조 원년(1801)부터 철종 말년(1863)까지의 63년 동안을 대상으로 하였다. 비국(備局: 備邊司)의 당상(堂上)에 대해서도 그 변천은 역시 세도정치기인 63년간이다. 실록의 게재 빈도는 해당 인물의 인사에 관련된 기록의 빈도이며 그 기간 역시 인사 기록이 나오는 기간이다.

조선시대에 청나라에 파견된 사신들의 지위를 살피기로 하자(표1 燕行使節一覽 참조). 정사와 부사는 정 3품 이상의 종친이나 관료 가운데서 선발되어 1품계 상위(上位)로 결함(結銜)되었다. 서장관은 6품에서 4품 사이의 품계를 지닌 인물 가운데서 선발되어 역시 1품계 상위로 결

表1 - 燕行使節一覽(哲宗卽位年 1849 ~ 高宗 3年 1866)

使行區分 使行期間	使臣	職銜	本貫	科擧及第年	實錄揭載頻度 (期間)	主要經歷	備邊司堂上
告訃兼奏請 1849.7.17~12.1	正使 朴晦壽	判中樞	潘南	1816文	23(1827~58)	大司憲, 大司成, 監司, 判尹, 吏·兵·刑判, 右相	專任·有司·句管·都提調 1834~61
	副使 李根友	禮判	全義	1821文	12(1843~62)	大司成, 吏議, 監司, 判尹, 禮判	專任 1857~63
	書狀官 沈敬永	掌令	青松	1836文	1(1854~)	大司成	
冬至 謝恩 1849.10.20~翌3.27	李啓朝	判中樞	慶州	1831文	19(1835~49)	吏議, 大司諫, 監司, 大司憲, 判義禁, 宣惠廳提調	專任·有司 1848~56
	韓正教	吏判	清州	1844文	11(1845~62)	大司諫, 吏議, 參判, 監司	例兼 1859~63
	沈熙泰	司僕正	青松	1835文	2(1860~)	大司成, 吏議	
謝恩 1850.1.29~6.29	趙鶴年	判中樞	豊壤	1828文	13(1839~49)	吏議, 大司成, 參判, 大司憲, 左參贊	專任·句管·貢市 1844~54
	南獻教	禮判	宜寧	1827文	12(1843~61)	大司成, 吏議, 判尹, 判書	專任 1853~63
	鄭鎰	司僕正	延日	1831文	1(1863~)	大司諫	
陳慰進香 1850.3.26~8.17	徐左輔	判中樞	大丘	1819文	24(1835~55)	大司成, 大司憲, 監司, 判書	例兼 1840~55
	洪羲錫	吏判		文	1(1801~)		
	金會明	司僕正					
陳慰進香 1850.3.30~8.21	成遂默	判中樞	昌寧	1825文	10(1839~49)	大司成, 大司諫, 監司, 禮判	專任·有司·句管 1842~50
	李明迪	禮判	延安	1827文	9(1843~60)	大司諫, 吏參, 監司, 江華留守	例兼 1860~62
	尹行福	掌令	南原	1839文	3(1854~59)	大司成, 監司, 江華留守, 大提學	例兼 1859~59
進賀謝恩 1850.7.25~12.12	李景在	判中樞	韓山	1822文	40(1827~63)	奎直閣, 大司成, 吏議, 大司憲, 判議, 判義禁, 弘副提學	專任·句管·有司·貢市 1844~63
	徐憲淳	吏判	大丘	1829文	24(1845~63)	大司成, 弘副提學, 大司憲, 監司, 判書	專任·句管·貢市 1849~63
	尹堉	掌令	坡平	1844文	2(1858~61)	大司成, 吏議	

使行	姓名	職	本貫	文科	臺諫	經歷	비고
進賀謝恩兼歲幣 1850.10.20 ~至3.18	權大肯	判中樞	安東	1823文	5(1839~51)	大司成, 漢城判尹, 刑判	專任 1842~56
	金德喜	禮判	慶州	1835文	1(1850~)	大司成	
	閔致庠	司僕正	驪興	1846文	2(1859~62)	大司成	
陳奏 1851.1.25. ~5.23	金景善	判中樞	清風	1830文	11(1839~53)	吏議, 大司成, 判書, 判義禁	專任 1849~53
	李圭祊	吏判	慶州	1823文	13(1839~55)	大司成, 監司, 判尹, 刑判, 大司憲	例兼 1851~55
	李升沐	掌令	全州	1846文	1(1862~)	吏議	
進賀謝恩兼表請 1851.10.20 ~至3.25	金平君義						
	成原默	禮判	昌寧	1831文	9(1846~56)	大司成, 大司憲, 禮判, 工判	
	兪錫煥	掌令					
謝恩 1852.6.11 ~10.18	徐念淳	判中樞	大丘	1827文	12(1844~59)	大司成, 判尹, 判義禁, 吏·兵·工曹判書	專任·句管·貢市 1850~59
	趙忠植	禮判	咸安	1813文	9(1846~59)	大司諫, 大司憲, 江華留守	例兼 1859~60
	崔遇亨	掌令					
進賀謝恩兼冬至 1852.10.27 ~至3.28	徐憙淳	判中樞	大丘	1837文	26(1839~62)	大司成, 大司憲, 監司, 吏判	專任·有司·句管 1852~62
	李寅皐	禮判	全州	1827文	8(1839~63)	吏議, 監司, 判尹, 大司憲	專任·句管 1859~63
	宋謙洙	掌令	恩津	1845文	2(1861~)	大司諫	
進賀謝恩 1853.4.20 ~9.19	姜時永	判中樞	晉州	1820文	14(1843~)	大司憲, 工判	專任 1848~61
	李謙在	禮判	韓山	1827文	15(1845~63)	吏議, 監司, 判書, 判義禁	專任·句管 1858~63
	趙雲卿	掌令	豐壤	1847文	1(1860~)	吏議	
進賀謝恩兼冬至 1853.10.26 ~至3.16	尹致秀	判中樞	海平	1827文	35(1842~63)	大司成, 大司憲, 弘副提學, 判義禁, 六判	專任·有司 1847~63
	李玄緖	禮判	全義	1844文	15(1846~62)	大司諫, 吏議, 大司成, 大司憲, 判書	
	李綱峻	掌令					

使行	姓名	官職	本貫	生年	경력수	經歷	備考
冬至兼謝恩 1854.10.21~翌3.18	金鏴	判中樞	延安	1822文	14(1839~59)	大司成, 吏參, 大司憲, 監司, 判書, 判尹	專任:貢市·句管·有司·堤堰司 1842~61
	鄭德和	禮判	草溪	1817文	4(1845~58)	大司諫, 江華留守	例兼 1852~52
	朴弘陽	掌令					
陳慰進香兼謝恩 1855.10.4~翌2.14	徐憙淳	判中樞	大丘	1816文	34(1818~55)	大司成, 大司諫, 大司憲, 六判	專任:有司·堤堰司·軍營大將·貢市·句管 1829~57
	趙秉恒	禮判	豊壤	1829文	1(1860~)	大司成	
	申佐模	掌令					
冬至兼謝恩 1855.10.19~翌3.22	趙得林	判中樞	楊州		17(1846~63)	大司成, 監司, 判義禁, 判書	專任:有司·貢市 1856~63
	兪章煥	吏判	杞溪	1826文	20(1847~63)	大司諫, 大司成, 大司憲, 吏判	例兼 1858~63
	姜長煥	執義					
進賀謝恩 1856.2.7~6.11	朴齊憲	判中樞	潘南	1829文	12(1850~62)	大司成, 刑判, 工判, 大司憲, 留守	例兼 1855~63
	林肯洙	禮判	羅州	1837文	4(1853~62)	吏議, 大司成, 監司, 吏參	
	趙冀東	掌令					
冬至 1856.10.27~翌3.24	徐戴淳	判中樞	大丘	1827文	25(1841~63)	監司, 判尹, 大司成, 判義禁, 判書, 左贊成	專任 1853~63
	任百經	禮判	豊川	1827文	4(1856~59)	大司成, 兵判, 留守, 刑判	例兼 1858~63
	李容佐	司僕正					
告訃 1857.9.10~翌1.2	李維謙	禮參					
	安喜壽	執義					

使行	姓名	職	本貫	文科	年數	歷官	備考
冬至兼謝恩 1857.10.28 ~翌3.28	慶平君晧						
	任百秀	禮判	豐川	1839文	12(1843~62)	大司諫, 判尹, 刑判	專任 1862~63
	金昌秀	司僕正					
謝恩兼冬至 1858.10.26 ~翌3.20	李根友	判中樞	全義	1821文	12(1843~62)	大司成, 吏議, 判尹, 禮判	專任 1857~63
	金永爵	禮判	慶州	1843文	3(1853~61)	吏議, 大司成, 吏參	專任 1859~63
	金直淵	掌令					
冬至兼謝恩 1859.10.28 ~翌3.24	李圩	判中樞	牛峰	1835文	13(1847~63)	大司諫, 吏議, 副提學, 判書, 大司憲	例兼 1859~63
	林永洙	禮判	羅州	1825文	13(1841~63)	大司諫, 大司憲, 吏參	
	高時鴻	掌令					
聖節進賀兼謝恩 1860.閏3.30. ~8.17	任百經	判中樞	豐川	1827文	4(1856~59)	大司成, 兵判, 留守, 刑判	例兼 1858~63
	朴齊寅	禮判	潘南	1856文	3(1860~62)	吏參, 大司成	
	李後善	掌令					
冬至兼謝恩 1860.10.22 ~翌3.27	申錫愚	判中樞	平山	1834文	16(1848~62)	大司成, 吏議, 參判, 監司, 判尹, 判書	專任:有司 1859~63
	徐衡淳	禮判	大丘	1854文	3(1860~62)	大司成, 吏議, 監司	
	趙雲周	掌令					
問安(熱河) 1861.1.18 ~6.19	趙徽林	判中樞	楊州	1831文	8(1851~63)	吏議, 大司成, 監司, 判尹, 判書, 大司憲	專任:有司 1860~63
	朴珪壽	吏判	潘南	1848文	3(1861~63)	大司成, 晉州按覈使, 吏議	
	申轍求	司僕正					

使行	姓名	官職	本貫	生年	科擧	主要官歷	備考
謝恩兼冬至 1861.10.24 ~翌3.29	李源命	判中樞	龍仁	1829文	10(1850~63)	大司成, 吏議, 監司, 判書, 大司憲	專任·句管 1861~63
	南性教	禮判	宜寧	1837文	1(1861)	大司憲	
	閔達鏞	掌令					
陳謝兼進香 1861.12.23 ~翌5.2	李謙在	判中樞	韓山	1827文	15(1845~63)	吏議, 監司, 判書, 判義禁	專任·句管 1858~63
	兪鎭五	吏判	杞溪	1829文	4(1853~59)	吏議	
	宋敦玉	掌令					
進賀兼謝恩 1862.1.29 ~7.2	徐憲淳	判中樞	大丘	1829文	24(1845~63)	大司成, 弘副提學, 大司憲, 監司, 判書	專任·句管 1849~63
	兪致崇	禮判	杞溪	1829文	3(1850~56)	大司諫	
	奇慶鉉	掌令					
進賀謝恩兼歲幣 1862.10.21 ~翌4.4	李宜翼	判中樞	慶州	1848文	3(1857~60)	吏參, 江華留守	專任 1857~63
	朴永輔	禮判	高靈	1844文	3(1853~59)	吏議	
	李在聞	掌令					
陳奏 1863.2.13 ~6.16	尹致秀	判中樞	海平	1827文	35(1842~63)	大司成, 大司憲, 弘副提學, 判義禁, 六判	專任·有司 1847~63 ·
	李容殷	禮判	全州	1850文	4(1858~61)	大司成, 吏議, 副提學	
	李寅命	持平					
進賀謝恩兼冬至 1863.10.28 ~翌3.9	趙然昌	判中樞	豊壤	1835文	15(1852~63)	吏參, 留守, 判書, 大司憲	專任·貢市 1853~63
	閔泳緯	禮判	驪興	1848文	4(1855~60)	大司成, 大司諫, 吏議	
	尹顯岐	執義					

告計請諡兼承襲 1864.1.21 ~5.23	李景在	右議政	韓山	1822文	40(1827~63)	奎直閣, 大司成, 吏議, 大司諫, 判義禁, 弘副提學	專任·句管·有司·貢市 1844~63
	林肯洙	吏判	羅州	1837文	4(1853~62)	吏議, 大司成, 監司, 吏參	
	洪必謨	司僕正					
謝恩 1864.9.27 ~翌2.6	徐衡淳	判中樞	大丘	1854文	3(1860~62)	大司成, 吏議, 監司	
	趙熙哲	禮判	豊壤	1844文	1(1856~)	吏議	
	鄭顯德	司僕正					
謝恩兼冬至 1864.10.20 ~翌4.8	歆章煥	判中樞	杞溪	1826文	20(1847~63)	大司諫, 大司成, 大司憲, 吏判	例兼 1858~63
	尹正求	吏判	海平	1851文	4(1859~62)	大司成, 吏參, 江華留守	
	張錫駿	掌令					
謝恩兼冬至 1865.10.20 ~翌4.1	李興敏	判中樞	全義	1848文	7(1855~63)	大司成, 吏議, 參判, 大司諫, 大司憲	
	李鍾淳	禮判					
	金昌熙	執義					
進賀謝恩兼奏請 1866.4.9 ~8.23	柳厚祚	右議政	豊山	1858文	2(1861~63)	大司諫	
	徐堂輔	禮判	大丘	1844文	1(1861~)	吏議	
	洪淳學	執義					
冬至謝恩 1866.10.24 ~翌4.2	李豊翼	判中樞	延安	1829文	5(1847~62)	大司憲, 吏議, 大司成	
	李世器	禮判					
	嚴世永	掌令					

- vi -

참고문헌 《純祖實錄》, 《憲宗實錄》, 《哲宗實錄》, 《承政院日記》, 《日省錄》, 《通文館志》, 《同文彙考》
한국역사연구회 19세기정치사연구반, 《조선정치사 1800~1863》, 청년사, 1991.

합되는 것이 원칙이었다.[28] 따라서 정사와 부사는 정 2품 이상의 관료인데, 이들은 조선 후기 정치사에서 중요한 의미를 갖는 당상관(堂上官)이다.

정사와 부사는 조선왕조의 정치구조 안에서는 정경(正卿, 품계 상으로는 종1품에서 정2품)급 관료이거나 일품계 상위로 결합되어서 이에 준하는 관료(종 2품에서 정 3품상)이다. 세도정치기에 정경은 대체로 실무집행부서의 장관이었다. 정경에 속하는 인물들은 대부분이 정치가라기보다는 행정가적 면모가 강한 것으로 밝혀지고 있다.[29] 정경이면서도 커다란 정치적 비중을 차지하는 예외적인 인물이 있는데, 이는 바로 세도가인 외척이거나 세도 외척의 신임이 두터운 핵심 권력자의 최측근이었다.

관료 경력과 비변사 당상직 역임을 통하여 집권 세도 권력과 사행의 관계를 보기로 하자. 정경이면서 권력의 핵심을 장악하고 있는 실권자의 이름을 사행의 명단에서 확인할 수 없는 것도 이 시기의 특색이다. 핵심 권력자의 최측근이며 충실한 협력자가 사신에 선발된 대표적인 예로는 1855년의 진위진향사(陳慰進香使) 서희순(徐憙淳)을 들 수 있다. 이에 버금가는 측근으로는 1850년의 진하사은사(進賀謝恩使) 이경재(李景在)와 1853년의 동지사 윤치수(尹致秀)를 들 수 있겠다. 이경재는 1864년에도 고부청시겸승습사(告訃請諡兼承襲使)로, 윤치수는 1863년에 진주사(陳奏使)로 선발되고 있어서 여기서 다루는 기간 중 두 차례나 연행을 하고 있다. 서희순은 비판기구와 문예기구의 관직을 두루 거쳤다. 행정기구에서도 육조의 장관(판서) 직을 빠짐없이 차례로 역임했다. 의정부 육조체제에서 한 개인이 육조의 모든 장관직을 빼놓지 않고 역임한다는 것은 결코 쉬운 일이 아니고 흔한 일도 아니다. 이는 곧

---

28) 《通文館志》 권3; 全海宗, 《韓中關係史硏究》, 一潮閣, 1970, 64~65쪽.
29) 홍순민, 〈정치집단의 구성〉, 《조선정치사》 상, 212~214쪽.

집권 세도 권력의 두터운 신임이 있고 나서 가능한 일이다. 윤치수의 경우도 육조의 장관직을 빠짐없이 두루 다 거쳐서 판의금부사(判義禁府事)에 오르고 있다. 이경재의 관료 경력은 서희순이나 윤치수만큼 화려하지는 않으나 역시 판의금부사에 오르고 있다.

이들 측근에 대한 세도가문의 두터운 신임은 이 시기에 실제적인 권력을 장악하고 있는 비변사 내의 위치에서도 더욱더 선명하게 확인된다. 이들은 비변사에서 단순한 예겸당상(例兼堂上)이 아니라, 모두 비변사의 핵심 구성원이라 할 수 있는 당상 직을 그것도 장기간에 걸쳐 맡고 있다. 서희순은 유사(有司)당상과 제언사(堤堰司)당상, 공시(貢市)당상, 구관(句管)당상을 역임하는데, 그 기간이 모두 28년이나 된다. 특히 서희순은 권력의 핵심에 있는 외척이 아니면 차지하지 못하는 주요 관직인 군영대장(軍營大將) 직까지 역임했던 인물이다. 윤치수는 17년 동안 전임(專任)당상과 유사당상을 맡았다. 이경재는 20년 동안 전임·구관·유사·공시당상을 거치고 있다.

권력의 핵심에 있는 실권자는 이처럼 신임하는 측근을 사행으로 선발하고는 있지만 실권자 자신은 사행에 거의 참여하지 않고 있다. 이 사실은 대개 두 가지 이유에서일 것으로 판단된다. 그 하나는 인군(人君)을 대신하여 외교 업무를 수행하는 것은 국가의 체면과 이익으로 직결된다. 때문에 통상적인 외교 업무를 수행할 만한 일정한 학문적 소양과 식견이 있어야 하고, 곤란하고 미묘한 상황에서 임기응변으로 현안을 해결할 수 있는 정치·외교적인 감각과 수완, 실무 능력을 갖춘 자가 아니면 안 되었다. 또 청조에서 외교 업무를 수행하는 일이 권력의 장악과 유지에 영향을 미치지 않아야만 했다. 멀고 긴 사행 길에 나서는 것은 그 자체로도 힘든 일이지만, 때로는 업무 수행의 결과에 대하여 정치적 책임을 져야 하는 부담도 있었다. 세도가들은 힘들여 멀고 험한 사행에 직접 참여하지 않아도 믿을 만한 관료를 내세움으로써, 국내 정치의 경우에서와 마찬가지로 외교 분야에서도 세도가 자신들의 의도대로 사안을 관철시킬 수 있었던 것이다.

이 사실과 관련하여 철종 4년(1853)부터 6년(1855)까지 연행사신의 인적 구성이 주목된다. 태평천국의 전성기라고도 할 수 있는 이 3년 동안 청나라에 파견된 조선 사신은 한결같이 실무집행 능력이 뛰어나고 세도 권력의 신임이 두터운 것으로 보이는 인물들이다. 당시 최정예로 보이는 인물을 이처럼 한 기간에 집중하여 사신으로 선발한 것은 결코 우연으로 볼 수 없기 때문이다.

1853년의 진하사은사는 강시영(姜時永), 같은 해 동지사는 윤치수, 1854년의 동지사는 김위(金鏵), 1855년의 진위진향사는 서희순, 동지사는 조득림(趙得林)이다. 앞서 지적한 대로 이들은 장기간에 걸쳐 관직을 안정적으로 유지하고 있는 것도 주목되지만, 이에 못지않게 두드러지는 점은 비변사에서 한결같이 핵심 당상 직을 역임하고 있는 것이다. 강시영은 전임당상을 14년간 맡고 있다. 윤치수와 서희순은 이미 언급한 대로이며, 김위는 공시·구관·유사·제언사당상을 20년 동안이나 두루 거치고 있다. 조득림 역시 8년 동안에 걸쳐 구관·유사·공시당상 직을 지내고 있다. 강시영을 제외한 이들 4인의 공통점은 비변사의 핵심 당상 가운데서도 모두 유사당상을 맡았다는 사실이다. 나중에 설명하겠지만 세도정치의 확대·심화기인 철종 대에 와서 유사당상의 정치적 중요성이 더욱 커지고 있는 점을 감안해 볼 때 이들에 대한 집권세도가의 신임도를 알 수 있다. 다만 1853년의 진하사은사 강시영의 경우는 관직의 역임이 화려하지는 않으나 안정적이며, 비변사에서도 전임당상을 14년 동안 유지하고 있어 안정성을 보인다. 강시영의 경우 특히 눈에 띄는 점은 1853년의 사행이 세 번째 연행이라는 점이다. 1829년에 진하사의 서장관을, 1848년에 동지사은사의 정사를 이미 거친 바 있어, 당시에 이른바 중국통으로 인정받았던 인물로 보인다.

이처럼 1853년부터 1855년까지 세도 권력이 사신의 선발을 더욱 신중하게 하고 있는 것은 당시 내외 정세에 대한 세도 권력의 위기의식을 반영하고 있다고 판단된다. 안으로는 민중이 다양한 형태의 저항을 구체화하고 있었고, 이양선(異樣船)의 연안 출몰도 끊이지 않아 지배층을 긴장시키고 있었다. 밖으로 청조의 병란 소식은 이미 철종 즉위년부터 들어오고 있었는데, 1852년 10월에 귀국한 사은정사 서염순(徐念淳)은 청조의 전란을 명말 이자성(李自成)의 난과 견주면서 매우 심각한 것으로 보고했다. 이 충격적인 보고에 조선 집권층은 긴장하였던 것으로 보인다.

그러나 이듬해 3월에 귀환한 동지정사 서유훈(徐有薰)은, 호광(湖廣)의 여러 도적 떼에게 무창(武昌)을 잃었지만 금방 수복하였고, 이들 적비는 걸간지도(揭竿之徒)에 지나지 않으니 그다지 걱정할 것이 못 된다고 복명한다. 그런데 같은 사행의 서장관은 토구(土寇)의 병란이 하남과 하북으로 번지며 갈수록 더욱 창궐하여 관병이 막아내지 못하므로 길림과 흑룡의 관병까지 동원하여 방어하고 있다고 보고한다. 수역 또한 광서적비가 호남·북까지 틈입하였는데, 적세는 갈수록 불어나고 번져서 초절(剿截)이 불가하기 때문에 길림과 흑룡의 군대까지 동원하고 있으며, 재정도 바닥나 여간 걱정이 아니라고 〈별단〉에 적고 있다. 북경에서 수천 리 떨어진 남방의 적비를 막기 위해서 동북방의 군대까지 동원하고 있는데도 정사가 적비를 걸간지도로 치부하는 것은 누가 보아도 의도적인 억지였다. 따라서 정사 서유훈의 복명은 실제로 전개되고 있는 상황과는 동떨어진 미리 정해진 결론으로 이루어졌다 할 수 있다.

그해 4월 하순에 서울을 떠나 연행 길에 오른 진하사은행의 정사에 중국 경험이 풍부한 강시영이 선발된 것은 그래서 우연으로 보이지 않는다. 1853년 3월에 귀국한 동지사행의 복명을 찬찬히 정리해 보면,

1852년 10월에 귀국하였던 사은정사의 복명과 맥락을 같이하고 있기 때문이다. 따라서 바로 지금 청나라의 사태는 긴장을 늦출 수 없는 쪽으로 진행되고 있다는 결론에 자연스레 이르게 된다. 지배층으로서는 이미 두 차례나 연행한 바 있는 중국통으로 사신을 선발하지 않을 수 없었을 것이며, 그래서 강시영이 정사로 선임된 것은 자연스러운 일로 보인다.

태평군은 1853년에 이미 남경을 점령하여 도읍으로 정하고 체제를 정비하고 나서 북벌·서정군을 일으켜 북경을 향해 진격하고 있었다. 북벌군의 발자취는 이미 천진에 이르고 있었다. 이러한 상황에서 집권층은 청조의 정세에 대한 정확한 정보가 절실하였을 것이다. 다른 한편으로는 이러한 정보가 여과 없이 그대로 국왕에게 보고되거나 국내에 전파되어서도 안 되었다. 이에 세도 권력은 정확한 정보를 탐지해 낼 수 있는 능력은 물론이고, 이 정보를 세도 권력의 의중대로 잘 처리할 수 있는 정치적 감각까지 갖춘 인물을 사신으로 선발하였던 것이다.[30] 실제로 연행사신은 1853년부터 3년 동안, 광범한 지역에서 청조의 전란이 매우 치열하게 전개되고 있다고 어느 정도는 사실을 정확히 전하고 있다. 그런 한편으로는 적비(태평군과 염군 등)가 오합지중(烏合之衆)이라 깊이 우려할 것이 못 된다고 한결같이 상투적인 결론으로 일관하고 있었다. 당시 사신들은 유독 이국에서 정보를 탐지하기가 더할 수 없이 곤란하고 어려운 일이라고 이구동성으로 국왕에게 복명하고 있다. 전란 상태에 있는 외국에서 정보를 탐지해 내는 일이 매우 어렵다는 점은 그 자체가 사실이기도 하지만, 한편으로는 이를 강조함으로써 집권 세도 권력의 의도에 맞는 정보 처리를 할 수 있도록 미리 깔아두는 복선이기도 했던 것이다.

---

30) 1850년대의 조선 지배층의 위기의식과, 이에 대응하려는 신중한 사신 선발에 대해서는 이 책 제4장 3절 2)에서 상론한다.

따라서 태평천국 시기에 연행사신으로 선발된 이들은 정치적 역량보다는 실무 능력을 인정받고 있는 행정관료들이며, 권력의 핵심을 장악하고 있는 세도가에게서 일정한 인정을 받고 있는 인물들이라고 할 수 있겠다. 세도정치기에 정경(正卿)으로 분류되는 관직의 평균 재직 기간이 짧게는 1.7월에서 길게는 9.9월이었고, 지방장관인 관찰사의 경우는 16월에서 20월이었다.[31] 이 시기 관료의 관직 유지가 전체적으로 불안정하다 할 수 있다. 그러나 사신 특히 정사로 선발되었던 관료의 경우는 관직의 역임이 매우 안정되어 있다. 또 정사는 거의가 비변사의 당상을 역임하고 있는데, 대부분이 명색뿐인 단순한 예겸당상이 아니라 실질적인 구실을 할 수 있는 전임당상 직을 지내고 있다. 따라서 그들은 권력의 부침이 심했던 세도정치 시기에도 장기간 안정되게 상당한 요직까지를 맡으면서 질기고 강한 정치생명력을 보여주고 있는 것이다. 이들 가운데서도 가장 전형적인 예로 윤치수를 들 수 있다. 이처럼 사신 특히 정사가 대부분 비변사의 중심 당상 직에 있었다는 점도 세도가의 일정한 신임 여부와 직결된다고 보아도 좋을 것이다. 권력의 핵심에 있는 권세가로서는 권세가 자신의 사적 이익까지도 미리 배려할 줄 아는 인물이어야 권력은 물론 외교 업무를 맡길 만하다고 여겼을 것이기 때문이다.

19세기는 비변사의 사적 성격이 가장 강하게 나타나는 시기인데, 철종 대는 그 가운데서도 가장 심한 기간이다. 이때의 비변사는 기득권 세력의 이익을 공적인 국가기구를 통해 조절하고 관철해 가는 기관으로 변모해 있었다. 사신이 비록 비변사의 전임당상이 되어 있다 해도 실권자의 눈치를 보지 않을 수 없는 처지였다. 그래서 고위 관직이나 비변사의 중요한 당상 직을 맡고 있다고 해도 정치적 영향력은 거의 없

---

31) 홍순민, 〈정치집단의 구성〉, 《조선정치사》 상, 213쪽.

었다. 사신은 명을 내린 국왕 앞에서 복명을 하지만, 그러나 사신이 의식하고 있는 것은 그 뒤에 도사리고 있는 세도가였다. 비변사는 사신을 선발하거나 그 선발에 강한 영향력을 행사하고 있었다. 사신과 함께 사행에서 중요한 구실을 하는 역관의 인사도 비변사가 장악하고 있었다. 또 사행의 비용도 비변사가 관장하고 있다. 따라서 사신은 어느 쪽으로 보아도 비변사로부터도 자유로울 수 없었다. 이는 곧 비변사를 장악하고 있는 세도가로부터 자유로울 수 없다는 이야기이기도 하다. 사신이 국왕에게 복명하면서도, 국왕을 넘어서 존재하는 권세가를 의식하지 않을 수 없는 이유가 여기에도 있었던 것이다.

태평천국 기간 중 정사에 임명되는 관료들은 사행의 임무 수행에서나 정보의 처리에서 핵심 권력자의 의도에 부응하고 있었던 것으로 보인다. 사행 임무의 수행에서는 윤치수의 두 번째 사행인 1863년의 진주사행을 대표적인 예로 들 수 있을 것이다. 국가적인 전례(典禮)를 담당하여 추진하는 것은 세도정치 시기에 핵심 권력자가 즐겨하는 일이었다.[32] 윤치수는 종계변무(宗系辨誣) 문제를 발의하고 이 현안을 처리할 진주사행(陳奏使行)의 정사가 되어 종계변무를 성사시키고 있다. 윤치수의 이러한 일련의 활동은 곧 당시의 실권자가 국가의 중요한 외교 현안인 종계의 잘못을 바로잡고, 이를 근거로 철종에게 존호(尊號)를 올리는 커다란 국가적 의례를 주관할 수 있도록 그 기반을 닦는 일이기도 했던 것이다[33].

정보의 처리라는 면에서 세도가의 의도에 가장 잘 부응한 예로는 신석우(申錫愚)의 경우를 들 수 있겠다. 신석우는 서양 열강에게 북경이 함락되고 함풍제가 도성을 버리고 피난 중이라는 미증유의 사태를 복명해야만 하였다. 이 엄청난 사태가 몰고 올 충격을 완화하기 위하여,

---

32) 이 책 본 장 3절 3) 국왕의 위상과 세도 권력 참조.

33) 이 책 제4장 4절 참조.

그는 정보를 조작하기까지 하면서 고심하여 정보를 해석하고 있다. 이 사례는 나중에 상세하게 고찰할 것이다.[34]

철종 2년(1851) 이후 서장관으로 선발된 인물을 실록의 인사 기록에서 찾을 수가 없다. 서장관은 6품에서 4품의 관료 가운데서 선발되었기 때문에 당상관(정 3품상) 이상을 실록에 등재하던 조선 후기의 관행으로[35] 보면 서장관의 인사 기록을 실록에서 확인할 수 없는 것은 당연하다. 그러나 서장관으로 부연(赴燕)했다가 귀국하여 10여 년이 지난 뒤에도 그들의 인사 기록을 실록에서 찾을 수 없다는 사실은 그들이 10여 년 사이에 당상관에 오르지 못했음을 말해준다. 서장관으로 선발되었던 인물이 당상관으로 승진을 하지 못하고 있는 점은 두 가지 각도에서 볼 수 있을 것이다. 하나는 그들이 재능은 인정받고 있으나 핵심권력가와 연결이 잘 되지 않아 출세에서 뒤지고 있다는 점이다. 다른 한 원인은 신진기예의 지식인으로서 비판정신이 강하여 핵심 권력자의 의도에 잘 부응할 수 없었던 데서 찾아야 할 것이다. 이러한 그들의 비판정신은 정보의 수집과 그 해석에도 그대로 나타나고 있어서 핵심 권력가의 의도에 맞추어 정보를 종합하고 해석하는 경우가 거의 보이지 않는다.

사행의 견문과 정보는 정사나 부사의 그것과 견주어보면, 서장관 쪽이 훨씬 정확하고 상세하며 예리하고 또 비판적이라는 사실은, 비단 이 시기뿐만 아니라 조선조 일대를 통하여 나타나는 연행사절의 일반적인 경향이다. 태평천국 시기에도 이러한 경향은 그대로 나타난다. 1856년부터 1859년까지의 기간에 그 경향은 두드러지게 나타난다. 정사와 부사의 경우 중국 사정에 관한 복명에서 청조의 정치 상황과 사회현상을

---

34) 이 책 제3장 2절 참조.

35) 한국역사연구회 19세기정치사연구반, 〈《조선왕조실록》 인사기록의 사료가치〉, 《역사와 현실》 창간호, 한국역사연구회, 1989 참조.

더 긍정적으로 보고 있으며, 적란(賊亂)의 진압도 머지않아 이루어지리라고 낙관적으로 전망한다. 이와 달리 서장관의 〈별단〉은 청조의 현실을 더욱 비판적으로 인식하고 있으며, 적란의 진압도 쉽지 않을 것이라고 비관적인 전망을 하고 있다.[36]

2) 사신의 시각

앞에서 사행의 정보 수집은 여러 가지 제약 아래에서 행해지고 있음을 보았다. 그러나 긍정적인 측면도 있었다. 세 사신 가운데 유경험자가 적지 않다는 사실이다. 편의상 자격을 정사와 부사, 서장관으로, 기간을 헌종 원년(1835)부터 고종 3년(1866)까지 32년 동안으로 국한해 보아도 연행 횟수가 3회인 자는 2인, 2회인 자는 11인이었다. 일부 사신들은 자신이 이전에 연행했을 때와 현재의 모습을 비교하여 현지의 변화를 반영한 정보를 전하고 있기도 하다.[37] 또 제도상 당연한 일이지만 역관 가운데 사서(史書)를 통하여 이름을 알 수 있는 수역(首譯)만 보아도 대부분 사신보다는 훨씬 많은 연행 경험을 가지고 있다. 거기다 역관은 가업으로 이어지는 전문직이었다. 따라서 이들은 중국의 사정에 대하여 훨씬 더 풍부한 직·간접의 경험과 지식을 갖고 있었다. 사신이건 역관이건 간에 경험자들은 처음 연행하는 자에 견주어 중국의 사정에 더 밝았고 더 요령 있는 견문이 가능했을 것이다. 실제로 구두 복명과 〈별단〉의 내용을 검토할 경우, 경험의 유무가 확실하게 보고 내용의 질을 좌우한다고 여겨지는 예가 보이기도 한다. 그러나 이런 요소도 앞서 든 여러 한계와 제약을 근원적으로 극복할 수 있는 것은 아니었다.

또 일정한 제약 속에서 얻는 정보라 해도 탐지하는 과정에서, 또 분

36) 이 책 제1장 2절 2) 인식의 전환 참조.
37) 철종 10년(1859) 3월 20일에 복명하는 동지정사 李根友의 경우를 들 수 있겠다.

석과 종합 과정에서 사신의 태도와 의지에 따라서 그 한계를 상당 부분 커버할 수 있을 것이다. 얼마나 열의를 가지고 정보를 수집하는가 하는 사신의 의지와 태도가 정보의 양과 질을 높일 수 있다. 이 연구에서 다룬 정보 가운데서도 사태를 정확하고 상세하게 전하고 있는 정보가 산견된다는 점에서 이 점은 입증된다 하겠다. 우리는 그러한 예로써 강시영과 신석우, 그리고 박규수의 정보를 들 수 있을 것이다.

강시영은 태평군이 남경을 점령하여 도읍으로 정한 다음 남경 일대에서 청군과 대치하고 있는 긴장된 상황을 비교적 소상히 탐지해 내어 간추려 정리하고 있다. 강시영을 정사로 하는 진하사은사행의 서장관과 수역은 여러 지역의 전투 사례는 물론 청조의 부패상을 알려주는 많은 정보를 탐지하여 문견 사건으로 정리하고 있다. 강시영은 이들 정보를 종합하여 귀국에 앞서 현지에서 별편으로 보고하였다. 또 귀국하여 복명할 때에도 임금의 다방면에 걸친 궁금증을 막힘 없이 해결하고 있다. 강시영의 연행은 이때가 세 번째인데, 연행사신으로서 그의 관록은 정보의 탐지와 보고라는 면에서도 나타났다고 할 수 있을 것이다. 신석우는 다른 사행이 이미 수집한 정보를 숙지한 뒤에 이를 현지에서 확인하고, 그 위에 자신이 탐지해 낸 정보를 추가하여 정보를 종합하고 있다. 박규수의 정보는 우선 매우 상세하다. '태평천국(太平天國)'이라는 국호를 알아낸 것은 박규수뿐이다. 또 그는 관변의 통제 때문에 파악하기 힘들었을 묘패림(苗沛霖)의 동정까지도 거의 정확하게 추적해 내고 있다. 이는 조선사신의 정보 수집에 대한 한계를 극복한 예라고 볼 수 있을 것이다. 이러한 능력, 그리고 의지와 노력은 그의 정보를 대국적이며 정확도가 높은 것으로 종합되게 할 수 있었던 것이다.

한 차례의 사행은 수백 명의 인원과 막대한 비용, 그리고 많은 시간이 걸리는 국가적 행사다. 주어진 외교 현안의 처리는 물론, 무엇인가를 견문하고 돌아와서 보고하도록 의무화되어 있다. 태평천국 기간 동안에도 사신이 출발 신고를 할 때 국왕은 현지 사정을 상세하게 탐지해 오도록 명하고 있다. 그러나 지금까지 보아왔듯이 현지 사정을 자세히 살펴보기란 결코 쉬운 일이 아니다. 여기서 보고를 위한 보고 자료를 수집하지 말란 법도 없다. 앞의 C에서 본 종사관 서경순(徐慶淳)의 비판을 통해서 우리는 그러한 부연(赴燕)사행의 고민과 속사정도 읽을 수 있겠다.

철종 7년(1856) 2월에 귀국하는 정사 서희순(徐憙淳)의 종사관이었던 서경순은[38] 상당한 지성과 비판력의 소유자였던 것으로 보인다. 그는 북경에 머무는 동안 그곳의 관인을 비롯한 학인들과 활발한 교유를 하는 가운데, 날카로운 관찰력으로 청조가 겪는 상황과 문제점들을 지적해 내고 있으며, 또 많은 시문도 남기고 있다. 우리는 그의 연행록 《몽경당일사(夢經堂日史)》를 통하여 이를 알 수 있다.

그러나 그의 연행록을 통해서도 조선사신의 의식의 한계를 볼 수 있다. 앞에 든 C를 통해서 알 수 있듯이 전문(傳聞)이라는 간접 체험의 허점을 날카롭게 지적해 내고 있는 그였지만, 역시 간접 체험의 한계를 벗어나지는 못하고 있는 것 같다. 그는 북경에 들어가는 도중에 제주 출신 표류민 일행 19인을 만난다. 이들 표류민 일행은 임자년(1852)에 미역을 따라 바다에 나왔다가 풍랑을 만나 표류하던 끝에 강남 지방에 표착하였고, 청조 당국의 주선으로 조선으로 돌아오는 중이었다. 표류민들은 강남에 표착했으나 강남비적(태평군) 때문에 길이 막혀 그곳에 머물다 이제야 겨우 돌아온다는 사연을 이야기하였다. 그는 이때 표류민들에게 태평군이나 전란에 대해서는 한마디도 묻지 않고, 오히려 악

---

38) 徐慶淳은 본관이 대구인데 경기도 부평에 세거(世居)했다. 1804년생으로 자는 公善, 호는 海觀生이다. 관직은 高山 현감을 지냈을 뿐이나 성격이 호방하고 시서(詩書)에 능했다. 그가 수행한 정사 서희순은 삼종형이다. 그의 생애와 연행록 《夢經堂日史》 등에 대해서는 고전국역총서 105, 《국역연행록선집》11, 서울: 민족문화추진회, 1977을 참조.

양루(岳陽樓)를 보았느냐고 묻는 여유를 보이고 있다.[39] 어민들이 머물렀던 곳의 지명을 확인하기 위해서 악양루를 예로 들고 있지만, 한편으로는 그가 청조의 병란을 대수롭지 않게 인식하고 있거나, 어민에게서 사태의 전말을 알아내는 것을 기대하기 어렵다는 사대부 의식의 발로로 읽혀지기도 한다.

또 북경에서는 예부(禮部)가 외국 사신을 접대하는 모습을 보고, 청조의 기강 해이와 재물의 탕갈을 예리하게 꼬집어내어 청조의 사대부를 감탄하게 만든다. 그는 이어서 청조의 걱정거리로 전란보다는 바로 이 기강 해이와 재정의 궁핍을 들고 있다. 이어서 남비(南匪, 太平軍)에도 관심을 보이지만, "황상이 지혜롭고 용기가 있으며, 장수도 마땅한 인재를 얻어 적세(賊勢)는 점점 위축되고 있으니 한두 해 안에 저절로 토평될 것"이라는 청조 관원의 설명에는 아무런 의문도 나타내지 않고 있다. 이어서 증국번(曾國藩)을 비롯한 청조 관원의 인물론으로 대화는 이어진다.[40]

이런 대화[筆談]는 조선과 청나라 양국의 학인이 공식 석상이 아닌 사석에서 서로 상대를 존경하는 가운데 우의를 다지며 자유로운 분위기에서 이루어진 것이다. 시기적으로 태평천국의 성세(盛勢)가 이미 알려질 만큼 알려진 1855년 말 무렵의 일이며, 조선 학인에게도 태평천국이란 대병란이 이미 충분히 알려지고 난 뒤의 대화였다.

태평천국 시기에 청조의 전란을 대하는 조선 사신의 시각에는 일정한 고정관념이 작용하고 있음을 가끔 발견하게 된다. 중국은 지역이 광대하고 다양한 요소로 구성되어 있어서 병란이 없을 때가 없고, 난리가 없는 곳도 없다는 인식 위에 서 있다. 즉 중국에서는 언제나 어디에선가는 난리가 있다는 것이다. 또 당시 국내 정치 분위기는 권력이 한 가

39) 徐慶淳, 《夢經堂日史》 編2, 〈五花沿筆〉.

40) 徐慶淳, 위의 책 編4, 〈紫禁瑣述〉.

문에 집중되어 있어서 보수적이고 폐쇄적이었기 때문에, 이런 정치 분위기에서 사신들은 애써서 청조의 확고한 우위와 안정의 측면을 찾으려고 하고 있다. 구체적인 사례를 몇 가지 보기로 한다.

① 이는 도둑에 대한 근심〔竊發之患〕에 지나지 않습니다. 이와 같은 일은 없는 때가 없으니 깊이 염려할 것이 없습니다(1851년, 정사).

② 또한 지방이 넓어서 토구(土寇) 패거리가 없는 해가 없습니다. 이 도적(태평군)도 지나치게 염려할 필요가 없을 것 같습니다(1853년, 정사).

③ 이는 무리들 몇 천이 모여서 관원을 해치고 성을 노략질하는 것이고 흔히 있는 일이라서, 쳐서 없애면 또 따라 일어나는데, 자잘한 창탈지적(搶奪之賊)은 없는 곳 없이 얼마든지 있어서 초무(招撫)에 관한 의논이 전혀 없습니다(1854년, 수역).[41]

④ 대저 순치(順治) 이후부터 오륙세(五六世)를 거치면서 매번 새 황제가 등극할 때마다 병란의 화가 있어 각 성으로 번지기도 하고 여러 해 동안 만연하기도 했지만, 안으로는 경비가 부족하지 않고 밖에서는 장사들이 힘을 발휘하여 신속하게 박멸하여 끝내 승평(昇平)에 도달했는데, 이렇게 하여 오늘에 이르렀으니 금구무결(金甌無缺)이라 할 수 있어서 작은 티끌에는 꿈적도 않습니다(1859년, 수역).[42]

19세기 중엽이 되면 조선정부가 청조 중국을 중화질서의 주재자로서 확실하게 인식하고 있음을 알 수 있다. 여기에는 대청의식(對淸意識)의 변화가 바탕에 깔려 있고, 그 위에 세도정권의 안일한 정치적 선택이 더해져서 나타난 변화였다. 명청교체(明淸交替)라는 동아시아의 정세

---

41) 《同文彙考》 補續, 使臣別單.
42) 《日省錄》, 철종 10년(1859) 3월 20일, 首譯(李尙迪)別單; 《同文彙考》 補續, 使臣別單.

변혁은 조선 지식인들에게는 청천벽력이었다. 이는 단순히 명왕조의 멸망이 아니라 '재조지은(再造之恩)'인 중화의 멸망이었던 까닭이다. 이리하여 조선 지식인들 사이에 대명의리론(大明義理論), 반청적(反淸的) 북벌대의론(北伐大義論), 소중화(小中華)의식이 형성되고 전개되어 갔다.

청나라를 이적(夷狄)의 왕조라고 여기는 청조 멸시관은 17세기부터 비롯된다. 청조를 이적시하고 멸시하는 시각은, 청조의 번영과 안정이 확인되고, 한편으로 18세기 이래 조선사회가 복잡한 여러 변화를 겪는 과정에서 점차 그 허구성이 드러나게 되면서 변화와 굴절을 거듭하지 않을 수 없었다.[43] 조선 지식인들은 청조와 장기간 지속적인 교류를 통하여 이민족 정권인 청조의 번영과 그들이 건설한 대제국의 위용을 확인하게 된다. 대청의식의 변화는 이처럼 청조 문물의 번영을 확인함에 따라 이념적인 갈등을 거치면서 이루어졌고, 마침내는 청왕조를 중화질서의 주재자로서 인정하지 않을 수 없었던 것이다.

정통성을 결여한 채 정권을 장악하고 또 이를 계속 유지해 가려는 세도정권이었다. 격변하는 국제질서 가운데 침략에 노출되어 가면서, 이러한 도전에 능동적으로 대처하려는 의지도, 대처할 만한 힘도 양성하지 못한 채 계속 정권을 유지하려는 세도정권으로서는, 정권의 울타리가 필요했다. 유사시에는 외침을 피하거나 막아줄 수 있는 방파제의 마련이 절실했다. 그리하여 번속(藩屬)질서에 충실히 안주하는 길은 손쉽고도 확실한 선택이었다. 이런 상황에서 청조 대국관(大國觀)은 19세기 중엽의 조선 지배층에게 점차 굳어져간 것으로 보인다. 따라서 전란을 겪고 있는 청조를 바라보는 조선 지배층은 청조의 안정을 애써 믿거나 그 안정을 희구할 수밖에 없었고, 이러한 제약 속에서는 현 정국을 청조의 안정으로 호도할 수밖에 없었다.

---

43) 유봉학, 〈18·19세기 大明義理論과 對淸意識의 推移〉, 《한신논문집》 5집, 한신대학, 1988 참조.

태평군이 광범위한 지역으로 진격하고 이동하는 것을 처음부터 한 지역 한 지역의 소요로 파악한 것은 정보가 부족한 탓도 있었다. 다른 한편으로는 태평군의 활약을 일정한 지역의 소요로 파악하여 대수롭지 않게 보려는 사신의 시각이 작용한 결과이기도 하다. 또 이러한 선입견이 태평천국을 끝까지 하나의 통일된 움직임으로 파악하는 것을 방해 했다고도 볼 수 있다. 청조 관헌이 태평군을 가리켜 "이쪽 무리를 박멸하면 저쪽 무리가 다시 일을 일으키니 거의 없는 곳이 없고 없을 때도 없다"[44]고 설명하고 있는 것은 사신의 시각과 관련하여 매우 시사적이다. 나아가 일정한 제약 속에서 탐지한 불충분한 정보라 하더라도 다각적이고 면밀한 분석과 검토, 종합을 거친다면 이를 활용도 높은 양질의 정보로 다듬어낼 수 있을 것이다.

그러나 우리가 지금까지 보아온 바에 따르면 견청사절(遺淸使節)의 정보 수집과 그 처리 과정에서 일정한 제약을 극복하려는 의지와 노력을 발견하기 어려웠다. 이는 사신의 자질과 관련되는 문제이겠지만, 그보다는 당시의 정치 상황과 권력구조, 그러한 상황과 구조 속에 자리한 사신의 정치적 지위와 밀접한 관련을 갖는 것으로 보인다. 즉 정보 자체의 문제 말고도 정보 처리의 능력, 그리고 그 능력을 충분히 발휘할 수 없는 구조의[45] 문제가 있다고 보는 것이다. 이러한 문제의 이해를 위하여 19세기 조선왕조의 정치 상황을 철종 대를 중심으로 정리해 보기로 하자.

---

44) 《皇朝經世文續編》 권81, 兵政20. 嚴正基, 〈論粵西賊情兵始末〉, 咸豊 4년 정월.

45) 閔斗基, 〈19世紀後半 朝鮮王朝의 對外危機意識－第一次, 第二次中英戰爭과 異樣船 出沒에의 對應〉, 《동방학지》 제52집, 연세대학교 국학연구원, 1986, 261쪽.

3. 태평천국 인식의 정치적 배경

1) 세도정치와 권력의 형태

조선사회에서는 17세기 이래 사회·경제적인 변혁이 급속도로 이루어지고 있었다. 농업생산력의 발전을 기반으로 수공업과 상업이 발달하고 화폐경제도 활성화하면서 사회의 부(富)도 점차 대규모화해 간다. 도시가 발달하며 무역도 번성해 간다. 서울은 전국적 유통망의 중심이라는 기존 위치가 더욱 강화되어, 지방과의 격차가 점차 두드러지게 된다. 또한 대외 무역의 근거지가 위치하는 서북 지역도 점차 관심의 대상이 된다.

이 과정에서 사회 분화가 활발하게 이루어지고, 부를 축적한 새로운 사회계층이 등장하고 있다. 농민층의 분해가 서서히 지속적으로 진행된다. 서민층에서도 부의 축적이 이루어지는 가운데 계층의 분화, 신분의 이동이 나타난다. 이런 흐름 속에서 신분제(身分制)도 붕괴하기 시작한다. 지배층인 사족(士族)도 점차 분화해 간다. 사회의 변화는 빠른 속도로 진행되고 있었지만 벼슬살이 하는 것[仕宦]은 여전히 최고의 가치였고 유일한 가치였다. 사회의 넘쳐나는 지적 에너지가 권력에 접근할 수 있는 거의 유일한 길인 과거(科擧)에 집중되고 있었다. 정치 지망 세력은 확대일로에 있었으나 권력은 소수집단이나 특정 가문에 점점 집중화하면서 독점되는 경향이 강해지고 있었다. 이러한 과정에서 정치권력을 둘러싼 갈등은 심화되고 있었다. 지배층인 사족도 분화가 진행되어 지방의 양반은 향반(鄕班)으로 굳어지고, 권력에 접근하기가 어렵게 된다.46)

---

46) 조선왕조 후기의 정치·사상·사회·경제의 여러 변화에 대해서는 근대사연구회 편, 《韓國中世社會 解體期의 諸問題》上·下, 한울, 1987에 수록된 여러 논고 참조.

변혁의 물결은 사회 전반에 흘러넘치고 있었다. 이 변혁의 물결은 해결을 재촉하는 새로운 문제들을 끊임없이 만들어내고 있었다. 19세기가 되면 이 흐름은 더욱 거세어지고 있었으며 또 다기화하고 있다. 또 그 흐름이 농민항쟁과 같은 저항으로 구체화하고 있다. 변혁에 대한 지배층의 대응은 더욱 절실해지고 있었다. 지배층은 산적한 문제를 해결하면서 새로운 시대에 대한 전망도 열어야만 하는 커다란 과제를 안게 되었다.

19세기의 대외 정세 역시 조선왕조의 지배층에게 시대 상황에 대한 투철한 인식과 새로운 대응을 요구해 오고 있었다. 낡은 정치체제가 내적 모순으로 붕괴해 가는 중국과 일본에는 서양 열강이 개국을 강요하면서 침략을 노골화해 갔다. 이 세계사적 조류가 조선에는 아직 미치지 않았다 해도 곧 밀어닥칠 조짐들은 충분히 감지할 수 있을 정도로 이미 나타나고 있었다. 천주교 교세의 확장이나 이양선의 연안 출몰을 두고 성리학 이데올로기를 고수하고 있는 지배층은 긴장하고 있었던 것이다.

그러나 19세기의 정치에서 지배층이 변혁에 적극적으로 대응하려는 움직임은 보이지 않는다. 오히려 조선왕조의 지배층은 기존 체제의 보수(保守)에 집착하였고, 이에 항거하는 세력의 실상을 제대로 인식하지 못하고 있었다. 새로운 시대에 대한 지배층의 이러한 소극적 대응은 국내 문제뿐 아니라 대외적 위기에 대해서도 마찬가지였다. 대내외적 위기에 대한 일정한 인식은 보이지만 그 인식은 투철하지 못한 부분적인 것이었고, 따라서 그 대응은 소극적일 수밖에 없었다. 지배층의 이러한 성향은 권력을 독점하면서 안주할 수 있는 권력구조가 있었고, 왕권이 약화되어 있다는 데서 원인의 일단을 찾을 수 있을 것이다.

19세기 전반기 조선왕조의 정치 형태는 정치권력이 소수집단에 극도로 집중되어 있었던 세도(世道)정치[또는 세도(勢道)정치]였다.[47] 이는 특정 인물(주로 외척)이 '세도(世道)를 자임(自任)'하면서 정권을 독점하는 정치 형태를 말한다. 이 세도정치는 순조 때부터 구체화되어 안동 김씨(安東金氏), 반남 박씨(潘南朴氏), 풍양 조씨(豊壤趙氏) 세 가문이 주도해 갔다.

1800년, 순조(재위 1800~1834)가 정조의 뒤를 이어 11세의 어린 나이로 즉위하자 정순(貞純)왕후 김씨의 수렴청정이 시작되고 노론 벽파(辟派)가 권력을 잡는다. 딸을 순조비(純元王后)로 들여 외척이 된 김조순(金祖淳: 安東人, 老論 時派)은 1804년 순조의 친정이 시작되면서부터 정권을 장악한다. 처음에는 순조의 생모 수빈(綏嬪) 박씨의 형인 박종경(朴宗慶) 등이 세력을 잡았으나, 반남 박씨 가문과 풍양 조씨 가문의 협력을 얻어 안동 김조순 가문의 인물들이 정국을 주도하게 된다. 이어 김조순 가문은 경쟁 세력으로 부상한 박준원(朴準源) 가문을 조득영(趙得永)의 협력으로 견제하면서 확고하게 정국을 주도해 나간다. 순조 27년부터 약 3년 반 동안 효명세자(孝明世子)의 대리청정(代理聽政)이 이루어지면서, 효명세자를 구심점으로 하는 새로운 권력집단이 형성되어 갔지만 세자의 급서(急逝)로 와해되고, 김조순 가문은 다시 새롭게 권력 질서를 정립한다.

1834년 말 헌종이 8세로 즉위하면서 6년 동안 순원왕후 김씨의 수렴

---

47) 劉鳳學, 〈19世紀前半 勢道政局의 動向과 燕巖一派〉, 《東洋學學術會議講演鈔》, 단국대학교 동양학연구소, 1988, 59쪽은 19세기 전 기간의 정치를 세도정치로 보고 아래와 같이 시기를 구분하고 있다.
   제1기 三戚鼎立勢道期: 순조 즉위년~순조 5년(1800~1805)
   제2기 金朴二戚勢道期: 순조 6년~순조 18년(1806~1818)
   제3기 金趙二戚勢道期: 순조 19년~헌종 15년(1819~1849)
   제4기 安東金門勢道期: 철종 원년~고종 즉위년(1850~1863)
   제5기 興宣君內戚勢道期: 고종 즉위년~고종 10년(1863~1873)
   제6기 驪興閔氏勢道期: 고종 10년(1873) 이후
   그러나 홍선대원군의 경우는 전권(專權)은 인정되나 왕권 강화의 지향성을 찾을 수 있고, 세도정치가 보통 외척의 전권이었다는 점 등을 감안하면 대원군 집권기를 내척세도기로 규정할 수 있을지는 좀더 논의가 필요한 것으로 보인다. 박광용, 〈정치운영론〉, 《조선정치사》 하, 698~699쪽 참조.

청정이 이루어진다. 이 시기는 왕후의 친정인 김조순 가문과, 순조에게
서 헌종 보도(輔導)의 책임을 맡은 조인영(趙寅永) 가문 사이에 권력의
균형이 이루어졌다. 헌종 친정기(親政期, 1841~1849. 6.)는 김좌근(金左
根) 중심의 김조순 가문과 조인영 가문이 대립하나, 조인영 가문이 헌
종의 권위를 빌어서 우위를 점한다. 철종 재위기간(1849~1863)은, 순원
왕후가 수렴청정하는 초기와 1851년 말부터 시작되는 철종 친정의 전
기간을 통하여 김좌근 등을 중심으로 하는 김조순 가문 세력이 거의 전
적으로 국가 권력을 독점하였다. 철종비 철인(哲仁)왕후는 김조순 가문
문근(汶根)의 딸이다.

앞에서 보아온 권력의 추이는 이렇게 요약할 수 있다. 순조, 헌종, 철
종 대에 정권을 장악한 외척은 김조순 가문, 박준원 가문, 조만영(趙萬
永) 가문 등의 핵심 인물이었다. 순조 대 특히 평안도 농민전쟁(홍경래
의 난) 이후는 김조순이 권력을 오로지 휘둘렀으며, 김조순 사후 헌종 6
년까지는 김유근(金逌根)이, 헌종 친정기에는 조인영과 조병구(趙秉龜)
가, 헌종 11년 조병구 사후에는 조병현(趙秉鉉)이, 철종 일대는 김좌근
이 각각 권력의 정점에 있었다.[48]

세도정치기에도 이처럼 세도가문 사이에서 권력의 교체는 몇 차례
이루어지고 있다. 그러나 권력의 집중을 놓고 대립하는 과정에서 세도
가문 사이에는 이념이나 논리 또는 정책의 차이는 보이지 않는다. 권력
의 교체는 다만 세도가문 사이에서 이루어진 권력의 장악을 위한 대립
일 뿐이었다. 오히려 이들 세도가문은 국왕의 외척이라는 동질성을 드
러내고 있을 뿐이다.[49] 세도정치 시기의 권력의 독점은 어떤 형태였을
까. 우선 19세기 당대인의 기술을 통하여 보기로 한다.

---

48) 19세기 전반기 권력의 추이는 오수창, 〈정국의 추이〉, 《조선정치사》 상에 따랐다.
49) 오수창, 〈권력집단과 정국운영〉, 《조선정치사》 하, 633쪽.

그가 어떤 인물이기에 관작(官爵)을 전단(專斷)하고 청요(淸要)한 직위에 앉아 내가 아니면 안 된다 합니까? 권력에 관계된 일이라면 자신의 것으로 여기고 사방에 근거하여 굳게 지키며 모든 일을 도맡아 한 몸으로 관장하려 합니까? 세간에서 말하는 문관의 권한, 무관의 권한, 인사의 권한, 비변사의 권한, 군사의 권한, 재정의 권한, 토지세의 권한, 과거의 권한, 시장의 권한을 아울러서 모두 손아귀에 쥐고 득의양양하며, 왼손으론 권력을 오른손으로는 법률을 쥐고서 꺼려함이 없습니다.50)

이는 조득영이 대사헌일 때 정적인 박종경 개인을 '권간(權奸)'으로 공격하는 상소문의 일부이다. 모든 국가권력을 한손에 거머쥐고 그 권력을 마치 사유물처럼 휘두르면서 독주하고 있는 한 권세가에 대한 비판이다. 세간에서 말하는 문관의 권력, 무관의 권력, 인사권, 비변사의 권력, 군사권, 재정권, 조세권, 과거 시행의 권력, 시장 운영의 권력을 모두 장악하고 멋대로 휘두르면서도 아무런 거리낌이 없다고 공격하고 있다.

그러나 격렬하게 비판되고 있는 권력의 독점은 박종경 개인에 국한된 문제가 아니었고, 앞에서 개관한 바 있는 19세기의 권세가 모두가 지녔던 공통점이기도 하다. 박종경을 혹독하게 비판하고 있는 조득영 자신도 평안감사로 재직할 때 암행어사 서능보(徐能輔)로부터 거의 비슷한 내용으로 이미 극렬한 탄핵을 당한 바 있었다.51) 조득영이 박종경을 공격하기 4년 전의 일이었다. 조득영이 묘사하고 있는 박종경의 권세 부리기는 그 자신이 권력을 장악했을 때 이를 휘두르는 모습이기도 한 것이다.

세도정치기에 상대의 정적을 '권간'으로 공격할 때 거기에서는 질이

---

50) 《純祖實錄》, 12년(1812) 11월 丙子.

51) 위의 책, 8년(1808) 9월 庚午·辛未.

나 논리, 방법의 차이를 그다지 찾아볼 수 없다. 따라서 박종경에 대한 조득영의 비판은 정적을 권간으로 공격하는 한 전형이라 할 수 있을 것이다.[52] 이 시기에 정권을 장악했던 이른바 세도가는 정도의 차이는 있어도 모두가 거의 같은 내용으로 상대를 공격하고 있으며, 또 처지가 바뀌면 공격을 했던 자신도 정쟁 상대에게 같은 내용으로 공격당할 수 있는 소지를 가졌던 것이다. 따라서 이 내용은 당시 세도가의 모습을 정쟁의 당사자인 세도가 자신이 가장 적나라하게 표현하고 있다고 할 수 있겠다.

시·공간적으로 일정한 거리에서 관찰하고 있는 비판자의 눈에는 동일한 형태가 어떻게 비치고 있었을까. 19세기 후반에 개화파의 한 인사는 세도의 의미와 세도가의 모습을 이렇게 서술하고 있다.

조선에서 세도(世道)라고 이르는 것은 그 사람이 비록 비관산직(卑官散職)에 있더라도 만약 왕명으로 세도의 책임을 맡기면 총재(冢宰) 이하가 이 사람의 명을 듣는다. 무릇 군국기무(軍國機務)와 백관의 장주(狀奏)를 모두 세도에게 먼저 의논한 다음에 왕에게 아뢰며, (왕) 또한 세도에게 물은 다음에 결재한다. 위엄과 복록(福祿)이 이 사람의 손에 달려 있고 여탈(與奪)이 오직 그 의중에 있어서, 온 나라가 세도 섬기기를 신명(神明)과 같이 한다. 한 가지라도 그 뜻을 거스르면 바로 화환(禍患)이 닥친다. 비록 훌륭한 덕과 큰 재주를 지녔다 할지라도 세도에게 인정받지 못하면 초야에 묻히게 된다. 그래서 길에는 뇌물을 지닌 인마의 왕래가 끊이지 않고 빈객(賓客)이 문에 폭주(輻輳)하여, 삼공육경은 그 자리를 채우고 있을 뿐이다.[53]

이는 갑신정변에 실패한 개화파 인사가 민씨 정권을 비판하고 개화

---

52) 오수창, 〈권력집단과 정국 운영〉, 《조선정치사》 하, 600쪽.

53) 朴齊炯, 《近世朝鮮政鑑》 卷之上, 3쪽.

파의 정변을 합리화하려는 목적에서 지은 것이다.[54] 그는 우선 세도의
개념을 명확히 하고 있다. 국왕의 명으로 세도를 담당하게 되면 그 세
도가가 비록 낮고 실직이 아닌 관직에 있더라도 국가의 중대사를 모두
담당하게 되니, 실질적으로 재상 노릇을 한다는 것이다. 이어서 그렇게
세도를 맡은 세도가의 모습이 어떤가를 잘 묘사해 주고 있다.

정치 과정에서 노선이나 방법에 이렇다 할 차이가 없는 정쟁의 당사
자가 상대를 비판하고 있는 경우나, 정치의 질과 논리와 방법에서 현격
한 차이가 있고 시간적으로도 일정한 거리에 서 있는 자가 비판하고 있
는 두 경우 모두 권력의 장악이나 그 행사가 정상적으로 이루어지지 않
았음을 밝힌다. 권력이 현저하게 한 곳에 집중되어 있고 그 권력이 또
한 자의로 행사되고 있음을 잘 설명해 주고 있다.

이와 같은 세도정치를 가능하게 한 정치구조는 어떤 것이었으며, 세
도 권력은 이 구조를 어떻게 이용하고 있는가를 비변사를 중심으로 정
리해 보기로 한다.

2) 문반정치구조와 비변사

조선왕조 정치체제의 기본 골격은 《경국대전(經國大典)》에 규정되어
있다. 기본 통치기구로는 국정을 총괄하여 국가의 중요 정책을 결정하
는 의정부와, 행정을 여섯 부분으로 나누어 맡는 육조(吏·戶·禮·
兵·刑·工曹)가 있다. 국왕은 물론 의정부와 육조의 정사 전반에 대
하여 이를 견제하고 비판하는 삼사(三司), 즉 사헌부와 사간원, 홍문관
을 두었다. 19세기의 정치구조는 이처럼 《경국대전》에 규정된 구조에
다 16세기와 17세기를 거치면서 신설한 비변사와 중앙군영, 그리고 18

---

54) 李光麟, 〈《近世朝鮮政鑑》에 대한 몇 가지 問題〉, 《韓國開化史研究》, 一潮閣, 1979
참조.

세기 말 무렵에 설치된 규장각을 추가한 정도였다. 이러한 변화는 《경국대전》에서 《속대전》과 《대전통편》으로 법전의 개정을 거치면서 확립되었다. 따라서 19세기 조선왕조의 정치구조 역시 조선 전기처럼 《경국대전》의 규정을 크게 벗어나지 않은 문반정치구조를 유지하고 있었다. 제도상으로는 여전히 의정부와 육조체제가 정치기구의 중심을 이루고 있었다.55)

관료는 관품과 관직에 따라서 조직되고 운영되었다. 관료조직의 중추를 이루는 문관은 과거를 통해서만 청직(清職)에 오를 수 있었다. 19세기에 들어서도 과거는 여전히 기본적인 기능을 유지하였다. 그러나 과거제는 시행 과정이 몹시 문란해져서 제도의 근본적인 개혁이 요구되고 있었다. 따라서 과거제도를 개혁하자는 논의가 숱하게 이루어졌음에도, 실제의 개혁은 기존의 절차를 엄격하게 하자는 선에서 맴돌 뿐, 철저한 개혁 시도는 한 번도 이루어지지 않았다. 3년 1회의 정기시인 식년시(式年試)는 광범위한 정치 지망 세력에게 어느 정도 개방되어 있었다.56) 그런 한편에서 권력의 핵심을 쥐고 있는 집권 세력은 수시로 행하는 별시(別試)를 통하여 관료예비군을 생산해 내고 있었다. 과거 합격자는 계속 늘고 있었지만 이들이 과거의 합격을 통하여 모두 권력에 접근할 수는 없었다. 세도정치기의 과거가 서울 일원의 유력 가문에게 장악되어 있었다는 점은, 합격자의 출신 가문과 출신 지역을 통해서 밝혀지고 있다.57)

그러나 이러한 외형상의 작은 변화와는 달리, 실제의 권력 배분에서는 중요한 차이가 드러나고 있었다. 이는 비변사가 등장하여 그 지위가

---

55) 최이돈, 〈문반정치구조〉, 《조선정치사》 하 참조.

56) 오수창, 〈권력집단과 정국운영〉, 《조선정치사》 하, 669~676쪽 참조.

57) 남지대, 〈중앙정치세력의 형성구조〉; 홍순민, 〈정치집단의 성격〉 참조. 두 논고 모두 《조선정치사》 상에 실려 있다.

강화되어 가면서 생겨난 변화였다. 국방 업무는 전문성과 신속·정확성, 그리고 기밀의 유지를 요한다. 변방에서 발생하는 국방 관계 업무를 효율적으로 처리하기 위하여 설치한 임시기구가 바로 비변사였다. 그 시작은 16세기 초이며, 이후 대외 관계의 긴장으로 말미암아 점차 상설기구화하고, 16세기 말에 임진왜란이라는 큰 전쟁을 치르는 동안 그 기능과 정치적 위상이 확대되고 강화된다. 전쟁이라는 국가의 최우선 과제를 수행하는 과정에서 비변사는 군사 업무와 함께 행정 부서를 통할하고 정치적 기능까지 수행하게 되었다. 비상시에 그 효율성이 확인된 것이다.

조선 후기에 접어들면서부터 사회·경제적인 변화에 따라 정치 문제의 질과 양이 심화되고 확대되어 갔다. 이에 따라 정치 영역에서도 전문성과 함께 운영의 효율성이 크게 요구되고 있었다. 비변사는 이러한 시대적 요청에 부응할 수 있었기 때문에 전쟁이 끝난 다음에도 그대로 남아 상설기구화하게 된다. 비변사는 이에 따라 전문성을 높여갔고, 이 과정에서 더욱 비대해져서 군국기무를 총괄하는 최고의 정치기관이 되었다. 이러한 비변사의 비대화 과정은 권력의 집중 과정과도 궤를 같이하고 있다. 비변사의 권한과 기능이 확대되어 가는 과정에서, 비변사의 기능이 의정부의 그것과 중복된다는 문제가 일어난다. 그러자 비변사는 제조제(提調制)라는 보조기구적 성격을 도입하여 운영함으로써 제도상의 상충 문제를 해결하고 있다. 의정부는 그대로 남아 있었지만, 실제의 기능은 다만 국가적 의전(儀典)을 집행하는 데서 멈추고 마는 기구가 된다. 따라서 19세기 정치구조의 특색은 비변사를 통해 파악할 수 있을 만큼 그 정치적 지위가 강화되는 것이다.

비변사는 제조제로 운영되었다. 시원임(時原任: 前現職)의 3의정이 도제조(都提調)가 되고, 공조를 제외한 5조의 판서, 대제학, 사도유수(四都留守), 군영대장이 자동적으로 제조가 되었으며, 정치와 행정상의 중요 인물이 제조로 선출되었다. 19세기에 권력을 장악한 유력 세도가문은 외형으로는 의정부와 육조체제를 유지하면서, 실제로는 비변사를 장악하여 모든 권력을 휘두를 수 있는 구조를 통하여 정권을 마음대로 할 수 있었다.

비변사는 기능을 강화해 가는 과정에서 점차 보조기구 성격을 줄이게 된다. 우선 정치력을 갖춘 인물을 유사당상(有司堂上)에 기용하고 인원도 늘려 비변사의 업무를 주관하게 하여, 유사당상이 비변사의 상임(常任)제조가 되게 하였다. 또 각 도별 사안을 전담하여 처리하는 팔도구관당상(八道句管堂上)을 두었으며, 제언사(堤堰司)당상·공시(貢市)당상·주교사(舟橋司)당상을 두어 전문성을 높였다. 비변사는 임시기구가 상설기구화하면서 조직과[58] 기능이 확대·강화되었다.

19세기 전반기에 비변사는 기구 자체에 별다른 변화는 보이지 않고 다만 제도상의 권한을 최대로 발휘하면서 새로운 관행을 정착시켜, 그 영향력을 확대하고 권한을 강화했다. 관행 확립에 대한 사례로 우선 구성원의 증가를 들 수 있다. 제조의 변천을 보면, 18세기 후반 정조 연간에는 20인 정도였는데, 순조 연간에는 10~30인, 헌종 대에는 20~35인으로 증가하였고, 철종 대에는 50인으로까지 그 당상이 증가한다. 철종 대의 당상 증가 현상은 철종 재위 중기부터 지속적으로 일어나고 있다.[59] 이는 전임당상(專任堂上)이 증가한 것이며, 전임당상의 증가는

---

58) 순조의 명으로 1808년에 이루어진 沈象奎·徐榮輔, 《萬機要覽》〈軍政編〉備邊司條는 비변사의 조직을 정 1품 아문(衙門)으로 이렇게 정리하고 있다.
  都提調: 전·현직 의정(정원 없음)
  提 調: 專任堂上 (有司堂上 4인, 八道句管堂上 8인, 貢市堂上 2인, 舟橋司堂上 2인, 堤堰司堂上 2인. 겸직 가능. 정원 없음)
  副提調: (정 3품 당상관이 당상에 임명될 경우에만 둠. 정원 1인)
  郎 廳: 문신 4인(1인은 홍문관원, 1인은 병조 武備司郎廳으로 겸임)
        무신 8인
  吏 胥: 書吏 16인, 書寫 1인, 庫直 2인, 使令 16인, 기타 大廳直 등 8인
59) 철종 대에 비변사 당상이 증가한 것은 《備邊司謄錄》 해당 연월의 〈座目〉을 통

곧 비변사의 정치 기능 강화를 의미한다.[60]

　부서에 친인척의 임명을 피하는 상피제(相避制)를 무너뜨린 것도 비변사가 수립한 또 하나의 중대한 관행이었다. 일반 관제에서 상피제가 강화되는 것과는 대조적이었다. 유력 가문의 친인척이 동시에 비변사 당상으로 활동하게 됨으로써 특정한 가문이 쉽게 비변사의 주관(主管)을 좌우할 수 있게 된 것이다.

　이처럼 19세기에 비변사는 제도와 관행을 통하여 영향력을 강화한다. 도제조와 당상이 회의를 통하여 정책을 결정하고, 이렇게 결정된 정책은 현직의 의정이나 기구 자체가 책임을 지게 되어, 비변사는 국왕에 대해서도 상당한 정도의 자율성을 확보하였다. 비변사는 원래 군사 문제를 처리하던 기관이어서 제도적으로 비밀이 보장되었고, 의사 결정도 비밀 회의가 가능하였기 때문에 유사당상과 정 1품의 당상이나 의정이 모여 비변사회의에서 사안의 처리를 결정하고 있다. 이렇게 결정된 사안은 의정이나 비변사의 의견으로 국왕에게 형식적인 보고를 해서 허가를 얻는 과정을 거쳐 국가 정책으로 시행하였다. 이는 권력의 핵심을 장악하고 있는 권세가나 또는 소수의 권력집단이 비변사 운영을 장악하기 쉽도록 제도적으로 보장되어 있었음을 말한다. 따라서 비변사는 기득권을 가진 주요 권력집단이 그들의 사사로운 이익을 관철하고 이해관계를 조절하는 마당이 되었다. 그것도 사적 이익을 국가 최고통치기구의 비밀 회의를 통하여 합법적으로 논의하고 국왕의 동의를 얻어 관철하는 매개체가 되었던 것이다.

　비변사는 국가의 거의 모든 중대 사안에 대하여 직접 통제를 하고

하여 확인할 수 있다. 7년(1856) 6월에 39인, 8년(1857) 6월에 42인, 12년(1861) 정월에 46인, 같은 해 6월에 50인, 13년(1862) 정월은 47인, 14년(1863) 정월의 좌목에 49인으로 나타난다. 여기에 4~8인의 도제조를 합하면 그 인원은 훨씬 늘어난다.

60) 최이돈, 〈문반정치구조〉, 《조선정치사》 하, 395쪽.

있었다. 이조와 병조의 고유 권한인 문·무관 인사와 병조의 군사권을 장악하고 있었고, 호조의 직무여야 할 재정 문제를 거의 전담하였으며, 특히 삼정(三政)의 문제도 비변사가 담당하고 있다. 이처럼 비변사의 영향력이 확대되고 권한이 강화됨에 따라, 6조의 위상은 상대적으로 낮아진다. 부서별 업무의 내용과 장관의 정치적 역량 차이라는 변수가 있기는 하지만, 전반적으로는 6조의 위상이 국정 전반의 분장(分掌)이라는 정치·행정적 위치를 상실하고 비변사의 결정 사항을 집행하는 행정 기능을 주로 유지한 것으로 보인다.

세도정치가 확대되고 심화되는 시기라 할 수 있는 철종 대는 비변사도 제도상의 권한은 물론이요, 이미 정착된 관행이 최대로 확대되는 시기라 할 수 있다. 구체적인 사례를 몇 가지 보기로 하자.

우선 비국(備局) 당상의 증가 현상을 들 수 있다. 18세기 말 이래로 당상이 증가되어 온 경향이 철종 대에 와서 극에 달하고 있음은 앞에서 지적하였다. 당상의 증가는 많은 정파의 인물을 실질적인 국정운영기구인 비변사에 참여시킴으로써, 널리 여론을 수렴하는 공론정치(公論政治)를 펼치고 있는 것처럼 보이게 하는 효과도 있었다.

그러나 실제로는 비변사 회의가 가장 활성화되지 못한 시기가 바로 철종 대였다. 의천(議薦)은 군·정(軍政)의 요직 인사를 시행할 때 그 후보자를 비변사 당상들이 각각 추천하는 형식이다. 철종 대는 당상이 대폭 증원되지만, 이와는 대조적으로 의천 때에 당상의 참여율이 가장 낮은 것도 역시 철종 대이다. 심지어 의천 참여자가 한 사람도 없는 일이 십여 차례나 생겨나서[61] 거의 모든 사안을 유사당상과 대신 및 권력집단의 실력자가 결정하고, 그 결정에 따라 시행할 수밖에 없었다. 그러면서도 비변사가 갖는 의미, 곧 여러 정치 세력이 정치적 견해를

---

61) 오종록, 〈비변사의 정치적 기능〉, 《조선정치사》 하, 559~561쪽과 같은 책 부록의 부표24.

조정하는 장(場)이라는 형식은 비변사 당상의 증가를 통해 포장되고 있었다.62) 권력 유지의 정당성이 약화되었는데 실제로는 더욱 강력하게 정권을 장악하고 있던 당시의 안동 김씨 일문으로서는, 비변사 당상의 증원을 통하여 공론정치의 형태로 위장하고 관료들의 불만을 해소하였으며, 자신의 권력 장악에 대한 비정당성을 호도하고 있다고밖에 볼 수 없는 현상이다. 이는 안동 김씨 일문이 전대에 견주어 중요한 관직을 거의 독점하고 세도를 과시하면서도 산림(山林)에게 실직을 주는 식의 호도책을 쓰고 있는 것과63) 같은 맥락으로 이해된다.

특정한 당상 직을 유력 가문이 계속하여 장악하는 현상도 나타난다. 비변사의 일상 업무 처리를 주관하는 유사당상은, 17세기 이후 당상의 비변사 회의 참여율이 낮아지는 경향이 지속되는 가운데 그 중요성과 정치적 기능이 증대한다. 의천은 대부분 유사당상이 처리하고 있으며, 당상들의 의견을 수합하고 대신과 의견을 조정하는 일도 유사당상의 직임(職任)이 되었다. 비변사가 국왕에게 보고하는 한 형식인 초기(草記)의 작성 또한 유사당상의 임무였다. 유사당상은 많은 실무를 주관하는 까닭에 젊고 유능한 신임의 당상 가운데서 선발되던 것이 관례였다. 그런데 철종 연간에 오면 고위 관직에 오른 뒤에야 유사당상으로 임명되는 경향이 높아지고 있다. 이는 유사당상 직임에 대한 중요성의 증대라 볼 수 있다.64) 안동 김씨 가문은 지속적으로 유사당상 직책을 장악하고 있다. 철종 대에 김병기(金炳冀)를 비롯하여 병국(炳國)·병학(炳學)·병덕(炳德)·병주(炳㴭)·병필(炳弼) 등 일족의 인물이 계속하여 이 직임을 맡고 있는 것이다.

19세기에 비변사는 운영 면에서 상피 규정을 무너뜨려서 관행을 확

---

62) 오종록, 〈비변사의 정치적 기능〉, 《조선정치사》 하, 567쪽.

63) 박광용, 〈정치운영론〉, 위의 책, 697쪽.

64) 오종록, 〈비변사의 조직과 직임〉, 위의 책, 522~523쪽.

대하고 있거니와, 이렇게 확대된 관행이 더욱 확대되는 점 역시 철종대의 특색이다. 비변사가 상피 규정을 적용받지 않는다고 해도 예외는 있었다. 그러나 집권 세도가문은 이 예외조차 무너뜨리고 있다. 철종대에 김문근은 아들 병필, 형 수근(洙根), 조카 병학·병국·병운(炳雲), 사촌 영근(泳根)·교근(敎根)과 그 아들인 병조(炳朝)·병교(炳喬) 등 상피 범주에 드는 인물들과 함께 전임당상이 되어 있다. 김좌근(金左根)과 김흥근(金興根) 역시 비변사에서 도제조로 함께 활동하고 있다.[65] 철종 14년(1863) 정월의 비변사 좌목(座目)을 보면 도제조 4인, 당상 49인 가운데 김문근 집안의 인물이 도제조 2인, 당상 9인으로 나타나고 있다.[66]

결국 19세기 전반의 비변사는, 권력집단이 사적 이익을 확보하기 위한 장(場)으로서 그 내용을 국가 최고통치기구란 형식을 통하여 이루어가는 매개체였다고 규정할 수 있을 것이다.[67] 그리고 철종 대는, 세도가문이 비변사를 완전히 장악하여 그 제도적 권한과 모든 관행을 총동원하여 세도가문의 의도대로 사적 이익을 관철하여 갔던 시기라 할 수 있겠다.

3) 국왕의 위상과 세도 권력

19세기에 오면 왕위 계승 과정에서 왕의 위상을 약화시키고 군주권의 행사를 제약하는 요소들이 나타나고 있다. 직계 왕통이 끊어져서 왕실 방계의 인물이 왕위를 계승하는 현상이 그 하나인데, 철종과 고종이 이에 해당한다. 또 11세에 즉위하는 순조나 8세에 즉위하는 헌종처럼

65) 오종록, 〈비변사의 정치적 기능〉, 《조선정치사》 하, 547~548쪽.

66) 《備邊司謄錄》 250책, 철종 14년(1863) 癸亥 正月朔座目.

67) 오종록, 위의 논문, 570쪽.

미성년으로 즉위하거나, 또는 19세에 즉위하는 철종처럼, 즉위 이전의 환경으로 말미암아 왕자(王者) 수업을 하지 못하고 즉위하게 되어 대왕 대비의 수렴청정이 이루어진 경우도 있다. 왕위 승계의 비정상성은 여러 가지 변수에 따라 정도의 차이는 있으나, 일반적으로는 왕권의 정통 성과 왕권의 정상적인 행사에 장애 요인이 되었다. 19세기에 왕위 계승의 난맥은 다른 요인들과 복합적으로 작용하여 군주의 위상을 크게 떨어뜨리고 왕권을 약화시키고 있다.

정조(재위 1776~1800) 대 이후 지배 세력의 당파적 결합과 당파를 주도하는 가문의 성장은 이미 국왕의 능력으로도 제어할 수 있는 단계를 넘어서고 있었다. 국왕은 자신의 목적을 관철시키기 위하여 자신과 혼인관계에 있는 가문의 힘을 빌려오게 되고, 여기서 세도정치가 시작되었던 것이다. 외척 권세가들은 이처럼 군주에게 힘을 제공하는 일을 빌미로 한 시기의 세도를 책임진다는 명분 아래 자신의 권력 장악과 유지를 합리화할 수 있었다. 그리하여 국왕은 왕권을 강화하기 위하여 외척을 중용(重用)했지만, 이는 결과적으로 왕권을 제약하게 되어 왕권의 약화를 더욱 촉진하였다.

그러나 1860년대 초까지 왕실의 외척인 유력가문이 정권을 장악하고 이를 유지하는 데는 공식적으로 국왕 또는 왕실의 권위를 큰 기반으로 이용하고 있다. 아무리 유력한 가문이라도 왕이나 왕실의 권위 없이는 권력의 독점을 누리기 힘들었다. 따라서 실질적인 왕권은 쇠미(衰微)해졌어도 형식 면[觀念的·擬制的]에서는 군주의 위상이 매우 강화되고 있다는 데에 세도정치 아래 군주권의 특색이 있었다.

19세기에 권력을 전단(專斷)한 유력자의 특징은 끝까지 군주의 존재를 부정하지 않는 데 있다. 권력의 중요한 기반을 왕의 존재에서 구하고 있기 때문이다. 따라서 외형이나 의례상으로 군주의 권위를 높여 놓고 그 권위의 우산 아래에서 실제의 권력을 행사하면서 자신의 권력 장악에 대한 명분을 정당화하고 입지를 강화하고 있는 것이다. 유력한 권세가문들은 서로 경쟁 관계에 있으면서도 경쟁 과정에서 이데올로기나 정책 면에서 아무런 질적 차이를 제시할 수 없었다. 때문에 국왕이나 왕실의 권위는 경쟁에서 우위를 차지하는 데 더욱 필수적이었다. 국왕의 권위를 높이는 일은 집권 세력 자신의 위상과 권위를 높여 권력 장악의 정당성을 확보하는 일로도 연결되기 때문에, 유력 가문은 다투어 군주의 의례적 위상을 높이는 일에 참여하게 된다. 그래서 군주의 위상을 높이는 의례는 정파를 초월하여 이루어졌다.

왕위 계승의 정통성이 낮은 왕이 즉위하게 되면, 그 군주의 존엄성을 마련하기 위하여 그 권위를 높이는 일이 병행되지 않을 수 없었다. 《일성록》 등의 사서(史書)를 도삭(刀削)한다거나, 혹은 《선원계보(璿源系譜)》를 비롯한 왕실 관련 문서를 국가적 사업으로 새로 편찬하거나 관리하는 일도 잦아졌다.68) 역대 군주의 치적에 대한 평가도 관대해져서 모든 군주가 성인시(聖人視)되고 있다. 군주는 동양 전래의 이상적 인물에 직접 비견되었다. 순조 초에 이병모(李秉模)는 정조를 요 · 순에 견주어 칭송했는가 하면,69) 헌종 초에 조만영은 순조를 요 · 순, 증삼(曾參), 민자건(閔子騫), 우(禹) · 문(文) · 탕왕(湯王)에 비기고 있으며,70) 철종 10년에 김문근은 헌종을 요 · 순에 비겨71) 각각 칭송하고 있다. 철종은 면전에서도 칭송받는다.

우리 성상께서는 하늘과 사람이 순신(順信)하는 도움을 받으시고 조종

---

68) 洪順敏,〈十九世紀 王位의 承繼過程과 正統性〉,《國史館論叢》 40輯, 국사편찬위원회, 1992, 38쪽.

69) 《純祖實錄》, 즉위년(1800) 11월 戊戌.

70) 《憲宗實錄》, 즉위년(1834) 12월 乙卯.

71) 《承政院日記》, 咸豊 9년(1859) 9월 14일.

(祖宗)께서 어렵게 이룩한 큰 유업(遺業)을 전수하여 빛나게 임어(臨御)하신 지 14년 동안에, 성덕(盛德)과 대업은 삼대(三代) 이전보다 훨씬 뛰어났고 심인(深仁)과 후택(厚澤)은 널리 팔도 안에 두루 입혀졌습니다.[72]

정원용과 의정대신들이 철종에게 존호(尊號)를 수락하도록 앙청한 빈청 계사의 머리 부분이다.

세실례(世室禮)도 같은 맥락에서 유행했다. 정조와 순조, 그리고 헌종을 각각 사후 얼마 지나지 않은 짧은 기간 안에 세실(世室)로 받들고 있다. 이는 파격적이었다. 조선 전기까지는 재위 기간이 길고 일정한 공적을 쌓은 왕을, 그것도 몇 대가 지난 다음에 세실로 받들었기 때문이다. 순조의 세실례는 바로 다음의 왕 헌종의 외조부인 조만영이 건의하고 그의 주도로 실시되고 있다. 헌종 사후에 이루어진 헌종의 세실례는 현재의 왕 철종의 장인인 김문근이 주관하고 있다. 세실례를 집행하는 과정에서는 해당 군주에 대한 지나칠 정도의 칭송이 이루어지고 있음은 물론이다.[73]

국왕을 세실로 모시는 의례는 국가적인 대행사였다. 이는 세실로 모셔지는 왕의 권위보다는, 세실 의례라는 국가적 대행사를 주관하여 추진하는 인물의 권위를 높이는 일이었다. 세실로 모셔지는 군주의 권위보다는 바로 국가 최고의 의전인 세실례를 추진한다는 상징성에 그 의미가 있었다. 여태껏 국왕이나 또는 산림이 발론하던 세실례를 이제 외척이 스스로 담당하고 나서는 이유가 여기에 있다. 왕실의 전례(典禮)를 주도한다는 것은 국가 권력의 장악에 대한 이념적 기반을 굳히는 일이었다. 군주를 세실에 받드는 것은 그 밖에도 여러 차원의 의미가 있었다. 세실로 모셔지는 군주로부터 유촉(遺囑)을 받았을 경우, 이 유촉

---

72) 《哲宗實錄》, 14년(1863) 5월 甲戌.

73) 오수창, 〈권력집단과 정국 운영〉, 《조선정치사》 하, 577~578쪽.

에는 더욱 무게가 실리게 된다. 그 군주가 세실로 받들 만큼 치적이 훌륭하다는 것은 그 군주를 보좌한 인물의 공적도 되는 것이다. 형식상 국왕을 존숭함으로써 권세가는 자신의 권위를 높이고, 권력의 장악과 유지에 대한 정당성을 확보하였던 것이다.

왕릉의 이장(移葬)을 추진한 경우도 비슷한 의미를 가졌다. 김조순이 정조의 능인 건릉(健陵)의 이장을 건의하여 이를 추진하고 국왕에게서 그 공로를 시상받는 것은[74] 대표적인 예라 할 수 있다. 이 역시 국가의 의전을 주관함으로써 자신의 권위를 높이는 일로 연결되었다. 극단적인 경우는 철종 14년(1863)의 종계변무(宗系辨誣)일 것이다. 농민항쟁의 소용돌이를 제대로 가라앉히지도 못한 세도정권은 갑자기 종계변무를 들고 나왔고, 이를 성사시켜서 대대적인 경축 분위기를 꾸며 선전하면서 왕에게 존호를 올린다. 이어서 이 일을 주관한 인물들에 대한 차등 있는 시상이 이루어졌으며, 경축의 분위기를 넓혀 농민항쟁의 원인을 제공한 탐관오리까지 석방하고 있다.《철종실록》을 한번 훑어보면, 이처럼 존호 올리기를 비롯한 의전 행사가 빈번하게 이루어지고 있음을 쉽게 알 수 있다.[75]

그런데 선왕(先王)의 권위를 높이는 세실 의례는 이를 추진하는 인물의 권위를 높이고 권력 기반을 다져주는 반면, 현재의 군주를 제약하게 된다. 권세가의 정치 행위는 선왕의 권위에 의지하거나 또 그것에 바탕을 두고 합리화되었기 때문에 현왕의 정치 행위를 침해하고 구속하게 되는 것이다. 외척 세도가는 선왕의 권위에 가탁함으로써 자신의 논리와 행위를 합리화하면서 정치권력을 관철하고 있었다. 국왕의 의례상 위상 강화와 실제 권력의 축소 현상은 결과적으로는 세도가문의 권력

---

74) 오수창, 앞의 논문, 599쪽.

75) 이 책 제4장 4절 참조. 철종 14년(1863), 종계변무 성사 후 철종에게 존호를 올리는 요란스러운 절차를 확인할 수 있을 것이다.

강화와 자연스럽게 연결된다.

19세기 전반기에 집권 세력은 대개 개혁 정책에 소극적이었고[76] 정치운영의 논리도 시대의 변화와는 상관없는 보수성으로 일관하고 있었다.[77] 체제가 보수화하거나 정통성을 결여하고 있을 때 그 체제를 유지하기 위하여 정치 이데올로기는 유연성을 잃고 더욱 보수화한다. 순조 연간에 중요 관직을 거치면서 영의정의 지위까지 승진하였던 이상황(李相璜)은 "성품이 경장(更張)을 좋아하지 않았다"[78]는 평가를 받고 있는 인물이다. 정원용(鄭元容)은 이상황이 경장을 좋아하지 않았지만 지방을 잘 다스려서 많은 공적을 이루었다고 매우 긍정적으로 평가하고 있음에 유의할 필요가 있다. 32년 동안 권력의 자리에 있으면서 안동 김씨의 세도정치 기반을 확고히 한 김조순에 대하여 실록에는 "평범함을 따름이 많고 공업(功業)을 자기 일로 삼지 않았다"[79]는 평이 실려 있다.

김좌근과 함께 철종 대 실권자의 한 사람인 김흥근은 삼대의 정치를 모범으로 삼아야 한다고 강조하는 원칙적이고 이상론적인 관점에 서 있었다. 본받을 만한 군주는 전한(前漢)의 선제(宣帝)와 남송(南宋)의 효종(孝宗)이었다. 청조의 학문을 무시하지는 않았으나 성리학의 정통성을 강조하고 있었다. 그가 이러한 정치사상을 견지한 이면에는 자기 가문의 집권에 대한 정당성을 보완하려는 의도가 작용하고 있었던 것으로 판단된다. 철종은 왕위 계승의 정통성에서 상당한 거리를 갖는 인물

---

76) 오수창, 〈주요정책의 실상〉,《조선정치사》하, 642쪽.

77) 박광용, 〈정치운영론〉, 위의 책, 712~714쪽 참조.

78) 鄭元容,《袖香編》卷二, 〈桐漁六入中書〉.
　　桐漁(李相璜)……不喜更張 而於民事 常懇懇致意. 故守宋京 按湖南箕西 多有茂績…….

79)《純祖實錄》, 32년(1832) 4월 己卯.
　　祖淳……然素性過於仁厚 篤好人倫 故其流也 或至於泛博 又謹慎之至 事多循常 蓋不以功業自居也.

이었다. 그의 가문에서 선택한 철종이 즉위의 정통성을 갖추도록 하기 위하여 철종을 순조의 아들로 무리하게 연결하였다. 철종의 왕위 계승에 대한 정통성은 그를 추대한 김조순 가문의 집권에 대한 정당성이기도 했기 때문이다.

철종 대의 실권자 김좌근의 아버지이자 흥근의 숙부였던 김조순의 경우나 조인영의 경우는 각각 선왕 정조와 순조의 유촉(遺囑)이 권력 유지의 굳건한 터전이었다. 그러나 좌근과 흥근의 경우는 선왕의 유촉과 같은 정당성이 없었다. 김조순의 후광만으로는 집권의 정당성을 인정받을 수 없었다. 그런데 그들이 택한 국왕의 경우도 왕위 계승의 정통성을 결여하고 있었다. 무리하게 혈통을 연결한 것은 이미 비판의 대상이 되고 있었다.[80] 그래서 정국 운영의 바탕이 되는 이데올로기는 보수적이고 원칙론적인 이상론이 되지 않을 수 없었던 것이다. 실제 정국의 운영에서도 '경천법조(敬天法祖)'를 기본 강령으로 하고 있었는데 이는 어쩔 수 없는 선택이기도 했다.

헌종 대와 철종 대에 걸쳐 가장 유능한 실무 관료로 인정받으며 강한 정치생명력을 유지해 갔던 정원용도 보수 논리의 소유자로 개혁에 소극적이었다. 그는 한대(漢代)의 학풍을 깊이 연구한 것으로 보이나 학문상에서는 한학과 송학을 대등하게 나열하여 서술하고 있다. 정원용은 현재 처한 상황에서 가장 본받을 만한 정치 모델로 북송의 이항(李沆, 900~1004)과 사마광(司馬光, 1009~1070)을 들고 있는데, 그 근거를 이항의 '불경법도(不更法度)'와 사마광의 '수지불변(守志不變)'에서 찾고 있다.[81] 따라서 개혁의 추진자인 왕안석(王安石)은 강한 비판의 표적이 되고 있다. 정원용은 김조순 가문 출신이 아닌 인물로는 철종 대에 유일하게 영의정을 지낸 인물이기도 하다. 게다가 그의 당파는 노

---

80) 오수창, 〈정국의 추이〉, 《조선정치사》 상, 119쪽.

81) 박광용, 〈정치운영론〉, 《조선정치사》 하, 713쪽.

론도 아니고 소론계였다. 그의 끈질긴 정치생명력이 어디에 있는가를 알게 해준다. 권력의 향방과 실재에 민감했다고 보이는 그는 철저하게 보수성을 지켰던 것이다. 그는 1850년대 후반에 태평천국을 비롯한 중국의 병란을 '천하대란'이라고 위기로 여기면서도 이 위기에 대하여 어떤 구체적인 대응도 하지 않고 있다. 1860년의 북경 함락 사태로 조야에 위기감이 팽배하여 국왕이 대책 마련을 거듭 촉구하고 있는 상황에서도 무언으로 일관했다.[82] 또 임술농민항쟁을 겪으면서 삼정에 대한 개혁이 논의될 때, 그는 삼정의 폐단을 정확하게 파악하고 있으면서도 개혁이 무의미하다는 보수적 태도를 보이고 있다.[83]

장을 바꾸어 논하게 될 신석우(申錫愚)라는 인물 역시 현실을 정확히 파악하나 개혁에는 소극적이고 권력의 향방에 민감하였다는 점이 확인된다. 정원용이나 신석우는 처한 현실이 개혁을 절실히 요구하고 있다는 점을 인식하고는 있었다. 그러나 제대로 개혁을 추진할 세력도 여건도 갖추지 못한 상황에서 이를 추진해 봐야 실패할 수밖에 없다는 현실을 꿰뚫어 보고, 개혁은 공연한 평지풍파일 뿐이라고 인식하여 이를 피해가는 소극적 자세를 견지한 것으로 보인다.

태평천국의 흥망과 시기가 거의 일치하는 철종 대를 좀더 구체적으로 살펴보기로 한다. 철종은 왕으로서 많은 취약점을 가지고 즉위하였다. 선왕 헌종과의 관계는 헌종보다 한 항렬이 위였고, 혈연으로도 거의 연결되는 바가 없었다. 그는 즉위 이전의 불우한 환경 때문에 왕자(王者) 수업은 물론이고 사대부의 기초적인 교양조차 갖추지 못하였다. 그는 즉위한 이후에 《사략(史略)》부터 공부를 시작했다.[84] 나이는 성

---

82) 鄭元容, 《袖香編》 卷四, 〈使臣玉河書〉. 이에 대해서는 이 책 제4장 3절에서 더 자세하게 살필 것이다.

83) 安秉旭, 〈19世紀 壬戌民亂에 있어서의 鄕會와 饒戶〉, 《韓國史論》 第14輯, 서울대학교 국사학과, 1986, 202쪽.

년에 접어들었으나 왕자 수업이라는 면에서는 역시 미성년이라 해야
하겠다. 혈통에도 커다란 결격사유가 있었다. 그의 조부 은언군(恩彦君)
인(裀)은 정조 연간에 역적으로 몰려 강화도에 유배되었다가 순조 원년
에 사사(賜死)되었다. 철종도 즉위 직전까지 강화도에서 유배생활을 하
고 있었다. 이러한 불우했던 환경은 안팎으로 그의 문지(門地)를 심히
약하게 하였고 이 점 역시 군주로서 역량을 발휘하는 데 부정적으로 작
용하였다.

그는 절대적 존재인 왕이면서도 선택된 존재라고 할 수 있다. 그의
즉위는 대왕대비 순원왕후가 결정한다. 이때의 명분은 영조의 유일한
혈맥이라는 점이었다. 결국 순원왕후의 뒤에는 당시 가장 유력한 가문
인 안동 김씨가 있었다. 왕자로서 많은 취약점을 지닌 철종을 순원왕후
가 선택한 것은, 표면에 내세운 궁색한 명분보다 그의 입지가 취약하여
조종하기 쉬운 인물이었다는 점에서 찾아야 할 것이다.[85] 그런데 입지
가 취약한 군주의 경우, 이를 보좌하는 형식을 취하고 있는 세도가문으
로서는 왕을 조종하기 쉽다는 이점이 있는 반면, 집권 세도가문이 왕의
이름으로 권력을 행사하는 데서는 취약점으로 작용하였다. 그의 즉위를
둘러싸고 복작(復爵), 사서(史書)의 도삭(刀削), 변무(辨誣), 많은 전례의
추진이 이루어지고 있는 것은 바로 그러한 군주로서 지닌 취약성을 보
완하려는 조치였다. 이러한 과정을 통해 철종이 정치적 역량을 발휘할
수 없었던 군주였음에도 재위 기간에 최상의 찬사로 칭송되고 존호도
받게 되는 것이다.[86]

---

84) 《哲宗實錄》, 즉위년(1849) 7월 丁未.

85) 李泰鎭·洪順敏, 〈《日省錄》 刀削의 實狀과 經緯〉, 《韓國文化》 10輯, 서울대학교
　　한국문화연구소, 1989, 78쪽; 홍순민, 〈19세기 왕위의 승계과정과 정통성〉, 《國史
　　館論叢》 40집, 국사편찬위원회, 1992, 32쪽.

86) 《哲宗實錄》, 14년(1863) 6월 戊寅. 이 책 제4장 4절 종계변무 참조.

입지가 취약한 인물로 왕위를 승계하도록 하고 있는 점은 순원왕후 자신과 당시의 세도가문이자 그의 친정인 안동 김씨 가문의 지위를 공고히 하고 권력의 장악과 그 유지에 하나의 안전판을 설치하기 위한 의도였다. 여기다 취약한 왕의 입지를 보완하는 여러 조치와 전례를 지속적으로 취해나갔다. 철종은 본디부터 군주로서 여러 가지 취약점을 지니고 있었고, 순원왕후에게 선택받아 즉위하였으므로, 군주로서 자신의 취약점을 세도가문의 힘으로 보완해야 했다. 이러한 일련의 사실은 그가 왕권을 제대로 행사할 수 없게 만드는 제약으로 작용했다. 철종이 재위하는 거의 전 기간은 안동 김씨 가문이 권력의 핵심을 장악하였다. 19세기의 세도정치가 가장 본격적으로 행해지는 기간이 바로 철종의 재위 기간인 것이다. 세도가문의 처지에서 보자면, 입지가 취약한 왕을 세워두고 그러한 군주의 권위를 적당히 만들어가면서 권력 장악의 정당성을 마련한 토대 위에 마음대로 군주를 조종하여 권력의 유지에 안정을 기할 수 있었던 것이다. 재위 10년이 지나면서 철종 또한 다른 군주들처럼 그동안의 수업과 경험을 바탕으로 정국을 주도하려는 시도를 보이기는 하나 구조화된 세도정치 아래에서 정국의 흐름에 이렇다 할 영향력을 행사할 수는 없었다. 따라서 그는 재위의 거의 전 기간을 통하여 내놓을 만한 정치적 역할을 할 수 없었고, 주로 잦은 전례행사에 참가하고 있는 정도였다.[87] 빈번하게 집행된 전례는 《철종실록》을 훑어보면 금방 알 수 있다. 다만 철종 대에 전례행사가 특히 많았음은 그의 취약점을 보완하려는 의도 말고도 그가 왕실의 방계 인물이어서 전례의 대상이 그만큼 많아진 것과도 관련이 있다.[88]

19세기에 권세가들은 국왕의 보호자로서 세도를 자임하면서 권력을 장악하였다. 그리고 이들은 국가의 의전을 주관하며 권력의 기반을 굳

---

87) 홍순민, 〈19세기 왕위의 승계과정과 정통성〉, 33쪽.
88) 홍순민, 위의 논문, 37쪽.

건히 하였다. 또 비변사를 주도하여 일반 국정을 장악하였으며, 정승직의 측근 관료를 통하여 주요한 정사를 처리하였다. 국가의 중대사나 특별한 상황이 발생할 경우, 이들은 공개적으로 정상의 권력을 행사하고 있다. 따라서 평상시에는 반드시 정치의 전면에 나서지 않고도 권력을 행사할 수 있었다. 철종 대에 영의정 등 최고위 관직을 반드시 김좌근 가문의 인물이 차지하지 않았지만 그럼에도 당시 권력은 김좌근 가문이 장악하고 있었다. 세도정치가 이때에 절정에 달했다고 일컬을 수 있는 이유다.

군주의 위상 저하와 왕권의 약화는 그 대극에서 유력한 권세가문의 전권(專權)을 허용하게 된다. 여기서 공적인 국가권력은 사권화(私權化)하고 관료기구의 권한과 기능이 약해지면서 권세가문의 발호를 낳게 되었던 것이다.[89] 군주의 왕권 강화 노력이 좌절되거나 실효를 거두지 못한 것은 정치구조에서 왕이 차지하는 위상이 많이 약해진 한편, 이에 따라 이미 화석화한 정치구조를 깨뜨리기에는 왕 개인으로서 힘이 약했기 때문이다. 한편 왕권 강화 노력을 저해하는 거대한 세력이 실재하는 것도 중요한 이유였다. 이 세력은 당시의 권력집단이었고, 그 핵심을 이루는 것은 대개 왕의 외척이었다. 이들은 왕권에 의지하여 권력을 장악하고 행사하면서 왕권을 받쳐주고 왕을 지켜주는 중요한 세력이었으나, 다른 한편으로는 왕권이 실질적으로 행사되는 국면을 맞게 되면, 관념상의 왕권을 강조하면서 이를 제약하고 있었다. 즉 당시의 정치구조는 권력집단이 관념상의 왕권에 의거하여 권력을 장악하고 행사하는 제도화된 장치였던 것이다.[90]

19세기 전반기에 외척 권세가의 권력 장악이 군주의 공식적인 동의나 승인을 바탕으로 국왕의 권위를 이용하여 이루어졌다는 점에서는,

---

89) 홍순민, 앞의 논문, 46쪽.

90) 홍순민, 〈19세기전반 정치사의 내용과 성격〉, 《조선정치사》 하, 746쪽.

그리하여 그들이 '세도의 자임'이라는 명분을 내걸 수 있었다는 점에서
는, 세도정치가 조선왕조의 지배체제에서 형식적으로는 정당성을 가지
는 것이었다. 이러한 권력의 출처와 그 기반은 유력 가문의 권세 장악
이 실제로는 지배체제 자체를 위협하는 상황이었음에도 권세가에게 체
제 자체를 부정하거나 초극할 수 없게 하였다.[91] 국왕으로 대표되는 체
제를 부정해 버리게 되면, 그들의 존립 기반도 스스로 허물어지기 때문
이다. 또 합법성을 주장할 수 있는 장치와 구조, 관행을 마련하고 그 안
에서 충분히 안주할 수 있는 마당에, 일부러 정치의 최종 책임이라는
국왕의 영역을 떠안는 위험 부담을 자초할 필요도 없었고, 그러할 의지
도 없었다.

　집권 세도가문은 일단 국왕의 관념적인 권위를 높여놓은 다음에 그
권위를 권력의 우산으로 삼고 있었다. 따라서 그들은 현 체제를 타도하
고 새로운 왕조를 개창할 수도 없었고, 새로운 변혁의 물결을 수용하여
체제를 개혁하거나 혁명을 주도할 수 없었다. 보수적인 정치 운영 논리
와 그 정치 모델의 고수도 현실 안주 추구, 즉 권세의 유지를 위한 방
편으로 내건 것이었기 때문에 그들 자신이 주장하는 정치 논리나 모델
에 충실한 중세적 질서로 개혁하는 일마저도 불가능했다. 개혁의 대상
이 되어 있던 세도정권으로서는, 개혁의 실천은 곧 명목뿐인 그들의 정
당성이 설 자리를 잃게 되며 그들이 누리고 있는 모든 것을 포기해야만
한다는 것을 의미했기 때문이다. 권세 가문은 다만 힘이나 상황에 따른
우위를 차지하는 상태에서 권력을 장악하고 있었기 때문이다. 따라서
시국을 위기로 인식하기를 꺼렸고, 도저히 덮어둘 수 없는 절박한 상황
에 이르러서야 이를 인식하고, 겨우 이 위기를 개선하려는 움직임을 보
인다. 이때에도 개혁이나 개선의 행보는 결코 적극적일 수 없었으며,

---

91) 오수창, 〈권력집단과 정국운영〉, 《조선정치사》 하 참조.

그나마도 직접적인 위협이 없어지거나 없어졌다고 보이면, 최소한의 개선책마저도 중단하고 마는 것이다. 삼정의 폐단을 정확히 파악하고 있었던 한 고위 관료가 막상 이에 대한 개혁이 논의될 때 반대하고 있는 것은, 바로 이러한 실상을 꿰뚫어 보고 있었기 때문이다.

맺음말

19세기 중엽, 조선왕조의 연행사절이 청조에 대한 정보를 탐지하고 수집하는 데에는 일정한 제약이 있었다. 그 제약은 시·공간적으로 한정되는 사신의 견문 범위, 언어의 장벽, 청조 측의 통제, 지나치게 관변으로 제한된 정보의 출처 들이었다. 태평천국 기간에는 청조가 전란을 이유로 정보의 통제를 강화하는 특수한 제약까지 겹치게 된다. 따라서 연행사절이 수집한 정보도 일정한 한계를 지닌다. 또 중국은 지역이 광대하여 병란이 없는 곳도 없고, 없는 때도 없지만, 그때마다 위기를 극복하여 안정을 유지하고 있다는 사신의 시각도 정확한 정보 탐지와 정세의 인식에 장애가 되고 있었다.

그러나 이러한 제약은 사신의 능력과 자질, 그리고 정보 수집에 대한 적극성과 의욕으로 많은 부분을 극복해 낼 수 있었다. 실제로 연행사절이 탐지해 온 정보 가운데 질과 양의 면에서 이런 제약을 극복하고 있는 우수한 정보를 찾아내는 것은 어렵지 않다. 또 정밀성이 좀 떨어지는 정보라 하더라도 활용 여하에 따라서는 변화의 주요 양상을 추적하는 데 큰 부족은 없었다고 판단된다. 따라서 19세기 전반기에 연행사신을 통해 들어온 대외 정세에 관한 정보는 일정한 한계가 있음에도 이를 총체적으로 평가하자면, 양과 질 면에서 모두 조선정부의 정확한 대외 정세 인식과 이에 바탕을 둔 적절한 대응책을 강구하는 데 충분히 유용한 자료였다고 할 수 있다.

그렇다면 안팎으로 격변의 시기인 19세기 중엽에 조선정부는 이처럼 유용한 정보를 왜 제한된 범위에서만 활용하고 있는가. 이를 알아보기 위하여 당시의 권력구조와 정치 상황을 개관해 보았다. 조선왕조는 세도정치기에도 문반정치구조를 그대로 유지하고 있었으나 그것은 이미 형해화되어 있었다. 의정부와 육조의 기능은 변질되고 약화된 반면, 임시적 성격의 비변사가 상설기구로 변하여 국가의 거의 모든 정치적 결정권을 지니게 되었다. 비변사는 기존의 제도와 관행을 최대한으로 이용하고 나아가 새로운 관행을 만들어가면서 국정 전반을 장악하고 있었다. 국가의 최고 통치기구화한 비변사가 세도 권력의 이해관계와 사적 이익을 국왕의 동의를 얻어 관철해 나가는 마당이 된 것이다.

왕의 위상과 왕권은 몹시 약화되어 있었으나 관념적이고 형식적인 왕의 권위는 오히려 매우 높아져 있다. 이는 집권 세도가문이 일단은 군주의 공식적인 동의나 승인을 바탕으로, 군주의 권위를 이용하여 권력을 장악하고, 의제적(擬制的)으로 고양시킨 군주의 권위라는 우산 아래서 안주해 있었기 때문이다. 정치 운영의 논리는 보수 논리로 일관하면서 변혁의 물결을 차단하고 정적의 틈입이나 새로운 정치 세력의 진출을 철저히 통제하고 있었다.

이처럼 폐쇄적이고 경직된 정치구조는 체제의 안정이라고 호도되었고, 호도된 안정에 충격을 가할 가능성을 가진 정보는 애써 차단되거나 축소되어야 했다. 위기 상황에 대한 인식은 그 절박성이 눈앞에 확인되었을 때야 나타나지만 그 대응은 안일하고 소극적인 것이었다. 일정한 제약 속에 탐지된 유용한 정보마저도 제한적으로 활용되는 정치구조는 연행사절이 정보의 다양성과 정확성에 접근하려는 열의를 감소시킬 가능성까지 갖고 있었다.

제3장 태평천국에 대한 조선 관인의 인식과 대응

머리말

태평천국의 투쟁과 관련하여 당시 조선왕조에는 어떤 사실이 얼마만큼 전해지고, 조선왕조는 이에 대하여 어떻게 인식하였을까? 또 국내외 문제와 관련하여 어떻게 대응을 하였는가? 앞에서 이에 대한 기초적인 접근을 시도해 보았다.[1] 그것은 연행사신이 탐지하여 보고한 정보를 바탕으로 태평천국의 투쟁을 재구성해 보면서 조선지배층의 태평천국에 대한 인식을 검토해 본 것이었다. 그 결과 태평천국의 투쟁 등 이른바 청조의 대병란이 당시 조선 지배층에게는 지속적인 관심사였으며, 위기로까지 인식되고 있음을 확인할 수 있었다. 또 그러한 인식에 이르는 과정은 시기를 구분하여 파악할 수도 있었다.

나아가서 그 인식의 배경이 되는 요소들, 곧 당시의 정치 상황과 그 안에 위치했던 연행사신의 지위, 그리고 그들이 수집해서 보고한 정보의 성격 등을 알아보았다.[2] 연행정보로 태평천국의 투쟁을 재구성하려 할 때 생기는 많은 공백은, 정보 자체가 갖는 일정한 제약과 사신을 포함한 당시 조선 지배층의 정보 처리 태도에도 원인이 있음을 확인할 수 있었다.

동아시아 세계의 기존 질서를 동요시키는 격랑은 태평천국과 같은

---

1) 이 책 제1장 〈조선지배층의 태평천국 인식〉.
2) 이 책 제2장 〈연행정보와 태평천국 인식의 정치적 배경〉.

시기의 조선에도 안과 밖에서 거세게 일고 있었다. 안에서는 광범위한 지역에서 일어난 다양한 형태의 민중 저항이 봉건왕조체제를 위협하고 있었다. 경상·전라·충청의 삼남지방에서 집중적으로 발생한 임술농민항쟁(1862)은 70여 지역의 사례가 보고되어 있다.3) 연해에서는 이양선이 간헐적으로 출현하고 있었다. 밖에서는 제국주의 열강이 개국을 강요하며 침략 태세를 노골화해 오고 있었다. 조선의 개항은 태평천국의 멸망 이후 12년 뒤인 1876년에 준비 없이 이루어진다. 태평천국 시기에 나라 안팎의 정세는 조선왕조로 하여금 정확하고 투철한 현실 인식과 과감하고 적절한 대응을 요구하고 있었다. 따라서 안팎의 도전에 직면하고 있는 청조의 시련은 조선왕조한테도 결코 강 건너 불일 수 없었다. 그것은 조선왕조 스스로의 현재 모습을 비춰주는 거울이기도 했을 터였다.

　이번 고찰은 조선왕조에서 태평천국이나 염군(捻軍)의 투쟁, 그리고 서양의 침략이 갖는 의미를 더 심층적으로 이해하기 위한 시도이다. 고찰의 시기는 1850년대에서 1860년대 전반으로 하되 앞서 제1장에서 제3기(1859~1862)로 구분했던 시기를 중점적으로 살펴보게 될 것이다. 영·불연합군의 침략으로 북경이 함락되는 미증유의 사태가 조선 조야를 진동시켰다. 대외정세에 어떤 형태로건 좀더 뚜렷한 반응을 나타낼 수 있었다고 보인다. 태평천국도 일어난 지 10년이 지난 때였다. 축적된 정보를 바탕으로 태평천국 등 청조의 병란을 인식하고, 이에 대응할 수도 있으리라 믿기 때문이다. 임술농민항쟁을 겪으면서 조선왕조는 체제의 보수(保守)를 시도, 삼정이정사업(三政釐整事業)을 추진하는데, 이 개혁 추진 과정에서 청조의 시련을 자기 체험화하는 움직임은 없었는가를 보기 위함이다.

---

3) 망원한국사연구실 19세기농민항쟁분과, 《1962년 농민항쟁》, 서울: 동녘, 1988, 8쪽.

고찰 대상은 북경 함락을 전후하여 연행을 했고, 또 농민항쟁의 수습과 체제 강화를 시도하는 과정에 일정하게 참여하는 세 관료 박규수·임백경·신석우의 대외 정세 인식과 현실 대응책을 중심으로 하였다. 아울러 조선정부가 대내외 위기 정보에 어떻게 대응하는가 하는 것도 연결하여 살펴볼 것이다.

1. 박규수

박규수(朴珪壽)는 청 말의 격변기에 두 차례 중국을 경험하였다. 첫 번째 연행은 청조가 내외 모순의 폭발과 세차게 밀려오는 열강의 압력으로 격동하던 1861년이었다. 두 번째는 청조가 이 격변을 일부나마 겨우 진정시키고 체제의 재편 강화를 서두르며 양무운동을 추진하던 1872년이었다. 그는 비록 일정한 거리에서이긴 하나 모색과 전환의 역사 현장을 보고 들을 수 있었다. 또 조선왕조체제에 대한 안팎의 심각한 도전을 상징적으로 내보인 여러 사건들의 현장이나 또는 가까운 거리에서 이를 생생하게 체험하고, 또 일정한 역할을 수행했다. 한편 개화사상이 실학사상으로부터 형성·발전되어 왔다고 파악할 때, 그 다리 구실을 했던 인물로도 평가받고 있다.4)

여기서 주목하려는 것은 1861년 열하문안사행(熱河問安使行) 부사(副使)로서 보인 그의 행적과 이듬해 진주안핵사(晉州按覈使)로서 활약한 내용이다. 동아시아 세계질서가 격변하는 19세기 중엽에 조선의 한

---

4) 박규수가 실학사상을 개화사상으로 발전시킨 시기를 ① 1861~1872년으로 보는 견해(金義煥, 〈瓛齋先生集について〉, 《朝鮮學報》 제86집, 1978, 174쪽), ② 1872년으로 잡는 견해(姜在彦, 〈開化派の形成と開化思想〉, 《朝鮮の開化思想》, 東京: 岩波書店, 1980, 178쪽)가 있다. 이는 다같이 1861년과 1872년 두 차례의 연행을 중요한 계기로 보고 있다.

200

지식인이자 관료가, 안팎의 도전 앞에서 몸부림하는 청조 특히 그 청조의 병란을 어떻게 인식하였으며, 동요하고 있는 국내의 상황에 어떻게 구체적으로 대응하는가를 보기 위해서이다. 다시 말해 청조의 체험을 적극적으로 받아들여 자신의 체험으로 소화하고, 이를 바탕으로 삼아 닥쳐오는 난제를 해결하는 데 유용하게 활용하려는 움직임은 없었는가 하는 점이다.

1) 열하문안부사

철종 12년(1861) 1월 18일, 박규수는 당시 조야를 뒤흔들어놓은 북경 함락 사건에 대한 열하문안사행의 부사로서, 정사 조휘림(趙徽林), 서장관 신철구(申轍求)와 함께 임금 앞에서 출발 인사를 한다. 그는 이 자리에서 부사의 임무가 감당하기 어렵고 두려워 진실로 걱정을 이기지 못한다고 중대한 소임을 눈앞에 둔 심정을 털어놓고 있다. 철종도 특별한 관심과 우려를 표명한다. 철종은 사신에게 중국의 정세를 자세하게 탐지하고 이를 사신들의 안부와 함께 귀국 전에라도 신속하게 보고하도록 각별히 명하고 있다. 정사 역시 임무의 중대성을 강조하고 이를 어찌 감당해 낼지 주야로 근심이라고 답하면서 사행에 나서는 마음의 각오를 밝히고 있다.[5] 박규수 자신이 뒷날 이때의 사정을 "함풍(咸豊) 신유년에 내가 열하에 가게 된 것은 사람들이 모두 위험을 무릅쓰는 것으로 여겨 심히 두려워했다. 내가 뽑힌 것은 이런 까닭이다"[6]고 설명한다. 당시의 분위기는 서울 장안의 민심이 동요하여 수많은 낙향자가 나오고 향외(鄕外) 민심의 소요 또한 그에 못지않으니 대책이 필요하다고 국왕과 좌의정이 논의할 정도였다. 이로 보아 당시의 위기감

---

5) 《日省錄》, 철종 12년(1861) 정월 18일.

6) 朴珪壽, 《瓛齋先生集》 권10, 〈書牘〉.

이 어떤 것인가를 알 수 있고, 이로 말미암아 조신들이 문안사행에 참여하기를 꺼려하고 있음을 알 수 있다.

그런데 당시 박규수가 사행에 뽑히게 된 데는 그에 대한 기대감이 컸기 때문이기도 하였던 것으로 보인다. 이는 그의 문인인 김윤식(金允植)이 문안사행 파견의 필요성을 역설하고 나서, 이 어려운 사신의 중임(重任)을 감당해 낼 수 있는 인물로는 박규수가 제일 적임자라고 추천하고 있기 때문이다. 김윤식은 박규수를 추천하는 이유로 세 가지를 들었다. 위난 때에 임기응변으로 외교를 잘 할 수 있으며, 이번 사행에서 제일 중요한 임무인 정탐을 가장 정확하게 할 수 있고[박은 일찍이 중국문물을 예리하고 정확하게 관찰한 바 있는 연암(燕巖) 박지원(朴趾源)의 손자이다], 충의로 고난을 감당해 내면서 왕명을 달성해 낼 수 있는 인물이라는 것이다.[7]

박은 왕명대로 귀국에 앞서 현지에서 견문하고 조사한 정보를 정리하여 보고 서한을 보낸다. 박규수가 탐지하여 따로 보낸 이 보고서는 태평군과 염군의 현황, 중국에 진출한 서양 열강의 진출 의도와 서양인의 동태, 청조의 정치 상황, 함풍제의 환후라는 네 부분으로 구성되어 있다.

박규수는 보고서에서 먼저 태평군과 염군의 형세와 관군의 대치 상황부터 정리하고 있다. 홍수전이 죽고 나서 석달개가 태평천국을 이끌고 있다는 오보를 제외하면 비교적 정확하고 요령 있는 보고라고 하겠다. 또 태평천국이라는 국호가 홍기 십 년 만인 이때 처음 밝혀진 것도 주목할 만하다.

① 각 성에 적비가 창궐한 지 여러 해가 되니, 그 뿌리가 단단하고 무성

---

7) 金允植, 《雲養續集》 권2, 〈奉送瓛齋朴先生珪壽赴熱河書〉.

하여 점점 더 왕성하게 뻗어나가고 있어서 그 기세를 제압할 수 없습니다. 관병은 곧 멀리 나와 있으므로 힘들고 (수가) 적으며 객(客)입니다. 도적의 군대는 곧 오래 웅거하여 편하고 많으며 주인입니다. 그러기에 승왕(僧王)과 같은 용맹함으로도 적을 막기 어렵고, 국번(國藩)과 같은 지모로도 우선 방어에 전념하고 있습니다. 그 중 월비(粵匪)는 곧 장발적인데, 지금 강남의 금릉에 웅거하고 있으며 강소·안휘가 모두 이에 속하였고, 증국번·원갑삼(袁甲三)이 총독으로서 이를 막고 있습니다. 염비는 장락행(張樂行)의 여당(餘黨)으로 지금 하남·산동·직예 등지에 웅거하며 그 사이를 왕래하는데, 무리는 날로 번성하여 승왕이 홀로 막아내기가 어려운지라 승보(勝保)가 명을 받고 나가서 합세하여 적을 막고 있습니다. 이 두 곳의 도적은 모두 심복지환입니다. 복건·양광 등지의 정비(艇匪)의 경우에는 차츰 초멸되고 있습니다. 석달개는 광서인으로 홍수전의 휘하인데, 그 위인이 가장 사납고 간교하여 홍이 죽은 뒤에 그 무리를 이끌고 강남에 웅거하면서 마침내 국호를 태평천국(太平天國)이라 하였습니다. 이가 바로 월비의 우두머리입니다. 매양 도강(渡江)하려 하면서도 국번을 꺼려 잠시 군대를 멈추고 움직이지 않습니다. 근래에는 또 묘패림(苗沛霖)이란 자가 있는데, 본시 안휘 사람으로 연용(練勇)의 우두머리이며, 우리나라로 치면 교속(校屬)에 비견됩니다. 일찍이 삼품직을 받았고 약간의 군공이 있어서 지부(知府)의 차함(借銜)을 주었으나 조칙을 받들지 않고 품복(品服)도 입지 않으며, 당적(黨賊)과 합세하여 침략은 하지 않으나, 그 배반의 형세[叛形]는 이미 오래 되었습니다. 그 마음속을 헤아리기 어려워 조정은 잠시 이를 기미(羈縻)하고 있다고 합니다.[8]

적비가 창궐한 지 여러 해가 되므로 그 뿌리가 왕성하게 뻗어나가면

---

8) 《大東稗林》(探究堂 影印), 〈哲宗紀事〉 권9, 철종 12년(1861) 辛酉 6월. 〈熱河副使朴珪壽抵人書〉.

서 단단히 얽히어 있어서 승격림심이나 증국번 같이 용맹과 지모를 갖춘 장수로도 막아내기가 어려움을 지적한 뒤, 태평군과 염군의 투쟁을 '청조의 심복지환'으로 진단한다. 태평군이 장강을 건너 북진하려는 움직임이 증국번의 견제로 말미암아 저지되고 있다는 사실도 지적하고 있다. 특히 묘패림의 동정과 그 대응책 마련에 청조가 난처해 하고 있다는 정보를 탐지해 내어 정리하고 있는 점은 주목된다. 이는 북경의 관변에서 정보를 탐지하는 데 따르는 여러 제약을 아울러 생각하면, 결코 쉽게 얻을 수 있는 정보가 아니었을 것으로 보이기 때문이다.

다음으로 서구 열강의 중국 진출 의도와 북경에 있는 서양인 동태, 기독교의 전파는 이렇게 관찰되고 있다.

② 양이(洋夷)는 그 뜻이 토지에 있지 않고 오로지 통상과 선교를 행함에 있을 뿐입니다. 도성에 들어온 뒤에 친왕궁(親王宮)을 차지하거나 민가를 사서 그 거실을 넓히는 것이 영전(永奠)을 꾀하는 것 같습니다. 권속을 거느리고 가구를 운반해 오는 자들이 줄을 잇고 있습니다. 그러나 잠시 침요(侵擾)의 폐단은 없습니다. 고로 도민(都民)이 처음에는 자못 의심하고 겁내었으나 오래되자 점점 편안해져서 이를 심상히 여기면서 서로 매매를 합니다. (그들이) 제 뜻대로 자행해도 아무도 감히 어찌할 수 없습니다. 참으로 후환이 어느 지경에 이를지 모르겠습니다. 양교(洋敎)라고 하는 것은 비록 교회를 세우고 금령이 풀렸으나 이에 응하는 자가 없습니다. 오직 유수(游手)와 무뢰배가 남녀의 구별 없음을 즐기고 재물 대주는 것을 탐하여 간간이 몰래 배우는 자가 있다고 합니다.[9]

서양 열강의 뜻이 영토의 지배에 있는 것이 아니라 오직 통상과 기

---

9) 주 8)과 같음.

독교의 포교에 있음을 먼저 확실히 해두고 있다. 이는 제1차 아편전쟁 뒤에 비롯된 서양 인식이다. 그런데 제2차 아편전쟁으로 청조가 성하지 맹(城下之盟)의 수모를 당하고 난 뒤에도 서양 열강에 대하여 양이라는 호칭도 바꾸지 않았고, 그 인식도 바뀌지 않은 채 그대로 이어지는 것이 홍미롭다. 이어서 북경에 들어온 양이는 주거 공간을 넓히고, 가족을 데려오고, 가구를 들이는 등 장기간 거주할 태세를 분명히 하고 있지만 침탈하거나 시끄럽게 하는 폐단은 없으며, 이에 대해 북경 주민들은 처음에는 의심하고 겁을 내었으나, 점차 익숙해져 지금은 보통으로 여기고 서로 물건을 사고팔고 하고 있다는 것이다. 그러나 서양 오랑캐가 제멋대로 구는데도 아무도 감히 제동을 걸지 못하는 형편이니 그 뒷 걱정이 어느 지경에 이를지 모르겠다고 우려하고 있다. 기독교는 교회가 설립되고 신앙 금지가 풀렸지만, 다만 남녀의 구별이 없음을 즐기고 재리를 탐하는 무뢰배가 가끔 몰래 응할 뿐이라 하고 있다.

박규수의 보고는 청조의 정치 상황으로 이어진다.

③ 나라에서 가장 무겁게 의지하는 이는 안으로 공친왕(恭親王)과 계량(桂良)이 있고 밖에는 승왕·증국번·승보·원갑삼·낙병장(駱秉章)·호림익(胡林翼)·노숭광(勞崇光) 등이 있는데, 인재는 제세(濟世)에 족하고 지혜는 어모(禦侮)에 족하나 간녕(奸佞)이 용사(用事)하여 뼈아픈 비방만을 들을 뿐이니 장졸은 실망하고 있습니다. 이에 더하여 양향(粮餉)이 핍계(乏繼)하니 사기는 저상하고 민심은 환산(渙散)한지라, 조정의 기상을 숙정하여 적의 기세를 일소하지 못하는 것은 이 때문입니다. 근년 오로지 백성에게만 군향(軍餉)을 요구하여 착취가 참독(慘毒)한 지경에 이르렀고, 관방(官方)은 적절하게 사람을 쓰지 못하고 뇌물의 다과만을 견주니 조정의 기강은 점차 해이를 더하며, 군률은 오로지 완게(玩愒)를 일삼고 있습니다. 그 시세(時勢)를 되돌아보면 곧 조석을 보전하지 못할 것 같은데도 그 외양을

보면 곧 안연하여 소요가 없고 여점(旅店)도 무절(無絶)하며 시창(市廠)도 여전하니 역시 대국지풍(大國之風)을 볼 수 있습니다.10)

안팎에 공친왕·승격림심·증국번 등 지혜와 능력, 용맹을 갖추어 위기를 극복할 수 있는 인물이 있는데도 인재를 제대로 쓰지 못해서 간신배가 득세하니 사기는 저상하고 민심은 흩어졌다. 그런데도 조정은 기강을 바로잡지 못하고 있으며, 그래서 적비도 진압할 수 없다는 것이다. 근년, 군향을 오직 인민에게만 부과하여 인민의 삶이 처참한 지경에 이르렀고, 관리 임용은 뇌물의 많고 적음으로 결정되니 조정의 기강은 점차 해이해졌으며, 군율은 무너졌다고 날카롭게 지적해 내고 있다. 그러나 박은 이처럼 청조 정국의 난맥상을 엄하게 비판하면서도, 청조의 외양은 안정되어 있음을 들어 대국의 풍모를 볼 수 있다고 긍정적으로 결론 내리기를 잊지 않고 있다.

박규수 보고문의 특징은 일련의 사태를 비교적 정확하게 파악하고 이를 사실대로 전하면서도, 출발 당시의 위기감을 강하게 의식한 듯 국내의 안정을 해치지 않도록 신중하고 세심하게 배려하고 있는 점이다. 장발적(태평군)이 강성하지만 증국번의 견제로 북진하지 못하고 있으며, 교회가 서고 신앙 금지가 풀렸는데도 응하는 이가 거의 없다는 사실, 청조의 정국(政局)이 파탄 일보 전인데도 외양은 안정되어 대국의 풍모를 유지하고 있다는 사실을 결론으로 삼고 있는 것이다. 이 특징은 박이 참여한 문안사행보다 석 달 앞서 귀국한 동지사행의 정사 신석우의 복명에서도 거의 같은 유형으로 나타났었다.

박규수가 부사로 참여했던 문안사행(정사 조휘림)이 귀국하여 복명하는 것은 6월 19일이다. 보고는 중국의 정세에서 시작한다.

---

10) 주 8)과 같음.

내[哲宗]가 이르기를 중원의 사세(事勢)는 어떠한지 견문한 대로 상세하게 진술하라.

(정사 조)휘림이 아뢰기를, 저쪽 중국 사정은 이미 언계를 통해 대략 보고한 바 있었습니다. 각 성의 적비가 창궐한 지 이제 10여 년이 되었습니다. 그동안 비록 승첩 때에도 거괴(巨魁)는 그대로 있거나 오히려 근거지를 굳게 지켜 쉽게 초멸하기 어려웠습니다. 그러나 총독에 합당한 인물을 얻었고 방어가 심히 굳건하여, 적도 역시 염병(斂兵)하여 자수(自守)하기만 할 뿐 감히 다시 침략하지는 못합니다. 향마적(响馬賊)은 각기 해당 지부가 엄히 금집(禁戢)하고 이미 붙잡은 자는 법에 따라 처단하며 산도자(散逃者)는 보는 대로 살피고 조사하니 연로가 청정(清淨)합니다. 양이는 거리낌 없이 왕래하고 관(關)에서 조사하지 않아 자의로 교역하니 거래에 세(税)가 없습니다. 그러나 별다른 침요의 실마리는 없습니다. 그래서 도민은 처음에는 자못 의심하고 겁내었으나 오래되자 점점 익숙하고 편해져서 심상히 여기게 되었고 여리와 시창은 예처럼 안도하여 조금도 소란이 없습니다.[11]

정사가 말하는 언계가 앞서 살펴본 박규수의 서한을 가리키는지 달리 또 있는지는 확인되지 않는다. 양이에 대한 불안감과 위기감은 이미 사라지고, 양이보다는 적비(태평군과 염군) 쪽에 더 비중을 두고 있다. 그러나 그 어느 쪽으로부터도 청조가 안정을 얻고 있음이 강조되고 있다. 국왕이나 사신이 모두 양이 문제에 집착함이 없이 다방면에 걸쳐 여유 있는 문답을 계속한다. 함풍제의 안부, 북경의 사신 숙소인 옥하관(玉河館)에서 사신이 지체한 까닭에 대한 문답이 오간 뒤에, 양이의 동정과 현지의 농사 형편으로 화제는 이어진다.

---

11) 《日省錄》, 철종 12년(1861) 6월 19일.

내가 이르기를 양이가 왕래하는 것을 목도하였는가, 그리고 황성에도 실처(室處)를 많이 지었다는데 과연 그런가. 휘림이 아뢰기를, 양이는 왕래가 무상한지라 목도하였는데, 권속을 데려온 자도 있고 집을 사서 거주하는 자도 있습니다. 이른바 천주당(天主堂)이란 것이 세 곳인데 방금 고쳐 짓고 지붕을 고쳐서 이었다 합니다.

내가 이르기를 저쪽의 작황은 어떠한가. 휘림이 아뢰기를, …… 작년에 이미 대풍이었고 올해 또한 같아서 민심은 더욱 안정되었고 시점(市店)과 여사(閭舍)는 새로 지은 것도 많고 손보아 고친 것도 있습니다. 이로 보건대 그 안연한 모습을 더욱 잘 알 수 있습니다.

특히 중국의 올 농사 작황은 작년에 이어서 풍작이고 시점과 여사의 신축이나 보수가 많이 목격됨을 들어, 앞서 밝힌 청조의 안정을 또 한 번 강조하고 있다. 사행의 복명이 이처럼 여유 있게 진행되는 것은 사신의 관찰력과 관점의 차이도 작용했겠지만, 그보다는 석 달 앞서 있었던 동지사행의 보고 때문으로 보인다. 3월 27일에 복명했던 정사 신석우는 영·불군이 북경을 함락시킨 뒤의 정세를 매우 신중하게 분석하고 나서, 당면한 두 불안 요소 즉 양이와 남비(태평군)가 조선을 침범할지도 모른다는 가능성을 검토한 뒤 이를 부정했다. 이어서 그는 무비(武備)를 충실히 하고 변방 방어를 엄히 하여 국내 문제를 잘 다스려 나가면 비록 천하가 어지럽다 해도 문제될 것이 없다고 결론지었다.[12] 이 보고로 조선정부는 일단 안정을 되찾는데, 이번 문안사행의 보고는 결국 앞서 나온 동지사의 낙관론을 뒷받침하는 것이었다. 문안사의 보고는 이어진다.

---

12) 이 책 제1장 3절 2)와 본 장 2절 3) 참조.

내가 이르기를, 우리 쪽 농형(農形)은 어떠한가. 휘림이 아뢰기를, 근일에 우양(雨暘)이 조균(調均)한 까닭에 콩, 팥, 벼 등에 대풍의 전조가 있으며, 보리는 비록 소손(少損)이나 겸황(歉荒)에는 이르지 않았습니다. 이번 별행(別行)은 격외(格外)의 은상지전(恩賞之典)으로서 이를 보건대 황상께서 특히 우례지의(優禮之意)를 보이셨음을 미루어 알 수 있겠습니다. 그리고 또 조사(朝士)가 전하는 바로는, 이번 사행은 곧 열국(列國)이 없고 홀로 동국(東國)만 있었는바, 이는 예대로 홀로 조근(朝覲)하는 뜻이니 귀국의 변함없는 사대의 정성은 매우 흠탄할 일로 참으로 예의지방(禮義之邦)이라 할 만하다고 하였습니다.

내가 이르기를, 이러한 간위지시(艱危之時)를 당하여 사대지도(事大之道)에 있으면서 어찌 한 차례 문안의 예가 없겠는가. 무릇 조공하는 나라가 얼마나 되며, 과연 별사(別使)의 입래(入來)는 있었는가? 휘림이 아뢰기를 조공하는 나라들이 얼마쯤 되는지 신은 상세히 알지 못하오나 과연 별사가 오지 않았습니다.

청조가 어려움에 처해 있을 때, 조선이 보여준 사대의 정성이 청나라 황제에게 인정을 받은 데 대하여 군신이 함께 만족해하고, 황제의 칭찬에 이를 당연지사로 받아들이면서 조공체제 안의 타국과 비교하는 여유도 보이고 있다. 이 여유는 청조의 안정을 확인함으로써, 또 그렇게 안정을 되찾은 청조에게 조선이 변함없이 사대지성을 다하고 있다는 것을 확인시켰다는 점에서, 이제 국내의 안정을 보증받았다는 안도감이었다.

그런데 박규수는 복명하는 자리에서 끝내 아무런 논평이나 보고가 없어 출발 때의 각오와는 대조적이다. 더구나 어떤 사신보다 훌륭한 정보를 탐지해 낼 수 있었던 그가 복명하는 자리에서는 침묵으로 일관했던 것이다. 귀국 전에 이미 서면 보고를 했고, 정사의 복명이 서장관과 수역의 상세한 〈별단〉은[13] 물론 박규수의 정보를 바탕으로 한 것임은 분명하다. 또 철종 대에 사행의 복명기사를 보면 부사의 보고가 없는 경우도 많아 꼭 부자연스러운 것만도 아니다.

그러나 복명 때에 박규수의 무언은 다른 의미를 갖는 것으로 보지 않을 수 없다. 박규수의 견문을 통한 대내외 정세에 대한 인식은 청정부의 대내외 정세 인식이나, 이에 바탕을 두고 있는 조선정부의 그것과 표면상 일치한다. 태평군과 염군 등 내우를 청조의 심복지환으로 보고 외환을 상대적으로 가볍게 보고 있는 점 등이 그렇다. 그러나 박규수의 서신을 찬찬히 뜯어보면 박규수의 시국 인식이 청조의 그것이나 당시 조선정부 쪽의 인식과는 달랐음을 읽어낼 수 있다. 앞에서 정리해 본 3개 항을 보면 박규수는 어느 부분에서나 청조의 안정이란 결론을 끌어내고 있다. 그렇지만 안정의 실체는 알맹이가 없거나 안정이라는 결론이 무리임을 알게 하는 많은 문제점을 안고 있는 것이어서, 자연스럽다고 보기 어렵다. 청나라의 현 시국이 안정되어 있다는 결론은 필요에 따라 미리 내려놓고 본론에서 자신의 견해를 밝히고 있는 것으로 읽히는 것이다.

우선 적비의 형세는 창궐함이 오래되어 "그 뿌리가 단단하고 무성한데다 점점 더 왕성하게 뻗어나가고 있어서 그 기세를 제압할 수 없기" 때문에 증국번의 지모로도 장발적과 고전하고 있으며, 염비 또한 날로 번성하여 청조 정예의 군대를 지휘하며 용맹을 떨치고 있는 그 유명한 승격림심도 쉽게 진압하지 못한다고 말한다. 그래서 그는 적비를 청조의 심복지환으로 진단한 것이다. 적비를 논하면서 말미에다 묘패림의 일을 덧붙이고 있는 것은 청조의 무능을 상징적으로 나타내고 싶었던 것으로 볼 수 있다. 지방의 일개 실력자의 동정을 대제국 청조가 예의

---

13) 《日省錄》, 철종 12년(1861) 6월 19일, 書狀官申轍求·首譯李閏益進聞見別單.

주시하며 전전긍긍하지 않을 수 없는 상황을 통하여 그는 청조의 무능을 전하고 있는 것이다.

서양오랑캐[洋夷]에 대해서도 그 뜻이 통상과 전교에 있지 영토에 있지 않다는 청조의 해명을 그대로 옮기고, 북경에서 양인들이 주민들과 충돌 없이 지내고 있음을 보고하고 있다. 그러면서도 박은 일찍이 금단의 도성이었던 북경에서 서양 오랑캐들이 활개를 치며 제멋대로 활동함을 들어 그들의 방자한 행위가 어디까지 이를지 알 수 없노라고, 그리고 교회가 설립되고 기독교 신앙에 대한 금령이 풀렸지만 응하는 이는 극소수라 하면서도 전혀 없다고는 말하지 않고 있는 것이다.

청조의 내정을 논하는 부분에서 박규수의 의도는 더 선명하게 드러나고 있다. 청조 내부의 부패와 무능은 이미 갈 데까지 가 있는데도 외양은 안정을 유지하며 대국의 풍모를 보이고 있다고 밝힌다. 청조의 안정이 내포한 허구성을 지적해 내고 있는 것이다. 청조는 이미 기댈 만한 존재가 아니란 것을 적비와 양이, 그리고 청조의 부패라는 사실을 들어 주장하고 있는 것이다.

그런데도 조선왕조는 아래로부터의 저항과 외세의 침입이라는 눈에 보이는 위기를 수습하려고 하면서, 외세는 일단 안정이 확인된 청조에 맡기려 하고, 문안사행 파견이란 외교 관례가 청조에게 인정받았음을 가지고 성공적이라 판단하고 있었다. 그는 이러한 대응이 결코 근본적인 문제 해결이 아니란 것을 알고 있었다. 내부의 문제는 최소한의 손질로 땜질해 가며 현상을 유지하려는 조선왕조의 소극적이고 안일한 대응 방식이 한계가 있음을 명확히 알고 있었다. 그래서 그는 청조의 현재 상황을 통해 조선왕조의 현상을 알리고 그에 대한 대응을 촉구하려 했다고도 볼 수 있다. 그러나 그는 자신의 이러한 의도가 명확한 주장으로 나타날 때는 공허한 메아리가 되고 말 것이란 사실도 잘 알고 있었다고 보인다. 그래서 모처럼 현지에 가서 생생하게 목격하여 얻은 정보가 극히 피상적인 면만 취해져서 청조의 안정을 주장하는 근거로 해석되고, 반론은 파란만 일으킬 뿐 다른 의미를 가질 수 없다는 정치 현실을 확인하자 입을 다물 수밖에 없었다. 이렇게 볼 때 그의 복명 때의 무언은 소극적인 저항이라고 보아야 할 것이다. 이러한 측면들은 격동의 현장이나 그 현장과 아주 가까운 거리에서 드러나는 그의 행적이나 문장을 통해서, 또 그를 둘러싸고 있는 환경을 고려함으로써 구조적으로 이해할 수 있다고 여겨진다.

훗날 그는 동생 선수(瑄壽)에게 보낸 서간에서 이렇게 말하고 있다.

> 번번이 예의지방(禮義之邦)이라고 하는데 나는 본래 이 말을 비루하게 생각한다. 천하 만고에 나라를 이룩하는 데 예의가 없는 나라가 어디 있겠는가. 이는 중국인이 이적(夷狄) 가운데 이것이 있는 자를 가상히 여겨서 예의지방이라고 한 것이다. 이것은 본래 수치스러운 말이어서 스스로 천하에 호언할 만한 것이 아니다.[14]

이러한 박규수의 견해가 문안부사 당시와 꼭 일치한다고 단언하기는 어렵다. 그러나 그는 첫 번째 연행을 하기 전에 《해국도지(海國圖志)》 등의 서적을 통하여 국제 정세에 관한 상당한 이해가 있었던 점을 감안하면 적어도 같은 맥락에 있음은 확실하다 하겠다.

2) 진주 안핵사

철종 13년(1862) 진주에서 농민항쟁이 일어났다. 박규수는 2월 29일 진주안핵사로 임명되어 다음 날인 3월 초하루에 현지로 출발한다.[15]

---

14) 朴珪壽, 《瓛齋先生集》 권8, 〈書牘〉.

15) 《哲宗實錄》, 13년(1862) 3월 癸未.

그는 일찍이 철종 5년에 경상좌도 암행어사의 임무를 수행한 적이 있다.[16] 이때 영남 동부 지역의 민정을 소상히 파악하여 문제점을 밝히고 대책을 제시했다. 그가 안핵사로 임명된 것은 이때의 체험으로 누구보다도 현지 사정에 밝다는 것이 이유였던 것으로 보인다. 그는 '패민(悖民)'은 물론 '폐원란본(弊源亂本)'까지 조사 범위를 소급하고[17] '유도(柔道)'로써 조사에 임해 동요를 경계하겠다는[18] 자세를 밝히고 있다. 현지에 도착하자 그는 진주의 적폐(積弊)를 철저히 조사하고 그 결과를 〈재계(再啓)〉, 〈사포장계(查逋狀啓)〉 등으로 잇달아 상세히 보고하면서 수습 방안의 모색과 사후 처리에 나서고 있다. 정부는 그가 밝혀낸 사태의 진상을 근거로 탐관오리와 난민의 처단 등 수습에 임하고 있다.

박규수가 조사를 진행하는 동안 농민항쟁은 경상·전라·충청의 삼남지방으로 확산되면서 점차 격화하여 갔다. 봉건지배질서의 동요에 위기를 느낀 정부는 농민항쟁에 대한 대응책을 '기강'을 강조하면서 점차 강경노선으로 끌어가게 된다. 정부는 처음 '난민(亂民)'을 '적자(赤子)'로 파악하나, 농민항쟁이 차츰 확산되어 가자 이를 '화외필주자(化外必誅者)'로 보고 일제히 '대징창(大懲創)'을 가하고자 한다.[19] 박은 아우 선수에게 보낸 글을 통해 이를 비판하면서 깊은 우려를 드러내고 있다.

지금에 이르러서도 아직 기우라고 할 수 있겠는가? 툭하면 크게 징계하겠다고 하는데, 나는 어떻게 하는 것이 '징계'인지를 모르겠다. 또 징계한 이후에 장차 무슨 방법으로 이런 일을 강구하는 자를 크게 열복(悅服)하게

16) 《哲宗實錄》, 5년(1854) 11월 癸巳.

17) 《壬戌錄》, 〈晉州按覈使朴珪壽到善山發關〉, 서울: 國史編纂委員會, 1958, 4쪽.

18) 朴珪壽, 《瓛齋先生集》 권8, 〈書牘〉.

19) 原田環, 〈晉州民亂と朴珪壽〉, 《史學硏究》 126輯, 廣島大學, 1975, 37~38쪽. 이하 原田論文 ①로 줄임.

할 것인지도 모르겠다. 크게 탄식할 만한 일이다. 내홍(內訌)이 이러하면 외환이 근심스러우니 장차 이를 어찌해야 할까, 어찌해야 할까?20)

박규수가 걱정한 것은 난민도 역시 적자인데 이를 교화가 불가하여 반드시 죽여 없앨 존재로 여겨 도륙해 버리면 사태는 한마디로 말해 상방(喪邦)에 이른다는21) 점이었다. 그래서 그는 '민범(民犯)'만이 아니고 이러한 사태를 있게 한 원인, 곧 부정한 관리나 이서(吏胥)까지도 철저히 조사해야 한다며 이렇게 말한다.

전 병사(兵使)가 아뢰기를, 이것은 할 수 없는 일이라 하였다. 이른바 조사란 것이 어찌 백성 가운데 죄지은 자를 조사하는 것뿐이겠는가. 무릇 이 국면의 이러한 변고 일체에 대해 조사할 만한 것은 다 조사하여 그 죄과에 따라 처벌할 따름이다. 선후와 경중은 그 사리에 따라 처리할 것이며 추호의 안배도 있어서는 안 된다.22)

그리하여 박규수의 조사 작업은 처음의 자기 의도대로 진행된다. 그러나 그는 현지의 지방관으로서 안핵 임무를 부여받은 것이 아니었다. 그는 이전에 경상좌도 암행어사로 활동했던 경험이 있었다. 그래서 현지 사정에 어둡지 않다고 할 수 있겠지만 이미 8년 전의 일이었다. 따라서 현지 사정과 사건의 전말을 파악하는 데는 상당한 시일이 필요하게 되었다. 또 박규수 자신이 정적의 공격을 피하기 위한 정치적인 이유에서 조사 작업을 늦추기도 했다. 이러한 과정에서 정부의 대응책은 강경책으로 선회하게 되고, 정부는 박규수에게 신속한 조사를 요구

---

20) 주18)과 같음.
21) 위와 같음.
22) 위와 같음.

한다. 이로 말미암아 대응 방법과 시간의 문제 등으로 정부와 박규수 사이에 틈이 생기게 된다.[23] 결국 그는 정부 내 강경파의 탄핵으로 '간삭지전(刊削之典)'을 받는다.[24]

그런데, 박규수는 앞의 서간에서 "내홍(內訌)이 이와 같으면 외우(外憂)가 두려우니 장차 이를 어찌할 것인가"라고 크게 걱정하고 있다. 이러한 그의 생각은, 국내의 농민항쟁이 그저 국내의 동요사태로만 끝나는 것이 아니고 서양 오랑캐가 이를 이용하여 침입해 올 틈을 준다는 강한 위기감을 지니고 있었음을 보여준다. 박규수는 문안사행 이전에 이미 위원(魏源)의 《해국도지》 같은 서적을 통하여 어느 정도 국제정세를 파악하고 있었던 것으로[25] 보인다. 거기다 문안사행의 부사로 북경에 가서 더욱 생생하게 중국의 현실을 목격하게 되어 중국과 서양 열강에 대한 인식을 바탕으로 국내 사태를 인식했다고 보겠다. 물론 박에게도 백성을 교화의 대상으로 보는 사대부 의식에서 벗어나지 못한 한계가 있었으며, 이는 농민항쟁의 수습 과정에서 나타나기도 한다. 그래서 사대부로서 통치의 완성이란 의식이 또 한편에는 있다고 보아야 할 것이다. 박규수는 청조가 처한 상황이 내치의 문란으로 태평천국이나 염군의 흥기와 같은 내란을 낳았고, 이것이 더 나아가 외이(外夷)에게 틈을 주어 외환을 불러온 것으로 인식한 것이다.

박규수가 농민항쟁의 현장인 진주에서 이러한 자신의 시국 인식을

---

23) 李榮昊, 〈1862年 晉州農民抗爭의 研究〉, 《韓國史論》 19輯, 서울대학교 국사학과, 1988 참조.

24) 朴珪壽, 《瓛齋先生集》 권1, 〈節錄瓛齋先生行狀草〉.
   公以爲此皆良民也 不堪長吏剝割之苦 而群起而擾者也 不先慰民心 不可按獄 乃發檄曉諭一道 先査逋吏之積年幻弄者 櫛愷而簸核之 民情大悅 遂按獄 而分別首從 以聞一道洽然 列郡煽動者 望風而息 大臣以按獄 稽緩奏 施刊削之典.

25) 李光麟, 《韓國開化史硏究》, 서울: 일조각, 1974, 개정판; 姜在彦, 《近代朝鮮の思想》, 東京: 紀伊國屋書店, 1971; 藤間生大, 《近代東アジア世界の形成》, 東京: 春秋社, 1977 참조.

개진하고 있는 것을 보면, 그는 태평천국과 염군 등의 반청투쟁을 진주를 비롯한 여러 지역의 농민항쟁과 같은 범주로 인식했음을 보여준다. 이 점은 그가 진주의 현장에서 동생 선수에게 보낸 서신을 통해서도 나타난다.

심병성〔沈秉成: 1823~1895, 자(字)는 중복(仲復), 한림편수(翰林編修)〕은 연행에서 사귀었던 청나라 사람이다. 이 외국 친구에 대한 안부를 걱정하면서 몇 차례 자신의 심중을 토로하는 가운데서도 이 견해는 분명하게 드러난다.

> ① 연경 친구의 편지가 도적에게 빼앗길 우려는 절대 없다. 화물이 딸린 것도 아니고 만 리 밖의 친구가 온 정신을 기울이고 있는 것이기 때문이다.[26]
>
> ② 중국 친구의 편지가 손실 없이 도착할 수 있겠는가? 항주가 실함되어 용백(容伯)의 집이 처참한 피해를 입었거늘, 중복 또한 항주 사람이니 무양할 수 있겠는가?[27]
>
> ③ 심중복이 역주(易州)로 간 것은 내가 지금 가는 것과 같은 이유에서일 것이다. 또한 시운이 그러할 따름이다.[28]

박규수는 편지 글에서 이처럼 장발적과 염비 등으로 동란의 소용돌이 속에 있는 친구를 걱정하고 있다. 또 한편으로는 나라는 달라도 거의 비슷한 처지에서 같이 어려운 시대를 살고 있다는 공감도 나타내고 있다. 이국의 친구에게 보낸 서신이 무사히 도착할 수 있을지를 걱정하면서도 돈 될 만한 물건과 같이 보내지 않았으니 도둑에게 털릴 염려는

---

26) 朴珪壽, 《瓛齋先生集》 권8, 〈書牘〉.
27) 위와 같음.
28) 위와 같음.

없을 것으로 자위한다. 어지러운 세상을 살아가야 하기에 해야만 하는
걱정이다. 그 친구가 적비의 활동 지역 사람이라 그 집안이 적비에게
피해를 입지 않았는지도 염려한다. 특히, 적란의 진압을 위해 떠난 심
병성의 처지와 진주에서 민란의 조사와 수습 임무를 맡고 있는 자신의
처지를 '대략 상동(大略相同)'하다고 보고 있다. 심병성은 태평천국 진
압과 관련된 직책에 있지 않았다.[29] 그러나 박규수는 친구가 적란 진압
의 임무를 띠고 그 지역에 파견된 것으로 알고 있었기 때문에 동병상련
의 심정을 토로한 것으로 보인다. 이렇게 볼 때 박규수는 태평천국 시
기에 북경을 다녀온 많은 관인들 가운데서 태평천국에 대해서는 물론
당시의 긴박한 내외 정세에 비교적 깊이 있는 인식에 이르렀음을 알 수
있다. 이러한 인식이 뒷날 그의 개국론(開國論)의 바탕이 되었을[30] 것
으로 보인다.

　따라서 그가 국내의 농민항쟁에 대해서나 서구 열강의 동태에 대하
여 위기감을 가졌고, 이를 국내 문제에 대응하는 과정에서 일단은 자기
방식으로 대처하면서 체제내 개혁을 지향하고 있다는 점에서도 연행했
던 다른 관인들과 차이를 갖는다고 보겠다. 즉 동요하는 국내 체제에
대한 위기감이 컸던 만큼, 체제를 보수하기 위한 위기의 극복이 절실한
시대적 과제로 박규수에게 다가왔던 것이다. 이는 진주 농민항쟁의 조
사과정에서도 지켜졌다고 보이며, 또한 이 조사 결과를 바탕으로 근본
적인 대책을 강구하고자 삼정이정청(三政釐整廳)의 설치를 건의한 일에
서 더 분명하게 드러난다 하겠다.

---

29) 《續碑傳集》 卷31, 〈安徽巡撫沈公墓志銘〉.

30) 原田環, 〈1860年前後における朴珪壽の政治思想〉, 《朝鮮學報》 86집, 1978; 孫炯富,
　　〈朴珪壽의 熱河使行(1861)과 對西洋外交論의 成立〉, 《全南史學》 3집, 전남사학회,
　　1989 참조.

2. 임백경(任百經) · 신석우(申錫愚)

1) 진주민란과 삼정의 개혁

진주봉기를 도화선으로 농민항쟁이 삼남 일대에 번져 봉건지배체제에 대한 위협이 도를 더해가자 다급해진 정부는 대응책 마련에 나서야 했다. 우선 안핵사와 선무사(宣撫使), 암행어사 파견 등으로 긴급히 안무책(按撫策)을 강구하는 한편, 이들의 보고와 건의를 토대로 근본 대책을 수립하려고 하였다.[31] 그 대책의 수립은 이정청의 설치로 구체화한다. 이정청의 설치는 박규수의 헌책(獻策)에서 비롯된 것이지만, 정부가 이러한 기구의 설치를 즉각 받아들이지 않을 수 없었던 것은 당시 정부로서도 삼정의 적폐를 절감하면서 농민항쟁이 일어난 가장 주된 원인을 삼정의 문란으로 집약했기 때문이다. 이는 지배층이 국내 상황을 더 이상 방치하거나 우물쭈물 덮어버릴 수 없는 위기로 인식하고 있음을 보여준다.

정부는 농민항쟁이 한창인 철종 13년(1862) 5월 하순에 이정청을 설치했다. 그리고, 이정 대책에 관하여 널리 의견을 묻고 그 결과를 종합하여 이정절목(釐整節目)까지 마련한 다음 개혁 작업에 착수하였다. 그러나 같은 해 윤 8월에는 이정청을 철폐하였다. 삼정이정책은 지지부진한 채 시간을 끌다가 결국 10월 들어 원래의 제도로 되돌아가버렸다.[32] 농민항쟁의 소지를 없애겠다면서 요란하게 추진하던 이정책은 농민항쟁이 잠시 가라앉자 다시 원점으로 돌아갔다. 따라서 고종 대에 들어서 일어나는 새로운 농민항쟁의 싹은 그대로 남아서 재연(再燃)되게 된 셈

---

31) 金鎭鳳,〈農民의 抗拒〉, 국사편찬위원회,《한국사》15, 서울: 탐구당, 1975.

32) 이정청 운영 시말에 대해서는 朴廣成,〈晉州民亂의 研究-釐整廳의 設置와 三政
矯捄策을 中心으로〉,《仁川敎育大學論文集》3輯, 1968 참조.

이다.[33)]

삼정의 구폐(拔弊) 시도는 처음부터 일정한 한계를 지니고 있었다. 우선 그것은 삼정의 이정책을 건의했던 박규수에서부터 비롯된다. 일찍이 암행어사의 경험까지 살려 삼정의 문란을 민란의 원인으로 파악한 박규수는 그 대책으로 특별히 기구를 설치하여 널리 방책을 강구, 차례로 실시하자고 이렇게 진언한다.

난민이 그러한 지경에 빠지게 된 것은 반드시 이유가 있으니, 그것은 바로 삼정이 문란하여 피부를 도려내고 뼈를 깎는 것과 같았기 때문입니다. 그 가운데서도 환향(還餉)이 가장 심각합니다. …… 지금에 이르러서는 따로 기구를 설치하며 사람을 가려 뽑고 조리를 갖추어, 옛 것을 바탕으로 하여 새롭게 꾸미기도 하고 옛날의 교훈을 배워 가감하기도 하여 그것을 두루 윤택하게 한 다음 한 도(道)에서 시범 삼아 운영해 본 뒤 차차 확대해야 할 것입니다.[34)]

혹은 기구를 설치하고, 여러 사람의 생각을 모으며 여러 사람의 계책을 가려 뽑아 연구하고 토론한 다음 가장 타당한 방법을 구하여야 합니다.[35)]

그러나 박규수는 삼정의 문란을 단순히 삼정 수취상의 폐단으로 인식하였고, 더 근본적인 문제, 곧 체제의 모순이나 농민층의 분화 문제 등에까지는 미치지 못하고 있다.[36)] 따라서 그가 생각하는 이정 대책도

---

33) 韓㳓劤,《東學亂 起因에 관한 硏究 ─ 社會的背景과 三政의 紊亂을 중심으로》, 서울大學校 韓國文化硏究所, 1971; 朴廣成,〈高宗朝의 民亂硏究〉,《仁川敎育大學論文集》14輯, 1979를 참조.

34)《哲宗實錄》, 13년(1862) 5월 癸卯.

35) 朴珪壽,《瓛齋先生集》권6,〈請設局釐整還餉疏〉.

'구질서의 개혁적 재편'37)까지는 미치지 못하는, 어디까지나 삼정의 테두리 안에서 개혁한다는 한계를 갖는 것으로 보인다.

한편 이러한 한계는 삼정책을 묻는 철종에게서도 분명하게 드러난다. 일찍이 김좌근이 환폐교구(還弊矯捄)의 방략으로 중론의 '광탐박순(廣探博詢)'을 제시했다.38) 박규수는 '집중모이채군책(集衆謀而採群策)'을 제언하였다. 표현은 다르나 널리 지혜를 모아 대책을 세우자는 것이었다. 철종은 이를 받아들여 삼정 구폐를 위한 구언교(求言敎)를 내리고 전국의 관료와 지식인 등 조야를 아울러 광범위하게 의견을 듣기로 했다.39) 국가의 중대 사안에 대하여 널리 의견을 묻는 구언교는 조선왕조가 민의를 수렴하여 통치한다는 공론정치 이념의 발로였다. 지배층은 일단 사태의 심각성을 인식했다고 하겠다. 그러나 책제(策題) 내용은 이 문제에 대한 철종의 인식과 그 한계를 드러내고 있다.

철종은 먼저 본조(本朝)의 법제는 양법미제(良法美制) 아닌 것이 없다고 전제하고, 삼정도 본래 나라를 위하고 백성을 위하는 뜻에서 세운 것이니, 이것 없이는 국가가 성립할 수 없으며 백성은 기댈 곳이 없다고 단언한다. 그러나 법이 오래되어 폐가 생기고 민생의 유지가 어려우며 나라가 기울게 되었으니 이를 고쳐서 바로잡아야 한다면서 그 방책을 제시한다. 그 교혁 방안은 전정(田政)은 개량전(改量田)을, 군정은 장정의 사괄(査括)을, 환곡은 견탕(蠲蕩)을 통하여 해내는 방법 말고 다른 수가 없다. 그러나 이렇게 교혁하는 데는 숱한 어려움과 제약이 있으니 이 문제를 어떻게 해결할지 널리 의견을 내도록 하라는40) 것이었다.

---

36) 金容燮, 〈哲宗 壬戌年의 應旨三政疏와 그 農業論〉, 《韓國史研究》 10집, 한국사연구회, 1974, 129쪽.

37) 原田論文 ① 31~32쪽.

38) 《日省錄》, 철종 13년(1862) 4월 15일.

39) 위의 책, 철종 13년(1862) 6월 10일; 《哲宗實錄》, 13년(1862) 6월 辛酉.

철종의 삼정이정 목표는 삼정이라는 제도는 그대로 두고 제도의 테
두리 안에서 그 운영의 개선을 도모하는 것이었다. 이렇게 정해진 범주
는 책문(策問)에 응시한 삼정소(三政疏)의 심사 원칙으로 재확인되지 않
을 수 없었다. 그리하여 응지상소(應旨上疏)는 체제의 근본적인 변혁이
아니고, 제도의 폐단을 바로잡는 데 초점을 맞추어 평가받게 되었다.
나아가 이정청 자체에서 마련해야 하는 개선책도, 자연히 그 범주 안에
서 이루어지게 된다.41)

이처럼 삼정이정책의 실시는 처음부터 일정한 한계선 위에서 추진되
었다. 더구나 삼정의 문란을 초래한 당시의 정부 대신들이 이를 개혁할
위원으로 선임되었다.42) 개혁의 대상이어야 할 고관들이 개혁 사업을
담당하여 자신들의 이해와 직·간접으로 연결되어 있는 교혁(矯革)사
업을 추진하게 된 것이다. 정부로 하여금 이 개혁 사업에 착수하지 않
을 수 없도록 직접적인 압력으로 작용했던 것이 삼남 일대의 농민항쟁
이었다. 그런데 이 농민항쟁도 지도력과 조직력, 상호 연대 결여 등의
이유로 일단은 지역별로 진압되어 가던 터라 삼정의 개혁은 처음부터
그 앞날이 예측되는 바 있었다고 하겠다.

그러나 이러한 한계가 있었지만 책문에 응한 사람은 수백 인으로 알
려져 있다.43) 당시 조야를 가리지 않고 지식인들의 관심이 높았음을 입
증해 준다. 쌓이고 쌓인 삼정의 폐해는 국가의 존립을 위협할 지경에
이르러, 이제 더 이상 방치할 수 없는 긴급 과제라는 광범위한 공통인
식에서 비롯된 것으로 볼 수 있다. 여기서 우리는 1860년을 전후한 시

---

40) 《日省錄》, 철종 13년(1862) 6월 12일, 策題.

41) 金容燮, 〈哲宗 壬戌年의 應旨三政疏와 그 農業論〉, 《韓國史研究》 10집, 한국사연
　구회, 1974, 132쪽.

42) 위와 같음.

43) 위와 같음.

기에 연행하였고, 이어 삼정책에도 응지상소를 하였던 관료 두 사람, 임백경과 신석우에 대하여 관심을 갖게 된다. 먼저 이들의 연행 뒤의 복명 내용을 검토하고, 이어서 삼정 개혁에 대한 계책을 살펴 그들의 시국 인식을 알아보기로 한다.

2) 임백경

임백경(任百經)은 동지사행 부사로서, 그리고 진하겸사은행 정사로서 두 차례 연행한다. 동지 부사였던 그의 첫 사행은 정사 서대순(徐戴淳), 서장관 이용좌(李容佐)와 함께였다. 복명은 철종 8년(1857) 3월 24일에 이루어진다. 이때 철종은 사신이 탐지한 대로 중국의 정세를 상세히 보고하라고 하면서, 이를 조목조목 캐어묻는다. 이 자리에서 철종이 관심을 갖고 물은 중국 사정은 중원 적비의 최근 상황, 인심의 안위, 그리고 재용(財用)의 실태 등이었다. 정사 서대순이 먼저 아뢴다.[44]

작년 추·동간에 들으니 안휘 등지에 적병이 출몰하며, 금릉 땅은 비록 아직 다 초멸하지 못하였지만 여당의 예봉이 꺾여서 전에 견주면 다소 편안해졌습니다. 귀주 여러 지역에는 토비가 있는데, 관병이 누차 이겨 차례로 수복되고 있으니 깊이 걱정할 것은 못 된다 합니다. (산해)관 내외의 농형(農形)은 흉년이라 하나 완전 흉년 같지는 않으며, 산동·산서성은 황재(蝗災)가 자못 독합니다. 북경에 먹을 것을 구하러 모여든 직예의 유민은 대략 주진(賙賑)을 두어 역시 심히 황급하지는 않습니다.

철종이 이어서 적비 가운데 누가 칭왕하고 있는지 묻자, 부사 임백경

---

44) 《日省錄》, 철종 8년(1857) 3월 24일.

은 양수청과 위정(危正, 韋正) 두 사람이라고 대답한다. 철종이 또 청조의 재정이 바닥났다는데 지금은 어떤지를 묻자 정사는 청조 재용의 고갈이 전보다 심하다고 간단히 답하였다.

이 사행의 정사는 적비가 '깊이 걱정할 만한 것이 못 된다'고 판단한다. 그 근거는 안휘에서는 적비가 출몰하지만, 금릉적비는 예봉이 꺾였고, 귀주 토비는 관군의 승리가 잇따르는 데서 찾는다. 같은 사행의 서면 보고와 견주어 보자. 서장관〈별단〉은 "적도의 오랜 소요가 그치지 않아 강역의 숙청(肅淸)은 오히려 늦어지고 있다"라는 결론이어서 정사의 판단과 대조된다. 수역의〈별단〉은 "남변(南邊)의 적비는 근래 점점 위축되고 있다"고 설명하고 있어서 정사의 견해와 일치하고 있다.[45] 태평천국의 칭왕 사실은 이때 처음 알려지고 있다. 그러나 이들이 견문했을 것으로 보이는 태평천국 지도부 모순의 폭발이었던 양위내홍(楊韋內訌)에 관해서는 전혀 언급이 없다. 보고 내용을 종합해 보면 상세함이나 정확도에서 다른 사행의 그것보다 떨어진다고 판단된다.

임백경은 철종 11년(1860) 진하겸사은행의 정사로서 두 번째 연행을 하게 된다. 이때 부사는 박제인(朴齊寅), 서장관은 이후선(李後善)이었다. 복명은 같은 해 8월 17일에 이루어진다. 복명 내용은 적비와 양이의 동태, 현지의 작황과 민심, 황제(함풍제)의 탄신 축하연회, 그리고 국내의 작황과 돌림병에 대한 것 들이다. 그 가운데 앞의 주요 부분을 먼저 살펴본다.

내가 이르기를, 그곳의 제일 걱정거리는 적비로다. 적세는 요즘 과연 어떠한가, 또 농형도 역시 어떠한가. 백경이 아뢰기를, 금년은 우양(雨暘)이 적중(適中)하여 관(關) 안팎 지나온 곳은 모두 풍등(豊登)이었으며, 남비(태

---

45)《日省錄》, 철종 8년(1857) 3월 24일, 書狀官李容佐·首譯李㙫 進聞見別單.

평군)도 옛 그대로 근거를 굳게 지키고 있는데, 요즘은 더욱 치성하여 소주
와 가흥을 봄 동안에 잃었기에 즉시 순무를 보내 한층 방수(防守)의 뜻을
더하고 있습니다. 영국 선박이 연해에 출몰하는 까닭에 산해관과 천진 등
지를 모두 파수하고 있는데, 승왕 격림심이 천진을 왕래하며 막아내고 있
다 합니다. 신들이 통주에 도착하니 대신 서린(瑞麟)이 군대를 거느리고 통
주에 와서 막 천진으로 향하였습니다. 산해관에 닿으니 파수하는 군병 가
운데도 역시 천진으로 보내는 이가 있다 하였습니다.

내가 이르기를, 적세가 치성한데도 그 땅의 인심은 여전히 안연한가. 백
경이 아뢰기를, 적세는 곧 연전과 마찬가지였고 인심은 다 안연하였으며
시전의 흥판(興販)도 여전하다고 하였습니다.[46]

견청(遣淸)사절의 복명 기사를 찬찬히 들여다보면, 1856년 무렵부터
태평군과 염군 등 이른바 적비에 대한 인식의 변화가 나타난다. 이 변
화는 현지의 실정을 정확하게 반영하는 것은 아니다. 이 인식의 전환은
병란이 장기화하면서 태평천국과 청조의 실상이 드러남에 따라 서서히
또는 급격하게 이루어지는데, 주로 청조의 적비 진압에 대한 전망을 밝
히는 형식으로 표현된다. 적란이 오랫동안 지속되고 있으니 걱정스럽다
는 식이다. 현지 정세에 대한 이러한 시각의 변화는 서장관과 수역의
〈별단〉에서는 철종 7년(1856)부터 서서히 나타나지만, 정·부사의 복
명에서는 철종 10년(1859)부터 급격히 전환되고 있다.[47]

그러나 임백경은 근래 더욱 드세진 남비와 연해에 출몰하는 영국 배
들 때문에, 청나라가 안팎으로 방비에 분주한 사실을 전하면서도 인심
이 안연하다는 것을 강조하고 있다. 또 그 표현에서는 적세도 인심도
여전하다고 한다. 여전하다는 시점도 그 형세도 명확하지 않아 언제 어

---

46) 앞의 책, 철종 11년(1860) 8월 17일.

47) 이 책 제1장 3절 2) 참조.

떤 상태와 같은지 알 수 없다. 이는 그동안의 사신의 정보를 참조하지 않았고, 자신의 보고 토대를 이룰 서장관과 수역의 〈별단〉을 면밀히 검토한 흔적도 보이지 않는 형식적인 복명 태도이다.

임백경이 두 차례 연행을 한 시기는 중국과 구미 열강 세력 사이의 긴장이 고조되어 있던 시기, 즉 제2차 아편전쟁 기간이었다. 영국은 남경조약으로 얻은 성과를 발판으로 중국에서 더 많은 권익을 얻어내고 중국 시장을 완전히 개방시키려 하였고, 프랑스는 영국이 노리는 권익에다 내륙 포교권까지 얻어내려고 하였다. 영국과 프랑스는 1856년 크리미아 전쟁이 종결되자, 이 전쟁에서 자유로워진 것을 계기로 무력을 사용해서라도 목표를 달성하려는 강경한 태도로 나왔다. 여기에 복잡한 이해관계를 갖는 러시아와 미국이 영국과 프랑스의 무력 행사를 지지하게 된다.

영·불연합군은 1857년 광주성 함락, 1858년 천진 함락을 통해 천진조약을 체결하였다. 1859년, 천진조약의 비준을 둘러싸고 영국과 프랑스, 그리고 청국 사이에 다시 무력 충돌이 발생, 영·불군은 일단 패퇴하였다. 1860년 6월 중순, 약 1만 7천 명으로 이루어진 영·불연합군은 대고(大沽) 근해에 도착하자 곧 장애물을 철거하면서 상륙 작전을 감행, 대고 포대를 함락하고 이어 천진을 점령한 다음, 북경으로 진군하여 점령했다. 청조는 거의 무조건 항복하였고 다시 북경조약이 체결된다. 천진조약과 북경조약의 두 조약으로 중국 시장은 서양 열강에게 전면적으로 개방되다시피 하였다. 이로써 중국의 반식민지화는 더 한층 심화되지 않을 수 없었다. 제2차 아편전쟁의 성격을 제1차 아편전쟁의 계속이요, 확대·심화라고 하는 까닭이다.

조선정부는 그동안 청나라에 파견한 사신을 통하여 이러한 서양 열강의 동태에 대하여 비교적 자세한 정보를 파악하고 있었다. 1858년 정월, 고부사(告訃使) 서장관이 러시아의 동태가 심상치 않음을 〈별단〉

으로 보고한48) 이래, 같은 해 12월 초에는 천진이 영·불연합군에게 함락되었다는 사실과 그 이후 청조의 방비 태세를 뇌자관이 비변사에 〈수본〉으로 보고하였다.49) 이듬해인 1859년에 북경에서 돌아온 동지 사행도 정사나 서장관, 수역 모두가 이 문제를 비중 있게 보고하고 있다. 그 가운데 특히 서장관의 〈별단〉은 1857년 영·불연합군의 광주성 점령 사태까지 전하고 있다.50) 앞서 뇌자관의 〈수본〉에는 빠져 있던 내용이었다. 또 수역은 태평천국의 흥기와 관기(官紀)의 문란, 염군의 투쟁, 그 틈을 이용하고 있는 서구의 위협 등 일련의 사태를 서로 연관시켜 파악하고 나서 이를 정리하여 〈별단〉으로 제출하고 있다.51)

1860년이 되면 열강의 동태에 관한 보고가 간결해진다. 3월에 귀국한 동지정사 이우(李玗)는 이런 보고를 한다.

지난 여름에 영국이 패하여 물러갔지만 다시 올 것이 근심되어 승왕 격림심이 군대를 통솔하여 천진 등지에 주찰(住札, 駐札)해 있습니다. 산해관 안팎 연해의 긴요한 애구(隘口)에 인자군막(人字軍幕)을 설치하여 파수하고

---

48) 《日省錄》, 철종 9년(1858) 정월 초2일, 書狀官(安喜壽)別單.
　夏間 俄羅斯國數千人 來詣天津 請爲交易 屢月逗留 一場騷擾 帝命僧格林沁 使之溫諭 退送云. 事雖旣往 頗不尋常 玆敢添入於見聞之末.

49) 위의 책, 철종 9년(1858) 12월 초4일, 賫咨官李尙健 以手本報備局.
　四月分 英吉利·大西洋鄂羅斯紅毛等四國洋船 來泊天津 請開市於天津 衛錦州 衛山東 煙臺 黑龍江等四處 不準其請 則洋船駛入浦口 將欲登陸之際 官軍之守炮臺者開炮 則洋船 亦開炮 打破炮臺 官軍敗歸 而四國人直爲入據天津城中 額付僧格林沁 領京城之八旗兵丁 及直隷·山東·山西·河南·吉林·黑龍江·察哈爾等兵 出鎭通州 沿海各處 一體防堵 大學士桂良以 欽差大臣 出往天津 好言慰諭 則洋船於五月分 始爲歸去 而僧王卽往天津 設木柵於浦口 布鐵鎖於海底 以防再來.

50) 위의 책, 철종 10년(1859) 3월 20일, 書狀官(金直淵)別單.
　近年以來 洋夷漸熾 昨年春 大學士葉名琛 以兼任兩廣總督 適出廣州城外 爲英夷所執 尙不知下落 英夷入據廣東省城 而四月英船七十餘隻 來泊天津 請開市於內地各處 朝廷不 許 …….

51) 위의 책, 같은 날, 首譯(李尙迪)別單.

226

있으며, 2월에 몽고·흑룡강·길림 군대를 더 내보냈는데 합하여 7천 명이 됩니다.52)

1859년의 천진조약 비준을 둘러싸고 벌어졌던 전투와 그 이후의 경과를 전하고 있는 이 정보는 조선정부에게는 안도감을 가져다주었을 것으로 보인다. 서장관은 이 1859년의 전투에 대하여 언급이 없고, 수역의 〈별단〉에는 정사가 복명하였던 것과 흡사하게 정리되어 있다.

이 동지사의 복명이 있고 나서 약 한 달 뒤에 임백경 일행이 출발하였다. 따라서 임 일행은 출발 전에 중국의 정세를 알 수 있었겠고, 일정으로 볼 때도 영·불연합군의 천진 공격이나 그에 앞선 대고 근해 침입까지는 견문이 가능했으리라 판단된다. 그러나 앞에서 본대로 고작 영국 선박이 연해에 출몰하고 있어서 이에 대한 방비를 하고 있다는 내용만을 지나치게 간단히 보고하고 있다. 여기서는 사태의 중요성을 전혀 알아낼 수 없다. 서장관과 수역의 〈별단〉도 "영국 오랑캐가 가끔 침요한다"고만 지적하고 이렇다 할 설명이 없다.

진하겸사은정사 임백경의 귀국 보고에 보이는 또 하나의 특징은, 서양 열강의 동태에 관하여 임금과 신하 모두 놀랄 만큼 관심을 보이지 않는 점이다. 국왕이 이에 관심을 보이지 않은 것은, 3월에 동지사로부터 영·불군이 패하여 물러갔고, 유명한 승격림심이 천진 일대의 방비를 굳게 하고 있다는 내용을 보고받은지라 일단 안도하고 있었는데, 그 뒤 임백경 일행이 복명하면서 이를 가볍게 취급한 데서 온 것으로 보인다. 복명을 위한 소견 첫머리에서 철종은 청조의 '첫 번째 걱정거리는 적비'라는 인식을 분명히 하고 있다. 태평천국은 흥기하여 이미 10년이 되었고 철종은 즉위 이래 10년 동안 적비의 동태에 관한 보고를 받아

52)《日省錄》, 철종 11년(1860) 3월 24일.

온 터라서 이러한 인식은 자연스런 것이라 할 수 있다. 그러나 이미 살펴본 대로 열강의 중국 침략에 대한 정보가 약간 혼선을 일으켰다고는 하나, 비교적 상세하게 전해진 터여서 사태의 긴박함이나 중요성을 파악하는 데 크게 지장은 없었다. 열강의 동태에 대한 이처럼 희박한 관심은 지난해까지의 정보를 면밀히 검토하거나 숙지하지 않고 있었다는 얘기가 된다.

또 서양 열강의 움직임에 대한 보고를 받은 뒤에도, 북경으로 향하는 사신들에게 "적비에 관한 일을 상세히 탐지하라"고는 명하고 있으나, 서양 오랑캐에 관한 일에는 언급이 없었다는 점에서도 이 사실을 확인할 수 있다. 1860년에 들어와서 두 사행이 열강의 동태에 대해 간략한 보고만을 하고 있다는 사실은 사신의 자질과 자세에도 말미암지만, 국왕의 이러한 태도와도 무관하지 않을 것이다. 복명하는 자리에서 임백경은 영국 선박이 연해에 출몰하므로 청조가 이에 대한 방비를 하고 있다고 보고했지만, 철종은 이 문제에 더는 관심을 보이지 않고 황제의 탄신연회 쪽으로 말머리를 돌리고 있다.

청조체제가 밖으로는 서구 열강의 침략으로부터, 안으로는 태평천국 등 각종 민중투쟁으로부터 심각한 도전을 받고 있는 시기에 두 차례나 연행을 했으면서도 임백경은 이러한 정세를 제대로 보지 못하고 있다. 그래서 그는 북경의 표면적인 안정만을 보고 내외 정세를 판단하고 있는 것이다.

잠시 열강의 움직임에 큰 관심을 보이지 않고 있던 조선정부의 태도는 1860년 12월 초, 양이에게 북경이 함락되었다는 정보를 입수하고 나서부터 갑자기 바뀐다. 황력뇌자관(皇曆賚咨官) 김경수(金景遂)가 비변사에 보내온 장문의 〈수본〉은 이 사태를 소상하게, 그리고 거의 정확하게 전하고 있다.[53] 김경수는 이 〈수본〉에서 영·불연합군이[54] 천진에 이어 북경을 함락하기까지의 경과, 함풍제의 열하 피신, 영·불연합군이 저지른 방화와 약탈의 참상, 영국·프랑스·미국·러시아의 사절이 요구하는 대로 신약(新約: 천진·북경조약)을 체결한 경과 및 그 조약의 내용, 전란 때문에 일어난 민심의 동요 상황 등을 정리하고 있다. 이어서 남적(南賊: 태평천국)을 비롯한 각지의 적비가 한결같이 크게 번지고 있지만, 숙청의 기약이 묘연함도 전하고 있다.

조선 정부는 영길리(英吉利: 영국) 오랑캐의 동정에 대해서는 안도하고 있었다. 영국은 지난해 이미 청군에게 패해 물러갔는데, 올해 들어서도 영국 선박이 연해에 출몰하고 있어서 승격림심 장군을 중심으로 방비 태세를 잘 갖추고 있다는 내용을, 3월과 8월에 동지사와 진하사은사가 잇달아 보고했기 때문이었다. 거기다 함풍제는 이미 환도했다는 풍설도[55] 있었던 모양이다. 이런 믿음과 풍설이 김경수의 〈수본〉에 따라 사실이 아니라는 점이 판명되어 충격은 더욱 컸던 것으로 보인다. 조선 정부는 경악하였고, 곧 비변사의 계언에 따라 열하에 문안사를 파견하기로 결정하는[56] 신속한 대응 태세를 취한다. 앞서 살핀 박규수의 첫 연행이 바로 이때였다.

충격은 쉽게 가시지 않았다. 문안사를 파견하기로 결정하고 나서, 다음 날도 조선정부는 이 사태를 논의하고 있다. 이 자리에서 철종은 대신들에게 이렇게 묻고 있다.

53) 《日省錄》, 철종 11년(1860) 12월 초9일, 賫咨官金景遂 以手本報備局.

54) 김경수는 영·불연합군을 英·佛·美·俄의 4개국 연합군으로 파악하고 있다. 그에 앞선 보고들이 영·불연합군을 단지 英夷, 또는 英船이라고 서술하던 것과 대비된다.

55) 《承政院日記》, 咸豊 10년(1860) 庚申 12월 초9일 戊辰; 《備邊司謄錄》, 철종 11년 庚申 12월 9일.

56) 《日省錄》, 철종 11년(1860) 12월 초9일; 《承政院日記》, 《備邊司謄錄》, 《哲宗實錄》, 같은 날.

뇌자관의 〈수본〉을 보니 중국의 일은 참으로 걱정스럽고 고민스럽기 그
지없도다. 대저 천하지대(天下之大)로써도 오히려 적에 대항할 수 없었으
니, 그 예봉의 표한(慓悍)함을 가히 미루어 알 수 있겠다. …… 연경은 우
리나라에게는 순치(脣齒)의 관계로 비유할 수 있으니 만약 연경이 위험하
다면 우리나라가 어찌 안연하겠는가. 또한 듣건대 저들이 강화(講和)라고
하는 것은 단지 교역을 도모하는 것뿐만이 아니고 윤상(倫常)을 망치는 술
(기독교)을 온 세계에 전염시키려 한다지 않는가. 그런즉 우리나라도 그 해
를 면하기 어렵겠다. 하물며 선박의 날카로움은 일순에 천리를 간다지 않
는가. 진실로 그렇다면 장차 어찌해야 할 것인가. 예비의 대책을 강구하지
않을 수 없는데 경들의 의견으로는 어찌했으면 좋겠는가.[57]

청국과 같은 천하의 대국이 양이를 막아내지 못했으니 양이의 무력
이 날래고 거셈을 충분히 알 수 있고, 북경은 조선과 순치의 관계이니
북경이 위태로우면 우리나라도 안도할 수 없으며, 그들의 강화 조건에
는 교역뿐만 아니라 윤상을 망치는 기독교의 전파가 포함되어 있다. 거
기다 양이는 단숨에 천리를 갈 수 있는 우수한 선박까지 갖추고 있지
않은가. 이제 그들의 침략을 면하기 어렵게 되었으니, 그들이 침입해
오면 장차 어찌할 것인지 대응책을 강구해야만 한다는 것이 철종의 명
이었다. 국왕이 받은 충격의 정도가 잘 나타나 있다. 철종의 가장 큰 우
려는 서양 여러 나라가 우세한 군사력으로 기독교의 포교를 강요해 오
는 데 있음을 알 수 있다.[58] 이미 기독교에 대하여 대대적인 박해를 가
한 바 있고, 계속하여 강력한 반기독교 정책을 취하고 있는 조선으로서
는, 열국이 청조에게 기독교의 전교를 강요하고 있는 것은 결코 남의

---

57) 《承政院日記》, 咸豊 10년(1860) 庚申 12월 초10일 己巳.
58) 閔斗基, 〈19世紀後半 朝鮮王朝의 對外危機意識 – 第一次, 第二次中英戰爭과 異樣船
　　 出沒에의 對應〉, 《東方學志》 제52집, 연세대학교 국학연구원, 1986, 266~271쪽.

일이 아니었다. 이 충격적인 위기를 두고 좌의정 조두순(趙斗淳)의 대처 방안은 이러했다.

신이 연래로 우려해 온 것이 이 일입니다. 비어(備禦)의 길은 별다른 방책이 있는 것이 아니라 반드시 먼저 안을 다스리고 그런 후에 밖을 막을 수 있습니다. 그런데 내수(內修)의 방략은, 첫째 재력이요 둘째 병력입니다. 이는 일조일석에 이루어지는 일이 아니니, 일 년, 이 년 점차 하나씩 해나가면 저절로 견실해질 것입니다.[59)

내수를 먼저 한 뒤에야 외적을 막을 수 있으며, 내수의 방법은 재력과 병력을 충실히 하는 것이지만, 이는 시간이 걸리므로 천천히 해나가면 된다는 것이었다. 또 열심히 생각하여 할 만한 다른 방책이 있으면 수시로 상주하겠다고 말을 맺는다. 내수외양론(內修外攘論)이다. 그러나 한시가 급한 마당에 내수를 어떻게 할지에 대해서는 좌의정은 아무것도 말하지 않고 있는 것이다.

이에 국왕이 거듭 "청국이 이렇게 곤욕을 당하는데 우리나라라고 어찌 무사하겠는가?"라고 구체적인 방안을 제시하도록 촉구한다. 조두순은 "중국이 곤욕을 당하는 것은 천지의 운세"라고 여유를 보이면서 지금 당장 할 수 있는 방책으로는 "전하께서 먼저 스스로 수신하고 면려하시면 모든 신하와 백성은 저절로 태만하거나 소홀히 하지 않게 될 것"이라고, 국왕의 수양론을 제시하고 있다. 다른 대신은 말이 없었다. 이날의 중신회의는 국왕의 수칙(修飭)이 곧 내수이고 이 내수책이 위기에 대한 대응책이라는 결론이 난 셈이다.

그러나 이날 대책회의는 국왕의 위기의식을 누그러뜨리는 데만 성공

---

59) 《承政院日記》, 咸豊 10년(1860) 庚申 12월 초10일 己巳.

했을 뿐이었다. 군주의 자수(自修)가 아무런 해결책이 될 수 없음은 곧 판명되고 있다. 해가 바뀌어 1861년 정월 29일, 조선 정부는 다시 대책 회의를 열었다. 북경 함락의 소식이 널리 퍼져 민심이 들끓고 조신 가운데서는 닥쳐올 난리를 피해 낙향하는 자가 나오기까지 하였다.60) 기독교 신자를 찾아가 양이 내습 뒤의 안전을 부탁하는 이도 나왔다고 알려지고 있다.61)

그러나 이날 회의가 도달한 민심의 안정 방안은 지방관의 택인(擇人)을 신중하게 하자는, 판중추부사 박회수(朴晦壽)의 제안이었다. 국가의 위기가 명백히 보이는 가운데 열린 두 차례의 조정 중신회의에 당시 최고의 실권자인 판중추부사 김좌근과 김흥근, 그리고 최고실권자의 최측근인 영중추부사 정원용은 참석조차 하지 않거나 혹은 입을 다물고 있었다. 세도정치가 심화되어 있던 당시 조정에서 충분히 예측 가능한 국가의 위기가 어떻게 처리되고 있는지를 알게 해준다.

3) 신석우

문안사행이 돌아오기 3개월 전인 1861년 3월 27일, 동지사행이 귀국하여 현지의 정세를 보고한다. 정사 신석우(申錫愚)의 복명이 바로 그것이다. 신석우는 북경에 도착하기 20여 일 전인 1860년 12월 초하루, 책문(柵門)을 출발한 뒤 뇌자관 김경수를 만나 그의 〈수본〉 내용을 약기한62) 터라 저간의 중국 정세를 북경에 도착하기 전에 소상히 파악할

---

60) 《日省錄》, 철종 12년(1861) 정월 29일; 《承政院日記》, 咸豊 11년(1861) 辛酉 정월 29일.

61) H. B. Hullbert, *The History of Korea*, Vol.II., pp.200~202; H. B. 헐버트, 신복룡 역, 《大韓帝國史序說》, 서울: 탐구당, 1973, 119~120쪽; C. Dallet, 최석우·안응렬 역, 《한국천주교회사》 하, 대구: 분도출판사, 1982, 318~319쪽.

62) 申錫愚, 《海藏集》 권16, 〈路遇曆咨記〉.

수 있었다. 이어서 북경에 도착하고 나서는 이미 파악한 정보를 바탕으로 현지의 사정을 확인하면서 새로운 정보를 탐지할 수 있었다. 복명하는 자리에서 "중원의 적비와 인심이 어떠하든가"라는 국왕의 첫 물음에 그는 이렇게 답한다.

> 양이와 억지로 화친하였지만 외구(外寇)가 점점 치성하여 황가(皇駕)가 북수(北狩)하기에 이르렀으니, 천하가 어지럽지 않다고 말할 수는 없겠습니다. 그러나 성궐·궁부·시창·여리는 예처럼 편안하고, 장병이 교루(郊壘)에 주둔해 있는데 기색은 정돈되어 여유가 있으며, 도적이 근성(近省)에 숨어 있는데 방어함이 침착하고 여유가 있으니, 이는 민심이 일이 일어나기도 전에 소란을 떨지 않고, 조정의 계략도 일이 닥치고 나서야 어쩔 줄 몰라 하는 착오를 범하지 않기 때문입니다.[63]

신석우는 노대국 청나라가 서양 열강에게 어쩔 수 없이 당한 미증유의 사태에 대한 본질을 거의 꿰뚫어보고 나서 "천하가 어지럽지 않다고는 할 수 없다"며 중화질서가 크게 흔들리고 있음을 시인한다.

그러나 신석우는 이 사태 이후 청조의 안정을 애써서 강조하고 있다. 이 사태가 알려지고 나서 조야에 팽배한 위기감과 이로 말미암은 민심의 동요를 최소한으로 줄이려는 정치적 의도로 보인다. 이 점은 "황제가 지금도 열하에 있는가, 황제가 열하로 거둥한 것은 무엇 때문인가"라는 철종의 질문에 대한 그의 답변에서 금방 드러난다. 신석우는 "열하는 황제가 때맞춰 수렵하는 곳이니 황가의 시순(時巡)은 놀랄 만한 일이 못 됩니다. 우리나라 사람들이 그 왕래를 놓고 우희(憂喜)하는 것은 구례(舊例)를 깊이 알지 못해서 그렇습니다"라고 대답한다. 함풍제

---

63) 《日省錄》, 철종 12년(1861) 3월 27일, 召見回還三使臣; 《承政院日記》, 咸豊 11년 (1861) 辛酉 3월 27일 乙卯; 《哲宗實錄》, 12년(1861) 3月 乙卯.

가 열하로 거둥한 것은 청나라 황실의 단순한 연례행사가 아니고 피란임을 사신 자신이 누구보다도 잘 알고 있었을 터였다. 설사 사신의 말대로 오래된 정례의 행사라 치자. 그렇다면 황제는 왜 하필 국가의 존망이 걸린 위급한 시기에 열하로 행차해서 수렵을 즐기고 있는지, 사태 후에 북경이 안정되었다면 황제는 왜 서둘러 환궁하여 정사를 돌보지 않는지 설명되지도 않는다. 더구나 조선정부는 청나라 황실의 단순한 이 연례행사에 문안사까지 파견하지 않았는가.

또 김경수의 〈수본〉 내용과 대조해 보아도 신의 의도를 알 수 있다. 김경수는 사태 뒤의 민심과 북경의 모습, 각지의 적비에 대하여 이렇게 전하고 있었다.

> 난후(亂後)의 민심은 달리 안돈을 얻지 못하고 있으며, 문구(門口)에서 거두는 세는 어떤 물건을 막론하고 열 배나 올랐습니다. 이산했다가 다시 돌아와 살고자 하는 백성은 가지고 떠난 물건을 다시 가져오기도 어려운데, 남로(南路)는 오랫동안 막히어 경직(耕織)과 토산이 하나도 북경에 이르지 못하니 곧 묵은 것은 이미 다 떨어지고 새 것은 미처 들어오지 않아서 전시(廛市)는 자연히 공허하고 여리는 빨리 번화해지기 어렵습니다. …… (적비는) 성세(聲勢)가 연접(連接)하여 동찬서원(東竄西援)하면서 여전히 자만(滋蔓)합니다. …… (적비의) 유독(流毒)은 날로 심하고 출몰이 무상합니다. 각처 관군의 여러 해에 걸친 추격은 바람을 붙잡는 것과 같아 숙청은 묘연한데, 군향을 공급하는 일을 장차 어찌 주판(籌辦)해야 좋을지 모른다 합니다.[64]

김경수가 북경에 머물렀던 기간은 10월 1일부터 11월 17일까지였

---

64) 주 53)과 같음.

고,65) 신석우의 체재 기간은 12월 24일부터 이듬해(1861년) 2월 6일까지였다.66) 따라서 그 사이에 북경의 정세가 어느 정도 안정을 되찾았다고 볼 수는 있겠다. 실제로 신석우가 북경에 머무는 동안에 파악한 현지 사정을 "인민이 환집(還集)하고 여항(閭巷)과 시창이 예처럼 안도(安堵)하다"67)고 〈언계〉를 통하여 미리 알리기도 했다. 또 같은 동지사행의 서장관도 〈문견별단〉에서 "안으로 적비, 밖으로는 양이로 군사를 일으킨 지 10년이라 천하가 다사(多事)하지만, 여염과 시창은 예처럼 안도하여 황급한 기색이 없습니다. 다만 벼슬아치들은 담소하는 사이에 은우영탄(隱憂永歎)을 드러냅니다"68)라고 전하고 있다. 북경의 겉모습은 안정을 되찾은 듯 보이지만, 그 안정이 껍데기뿐이라는 단서 붙이기를 잊지 않고 있다. 따라서 당시의 전반적인 상황을 감안할 때, 신석우의 정세 분석은 역시 북경 현지의 안정만을 부풀린 의도적인 것이었다고 볼 수밖에 없다.

신석우의 정세 분석은 이어진다. 그는 "천하가 어지럽지 않다고는 말할 수 없는" 이때, 조선왕조에서 우려되는 문제점 두 가지를 지적하고 그 대응책도 제언하고 있다.

대저 중국은 바야흐로 근심스런 시기를 맞고 있으나 오히려 이처럼 태연하고 한가한데, 우리나라는 한구석의 청평(淸平)한 지역에 있으면서 어찌 풍성(風聲)을 듣자마자 서로 선동을 하고 있습니까. 지금 근심할 것은 두 가지가 있습니다. 양이가 이미 황성에 가득 차서 혹시 그 기세를 몰아 동범(東犯)할까 하는 두려움입니다. 신은 꼭 그렇지는 않다고 말하겠습니

---

65) 주 53)과 같음.

66) 申錫愚, 《海藏集》 권16, 〈諺啓〉 〈復命筵奏〉.

67) 위와 같음.

68) 《日省錄》, 철종 12년(1861) 3월 27일, 書狀官(趙雲周)別單.

다. 그들은 교역으로써 본무를 삼는데, 우리나라는 교역할 만한 재보(財寶)가 없으니 무슨 까닭으로 가볍게 남의 나라에 침입하겠습니까. 다만 사교(邪敎, 기독교)를 익히고 양약(아편)을 먹는 무리가 있어 몰래 서로 창도(倡導)한다면 역시 오지 않는다고 보장하기 어려울 뿐입니다. 남비(태평군)가 번성하여 근성(近省)에 미쳐 혹 우리나라의 서쪽 변경을 창탈하지 않을까 하는 두려움인데, 신은 곧 그렇지 않다고 생각합니다. 황성은 근본이 굳건하고 요·심(遼瀋)의 공위(控衛)는 장대한데 어찌 가벼이 이를 깨뜨리고 넘어올 수 있겠습니까. 다만 변잡(邊卡) 안팎을 왕래하는 소응지도가 있으면 그 무사함을 보장하기 어려울 것입니다. 그런즉 가히 걱정할 것은 국내에 있지 외구에 있지 않습니다. 오늘을 위한 계책으로는 일에 앞서 소란스러워도 아니 되며 또한 아무런 준비가 없어서도 안 될 것이니, 마땅히 서둘지도 말고 태만하지도 않게 변방(邊防)을 엄히 하고 무비(武備)를 잘하여 우리 백성으로 하여금 주의는 하되 두려움은 없도록 한다면 천하가 비록 어지럽다 해도 국내는 저절로 안정될 것입니다.[69]

첫째 현안은 '인세동범(因勢東犯)' 즉 양이가 기세를 타고 침범해 올 것에 대한 우려다. 그러나 양이가 노리는 것은 교역인데 조선에는 그들이 탐낼 만한 재보가 없으니, 그들은 가벼이 남의 나라를 침범해 오지 않을 것이다. 다만 기독교를 믿거나 아편을 복용하는 무리가 있어서 이들이 몰래 서로 잘못 끌어들이는 일이 있으면 그들이 오지 않는다고 보장하기 힘들다는 것이다. 둘째로 태평군이 세력을 넓혀 조선의 서쪽 변방을 창탈할 두려움이 있다. 그러나 북경은 물론 요동과 심양의 방비가 튼튼해서 가볍게 이를 깨고 넘어올 수는 없을 것이다. 다만 이 경우도 변방 안팎에서 서로 응하는 무리들이 있으면 그 무사함을 보장하기 어

---

69) 앞의 책, 같은 날, 召見回還三使臣.

렵다고 하였다.

서구 열강의 침입이 눈앞에 충분히 예상되는 시점에서, 비록 청나라에서 일어난 일이기는 하지만, 가능성이 현실로 나타났던 현장을 가장 생생하게 목격하고 온 신석우는 희망 섞인 애매한 논리로 이를 부정하고 있다. 조선에는 서양인들이 교역하고 싶어 하는 재물과 보화가 없다는 것이다. 양이가 영토 지배에 뜻이 없다는 것은 그 뜻이 교역과 전교에 있기 때문이라고 설명하였다. 그는 양이가 교역을 위주로 삼는다 하면서 전교는 빼고 있다. 기독교의 포교 문제가 얼마나 중대한 위협으로 받아들여지고 있었는가는 앞에서 국왕의 발언을 통해 이미 확인했었다. 신석우는 양이의 '인세동범'을 부정하기 위하여 일부러 이를 피해갔고, 그러다 보니 정연한 것처럼 보이는 그의 논리는 모호해지고 있다.

태평천국의 세력이 청조뿐만 아니라 직접 조선을 위협할 수도 있다는 위기감이 명확하게 직접 나타난 것은 이것이 처음이다. 태평군을 비롯한 반청 세력을 위기로 인정하는 것을 애써 피해왔던 세도정권의 관료가 이를 명백하게 인정한 데는 이유가 있는 것으로 보인다. 이제 더이상 감출 수 없는 상황에 이르렀다는 점, 그래서 이를 솔직히 인정하고 나서 그것이 크게 위기일 수 없다는 것을 확실하게 해두자는 것으로 보인다. 그래서 청나라가 크게 어지럽다고는 하나 안정을 유지하고 있으며, 더욱이 북경성은 튼튼하고 요동과 심양의 방어가 매우 견고하다는 점을 강조하여, 태평군이나 염군 등의 반청 세력은 심려할 만한 일이 아니라고 결론짓고 있다.

그동안 국왕이 보인 적비에 대한 일관된 관심이, 그리고 문안사의 즉각 파견이 청조의 실정을 통하여 국내의 문제를 명확히 인식하고 여기에 적극적으로 대처할 방안을 모색하는 차원이라기보다는, 청조의 안정이 국내의 안전을 보장해 준다고 믿는 안이하고 소극적인 자세에서 비롯되고 있음을 유추할 수 있게 해준다. 이러한 대응은, 신석우보다 앞서 좌의정 박회수도 북경 사태를 우려하며 '순치지려(脣齒之慮)가 없지 않다'고 인정하면서도 그 대응책을 얼버무리고 말았는데, 비상 사태에 대한 위기를 인정하고도 피해가는 동일한 유형이라 하겠다.

결국 신석우는 걱정거리는 외구가 아니라 내치에 있음을 역설하며, 민심을 안정시키고 변경의 방어를 충실히 할 것을 제언하고 있다. 그리되면 비록 천하가 어지럽다 해도 국내는 평안을 유지할 수 있다는 주장이다. 신의 이러한 주장은 이미 예견되었던 것이다. 그는 양이와 남비가 침입해 오리라는 위기감을 부정하면서 두 경우 모두 단서를 붙였다. 즉 국내에 이들과 호응하는 세력이 없을 때만 가능하다 했던 것이다. 여기서 그는 이미 앞으로의 대응책이 내수의 충실에 있음을 주장하기 위한 확실한 근거를 마련해두었던 것이다. 그 내수라는 것도 적비나 양이와 내응하는 무리만 단속하면 되니 별로 어렵지 않은 일이 된다.

좌의정 조두순은, 내수를 먼저 해야 외적을 방어할 수 있는데 내수는 재력과 병력을 충실히 하는 것이지만, 이는 시간이 필요한 일이라 천천히 해나가면 되니, 당장은 군주의 자수(自修)밖에 없다고 여유 있게 피해간다. 판중추부사 박회수는 위기 극복과 민심의 안정을 위해서는 내수에 힘써야 하는데, 그 방안은 감사와 수령의 택인(擇人)에 있다 하였다. 현지 사정을 목격하고 온 정사 신석우 또한 '서둘지도 말고 태만하지도 않게 변경 방어를 엄히 하고 무비를 잘하여' 백성의 두려움을 없애주는 것이 내수책이라고 방법을 제시한다. 그러나 정작 어떻게 변방을 잘 지킬 것이며 무슨 방법으로 무비를 잘 갖출 것인지 알맹이는 없다. 양이와 적비에 대한 위기를 투철하게 인식하고 있는 국왕으로서도 이런 주장에 동조하지 않을 수 없었다. 그래서 국왕은 유능한 인재를 수령방백으로 임명하여 외모(外侮)를 막는 것이 급선무라고 강조하는 일로써 위기에 대응할 수밖에 없었다.

이러한 인식과 대응의 배경은, 삼정 문란으로 과중한 부담에 시달리

는 민중의 불만을 고조시켰으므로 이를 시급히 해결하고, 청을 열강의
침입에 대한 방파제로 삼으려는 의도에서 왔다고[70] 볼 수 있다. 농민항
쟁이 확대되어 가자 영의정 김좌근의 계언에 따라 환모(還耗)를 민궁
(民窮) 재갈(財竭)의 원인으로 보고 그 변통(變通)의 법을 널리 묻고 꾀
하도록[博詢] 한 점이나,[71] 박규수의 삼정이정 기구 설치 건의가 구체
화한다는 점은 이제 더 이상 방치할 수 없는 지경에 이른 농민들의 불
만을 해소해 보려는 다급함의 발로였다. 농민항쟁이 확대일로에 있는
상황을 더는 미루거나 덮어둘 수 없는 위기에 이르렀다고 보는 지배층
의 시국 인식이 드러난 것이다. 또 문안사의 파견은 청국의 안정도를
점검하여 사대관계를 재확인함으로써 유사시에 이를 이용하자는 의도
였고, 이를 청조가 '일심사대지성(一心事大之誠)'으로 높이 평가하자 군
신이 함께 이 성과에 만족하고 있는 점에서 설명될 수 있겠다.

　한편 김경수와 신석우의 중국 정세에 관한 보고는 조선왕조로 하여
금 양이(攘夷)로 가게 하는 계기를 마련했을 것으로 보인다. 이때 알려
진 북경조약의 내용이 조선왕조가 금기시하는 아편 무역과 기독교 포
교의 자유를 공인하고 있기 때문이다. 즉 그들이 오로지 교역에만 힘쓴
다는 그 교역이 아편 무역과 기독교의 포교까지 포함하고 있다는 사실
을 금방 알 수 있기 때문이다. 신석우의 보고를 상기해 보자. 양이(洋
夷)는 재보가 없는 타국을 함부로 침입하지는 않을 것이라 하면서도 기
독교를 믿거나 아편을 피우는 무리의 내통이 있으면 이를 보장할 수 없
다고 전제하였다. 그리고 "서둘지도 말고 태만하지도 않게 변방을 엄히
하고 무비를 잘하면" 천하가 어지러워도 국내의 안정을 얻을 수 있다

---

70)　原田環, 〈十九世紀の朝鮮における對外的危機意識〉, 《朝鮮史研究會論文集》　21輯,
　　1984, 89쪽.
71)《承政院日記》, 同治 원년(1862) 壬戌 4월 15일 丁卯;《哲宗實錄》 13년(1862) 4월
　　丁卯.

고 하였다. 이는 내수를 통한 양이로 볼 수 있겠다. 여기서 조선정부의 양이의 전기를 찾을 수 있다면, 이는 개항 전의 내수외양론의 기점으로 볼 수 있을 것이다.[72]

철종 13년(1862) 7월에 귀환하는 정사 서헌순(徐憲淳)의 복명은 경청해야 할 내용이었지만, 조선정부의 안이하고 타성적인 대응에 이렇다 할 영향을 끼칠 수는 없었다.

① 영·법 양국과 중국은 형제의 나라를 칭하며, 환난상구(患難相救)의 교분[誼]이 있다고 말합니다. 견장솔사(遣將率師)로 합력하여 도적을 치는데, 광동과 광서에 항상 병선이 와서 머물면서 자원하여 전쟁에 나아간 자가 많고 승리의 공도 많았습니다. 심지어 제독 한 사람은 죽음에까지 이른지라, 황제가 제사를 지내고 가속을 포휼하라고 명하였습니다. ② 다만 양인으로 황성에 들어와 사는 자는 제택(第宅)의 장려함이 궁궐과 다르지 않고, 자기네 나라에 사는 것과 다름이 없는데 통제할 방법이 없습니다. ③ 그 무리가 거처하는 곳을 저들(중국인)은 상관하려 하지 않는데 모두 외피지심(畏避之心)이 있어서이며, 지금의 모습은 오직 그 강화만이 걱정거리를 만들지 않는다고 보기 때문입니다. 이는 참으로 심복지질(心腹之疾)이어서 그 걱정됨은 남비보다 더한 것 같다고 합니다.[73]

①은 확보된 이권의 유지와 그 확대를 위하여 중립이란 허울을 벗어던진 열강이 청조를 도와서 태평천국 진압에 나서게 된 이른바 상승군(常勝軍)의 활동에 관한 것이다. ②와 ③은 중국을 형제로 부른다는 열강의 실체를 벗겨내고 있다. 특히 ③에서는 양인이 북경에서 제멋대로 활동하고 있는 것은 참으로 심복의 질환이라 태평군보다 더 큰 걱정거

---

72) 韓㳓劤,〈開港當時의 危機意識과 開化思想〉,《韓國史研究》第2輯, 1968 참조.

73)《日省錄》, 철종 13년(1862) 7월 초2일, 召見回還三使臣.

리라고 분석하고 있음이 주목된다. 그러나 사대외교의 성공으로 서양의 위협에서 벗어나게 되었다고 믿게 된 철종은 이 부분에 더는 주목하지 않고 만다.

4) 임백경과 신석우의 삼정책

끝으로 임백경과 신석우의 응지삼정책(應旨三政策)을 통하여 그들의 국내 정세에 대한 인식과 이에 대응하는 태도의 한 면을 살펴볼 차례가 되었다. 정치인과 지식인 등 40여 명이 저술한 응지삼정소를 분석한 한 연구는[74] 이들의 삼정책을 ① 개선론 ② 부분개선·부분개혁론 ③ 전면개혁론의 세 가지로 분류하고 있다.

①은 삼정의 제도 자체에는 결함이 없으므로 삼정의 수취 질서는 그대로 유지하고, 그 운영 과정에서 생긴 폐단만을 개선하여 사태를 수습하자는 주장이다. ②는 기본적으로는 삼정의 수취체제를 그대로 유지하되, 그 운영의 개선을 통하여 고칠 것은 고치고, 그 법의 개혁이 필요한 것은 이를 과감하게 바꿔나가자는 주장이다. ③은 농민항쟁을 체제적인 모순으로까지 파악하여, 세정(稅政)은 물론 이 시기의 경제체제까지 개혁하여 농민경제를 균산화(均産化)해야 근본적인 수습책이 된다고 강조하는 주장이다.

이 분류에 따르면 임백경의 삼정책은 ②에 속한다. 그는 〈이정청 삼정 구폐 수의(釐整廳三政捄弊收議)〉라는 삼정책을 제출하여 부분적인 개혁 방안을 제시한다. 전정은 각종 도결(都結)을 혁파하며, 군정은 각 군현에서 그 세액을 각 동(洞)에 분배하여 균납하도록 하고, 취모보용(取耗補用)의 환곡제도는 변통하여 사창제(社倉制)로 전환하자고 하였다.[75]

---

74) 金容燮, 〈哲宗 壬戌年의 應旨三政疏와 그 農業論〉, 《韓國史研究》 10집, 한국사연구회, 1974.

신석우의 삼정책은 철저하게 ①의 입장을 견지한다. 그는 "삼정은 나라에서 마치 솥(鼎)에 세 다리가 있는 것과 같은 위치에 있으며, 상하가 서로 (그것을) 필요로 하는 것은 수레에 두 개의 바퀴가 있는 것과 같다"거나 또는 "나라에 삼정이 있는 것은 하늘에 삼광(三光)이 있는 것과 같다"라 하여 삼정은 움직일 수 없는 경법(經法)이므로 그 결함만을 제거하여 운영해야 한다고 주장한다.76) 그는 "삼정에 비록 폐단이 있으나 나라와 백성을 위한 쓰임새는 여전하다. 폐단을 혁파하고 그 쓰임새를 정돈해야 할 따름이다. 오랫동안 폐단이 있었다 하여 급작스럽게 삼정 본연의 쓰임새를 폐지할 수는 없다"77)고 하면서 급격한 개혁 방안을 비판하고, 구체적인 개선 방안을 제시하여 사태를 수습하자고 했던 것이다.

이정청 총재관(摠裁官) 조두순(趙斗淳)의 이정 방략은 전정과 군정은 구래의 제도를 그대로 유지하면서 그 폐단만을 시정하고, 환곡은 근본적으로 개혁하자는 것이었다.78) 앞에서 본 철종의 구언교(求言敎)가 이미 일정한 범위를 설정하여 내려졌고, 총재관의 그것이 이와 같을진대 삼정의 이정 사업은 처음부터 한계가 있을 수밖에 없었다. 신석우의 방략은 그 한계 안에서조차 매우 소극적이었고, 부분적인 개혁을 주장하는 임백경의 방안 역시 신석우의 그것보다는 적극적이지만 근본적인 개혁과는 거리가 멀었다. 두 사람은 다같이 내수의 충실을 주장하면서 그 범주 안에서 현실에 안주하는 소극적 방략을 내놓고 있을 뿐이다.

연행정보의 수집과 종합, 그리고 분석에서 신석우와 임백경은 차이가 있었으며, 삼정을 개혁하는 방략에서도 두 사람은 대조적이라는 사

---

75) 任百經, 《紫閣謏稿》 全, 〈釐整廳三政捄弊收議〉.

76) 申錫愚, 《海藏集》 권10, 〈三政大對〉.

77) 위와 같음.

78) 金容燮, 앞의 논문, 186쪽.

실을 확인할 수 있었다. 말을 바꾸면 내외 정세에 대한 인식이나 이에 어떻게 대응할 것인가 하는 방법 등에서 두 사람은 대조적이었다. 정보 의 수집과 종합에서는 신석우가 임백경과 비교가 안 될 만큼 앞서 있 다. 현실 인식에서 신이 임보다 정확하다는 얘기다. 그러나 구체적인 문제에 대응하는 방략에서는 철저성이라 할까 개혁 의지에서 임이 앞 서고 있다.

두 사람의 정보 처리 능력의 우열을 단순하게 가려서는 안 될 것이 다. 표면적으로는 신의 그것이 임보다 앞서는 것은 명백하다. 그러나 두 사람의 정보에서 드러나는 긴박감 또는 긴장도를 평가하려면 시기 적인 변수를 고려해야 하기 때문이다. 국내의 지배체제에 충격을 주지 않으려는 면에서는 두 사람이 공통된다. 다만 그 시기에서는 임백경의 경우 예상되는 사태에 대한 정보였다. 따라서 세도가의 의도에 맞춰 정 보를 처리하는 것이 그다지 어려운 일이 아니었다. 신석우의 경우는 이 미 일어난 명백한 사태에 대한 정보였다. 따라서 그 현장감은 틀릴 수 밖에 없었다. 신석우가 조사하여 보고해야 할 사건은 대청제국의 수도 가 서양 오랑캐에게 짓밟히고 황제가 수도를 버리고 피난했다는 충격 적인 것이었다. 그에 더하여 이 놀랄 만한 사태에 대한 소식이 이미 상 당히 널리 알려져서 그 충격파가 확대되고 있는 상황이었기 때문이다. 그래서 그는 정보 탐지에 최선을 다하여 양질의 정보를 확보했지만, 세 도 권력의 의중을 의식하면서 정보 조작과 자의적 해석의 길을 택할 수 밖에 없었던 것으로 보인다. 이러한 변수를 고려한다 하여도 신의 정보 는 질·양 면에서 다같이 임의 그것을 훨씬 앞서고 있다. 임백경이 주 어진 여건에서 최선의 정보를 얻으려는 열의와 노력을 기울이지 않았 음은 이미 언급하였다.

이러한 차이는 어디에서 비롯된 것일까. 그 해답은 임백경과 신석우 의 정보를 탐지하는 태도와 처리 방법 및 그 능력에서 찾을 수 있다고 본다. 임은 정보의 수집이나 종합이 무성의하고 형식적이어서 정보 자체의 질량이 사태의 중대성을 파악하기엔 거리가 있었다. 따라서 정보의 종합과 평가에서도 처음부터 한계가 있었다. 신의 경우 정보의 수집과 그 종합에서 매우 뛰어남을 볼 수 있었다. 그래서 그의 정보는 양도 많고, 사실에 크게 접근하여 정확성이 높은데다 요령 있게 잘 종합되어 있다. 그러나 그는 정보의 분석과 평가에서는 지나치게 자의적이었다. 권력구조 안에서 정권의 안보를 고려하여 정치적 의도에 맞추어 정보를 해석하고 있다. 그 예는 이미 앞에서 살핀 함풍제의 피난이나 북경 민심의 안정, 열강의 침입 가능성에 대한 전망 등에서 볼 수 있었다.

신석우가 정세를 분석하고 이에 대응하는 데 매우 정치적이었음은 다른 사안에서도 증명된다. 그가 경상감사로 재직할 때 보여준 전최(殿最)가 그 한 예가 될 것이다. 지방 수령의 인사고과인 전최에서 그는 모든 수령의 고과를 최상으로 평정하였다. 이는 있을 수 없는 명백한 잘못이므로 재심을 하라는 비변사의 명령에도 그는 자신의 평정(評定)을 수정하지 않았고, 결국 그 죄로 감사직을 파직당하고 만다.[79) 당시 각 도의 수령에 대한 감독이 문제시되고 있었다. 감사가 수령을 어떻게 감독하였는가에 대한 구체적인 결과는, 감사가 비변사를 통하여 국왕에게 올리는 전최로 나타났다. 그러나 당시 대부분의 감사는 권력의 향방에 민감하게 반응하고 있었다. 감사는 세도가문과 연계를 맺고 있는 수령의 인사고과를 모두 양호하다고 평가하는 것이 관례화되어 있었기 때문에 인사평정에 도움이 되지 않았다. 이로 말미암아 평정자인 감사가 처벌되기도 했다. 신의 예는 그 가운데서 가장 심한 것이었다.[80)

세도정권은 중앙정부의 책임을 방기한 채 사회 모순으로 노정되는

---

79) 《大東稗林》, 〈哲宗紀事〉 권8, 철종 8년 6월.

80) 오수창, 〈주요정책의 실상〉, 한국역사연구회 19세기정치사연구반 《조선정치사 1800~1863》 하, 청년사, 1990, 655~656쪽.

민생 문제의 책임을 상투적으로 수령에게 돌렸다. 심지어 국가적인 위기의 극복 방안까지도 결국은 지방관을 신중하게 뽑자는 것과 임금이 더욱 수양을 하자는 식이었다. 당시의 사회 모순은 지방관의 개인적 능력이나 노력 차원에서 해결될 문제가 아니었다. 사회 모순의 책임을 말단에 돌림으로써 국정을 주도하는 국왕이나 권력집단의 면죄부를 얻어내려는 의식적·무의식적 노력이었다.[81] 거기다 수령의 신중한 택인이 항상 강조되었지만, 그처럼 신중하게 선발하였다는 지방관들은 모두 세도가문과 연결되어 있었다. 감사는 바로 그렇게 임명된 수령의 인사고과를 담당하고 있었으니 인사평정은 이미 결론이 나 있는 셈이었다. 신석우가 경상감사 재직 시에 담당했던 수령 전최는 천하대란이라는 시국의 진단에서도 그대로 나타났다 하겠다. 천하는 어지럽지만 위기를 부풀리지 말고, 최소한의 조치만 하면 조선은 안전하다는 진단은 세도정권의 요구에 대한 해답이었던 셈이다.

국내 민심의 동향과 집권 세력에 대한 충격을 최소한으로 줄이려는 이들의 정보 처리 태도는, 결국 나중에 문안사의 정보 처리를 크게 제약했고 이런 분위기에서 정사 조휘림과 부사 박규수의 정세 인식과 보고 방식의 차이가 나왔다고 보인다. 복명에서 드러나는 임백경과 신석우의 정보 처리 방법과 그 태도는 삼정 개혁 방안을 제시하는 데도 그대로 나타난다고 볼 수 있다. 임은 자신이 인식한 현실을 바탕으로 인식한 만큼 개혁안을 제시했다고 보인다. 그러나 신은 현실을 면밀하고 정확하게 파악하고 나서, 삼정의 개혁이 세도가의 감추어진 의사에 어긋나는 것이어서 이미 실현성이 희박한 것으로 판단, 구언교에 응했다고 보이기 때문이다.

---

81) 오수창, 위의 논문, 661쪽.

맺음말

태평천국과 두 차례의 아편전쟁, 이양선 출몰과 천주교세의 확대, 동학의 창도와 그 교세의 확장, 임술농민항쟁 등 19세기 중엽의 국내외 정세는 조선왕조의 지배층에게는 피해갈 수 없는 위기였다. 언제 발등에 떨어질지 알 수 없는 이 위기의 불길은 조선 지배층에게 정확하고 투철한 현실 인식과 신속하고 적절한 대응을 요구하고 있었다. 특히 태평천국이라는 청조의 대동란, 그리고 북경 함락이라는 미증유의 사태로 상징되는 제2차 아편전쟁은 당시의 내외 정세를 생생하게 보여주는 거울이었다. 지금까지 조선왕조의 지배층이 이러한 대외 위기 정보와 국내의 위기에 어떻게 대응했는가에 관심을 가지고 살펴보았다.

우선 연행 경험을 통하여 더 넓은 견문과 식견을 지녔을 것으로 판단되는 세 관료의 대외 정세에 대한 인식과 국내의 위기 상황에 대한 대응을 중심으로 조선왕조의 위기의식과 그 대응을 검토하였다. 세 관료의 정세 인식과 대응책 제시는 세도 정국의 현상 유지라는 틀을 넘지 않으면서도 현실 인식과 개혁 의지에서 각각 차이를 보이고 있었다.

박규수는 태평천국 등 청조 내부의 동요와 서양 열강의 침략을 정확히 관찰하고, 태평천국과 염군 등 반청투쟁을 심복의 질환으로 진단한다. 그리고 내우가 외환을 부른다고 인식하게 된다. 임술농민항쟁의 현장 진주에서 안핵의 임무를 수행하면서 그는 이러한 인식을 바탕으로 민란의 근본 원인을 철저히 규명하고 삼정의 개혁을 통하여 위기를 해결하자고 주장한다.

임백경은 1850년대 전반과 후반의 격동기에 두 차례나 연행한다. 이미 상당량의 정보 축적이 있었고, 청조의 대내외 위기가 현실로 나타나거나 충분히 예상되는 시기에 연행하였음에도, 임백경의 정세 판단은 안이하였다. 그는 현 정국에 충격을 주지 않을 만큼의 정보를 전달하고 있다. 삼정 개혁 논의에서도 그 개혁 의지 정도를 중간에 자리매김할 수 있으나 매우 형식적이었다.

신석우는 정보 탐지가 매우 성실하고 그 결과 또한 아주 정확했다. 이를 바탕으로 현 시국을 천하대란으로 인식한다. 그러나 정보를 해석하고, 현실에 대응할 때는 매우 소극적이다. 그는 세도 정국이 위기를 맞고 있지만, 개혁을 추진할 의지도 능력도 갖추지 못했다고 인식하였던 듯하다. 따라서 삼정의 개혁 논의에 참여는 하나 가장 소극적인 방략을 내놓고 있다.

이와 같은 세 관료의 대응 태세는 당시의 세도 정국의 틀을 벗어날 수는 없었다. 개혁을 지향하면서도 현실의 벽을 뛰어넘을 수 없는 박규수, 현 체제에서 중간에 위치하며 자신을 지켜가는 임백경, 세도 권력의 의중을 한발 앞서 읽어내고 이들의 숨겨진 의도대로 대처하는 신석우였다. 따라서 이들 세 관료의 정보 처리와 현실 대응은 당시의 세도 정국을 구성하고 있던 관료의 전형을 모두 아우르는 것이었다. 결국 조선정부의 위기 인식과 그 대응은 이들 세 관료의 인식과 대응의 범주 안에 있는 것이었고, 세도 권력은 그 범주 안에서조차 가장 안이한 방략을 선택하여 현실을 미봉하고 있다.

조선정부는 목전의 위기를 헤쳐나가기 위한 방안으로, 조선이 청의 번속질서(藩屬秩序) 안에 있음을 재확인하는 외교활동을 통하여 열강의 침입에 대비하고자 하였다. 국내 문제는 소극적인 내수를 통하여 위기를 극복하려고 한다. 내수의 궁극 목적을 외양(外攘)에 두었으나, 내수의 실천 방안은 수령될 사람을 신중하게 가려서 뽑는다는 선에서 맴돌았고, 대규모 농민항쟁을 겪으며 요란하게 시작한 삼정의 개혁조차 농민항쟁이 수그러들자 슬그머니 중단하고 만다. 이러한 대응은 세도 권력에게는 현상을 유지하며 계속 집권할 수 있는 가장 손쉬운 방법이었다. 실권이 없으면서도 정치의 최종 책임을 떠안아야 하는 국왕에게는 거의 유일한 선택이었다.

연행사신을 통해 들어온 대륙 정보는 일정한 한계는 있었다 하나 조선의 지배층에게 긴박한 내외 정세를 제대로 인식하고 적절한 대응책을 강구하는 데는 충분히 유용했다. 또 정보가 적극적으로 활용되는 지배구조였다면 사신의 정보 탐지도 다양성과 정확성에 더욱 접근하였을 것이다. 그러나 사회 통합의 능력과 지배의 논리를 잃어가고 있던 조선왕조 지배층은 그 보수성과 경직성, 그리고 폐쇄성으로 말미암아 스스로 한계를 미리 설정해 놓고, 거기에 안주하고 있었다. 변혁을 주도할 만한 역량을 갖추지 못하였고, 변혁을 주도하려는 의지마저 없어서 그 주체가 될 수 없었으며, 변혁을 수용할 수도 없었다. 새로운 시대를 열고 담당해야 할 사회 세력은 성장하고 있었으나 그 조직과 역량은 개혁을 이끌기에는 아직 충분히 성장하지 못한 상태에 있었다. 이러한 상황에서 조선의 개항은 1876년에 이렇다 할 준비도 없이 이루어지게 된다.

제4장 《철종실록》과 지배층의 동향

머리말

　앞서 제3장에서는 세도 정국을 구성하던 관료의 전형이라 할 수 있
는 특정 개별 관료를 통하여 조선왕조의 위기 인식과 그 대응에 대하여
고찰하였다. 본 장에서는 실록의 기사를 검증하는 간접적인 방법으로
조선왕조 지배층 전체의 위기 인식과 그 대응을 살피고자 한다. 앞 장
의 고찰에서 드러나는 조선왕조의 위기 줄이기와 감추기는 여기서도
확인할 수 있을 것이다. 또 위기의 축소와 은폐에 대한 배경도 추적하
여 해명할 수 있을 것이다.

　《철종실록(哲宗實錄)》은 사실상 조선왕조의 마지막 실록이기도 하
다. 《철종실록》은 고종(高宗)이 즉위하자 철종조의 관료들이 고종의 신
하가 되어 선대의 실록으로 서둘러 편찬했다. 이 실록의 찬수는 후대가
전대의 실록을 편찬한다는 원칙은 지켜졌다. 그러나 실제로는 당대가
당대의 사적을 평가하여 정리한 실록이 되었다.

　철종조의 관료들은 고종이 즉위하자, 고종조의 사관이 되어 자신들
이 옹립하고 조종해 왔던 임금의 사적을 편찬한 것이다. 이에 철종 대
의 사적은 세도정권의 집권을 합리화하고 정당화하는 것이 되지 않을
수 없었다.

　철종 임금의 재위 기간(1849~1863)은 태평천국의 흥망과 거의 시기
를 같이하고 있다. 이 기간은 동아시아의 격동기이기도 하다. 이 격랑

의 시기를 정리한 《철종실록》에 태평천국의 투쟁을 비롯한 각종 반청투쟁, 그리고 제2차 아편전쟁 등 중국의 대내외 위기가 어떻게 정리되어 있는지를 살피고자 한다. 실록의 편찬자는 고종조의 사관(史官)이면서 동시에 철종조의 대표적인 관료였다는 점에서, 실록에 나타난 태평천국 등 중국의 병란 기사를 검토함으로써 당대 관료들의 대외 위기에 대한 인식과 대응의 일단을 알 수 있다고 믿기 때문이다.

태평천국과 염군 등의 반청투쟁은 그 규모나 지속된 기간, 시대적 의의, 당시의 대내외 정세를 놓고 볼 때, 조선왕조의 지배층에게는 결코 강 건너 불일 수는 없었을 터이다. 이러한 개연성뿐만 아니라 실제로 태평천국으로 상징되는 청조의 대동란은 이미 살펴본 대로 조선왕조의 지속적인 관심사였으며, 그에 대한 정보량 또한 당시로서는 다른 나라에서 예를 찾을 수 없을 만큼 풍부하였다. 또 제2차 아편전쟁도 조선의 지배층에게 큰 충격을 주었음을 앞에서 확인할 수 있었다.

그럼에도 《철종실록》을 훑어보면, 태평천국은 물론 이 시기의 청조의 병란에 관련된 기사가 거의 눈에 띄지 않으며, 어쩌다 발견한 기사는 지극히 소략하다. 이처럼 빈약한 실록의 기록은 19세기 중엽의 국제질서 속에서 조선이 대외적인 위기를 어떻게 인식하고 대응했는가를 이해하고 연구하는 데 큰 제약이 되어온 것으로 보인다.[1]

그렇다면 《철종실록》에서 당시의 집권 세도 권력은 태평천국으로 상징되는 청조의 대동란을 왜 이처럼 소략하게 다루었을까? 그 배경과

---

1) 그 대표적인 예로 강재언(姜在彦)의 조선근대사에 대한 일련의 논고 가운데 태평천국과 관련 부분이 소략하다든가, 藤間生大, 《近代東アジア世界の形成》, 春秋社, 1977이나 原田環, 〈十九世紀の朝鮮における對外的危機意識〉, 《朝鮮史研究會論文集》 21輯, 1984이 조선왕조는 태평천국에 대하여 그다지 위기감을 갖지 않았다고 논하고 있는 점 등을 들 수 있을 것이다. 이러한 논지가 꼭 《哲宗實錄》에서 비롯하는 것은 아니라 하더라도, 일정한 영향을 끼치고 있음은 부인할 수 없을 것이다. 또 태평천국과 조선의 관계에 대한 전론(專論)이 오랫동안 없었다는 점도 이와 무관하지 않을 것으로 보인다.

이유도 함께 구명하여야 이를 구조적으로 이해할 수 있을 것이다. 그래서 《철종실록》의 관련 기사를 검토하는 일은, 먼저 실록의 편찬 경위와 편찬 임무를 담당했던 이들을 살펴서 실록 편찬의 정치적 배경을 알아보는 데서 출발할 것이다. 이어서 기사의 채택 여부와 취급의 비중, 사평(史評)의 유무, 실록에 등재되어 있거나 또는 그렇지 않은 관련 사실과의 대조, 그리고 당시의 권력구조, 다른 기사와의 대조 등을 통하여, 권력의 핵심에 있었던 대표적 관료이자 사관이 대내외 정세에 대하여 이를 어떻게 인식하고 또 대응하였는가를 검토하게 될 것이다.

연행정보이면서도 청조의 병란에 대한 정보와는 아주 대조적으로 실록에서 매우 상세하게 다루고 있는 기사도 만날 수 있다. 철종 14년 (1863)의 '종계변무(宗系辨誣)' 관련 기사이다. 조선 개국 초 이래 최대 외교 현안이었던 종계변무는 선조 때에 사실상 종결된 사안으로 여겨져 왔다. 그러나 중국에서 명·청 교체가 이루어진 뒤에도 종계의 오기(誤記)나 사서의 오류를 바로잡는 진주(陳奏)외교가 펼쳐졌다.

철종 14년의 그것은 조선왕조의 마지막 종계변무로, 중국에서는 이미 통용되지도 않는 사찬사서(私撰史書)를 대상으로 하고 있다. 이 사찬사서의 종계 오기를 바로잡는 일을 세도정권은 신속하고도 민첩하게 그리고 매우 요란하게 추진하여 성사시켰다. 그리고 대대적인 경축 의례를 벌이고 있다. 또 이 사안의 전말을 당사자들이 사관이 되어 매우 자세하게 실록에다 정리하여 놓았다. 역설적이게도 이 종계변무 기사는 대내외 위기에 관련된 기사가 소략할 수밖에 없음을 반증하고 있다. 이는 세도 권력의 현실 인식과 대응을 드러내고, 세도 권력의 속성을 알게 해주는 하나의 사례가 될 것이다.

1. 《철종실록》의 편찬

《조선왕조실록》은 사료적 가치에서 조선 전기의 실록과 후기의 실록이 달리 평가된다. 조선 후기 곧 선조(宣祖) 이후의 실록은 그 이전의 실록과 견주어 전반적으로 기술이 소략하고, 붕당정치의 영향으로 편파적으로 기술되기도 해서 그 사료 가치가 상대적으로 낮다고 한다.[2] 조선 전기의 실록이 사료적 가치가 높은 것은, 왜란과 호란 등으로 말미암아 국초 이래의 기록과 서적이 일부 없어지거나 소실되었기 때문이라는 측면도 있다.[3] 또 정조(正祖) 이후에는 《일성록(日省錄)》이 편찬되면서 실록의 사료적 가치가 상대적으로 줄어드는 점도 고려되어야 할 것이다. 이런 점을 다 인정하더라도 실록의 내용은 후기로 갈수록 영성해진다.

《철종실록》을 통하여 우리는 기술의 소략이 어느 정도까지 갈 수 있는가를 뚜렷하게 알 수 있을 것이다. 조선 후기 실록의 특징 가운데 하나가 소략한 기술이라 해도 이 실록만큼은 아닐 것이다. 그 가운데서도 특히 중국의 정세와 관련된 기사로 한정시켜 보면, 기사를 아예 채록하지 않거나, 기사를 싣더라도 지극히 단편적인 사실만을 기술하고 있음을 금방 알 수 있다. 이는 《헌종실록(憲宗實錄)》의 경우에도 크게 다르지는 않을 것이다.

조선 후기의 실록이 지닌 또 하나의 측면인 편파적 기술도 《철종실록》에 그대로 적용할 수 있다. 다만 그 의미에서는 조선 후기의 실록에서 일반적으로 말하는 편파성과는 다르다. 그 편파성은 붕당정치가 아닌 세도정치의 영향 때문이다. 붕당정치 시기에는 붕당 간의 비판과 견

---

2) 末松保和, 〈李朝實錄考略〉, 《靑丘史草》 第二, 東京: 笠井出版印刷社, 1966; 申奭鎬, 〈朝鮮王朝實錄〉, 《韓國의 名著》 3권, 현암사, 1982 참조.

3) 末松保和, 위의 논문, 270~271쪽.

제, 또는 견제에 대한 의식이라도 있게 마련이다. 그러나 세도정치가 절정에 이르는 철종 대의 정치에서는 집권 세력을 비판하고 견제할 수 있는 집단이 소멸되어 버렸기 때문에 이미 붕당의 의미는 찾기 어렵게 된다. 따라서 《철종실록》으로 한정할 경우는 그 기술이 편파적이라기 보다 일방적이라 해야 할 것이다.

《철종실록》의 편찬은 고종 초에 이루어진다. 그러나 주요 편찬자들은 순조 이래 세도정치기의 관료들이다. 《철종실록》 편찬자의 범위를 좀더 좁혀서 보면, 이들은 모두 말기의 세도 정국을 운영하던 철종 대의 관료들이었다. 철종 대는 지배 세력의 변동이 없었다. 따라서 국왕 철종의 치적은 곧 당시 모든 권력을 장악하고 있던 세도가문의 치적이기도 했던 것이다.

고종 원년(1864) 4월 29일에 실록청 총재관과 당상, 낭청이 임명되어 《철종실록》의 편찬 진용이 갖추어졌다.[4] 5월 8일에 실록청이 갖춰져[5] 편찬 작업에 들어갔다. 이듬해 윤 5월에는 출판이 끝나 각 사고(史庫)에 봉안하였다.[6] 편찬에 참여한 이 시기 전후의 실록청 관원[7] 가운데 당상 이상을 보면 다음 표2와 같다.

표2 《철종실록》 편찬 실록청 관원

관 명	성 명	헌종실록 편찬관	연행 경험	이정청 관원
총재관(摠裁官)	鄭元容	○	○	○
	金興根	○	○	○
	金左根	○		○
	趙斗淳	○	○	○

---

4) 《高宗實錄》, 원년(1864) 4월 29일.

5) 위의 책, 원년(1864) 5월 8일.

6) 위의 책, 2년(1865) 윤5월 8일.

7) 위의 책, 원년(1864) 4월 29일. 申奭鎬, 〈헌종실록 철종실록 범례〉.

총재관(摠裁官)	李景在	○	○	○
	李裕元		○	
	金炳學			
도청(都廳)당상	金炳學			
각방(各房)당상	金炳冀	○		○
	金炳國	○		○
	洪在喆			
	尹致羲			
	趙得林		○	○
	李敦榮			
	洪鍾應			
	尹致定		○	
	曹錫雨			
	李承益	○		
	金輔鉉	○		
	趙龜夏			
	金炳地			
	趙秉協			
	朴珪壽	○	○	
	李載元			
	趙成夏			
교정(校正)당상	姜時永		○	
	趙徽林		○	○
	李圲		○	
	金炳德	○		○
	申錫禧	○		
	洪鍾序			
교수(校讎)당상	金學性	○		○
	鄭基世			○
	金炳淐	○		○
	南炳吉	○		○

참고문헌 《憲宗實錄》 편찬관: 《憲宗實錄》 범례, 연행 경험: 《同文彙考》《正祖實錄》 《純祖實錄》《憲宗實錄》《哲宗實錄》、이정청 관원: 《釐正廳謄錄》

총재관은 모두 7인인데 이 가운데 이유원과 김병학을 뺀 5인은 모두 《헌종실록》 찬수에 참여했다. 정원용과 김흥근은 당시 총재관이었고, 김좌근·조두순·이경재는 당상을 맡았었다. 이를 보건대 철종 초에서 고종 초년까지 중요 관료의 인맥에 큰 변동이 없었음을 알 수 있다. 고종이 즉위하고 나서도 아직 대대적 인사 변동이 있기 전에 실록청이 구성되었기 때문이다. 이는 실록의 편찬 방침에도 이렇다 할 변화가 없었음을 추정하게 한다. 또 각방당상 가운데서 김병국·이승익·김보현·김병기·김병주·박규수·신석희 들이 역시 《헌종실록》 편찬에 참여했던 인물들이다. 이를 권력 장악의 측면에서 보자면 총재관 김좌근·김흥근·김병학(도청당상 겸임)은 철종 대에 권력의 핵심부에 있었고, 정원용·조두순·이경재는 핵심 권력자를 가장 가까운 거리에서 보좌하고 있는 측근 가운데 측근이었다. 또 각방당상과 교수당상에도 김좌근의 차세대인 김병기·김병국·김병주 등이 버티고 있다.

2. 대내 위기의 인식과 대응

집권 세도 세력은 1850년대에 들어와 대외 문제 곧 중국의 정세와 국내의 상황을 위기로 인식하고 이를 경계하면서 나름대로 대비책도 강구하고 있었다. 당시의 국내 상황을 보면 권력의 소수 독점과 사회·경제적 모순의 증대와 누적으로 생존을 위협받고 있던 민중이 다양한 형태로 끊임없이 저항하고 있었다. 여러 지역에서 일어나는 호소, 항조(抗租), 도망, 와언(訛言), 괘서(掛書), 작변(作變) 같은 저항 형태는 1862년의 대규모 민란을 예고하고 있었다.

반체제를 부추기는 비기류(秘記類)와 참서(讖書)도 유행했다. 서울에서는 쌀 폭동이 일어나고 포졸이 살해되어 수도의 치안이 위협받는 일이 일어나기도 했다.[8] 집권 세도 권력으로서도 시국을 위기로 인식하지 않을 수 없었다.[9] 이러한 상황에서 이웃하고 있는 대국 청나라가 태평군의 성세로 위협받고 있다는 정보가 꼬리를 물고 전해오니 위기감은 깊어질 수밖에 없었고, 대응책을 강구하지 않을 수 없었던 것이다.

그러나 그 대응책은 당장 세도 권력의 안전을 위협하는 요소만을 골라 미봉해 보는 수준일 수밖에 없었다. 세도 권력의 속성이 갖는 한계도 그러하지만 실제로 나타난 다음 몇 가지의 대응책도 그랬다. 그나마도 실록에서는 위기의 실상이 드러나지 않도록 하였다. 실록의 관련 기사를 살펴보면, 위기의 실체나 심각성은 철저히 가리거나 최소한으로 줄이는 방식을 택하고 있다. 위급한 지경에 내몰려 마지못해 내놓은 대응책은, 임금이 애민정신으로 내린 명령이라거나 세도가가 시국과 백성의 삶을 걱정하여 건의한 조치라는 식으로 그 결과만을 간단히 기록하고 있다.

철종 초기 자연재해로 말미암은 흉년으로 유망민이 넘쳐났다. 진휼정책은 국고가 바닥나서 제대로 시행할 수 없었다. 철종 3년(1852) 2월, 임금과 영의정이 유망민 대책을 논의한다. 영의정 김흥근이 "흉년을 당하여 백성들이 살아갈 수가 없어서 삼남지방을 표류하고 있으므로 주객이 모두 곤궁합니다. 지금의 황급한 상황은 만약 춘궁기에 이르면 구학(溝壑)의 경지를 면하기 어려울 것이니 참으로 가엾고 불쌍합니다"라고 아뢴다. 임금이 대책을 묻자 김흥근은 "검소함을 숭상하여 비용을 아끼는 것이 급선무이니 부세(賦稅)를 관장하는 신하로 하여금 유정(惟正)의 규례에 준하여 어디든지 적당히 생략하게 하소서"라고 상투

---

8) 19세기 전반기의 다양한 저항의 양상에 대해서는 한명기, 〈사회세력의 위상과 저항〉, 한국역사연구회 19세기정치사연구반 《조선정치사》 상, 청년사, 1990을 참조.

9) 오수창, 〈주요정책의 실상〉, 《조선정치사》 하, 636~652쪽 참조.

적인 방책을 내놓고 있다. 이에 대하여 "절제하는 방법은 내 몸에 달려
있지만 부세를 관장하는 신하도 어디든 적당히 생략하여 군핍(窘乏)한
근심을 없게 하라"는 비답으로 넘어가고 있다.[10] 문제의 제기는 거창한
데 대책은 고작 지배층이 치민에 임하는 태도를 말하고 있을 뿐이다.
후속 조치가 보이지 않음은 물론이다.

이듬해인 철종 4년(1853) 영남에 흉년이 들었다. 영의정 김좌근이 건
의한 진구(賑救)의 방책은 수령 가운데 임무를 감당할 수 없는 자는 전
최(殿最)를 기다리지 말고 파면할 것이며, 평소 유능한 것으로 알려진
자를 골라 문벌에 구애받지 말고 임용하자는 것이었다.[11] 영의정이 내
놓은 구제 대책은 유능한 지방관을 뽑아서 임명하자는 것이니, 흉년으
로 야기된 민생 문제를 지방관에게 해결하라는 것이다. 중앙정부는 책
임을 떠넘길 지방관을 선택하는 것뿐이다. 이때 비변사는 공사진곡(公
私賑穀) 12만 석을 풀었다.[12] 그리고 임금은 "영남의 진자(賑資)도 묘
당(廟堂)으로부터 이미 분별하여 처리하였으나 명년 봄의 민사(民事)를
생각하면 침식이 편안치 못하다. 내탕은자(內帑銀子) 1천 냥, 단목(丹
木) 2천 근, 백반(白礬) 3백 근을 특별히 지급하여 진자에 보충하도록
하라"고 조치하고 있다.[13]

삼정(三政)의 문란이 심각한 지경에 와 있다는 것은 군신 간의 공통
된 인식이었다. 우선 철종 3년(1852) 10월 임금의 하교를 보자.

군정(軍政)·적정(糴政)·전정(田政)은 국가의 대정(大政)인데, 현재 삼
정이 모두 병들어서 민생이 고달프고 초췌해졌다. 그 가운데 적정이 가장

---

10) 《哲宗實錄》, 3년(1852) 2월 辛卯.
11) 위의 책, 4년(1853) 11월 辛亥.
12) 위의 책, 4년(1853) 11월 庚申.
13) 위의 책, 4년(1853) 11월 丙寅.

백성의 뼈에 사무치는 폐단이 되었다. 호곡(戶穀)은 그 마땅함을 잃어 백성들이 폐해를 입고, 세금을 거두어들이는데 법대로 하지 않아 백성들이 그 폐해를 입는다. 심지어 나눠주지도 않은 곡식을 쫓아가 독촉하여 받아들이니 슬프도다. 우리 적자(赤子)는 장차 어찌 살아갈 것인가. 말이 여기에 미치면 침식이 달갑지 않다. 이에 심복(心腹)에 있는 말을 발표하니 너희 여러 수령들은 그 각각 자세히 듣고 만일 교구(矯捄)할 방책이 있으면 반드시 일일이 조목조목 진달하되, 전부 도백(道伯)이 있는 감영에서 취합하여 세전(歲前)까지 후원(喉院: 승정원)에 올려 보내도록 하라. 만약 보효(報效)할 의리를 생각하지 않고 한갓 견탕(蠲蕩)하는 은혜만 청한다면, 어찌 그 공리(共理)의 어진 이천석(二千石: 지방관)이 되겠는가. 묘당에서는 이를 속히 알려주어 기한까지 수취하여 올리도록 하라.[14]

그러나 임금의 간곡한 명령에도 지방관들의 성의 있는 조처는 기대하기 힘든 상황이었다. 실록은 지방관들의 보고를 채록하지 않고 있다. 이듬해 철종은 "열읍(列邑) 적곡(積穀)의 폐단에 대한 보고를 보면 염산(斂散)의 폐해가 없는 고을이 많은데 이는 진실로 뜻밖의 일로 아주 다행한 일이다. 그러나 영읍(營邑)에서는 더욱 살피고 신칙(申飭)하여 폐단이 생기는 근심이 없도록 하라"[15]고 명령하고 있다. 지방관들의 보고는 실제 상황과 동떨어진 보고를 위한 보고가 주류를 이루었던 것으로 보인다.

철종 5년(1854)에는 최고실권자인 김좌근이 환곡의 폐단을 심각하다고 판단하여 일대 개혁을 주장하고 있다. 그는 나름대로 환곡의 실태와 폐단을 열거하고 나서, 애당초 '혜민지정(惠民之政)'이 이제 와서 '말류의 학민(虐民)의 길'이 되어버려 패망의 조짐이 보이니 대대적인 개혁

---

14) 《哲宗實錄》, 3년(1852) 10월 己亥.

15) 위의 책, 4년(1853) 1월 辛亥.

조치〔大變通大更張〕가 있어야 한다고 역설했다.16) 삼정의 문란, 그 가운데에서도 환곡의 폐단을 더 이상 방치할 수 없다는 세도 권력의 인식을 보여준다. 그러나 실록에서는, 환곡의 시행 과정에서 나타나는 여러 가지 폐단과 문제점을 지적하고 비판한 부분은 모두 깎아내 버렸다. 그리고 이렇게 정리했다.

　　영의정 김좌근이 아뢰기를 "각 도에 가작전환(加作錢還)과 가분(加分)하는 폐단을 특별히 신칙하여 금단(禁斷)하소서" 하니, 하교하기를 "진달한 것이 신명(申明)할 거조에 관계되니, 주청한 대로 엄중히 신칙하라" 하였다.17)

　가작전환은 환곡을 출납할 때 미곡을 돈으로 환산하여 그 이자를 규정보다 더 받는 것이었고, 가분은 규정된 수량을 초과하여 환곡을 대출하는 것이었다. 물론 이 두 가지 폐단은 심각한 것이었다. 그렇지만 가작전환과 가분이 없어진다고 해도, 이것이 환곡 문제를 해결하는 근본 대책은 될 수 없었다. 그런데 이 두 폐단마저도 특별히 신칙한 대로 없어졌다는 기사는 없다.

　또 같은 해 3월에는 수도 방어에도 각별한 관심을 나타낸다. 김좌근의 주청에 따라 수원과 광주(廣州) 유수(留守)에 원임(原任)대신을 보내라고 명한다.18) 그리하여 이듬해(1855) 5월에는 광주 유수와 수원 유수에 거물급 인사를 기용하고 있다. 광주 유수는 우의정을 지낸 바 있는

---

16) 《承政院日記》, 咸豊 4년(1854) 2월 25일 甲申.
　　(金)左根曰 …… 當初惠民之政 轉成末流虐民之階乎 目下敗亡之兆 可謂到得 十分地頭 如無大變通大更張 則固無率補維持慰紓尊安之策.

17) 《哲宗實錄》, 5년(1854) 2월 甲申.

18) 위의 책, 5년(1854) 3월 甲子.

이헌구(李憲球)19)를, 수원 유수는 좌의정을 지냈던 김도희(金道喜)20)를 각각 임명하였다. 정 2품관 유수 자리에 정 1품관인 전직 대신을 앉힌 것이다. 수도의 방어를 위하여 한양의 배후가 되는 지방인 수원과 광주를 중시해서였다. 이런 조치는 유사시에 신속하고 효과적으로 대처할 수 있는 유능한 인물을 경기의 주요 지점에 배치하여 대비하자는 것이다. 수도 방어가 현실적인 문제로 떠오를 만큼 국내의 상황이 심각했음을 보여주는 조치라 할 수 있다.

1862년 9월에 철종은 왕릉 참배 길에 남한산성에 들러 묵고, 서장대 (西將臺)에서 전·현직 대신을 불러 접견하기도 했다.21) 광주나 수원은 서울이 위태로울 때 국왕이 피난할 수도 있고, 군사를 동원할 수 있도록 성곽과 병력을 갖춘 곳이었다. 지배층이 인민의 봉기가 서울을 위협하는 상황을 예상하면서 대비책을 마련해야 할 단계에 이르렀음을 자각하고 있었다 할 수 있다. 실제로 농민항쟁을 겪으면서 지배층이 상정할 수 있는 최악의 상황에 대비한 훈련으로 볼 수도 있을 것이다.22)

3. 대외 위기의 인식과 대응: 태평천국과 제2차 아편전쟁

1) 이양선

이양선(異樣船)의 출몰에 대해서도 지속적인 관심과 대응을 나타내고 있다. 이양선의 출몰은 순조(재위 1800~1834) 때부터 문제가 된다.

---

19) 《哲宗實錄》, 6년(1855) 5월 丁卯.

20) 위의 책, 6년(1855) 5월 丙子.

21) 위의 책, 13년(1862) 9월 丁卯·戊辰.

22) 오수창, 〈주요정책의 실상〉, 《조선정치사》 하, 638쪽.

헌종(재위1834~1849) 대에 오면 제1차 아편전쟁 때부터 1840년대 말까지 첨예한 관심사가 되고 여러 가지 대책이 강구되고 있다. 몇 가지 예를 보자. 1845년 6월에 영국선이 나타난 일에 대하여 청의 예부에 통고함은[23] 물론 일본의 막부에도 그 사정을 알려[24] 공동 대처하려는 외교 방책을 채택하고 있다. 1848년 4월 쓰시마도주(對馬島主)가 이양선이 잇달아 출현하고 있음을 알려오자 국왕의 성실한 정치와 신중한 지방관 임명 같은 내수책(內修策)이 강조되었고, 이어 1849년 3월에는 좌의정 김도희가 역시 이양선 대책으로 내수론을 강조하고 있다.[25]

1850년대 들어서도 이양선이 들고 난다는 보고는 해마다 되풀이되고 있다. 표류하여 구조를 요청하는 경우도 있었지만, 대부분의 이양선은 백성을 살상하거나 문정관(問情官)을 해치고, 물자를 약탈하거나 교역을 강제하고 있었다. 철종 원년(1850) 3월 강원도 울진 앞바다에 나타난 이양선 한 척이 문후선(問候船)에 발포하여 한 명이 사망하였다. 철종 3년(1852) 4월, 전라도 나주목(羅州牧) 비이도(飛離島)에 이국인 29명이 표류하여 그들이 돌아가도록 배를 빌려주었다. 같은 해 7월에는 프랑스 군함이 근해에 출현하였다. 철종 5년(1854) 함경도 덕원부(德源府)에 이양선 선원이 상륙하여 마을 사람을 살상하였다. 또 이듬해 7월에는 충청도 홍주(洪州) 장고도(長古島) 등지에서 프랑스인이 배를 타고 와서 상륙하여 가축과 야채 등을 빼앗은 뒤 은전을 내놓고 갔다. 철종 7년(1856)에는 비슷한 사건이 평안도 안변(安邊)에서도 일어나고 있다. 그러나 이러한 이양선 출현과 그로부터 일어난 사건은 실록에는 전혀 기록하지 않았다. 이들 이양선 관련 기사는 《일성록》과 《비

---

23) 《日省錄》, 헌종 11년(1845) 7월 5일.

24) 위의 책, 헌종 11년(1845) 9월 5일.

25) 이양선 출몰과 그 대응 문제는 閔斗基, 〈19世紀後半 朝鮮王朝의 對外危機意識〉, 《東方學志》 제52집, 연세대학교 국학연구원, 1986, 271~276쪽을 참조.

변사등록》에서 추린 것이다.

이양선의 대응책은 1840년대 후반의 그것이 지속되고 있다. 해안 경계를 철저히 하여 연해민이 이국선과 교역하는 것을 금하며, 청국과 일본에도 이양선 동정을 알려 공동대처한다는 것이다. 이양선 대책과 관련해서 실록에서 보이는 기사는 1854년 6월, 대사헌 강시영(姜時永)의 사직 상소이다. 강시영은 함경도 연해민이 이국선과 교역하는 폐를 엄히 경계할 것을 상소하였고 그대로 채택되었다.[26] 그런데 철종은 이 상소의 비답에서 놀라움과 두려움을 나타내면서 "진실로 일분의 법과 기율이 있으면 어찌 이 같은 일이 어렵지 않게 용납될 수 있겠는가?"라고 연해민의 단속에만 초점을 맞추고 있다.

같은 해 12월에 세상을 떠난 판중추부사 박영원(朴永元)은 1849년에 함경도 관찰사로 임명되었던 인물이다. 박영원은 4도의 감사, 6조의 판서를 모두 거치고 정승에 오른 정치적 거물이었음에도 함경도 관찰사에 임명되었던 까닭은, 양선(洋船)의 왕래로 말미암아 해로(海路)의 민정(民情)이 어수선했기 때문이다. 이를 통해서도 헌종 때부터 철종 때까지 이양선 문제로 조선정부가 크게 긴장하고 있었음을 알 수 있다. 그의 죽음을 애도하고 공적을 기리는 실록의 기사에서, 그가 이양선 문제로 함경도 관찰사로 활동한 사실은 한마디도 언급하지 않았다.[27]

2) 은밀한 대응

조선정부는 대외 문제에 대해서도 나름대로 대응을 하고 있었다. 그러나 이를 철저하게 감추고 있어서 실록에서는 조선정부가 대외 문제

---

26) 《日省錄》, 철종 5년(1854) 6월 12일; 《哲宗實錄》, 《承政院日記》, 《備邊司謄錄》 同日條.

27) 《日省錄》, 철종 5년(1854) 12월 25일; 《哲宗實錄》, 《承政院日記》 同日條.

에 대하여 긴장하거나 심각하게 우려하고 있다는 기술은 찾기 어렵다. 편린이나마 대외 위기를 언급하고 있는 기사를 검토하기에 앞서, 실록은 물론 다른 사료에서도 직접 드러나지 않는 세도정권의 대외 위기에 대응하는 모습을 추적해 보기로 하자.

우선 정보 탐지 노력을 들 수 있다. 태평군이 기세를 크게 떨치는 철종 4년(1853)부터 6년(1855)까지 3년 동안, 정치적 비중이 높고 능력을 인정받는 인물로 정사를 선발하고 있다.[28] 사신 임명을 이처럼 신중하게 하는 것도 집권 세도 세력의 위기의식의 결과로 보인다. 1853년 4월에 파견한 진하사은행의 정사 강시영(姜時永)은 서장관과 부사로 이미 두 번이나 북경을 다녀와서 현지 사정에 밝은 인물이었다. 또 같은해 동지사는 윤치수(尹致秀), 이듬해의 동지사는 김위(金鐈), 1855년에는 진위진향사에 서희순(徐憙淳), 동지사에 조득림(趙得林)이 선발되고 있음을 알 수 있다.

이들의 공통점은 관직 경력도 화려하지만, 비변사에서 맡은 직책이 한결같이 핵심 당상(堂上) 직이다. 세도정치가 한창인 19세기 중엽에 이들의 당상 직 재직 기간과 그들이 담당했던 역할을 보자. 윤치수는 17년 동안 유사당상을, 김위는 20년 동안 공시·구관·유사·제언사 당상을 역임했다. 서희순은 28년 동안 유사·제언사·공시·구관당상을 담당했음은 물론, 권력의 핵심에 있는 외척만이 차지할 수 있는 군영대장까지 지냈다. 조득림은 8년 동안 구관·유사·공시당상을 두루 섭렵하고 있다.

이들의 또 하나의 공통점은 핵심 당상 가운데서도 모두 유사당상을 맡고 있다는 점이다. 세도정치가 심화기에 들어가면서 유사당상의 정치적 비중이 높아지고 있다는 점을[29] 감안하면, 이들에 대한 집권 세도가

---

28) 이 책 제2장 2절 1) 참조.

29) 오종록, 〈비변사의 조직과 직임〉, 《조선정치사》 하, 522~523쪽; 이 책 제2장

의 두터운 신임을 알 수 있다. 비변사의 실무를 담당하는 유사당상은 젊고 유능한 관료를 뽑는 것이 관례였는데, 철종 대에 오면 고위 관직에 오른 다음에야 유사당상에 임명되는 경향이 생겨나는 것도 유사당상을 중시하는 풍토에서 비롯된 것이다.[30)

최정예로 알려진 관료들을 이처럼 일정 기간에 집중하여 연행사신으로 선발한 것은 우연이 아니었다. 그토록 신중하게 사신을 선발한 것은 집권 세도 권력의 위기감을 빼놓고는 달리 설명하기 어렵다. 세도 권력이 요구하는 사신의 자질은 크게 두 가지였다. 무엇보다 세도 권력 핵심에서 깊이 신뢰할 수 있어야 했고, 다음으로 정확하면서도 상세한 정보를 탐지해 낼 수 있는 능력을 갖추어야 했다. 권력 핵심의 신임이 문제되는 것은 최상의 정보를 세도가의 의중대로 처리하면서도 이에 대한 보안도 책임질 수 있어야 했기 때문이다. 즉 대외 위기 정보를 세도 정권에 유리하도록 관리하고 이용할 수 있어야 하며, 또한 이런 사실이 새나가지 않도록 철저히 통제할 수 있어야만 했다. 따라서 이때 사신으로 선발된 관료들은 업무 처리 능력을 인정받고 있었음은 물론 세도가의 신임이 두텁다는 두 가지 조건을 갖추고 있었다.

최고 실권자 김좌근과 그 가문의 절친한 협력자이자 당시 가장 유능한 실무 관료로 평가받던 정원용(鄭元容)은 대외 정세를 어떻게 인식하고 있었을까? 그 역시 시국을 위기로 인식하고 있었음을 알 수 있다. 하나의 사례를 보자. 철종 6년(1855) 진위진향겸사은행(陳慰進香兼謝恩行)의 정사는 서희순이었다. 12월 23일, 그는 북경을 출발하기에 앞서 역관 편으로 서신을 보낸다. 사신이 귀국에 앞서 별편으로 보고서를 내

3절 2) 참조.

30) 조득림의 경우가 바로 이런 예에 해당할 것이다. 조득림은 연행에서 귀국하는 1856년부터 비변사의 당상이 되지만, 세도 정국에서 그의 정치적 비중을 가늠하는 데는 변함이 없다 할 것이다.

는 것은 중대하고 심각한 사태가 발생했거나 급한 기별이 있었다는 증거이다. 별편은 사신이 탐지한 정보가 긴급한 사안이거나 사신의 판단과는 별도로 정부 쪽이 그 형편을 신속하게 알고 싶어 하는 경우, 또는 양쪽 모두 긴급하다고 인식하는 경우에 내는 것이다. 정원용은 서희순이 별편으로 보낸 이 서한을 옮겨 적고 나서 그 말미에 논평을 붙였다. 여기서 정원용은 현 시국을 '천하대란(天下大亂)'이라고 진단하고 있다.

> 남방(南方)의 병란(兵亂)은 경술년부터 일어나 이제 6, 7년이 되니 천하는 가히 대란(大亂)이라 할 수 있겠다. 그러나 몇 사람이 왕을 칭하고 누가 기병했는지 막연하여 미처 이를 알지 못한다. 비록 사행의 왕래가 있다 하나 모두 이를 상세히 듣지 못하였고, 이번에 서상사(徐上使)의 서신을 보아도 또한 이처럼 모호하여 믿을 만한 말이 없구나. 아국(我國)이 해우(海隅)의 편방(編邦)됨이리라.[31]

태평천국에 대한 그동안의 정보가 단편적이었고, 특히 태평천국의 흥기 사실은 양광(兩廣)·호남(湖南) 삼성(三省)의 여러 민중투쟁과 함께 모호하게 전해져서 상당한 혼선이 있었음에도, 정원용은 태평천국이 일어난 해를 경술년(1850)으로 정확히 지적하고 있다. 또 태평군의 칭왕(稱王) 사실은 1857년에야 국왕에게 처음 보고 되지만[32] 그는 이미 이를 파악하고 있다. 이는 정원용의 정보 분석 능력이 뛰어남을 말해주는 것이지만, 다른 한편으로는 집권 세도가의 최측근인 정원용의 정보량이 국왕보다 더 많고, 정보의 질에서도 국왕의 그것보다 높다는 얘기일 수 있다. 이는 국왕이 일정 부분의 정보에서는 소외되고 있었다는 반증도 될 것이다. 정원용은 더 많은 정보를 확보하고 이를 유기적으로

---

31) 鄭元容, 《袖香編》 卷4. 〈使臣玉河書〉.

32) 《日省錄》, 철종 8년 3월 24일.

분석하여 현재의 정세를 '천하대란'으로 인식하고 있는 것이다.

많은 정보를 얻어낼 수 있는 지위, 정보 수집에 대한 열의, 우수한 정보 처리 능력을 갖춘 정원용이었지만 연행정보가 갖는 여러 한계[33] 때문에 대륙의 정세를 정확하게 파악할 수 없었다. 그래서 그는 경술년에 일어난 중국 남방의 병란은 이미 6, 7년이 지나 천하가 크게 어지러워졌지만, 누가 우두머리가 되어 병란을 일으켰는지, 왕을 칭하고 있는 자들이 몇 사람이나 되는지, 사신이 왕래하며 정보를 탐지해 내는데도 상세한 것을 알 수 없다고 탄식한다. 서희순은 정원용과 함께 당시 가장 유능한 실무관료로 정평이 있었고 세도가의 신임 또한 두터웠다. 정원용은 바로 그 서희순이 연행을 통하여 청나라의 사정을 속 시원히 밝혀낼 수 있으리라고 크게 기대했던 것이다.[34]

역관 편으로 보낸 긴급 보고서에서 서희순은 태평군의 성세(盛勢)와 관군의 고전 양상, 청조의 재정난과 자연재해 등을 열거하여 청조의 병란을 심각한 것으로 전하고 있지만,[35] 정원용의 의문을 해소할 만큼 사태의 전말에 대한 구체적인 사실을 알아내지는 못하였다. 그나마 귀국 후 철종에게 복명할 때는 "적세는 이미 그 예봉이 꺾여서 오래 가지 못할 것"[36]이라고 사태를 낙관하는 간략한 결론을 내리고 있을 뿐이다.[37] 믿을 만한 사실을 전해주리라고 크게 기대했던 서희순의 정보마저 피

---

33) 이 책 제2장 참조.

34) 서희순은 대사성(大司成), 대사간(大司諫), 대사헌(大司憲), 육조의 모든 판서 직을 두루 거쳤고 좌참찬(左參贊)을 역임했다. 또 비변사에서는 유사·제언사·공시·구관당상 등 핵심 당상 직을 28년 동안 맡았으며, 세도외척이 아니고는 거의 불가능하다고 여겨지던 군영대장까지 맡았던 것으로 보아 그의 정치적 능력과 세도가의 그에 대한 신임을 알 수 있다.

35) 주 31)과 같음.

36) 《日省錄》 철종 7년 2월 24일.

37) 서희순의 별편 서한과 복명의 내용이 다르다는 점도 국왕이 정보의 일정 부분을 차단당하고 있다는 예증이 될 것이다.

상적이고 단편적이어서 대륙의 사태를 정확히 파악할 수 없게 된다.

서희순의 정보 탐지 활동에 대한 기대가 무너지자, 정원용은 서희순처럼 유능한 인물도 제대로 된 정보를 탐지하지 못하니 이는 개인의 정보 수집 능력의 문제가 아니라, 조선이 한쪽에 치우쳐 있어 대륙의 정세를 제대로 파악할 수 없기 때문이라고 갑갑함을 토로하고 있다. 이는 결국 정원용이 청조의 정세 변화에 지속적인 관심을 갖고 이를 예의주시하고 있음을 보여주는 것이라 하겠다. 그러나 정원용은 현 시국을 '천하대란'으로 위기시하면서도, 어떤 구체적인 대응책도 제시하지 않고 있다.[38]

조선 지배층의 위기의식은 1853년과 1854년 두 해 동안에 도쿠가와 막부(德川幕府)가 쓰시마도주를 통하여 얻어낸 중국 관련 정보를 통해서도 그 일단을 추적해 볼 수 있다. 1853년에 태평천국은 남경을 점령하여 수도로 정하고 국가체제를 재정비한 뒤 북벌군(北伐軍)과 서정군(西征軍)을 편성하여 북경 공략과 천경 방위 확립을 목표로 진군하였다. 북벌군은 천진 교외까지 진격하여 북경을 위협하고 있었다. 태평천국의 전성기라고 할 수 있는 해이기도 하다. 청조는 그만큼 급박한 사태를 맞고 있었다. 이처럼 절박한 정세를 반영함인지 쓰시마도주는 청나라에서 명나라의 후예들이 복명(復明)의 깃발을 내걸고 기병하였다고 막부에 보고하였다. 이 정보는 조선에서 수집한 것이라고 했다.

소오(宗) 쓰시마도주가 막부에 보낸 청조 전란에 관한 보고를 차례로 요약해 보자.[39] 먼저 1853년 6월의 보고다. 현재 청조의 병란은 명(明)의 후예인 홍씨(洪氏) 성을 가진 인물이 주장(主將)이고 도당은 모두 한

---

38) 정원용의 정치적 성향에 대해서는 이 책 제2장 3절 1) 참조.

39) 소오 쓰시마도주가 조선에서 수집하여 막부에 보고한 청나라 사태에 관한 정보에 대해서는 增井經夫, 〈太平天國に對する日本人の知識〉, 《中國の二つの悲劇》, 硏文出版, 1978; 市古宙三, 〈幕末日本人の太平天國に關する知識〉, 《近代中國の政治と社會》, 東京大學出版會, 1971을 참조.

인(漢人)인데, 악주(岳州)와 형주(衡州)에서 복명의 깃발을 내걸고 기병
한 명청전쟁이다. 복명군(復明軍)은 재화를 약탈하거나 부녀를 범하는
일이 없으므로 서민들이 안도하며 따르고 있다. 천주(泉州)와 도주(道
州), 악주를 차례로 빼앗고 무창(武昌)과 구강(九江)까지 함락했다. 청군
은 사상자도 많이 났고 북경도 위험하게 되어 요동의 군대를 징발하고
있는데, 병량의 수요가 크게 늘어 서민이 이를 부담하느라 곤궁해졌다.
청조는 재정이 궁핍하여 병량을 감당하지 못하자 부호에게서 무리하게
은전을 거두어들이고 있다. 일설에는 소주(蘇州)도 함락되었다 한다.[40]

같은 해 11월의 보고는 청조의 명운이 경각에 달렸다는 긴박한 상황
을 전한다. 그 요지를 추려보자. 청조는 북경에서 농성 중이나 병량이
부족하여 내년 오월까지나 버틸 수 있을 것 같다 한다. 청조의 명운이
풍전등화라서 청제(淸帝)가 조선으로 몽진(蒙塵)할 것이 틀림없는데, 이
것은 대사(大事)라서 한성(漢城)에서는 이를 어찌 대처할 것인지 각별히
고심하고 있다 한다.[41] 또 해가 바뀌어 1854년 3월에는 이렇게 보고되
기도 한다. 이 정보는 은밀히 유포되고 있으며, 정보의 출처는 북경에
장사하러 갔다 온 전주의 상인이라고 하였다.

> …… 북경의 병란 상태는 팔구분(八九分) 정도가 명군에게 공취(攻取)당
> 했고 지금 청국 황제도 농성 중인바, 영고탑(寧古塔)으로부터도 군세를 재
> 촉하여 명병(明兵)을 막고 있습니다. 그 뒤 양쪽 군사들이 대치하고 있는바
> 명병이 병량(兵糧)의 길을 끊어 북경이 지극히 위험한 상황이라 조선에게
> 병량을 요청했다 합니다. …… 북경 60여 개 소의 성 가운데 겨우 세 곳이
> 남아 있어 북경의 패군(敗軍)이 조선으로 몰래 도망해 오면 전라도 제주(濟

---

40) 東京帝國大學文科大學史料編纂掛, 《大日本古文書 幕末外國關係文書之一》. 〈町奉行
書類〉. 이하 《幕末外國文書》로 약기한다.
41) 《幕末外國文書 三》, 〈高麗環雜記〉.

州)에 숨기려고 하는데, 예전 명제(明帝)의 패군 때에 청제(淸帝)에게 복종하고 명제에게는 일체 통신을 끊었는데, 이번 명대(明代)로 복귀하면 조선은 아주 곤란한 지경에 처할 것이라 합니다.[42]

하지만 그리되면 명 말의 경우처럼 조선이 명나라와 청나라 사이에 끼어서 처지가 어려워지기 때문에 조선은 아주 난감해 한다는 내용이다. 또 같은 해 6월에도 청나라 황제의 몽진 논의와 태평군의 활약상이 간단히 보고되고 있다.

도쿠가와 막부에 들어간 이러한 정보는 대륙에서 전개되는 사태와 거리가 멀지만, 또 조선이 탐지하여 보유하고 있는 정보의 내용과도 커다란 차이가 있다. 쓰시마번(對馬藩)도 이 점을 어느 정도는 알고 있었던 듯 보고서의 말미에, 사실 여부는 정확히 알 수 없지만 수집된 정보라서 일단은 보고하노라고 적고 있다.[43] 이러한 정보의 출처가 한국 쪽 자료에서는 아직 확인되지 않는다. 그러나 쓰시마번이 조선에서 이러한 정보를 수집할 수 있었다는 사실은 조선의 조야에 태평천국에 관한 소문이 널리 유포되고 있었음을 입증해 준다 하겠다.

뿐만 아니라 조선정부가 정보를 통제하고 있었다는 의혹도 가지게 한다. 각종 참서와 비기류가 유행하고 와언이 유포되는 가운데 태평군에 관한 소문이 여기에 더해진 터라 왜곡된 정보는 부풀어 오를 수밖에 없었다. 여기에 정부가 정보를 통제한 흔적은 역력하다. 정부의 통제로 말미암아 불완전한 내용이 구전되는 과정에서 자꾸만 부풀어 오를 수밖에 없으리라는 것은 쉽게 유추할 수 있다. 그래서 지금 열세에 놓인 청조는 이제 곧 태평군에게 패할 것이며 그리되면 황제가 조선으로 피난할 것이고 패전한 청군도 조선으로 도망하여 올 것이니, 조선왕조로

---

42) 《幕末外國文書 五》, 〈長崎奉行書類〉.

43) 위와 같음.

서는 그 뒷감당을 어찌할 것인지 심각하게 고민하지 않을 수 없는 만큼, 조선정부가 지금 날마다 걱정에 싸여 있다고 하는 데까지 소문이 부풀어 오를 수 있었던 것이다.

이미 지적한 대로 1860년 북경 함락의 소식이 전해지자 수도 한양에서 피란 인파가 속출했다는 사실을 통해서도, 1850년대에 태평군의 활약 등 중국 대륙의 정세가 널리 유포되어 있었음을 유추할 수 있겠다. 양이에게 북경이 함락되었다는 소식은 매우 신속하게 전해진 것으로 보인다. 그 소식이 아무리 충격적이었다고 해도 소식을 듣자마자 소란이 일어나고 그처럼 신속하게 도성을 비우고 피란할 수는 없기 때문이다. 또 서양인이 쳐들어왔을 때 그들로부터 자신을 지켜내기 위하여 가톨릭 신자의 징표를 이미 준비해 둔 자가 많았다거나 이를 구하려고 애쓰는 이들이 있었다는 점도 그렇다. 태평군과 염군의 투쟁에 대한 사실이 이미 널리 알려져 있었고, 서양 세력의 침략 가능성도 전파되어 있었기 때문에 만일의 사태를 예상하고 이에 대비하고 있었다고 보아야 할 것이다.44)

이제까지 검토한 일련의 사실을 종합해 보면, 조선왕조의 집권 세도 권력은 1852년 10월 사은정사 서염순이 청조의 반란 상태를 심각한 것으로 전망한 이래 1853년부터 1855년에 걸쳐 정치적 역량이 큰 인물을 사신으로 뽑아 대륙의 정세를 정확히 탐지하려 노력했다. 아울러 이양선의 출현이나 국내 상황에 대해서도 나름대로 안전책을 마련하며 비상시에 대비하고 있었다. 그런 한편으로는 정치적 책임을 면하기 위하여 국왕에게는 일정 부분의 정보를 차단하거나 축소하여 보고하고 있었다. 뒤에 서술하는 바와 같이 철종이 측근을 정사로 선발했던 것은 이러한 인의 장막을 넘어서 정확한 정세를 파악하려는 시도로 보인다.

---

44) 이 책 제1장 3절 2), 제3장 2절 1) 참조.

3) 은폐와 축소로 희석된 위기

헌종·철종 양대의 실록은 중국과 관련된 기사, 특히 중국의 전란에 관한 기사가 매우 소략하게 처리되고 있다는 공통점을 지니고 있다. 이는 가까운 시기, 비슷한 정치 분위기에서 거의 같은 인물들이 편찬했다는 데서 이해의 실마리를 찾을 수 있겠다. 그런데 정치적으로 어느 한 정파의 이해와 직결될 것으로 보이지 않는 중국에 관한 기사, 특히 병란의 기사가 왜 전례 없이 소홀하게 다루어졌을까? 이유는 이미 보아온 대로 한마디로 말하여 정권 안보 때문이었다 할 수 있겠다. 세도정치 아래서 타성에 젖은 관료들은 위기를 제대로 인식하지 못했다. 설령 제대로 인식하였다 해도 조정의 표면적인 안정에 충격을 주거나 이를 해칠 만한 사실에 대해서는 아예 덮어두든지 애써 눈감을 구실을 만들었다. 그래서 이런 사실이 알려지는 것을 통제하였던 것으로 보인다.

이제 태평천국을 비롯한 청조 말의 병란이 《철종실록》에는 어떻게 다루어지고 있는가를 보기로 한다. 《철종실록》에는 연행사절의 사폐(辭陛: 국왕에 대한 사신의 출발 인사)와 복명 사실이 빠짐없이 기재되어 있다. 《일성록》이나 《통문관지(通文館志)》, 《동문휘고(同文彙考)》와 대조해 보면 사행의 명칭이 조금 차이나는 것은 있으나 탈락은 보이지 않는다. 그런데 태평천국을 비롯한 중국의 병란에 대하여 《일성록》에는 세 사신의 복명 기사, 서장관과 수역의 풍부한 〈문견별단〉이 망라되어 있다. 또 《승정원일기》에는 세 사신의 복명 기사가 주로 정리되고 있다. 《동문휘고》에도 《일성록》만큼은 아니나 〈문견별단〉이 상당량 정리되어 있다. 그러나 실록에서는 이런 내용을 거의 채록하지 않거나 채택했더라도 지나치게 깎아내어 일부만을 채록하고 있다.

태평군과 염군의 투쟁에 관한 정보는 사신이 귀국할 때마다 빠짐없이 보고되었다. 따라서 철종은 청나라에서 벌어지고 있는 '적비사(賊匪

事)'에 대하여 매우 구체적인 사실들을 알고 있었다. 그래서 출발하는 사신들에게 그때마다 "피지(彼地)와 아경(我境)의 사정을 상탐(詳探)해 오라"고 명하는 등 지속적인 관심을 보이고 있었고, 사신도 이에 대하여 빠짐없이 복명하고 있으며, 서장관과 수역은 〈별단〉을 제출하고 있다. 그러나 《철종실록》에서 청국의 병란에 관한 첫 기사는 철종 8년 (1857) 10월 28일조에 가서야 만날 수 있다. 철종이 출발 인사를 하는 동지사행의 세 사신에게 중국의 정세를 상세히 탐지하고, 아울러 사행 길을 오가면서 국내 사정도 꼼꼼이 살펴오라고 하는 명령이다.

> ① 여차(廬次)에서 세 사신을 소견(召見)하였으니, 정사 경평군 호(慶平君晧)·부사 임백수(任百秀)·서장관 김창수(金昌秀)이다. 사폐한 때문이었다. 임금이 이르기를, "청나라의 인심과 농사의 형편 및 적비(賊匪)의 동정을 상세하게 탐지하고, 우리나라의 연로(沿路) 여러 곳의 인심과 농사 형편도 역시 상세하게 탐지하여 오는 것이 좋겠다" 하였다.45)

바로 이 동지사행의 출발에 앞서 같은 해 3월에 귀국한 사신의 복명까지를 포함하여, 1년에 두 차례 이상이나 사행의 사폐와 복명을 위한 소견이 있었지만, 실록은 그저 '사폐'와 '복명'이라는 두 글자만 각각 기술하고 있다. 그런데 왜 이때 와서야 갑자기 이런 기사가 채록되었을 까?

이 기사가 나오게 되는 배경을 추적해 보자. 이 기사에서 주목되는 점은 정사가 종친인 경평군 호이며, 시기가 1850년대 후반이라는 사실이다. 이 두 가지 사실이 갖는 의미를 추적해 보면 실록 편찬자가 대내외 정세에 대한 지배층의 위기의식과 그 대응을 이 기사로 나타냈다고

---

45) 《哲宗實錄》, 8년(1857) 10월 乙亥.

하겠다. 이때 정사로 선출된 경평군 호(1832~1895)는 종친 가운데 가장 유능하다는 평가를 받고 있었고 철종의 신임이 두터웠다. 그는 당시 세도 세력을 견제하고 비판할 수 있었던 거의 유일한 인물로 알려지고 있다.46) 철종 11년(1860) 11월, 당시의 세도 권력과 경평군의 관계를 상징적으로 보여주는 정치극 한마당이 펼쳐진다. 경평군이 김좌근 세력과 그 가문을 비판했다 하여 판중추부사 김좌근, 영돈녕부사 김문근, 훈련대장 김병국, 어영대장 김병기, 도승지 김병필, 정언 김병류 등이 사퇴하는 소동이 일어난다. 이에 대신들이 들고 일어나 김좌근 등을 지지하고 나섰고, 철종 또한 이들이 관직에 나오도록 간곡히 권유하여 김좌근 등은 복직한다. 사태는 여기서 끝나지 않았다. 이번에는 간관(諫官)들이 들고 일어나 경평군을 탄핵하였고, 대신들 역시 경평군의 죄를 물어야 한다고 주장하였다. 철종이 결국 경평군의 작호를 빼앗고 신지도(薪智島)로 유배하면서 사건은 일단락되었다.47)

특수한 사명을 띤 사행이 아니고 연례의 정기사절인 동지사행의 정사로 경평군을 선발한 것은 철종의 의사가 크게 작용했을 것으로 보인다. 철종은 즉위 이래 태평천국을 비롯한 청조의 병란에 대하여, 연행사절에게 지속적인 보고를 받고 있었고 또 이에 깊이 관심을 기울이고 있었다. 그러나 사신들의 보고는 각종 적비가 곳곳에서 창궐하고 있다던가 적비가 치성하다고 전하면서도, 결론은 한결같이 적비의 세력은 '오합지졸이라 깊이 우려할 것이 못 된다'는 상투적 결론이었다.

철종 3년(1852) 10월에 사은정사 서염순이 청조에서 일어난 적비에 대하여 '장구침릉지세(長驅侵凌之勢)'라고 전망하면서, 명 말의 농민군

---

46) 오수창, 〈정국의 추이〉, 《조선정치사》 상, 120~121쪽; 秦東赫, 〈李世輔의 哲宗朝現實批判時調考〉, 《東方學志》 第30輯, 1982, 197~198쪽 참조.

47) 매우 정치적으로 보이는 이 일과성의 사건에 대해서는 《哲宗實錄》, 11년 11월 辛卯·壬辰·癸巳·甲午·乙未條에 모호한 대로 정리되어 있다.

이자성(李自成) 무리도 이와 같았으므로 '깊이 우려하지 않을 수 없다'
라고 위기로 진단하였다.[48] 이듬해 9월에 복명하는 진하사은행 정사
강시영도 태평군의 남경 점령 사실을 전하면서 적비에 대한 평가를 미
루고 있다.[49] 태평천국 초기에 이처럼 태평군의 실체를 꿰뚫어보고 이
를 위기로 판단한다거나 평가 자체를 유보하고 있는 서염순과 강시영
의 정세 판단은 당시 사신의 복명에서는 오히려 매우 예외적이었다. 철
종 7년(1856)부터는 서장관과 수역의 〈별단〉에 청조의 적비 진압 능력
을 회의적으로 보는 견해가 나타나기 시작하지만, 사신은 여전히 적비
의 세력을 과소평가하면서 머지않아 진압될 것이라는 낙관론으로 일관
하고 있었다. 세도 세력의 장막에 가려서 내용과 결론이 일치하지 않는
복명을 받아오던 철종은 관료들로부터는 정확한 정보를 얻기 힘들다고
판단하고, 측근을 통하여 더 확실하고 믿을 만한 정보를 얻으려 했다.

한편 집권 세도 세력의 처지에서는 경평군이 비록 정치적으로 꺼리
는 상대이기는 하지만 그를 정사로 선발하는 데 반대하지 않았을 것이
다. 이는 후술하는 바와 같이 대외 위기에 대한 확인이 일단 끝났고, 대
비책도 마련해두었을 뿐만 아니라, 부사나 서장관과 수역 등을 통하여
경평군의 정보 탐지를 조절하고 견제할 수 있었기 때문이다. 따라서 세
도 권력이 꺼리는 경평군이 현지를 다녀온다고 해도 권력구조나 정국
의 향방에 그리 영향을 미치지 못할 것이란 자신감이 작용하였다. 결국
국왕의 위구심을 해소시켜야 할 상황에서 그 위구심이 기우라는 사실
을 국왕의 측근을 통하여 확인시키는 노회한 방법을 택할 수 있었던 것
이다. 감시와 조절이 가능한 마당에 국왕의 의심을 사면서 불필요한 마
찰을 할 필요가 없었다. 따라서 모처럼 철종은 국왕으로서 자신의 사신
을 선발했지만, 실제로는 여전히 세도 권력의 사신이 선발된 것이나 마

---

48) 이 책 제1장 1절 1) 참조.

49) 《日省錄》, 철종 4년 9월 19일.

찬가지였다.

이렇게 발탁된 경평군은 연행에서 귀국하여 현지 정세를 복명한다. 내용은 첫째, 여러 곳의 적비는 모두 소탕되었고, 금릉(金陵)의 적괴(賊魁)는 아직 초멸되지는 않았으나 그 세가 차츰 위축되어 간다고 한다. 둘째, 그곳 인심은 열국의 사신 왕래에 관군을 내어 호송할 정도니 인심이 들썩임을 미루어 알 수 있다는 두 가지로 요약할 수 있다50).

경평군을 수행했던 서장관과 수역의 〈별단〉도 철종의 큰 관심사였던 적비에 대하여 이례적으로 간단하게 정리하고 있다. 특히 수역 〈별단〉은 홍수전을 비롯한 태평군의 지도자 대부분이 죽고 양수청과 석달개 등 몇 사람만 남아 어렵게 공성(空城)을 지키고 있는 형편이므로 곧 섬멸될 것이니 걱정할 일이 못 된다고 결론짓고 있다.51) 그러나 이 사행이 북경을 다녀오는 동안에도, 병사했다는 홍수전은 남경에 건재하였고 죽었다는 홍인발은 바로 그 해에 안왕(安王)에 봉해진다. 양수청은 태평천국 지도부의 내홍으로 1년 전에 이미 죽었으며, 석달개도 반년 전에 이미 태평천국을 이탈한 뒤였다.52) 사신이나 역관이 수집한 태평천국 관련 정보 가운데서 이만한 오보(誤報)를 찾기도 어렵다. 현지에서 언어가 통하고 풍부한 경험을 지닌 수역의 정보로 보기는 힘든 내용이었다. 서장관과 수역의 〈별단〉을 통해서도 세도 권력이 국왕에 대한 정보를 차단하거나 조작하고 있다는 의혹을 짙게 한다.53) 초행인데다 아

50) 앞의 책, 철종 9년(1858) 3월 28일.

51) 위의 책, 같은 날.

52) 이 책 제1장 2절 1), 2) 참조.

53) 이러한 의혹을 뒷받침하는 사례는 또 있다. 복명 때에 부사와 서장관이 무언(無言)인 점도 결코 우연으로 보이지는 않는다. 또 복명 때 경평군은 평범한 실수를 한다. 복명이 끝날 무렵 철종은 경평군에게 현지에서 〈당보(塘報)〉를 구득했는가, 구했으면 왜 가져오지 않았는가를 물었고, 경평군은 구했는데 행장 속에 넣어두고 미처 가져오지 못했다고 답한다. 이에 철종은 생소한 소치라고 꾸짖는다. 결국 수행원들이 정사인 경평군에게 복명에 필요한 자료를 미리 준비해

직 이십대였던 경평군으로서는 서장관과 수역, 특히 수역의 협조 없이 현지에서 정보를 탐지한다는 일은 매우 어려웠을 것이기 때문이다.

경평군의 정보는 철종의 기대에 부응하지 못한 것이었다. 그러나 세도 권력 쪽에서 보면 청조의 체제 동요에 대한 철종의 위기의식을 누그러뜨리는 작용을 했을 것이다. 그것도 임금이 가장 신임하는 측근을 통하여 위기의 둔화 작업을 한 것이다. 이러한 사실을 종합해 볼 때 철종 8년(1857)의 동지사행 사폐에 대한 기사는 첫째, 종친인 정사를 예우함으로써 세도가가 왕실을 존중하고 있음을 드러내고 둘째, 한편으로는 1850년대 조선 지배층의 위기의식을 반영하고 있다. 셋째는 그 위기의식이 조선의 지배체제에 충격을 줄 만한 것이 아니라는 사실을, 세도 권력을 비판하고 견제할 수 있는 국왕의 측근을 통하여 국왕이 확인할 수 있었음을 알리고자 채록되었다고 판단된다. 이 동지사행이 귀국하여 복명을 하고 〈별단〉을 제출했음은[54] 이미 앞에서 본 대로이나, 실록은 다만 "돌아온 세 사신을 불러 접견했다"라고 종전의 예와 똑같이 지극히 간단하게 정리하고 있을 뿐이다.

실록의 다음 기사는 1860년 영·불연합군의 북경 점령 사태에 대한 정보를 접하고 나서 문안사를 파견하기로 했다는 내용이다.

② 비변사에서 아뢰기를 이제 막 뇌자관(賚咨官)의 〈수본(手本)〉을 보건대, 황제가 열하(熱河)로 이필(移蹕)하여 아직도 환도하지 않았다고 하니 마땅히 사신을 보내어 문안하는 거조가 있어야 하며, 사명(使名)은 열하문안사(熱河問安使)로 계하(啓下)하여 차출하게 하소서 하니 윤허하였다.[55]

주지 않았다는 얘기가 된다.

54) 《日省錄》, 철종 9년(1858) 3월 28일.

55) 《哲宗實錄》, 11년(1860) 12월 戊辰.

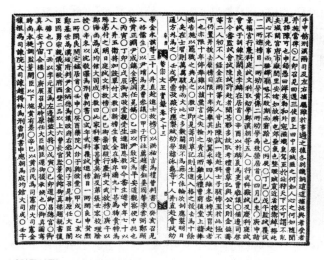

《철종실록》 12년 3월 27일~4월 23일의 기사. 겨우 2쪽으로 정리했다.
이어지는 5월 한 달치 기사는 1쪽도 안 되는 분량이다.

뇌자관 김경수의 〈수본〉은 외국 군대가 북경을 점령하고 황제가 열
하로 피난해야만 했던 미증유의 사태, 곧 제2차 아편전쟁의 시말을 매
우 정확하고 상세하게 전하고 있다. 그러나 실록의 이 기사는 열하에
문안사를 파견할 정도로 중대한 사태임에도 황제가 궁성을 떠나 열하
에 가 있다는 것 말고는 아무 설명도 없다.

곧이어 이듬해 정월에 열하문안사가 출국 인사를 하는 자리에서 군
신 사이에 대단한 우려의 표명이 있었다.[56] 그러나 실록에는 "세 사신
을 소견했는데 사폐한 때문이다"라고만 했을 뿐 아무런 설명이 없다.
열하문안사 파견 결정과 이 사행의 출발 인사에 관한 두 건의 실록 기
사는, 1857년 10월의 동지사행 사폐 기사와 선명한 대조를 보이는 것

---

56) 《日省錄》, 철종 12년(1861) 정월 19일.

이어서 기사 취급의 기준이 어디에 있는가를 의심하게 한다. 이 의심은 결국 1857년 10월의 동지사행 사폐에 관한 기사가 고도의 정치적 판단에서 채록되었음을 알 수 있게 한다.

철종 12년(1861) 3월 하순에 귀국한 정사 신석우가 조야를 뒤흔든 북경 함락 사태 이후의 대외 정세를 면밀히 분석하여 종합한 복명 기사는 이렇게 찬술되고 있다.

③ 돌아온 세 사신을 소견하고, 임금이 말하기를, "중국의 비적은 어떠하며, 인심은 어떠한지를 듣고 본 대로 상세히 진달함이 옳겠다" 하니, 신석우가 말하기를, "양이와 억지로 화친했지만 외구(外寇)가 점점 치성하여 황가(皇駕)가 북수(北狩)하기에 이르렀으니, 천하가 어지럽지 않다고 이를 수는 없다고 봅니다. 그러나 성궐(城闕)·궁부(宮府)·시창(市廠)·여리(閭里)는 편안하기가 예와 같고, 장병이 교루(郊壘)에 주둔해 있는데 기색은 정돈되어 태연하며, 도적이 근성(近省)에 숨어 있는데 방어함이 침착하고 여유가 있으니, 이는 민심이 일에 앞서 소란스럽게 하지 않고 조정의 계략도 기한을 주어 군색하게 하지 않기 때문입니다" 하였다.[57]

우리는 이미 이 자료를 검토한 바 있다.[58] 사태의 중요성이나 내용의 분량에 견주어 소략하기 짝이 없다. 신석우가 의도적으로 강조했던 북경의 안정이 실록에서는 더욱 큰 비중을 차지하고 있다. 천하가 크게 어지럽다는 엄연한 사실은 숨기지 않았지만, 천하대란 속에서 겨우 안정을 되찾은 북경에 초점을 맞춤으로써 높아졌던 당시의 위기감을 희석시켜 놓았다. 타성에 젖은 집권 세력이 눈앞의 안정을 해칠 만한 충격에 대하여 지나치게 경계의식을 드러내고 있는 좋은 예라 하겠다.

---

57) 《哲宗實錄》, 12년(1861) 3월 乙卯.

58) 이 책 제1장 2절과 제3장 2절 3) 참조.

신석우의 복명이 있고 나서 3개월 뒤에 돌아온 열하문안사가 복명한 일도 채록되어 있다. 여기에 이르러서야 비로소 태평천국에 대한 사실을 약간 구체적으로 확인할 수 있다.

④ 회환(回還)한 열하사(熱河使)를 소견하고 임금이 말하기를 "중국의 사세(事勢)는 어떻던가" 하니, 조휘림(趙徽林)이 말하기를 "각 성에 적비가 창궐하여 창졸간에 토멸하기는 어려우나, 총독에 적합한 사람을 얻어서 방어가 심히 견고하고, 도적도 또한 병졸을 거두어 자수(自守)하고 있는 형편이라 다시는 감히 침략하지 못할 것입니다. 양이(洋夷)는 별로 침요(侵擾)하는 사단(事端)이 없기 때문에 도성의 백성은 안도하고 있었습니다. 그리고 이번의 별행(別行)에 격외(格外)의 은상(恩賞)이 있었던 것으로 보아 황제가 특별히 우례(優禮)하는 뜻을 보인 것을 헤아릴 수 있습니다. 또 조사(朝士)가 전하는 바를 들으면 '이번 사행은 곧 열국(列國)에서는 없었던 것을 조선에서만 유독 있었으니, 한결같은 마음으로 사대(事大)하는 정성은 깊이 흠탄할 만하다. 참으로 예의의 나라이다'라 하였다고 하였습니다" 하니, 임금이 "이 어렵고 위험한 때를 당하여 사대하는 도리에 있어 어찌 한 번쯤 문안하는 예가 없을 수 있겠는가" 하였다.59)

청나라의 병란에 관한 기사로는 가장 길다. 적비와 양이 모두 우려할 만하지 않다는 부분을 살렸고, 또 내용의 절반 이상을 황제의 위난에 대하여 문안한 '사대의 예'에 관한 내용으로 채우고 있다. 실록 편찬자 곧 집권층의 관심이 어디에 있는지가 그대로 반영되어 있다. 대외적인 위기를 일단 사대외교로 극복했다는 안도감의 발로라 할 것이다.

1861년의 기사에는 그 밖에도 중국 관련 기사의 반영률이 다른 해에

---

59) 《哲宗實錄》, 12년(1861) 6월 丙子.

견주어 높은 편이다. 7월에 함풍제가 열하에서 서거하였다. 이에 따른 칙사의 영접과 환송에 대한 비교적 자세한 기사와, 조문을 하기 위하여 파견되는 진위겸진향사에 관한 기사 들이다. 12월의 진위진향사행 사폐 기사는 이러하다.

⑤ 진향사(進香使)를 소견하였으니, 정사 이겸재(李謙在), 부사 유진오 (兪鎭五), 서장관 송돈옥(宋敦玉)이다. 사폐한 때문이었다. 임금이 말하기를 "이제 진향은 모름지기 폐단이 없이 일을 마쳐야 할 것이다. 요사이 연도 에 관원들의 왕래가 끊임없이 이어져서 음식과 거마의 폐단이 없지 않으 니, 최대한 간략하게 줄이는 것이 옳다. 또 저쪽 땅의 적비 동정과 정사의 귀추와 조사(朝士)의 진퇴 등을 모두 자세하게 탐지하여 오도록 하라" 하 였다.60)

이 기사에서 주목되는 점은 잦은 사신의 왕래로 사행 연도의 주민들 이 겪을 고통을 줄이도록 하라고 임금이 강조하고 있는 점이다. 열하문 안사나 진위진향사, 함풍제의 서거를 알리는 청조의 칙사는 모두 비정 기적인 사행이다. 이런 사행이 짧은 기간에 집중되는 데서 연도민의 부 담이 클 수밖에 없었다. 실록의 편찬자는 이 기사를 통하여 조문외교 (弔問外交)의 중요성과 민생을 염려하는 어진 임금의 덕을 드러내고 있 다. 기사는 이어서 임금의 시국에 대한 걱정도 반영하였다. 철종으로서 는 적비는 양이까지를 포함하여 우려할 필요가 없다고 보고 받았으나 그 이후가 궁금하였겠고, 북경 사태 이후 계속하여 안정된 상태가 전해 왔으니 정사(政事)가 평상으로 돌아갔는지 관심이 있었을 것이며, 새 황제가 즉위할 것이니 새 황제의 사람됨과 권력의 향방 등 정국이 어찌

---

60) 《哲宗實錄》, 12년(1861) 12월 癸酉.

될 것인지 또한 관심사였을 것이다. 이처럼 사신에게 중국 정세를 상탐해 오라는 명령은 반영되고 있으나, 이듬해 5월 이들 사절의 회환과 복명에 대해서는 한 줄의 설명도 없다.

그러나 《승정원일기》에는 이 진향사행의 복명 기사가 자세하다.[61] 또 《동문휘고》에 서장관과 수역의 〈별단〉이 실려 있는 것도 확인된다.[62] 이를 종합해 보면 사신들은 국왕이 명했던 사항에 대하여 거의 빠짐없이 그 임무를 수행하고 그 결과를 복명하였다. 그 가운데 주목되는 부분은 청나라가 태평군을 진압하기 위하여 영국·프랑스의 군대와 연합하였는데, 그들이 큰 전과를 올리고 있다는 등 양인(洋人)의 동태를 어느 정도 자세히 보고하고 있는 점이다.

그런데도 실록 편찬자는 왜 이를 무시했을까? 사폐 기사의 채록은 기사의 내용 그 자체, 즉 조선정부가 청나라의 정치 상황을 자세히 탐지해야 할 필연성이나 사태의 심각성에서 오는 사실 그 자체를 중시해서 채록하였다기보다는, 잦은 사행으로 고통 받는 연도민을 걱정하는 임금의 덕과 조문외교의 상징성과 중요성 때문에 채록한 것으로 볼 수 있다. 함풍제가 서거하자 '황제의 붕서(崩逝)'에 따른 일련의 의전 절차 이행, 즉 커다란 외교의전(外交儀典)을 정리하는 차원에서 진향사 파견 기사를 채택한 것이다. 8월에 의주부윤이 황제가 붕어하였음을 알려오자[63] 곧 칙사 일행을 맞이하기 위한 원접사(遠接使)와 관반(館伴)이 정해졌고,[64] 이어 국왕이 원접사를 소견한다.[65] 12월에 반송사(伴送使)가 정해졌다.[66] 또 조문을 위하여 진향사를 파견하였다.[67] 이어서 칙사를

---

61) 《承政院日記》, 同治 원년(1862) 壬戌 5월 초2일.

62) 《同文彙考》, 補續, 使臣別單.

63) 《哲宗實錄》, 12년(1861) 8월 乙亥.

64) 위의 책, 12년(1861) 8월 丙子·己卯.

65) 위의 책, 12년(1861) 8월 乙酉.

마중하고 접견하며,[66] 칙사를 배웅하는 일[67] 등으로 이 해가 저물었다. 진향사의 귀국은 해를 넘겨 1862년 5월에 이루어졌다.

철종 12년(1861) 12월의 진향사 사폐 기사까지로 《철종실록》에서 중국의 병란이나 이와 관련이 있는 기사는 끝이 난다. 《철종실록》을 통해서는 태평천국이나 염군의 투쟁 또는 각종 민중항쟁에 대한 개요는 전혀 알 길이 없다. 실록의 찬자들은 《시정기(時政記)》와 《일성록》 《승정원일기》 각사(各司) 등록을 비롯해 많은 양의 광범위한 사료를 바탕으로 실록을 편찬했음이 분명하다. 그런데 《일성록》과 《승정원일기》 두 사료만으로 한정해서 견주어 보더라도 이 부분에 대한 실록의 기사가 지나치게 소략하다는 것이 금방 드러난다.

이는 실록의 편찬자들이 일정한 문제의식이나 일관된 태도로 대륙의 정세 특히 중국의 병란을 대하고 있지 않았음을 알려준다. 국왕이 이 문제에 지속적인 관심을 표명하고 있었던 점을 감안하면 당시의 쇠미한 왕권의 실상과 함께, 실제 권력의 소재를 알게 해준다. 태평천국이나 염군 등에 관한 인식도 극히 낮았다. 이는 당시 집권층의 머릿속에는 중국은 광대한 지역이라 병란 없는 곳이 없고, 없을 때도 없다는 선입견이 있었기 때문이다. 또 청조의 안정성과 우월성에 대한 맹목적인 믿음이 있는가 하면, 조선의 안전을 위해서 안정되어 있기를 바라는 의식도 자리 잡고 있어, 안일하고 천박한 현실 접근 태도와 인식을 갖게 했다고 볼 수 있다.

이제까지 검토한 《철종실록》에서 다루고 있는 중국의 병란이나 이를 언급한 기사의 특색은 다음과 같이 정리할 수 있을 것이다. 청조의

---

66) 《哲宗實錄》, 12년(1861) 12월 乙丑.

67) 《日省錄》, 철종 12년(1861) 12월 20일; 《哲宗實錄》, 12년(1861) 12월 癸酉.

68) 《哲宗實錄》, 12년(1861) 12월 乙亥·丙子.

69) 위의 책, 12년(1861) 12월 丁丑.

병란에 대하여 언급한 이 일련의 기사는 1850년대부터 1860년대 초까지의 대내외적 위기 상황에 대하여 지배층이 일정한 인식을 하고 있었음을 알게 해준다. 그러나 그 인식은 철저하지 못하였고 또 부분적인 것이었다. 대외적인 위기감은 1853년부터 1856년 사이에 나타나고 1860년대 초반에 고조된다. 그러나 연행사신을 통하여 현지의 사정을 확인하고 희망적 관점에서 정보를 선별하고 해석함으로써 그 위기감을 둔화시키고 있다.

불철저하고 부분적인 인식은 소극적이고 안일한 대응으로 나타난다. 국내 문제는 가장 안일한 최소한의 대비책을 세우고 있을 뿐이다. 대외적 위기에 대한 대응책 역시 우선 청국과 번속질서(藩屬秩序)를 재확인하여 이를 이용한다는 방침으로 굳어진다. 실질적인 권력을 장악하고 있는 집권 세도 세력에게는 가장 안전하고 손쉬운 방법이었다. 실권은 없으나 정치의 최종 책임을 짊어져야 하는 국왕에게는 어쩔 수 없는 유일한 선택이었다. 외교 의례의 충실한 이행은 바로 이러한 데서 나온 대응책이었다.

앞에서 검토한 다섯 건의 기사는 모두 청조의 병란을 언급하면서도 의전(儀典)과 관련하여 정리되었다는 공통성을 지닌다. 기사 ①은 청조의 내란을 처음 다루었지만, 철종이 가장 신뢰하는 종친이 정사로 선발되었기 때문에 왕실을 존중하고 종친을 예우하는 뜻을 나타내었다. ②③④는 적비와 양이라는 사안 그 자체의 중요성도 살리면서, 한편으로는 함풍제의 피란에 따른 문안과 관련되는 점이 공통적이다. 특히 ④에서는 사대외교의 성과에 대하여 전체의 반 이상을 할애하고 있다. ⑤도 역시 함풍제의 붕어에 따른 의전을 집행하는 외교 관행의 한 부분을 다루면서 국내의 민생과 청나라 적비의 일을 언급하고 있다.

이 외교 관행의 충실한 이행은 열하문안사의 경우처럼 청조에게 조선이 그 번속질서 안에 있음을 재확인시키는 일이기도 하였다. 조선이 번속질서 안에 있음을 확인받는 일은 당시의 조선 지배층에게는 위기의 극복을 보장받는 확실하고 손쉬운 길이었다. 그래서 집권 세도 권력은 훗날 실록을 편찬하면서 자신들의 민첩한 외교활동으로 위기를 극복했다는 형식으로 기사를 정리하여 치적으로 삼았다고 볼 수 있겠다.

세도 권력은 애써 탐지한 중국의 대내외 위기 관련 정보를 축소·은폐하고 이를 외교 의례와 관련시켜 정리함으로써 위기감을 희석시켜 놓았다. 이러한 위기 관련 기사의 정리 방법은 심각한 위기를 앞에 두고도 소극적이고 안일한 대응으로 일관한 세도정권의 변명이기도 했다.

4. 치적 만들기 : 종계변무

《철종실록》에서 다루고 있는 중국 관련 기사 가운데서 국가의 존망과 관련되는 병란 기사는 매우 소홀하게 정리되어 있음을 앞에서 확인할 수 있었다. 그런데 이 병란 기사와는 대조적으로 당시 위정자들이 크나큰 관심으로 열정을 쏟았고, 실록의 편찬자들 또한 그 전말을 상세히 다루고 있는 사안을 볼 수 있으니, 그것은 종계변무(宗系辨誣)라는 사업이다. 이는 명나라 쪽 기록에 태조 이성계(李成桂)의 세계(世系)가 잘못 기록되어 있어서, 조선왕조가 명나라에 주청하여 이 종계의 오기(誤記)를 바로잡은 일이다. 태조 이성계가 고려 말의 권신이자 그의 정적이었던 이인임(李仁任)의 후손이라는 잘못된 내용이 《명태조실록(明太祖實錄)》과 《대명회전(大明會典)》에 그대로 실렸다는 것이 조선 쪽에 알려지면서 종계변무는 시작되었다. 정적의 후손이라는 기술은 그 자체가 모욕적이었고, 건국 초기의 조선왕조로서는 국가의 정통성과 왕권 확립의 장애로 작용하는 사안이었다.

종계변무는 국초 이래 명나라와 사이에 심각한 외교 문제가 되었다.

조선왕조는 종계의 오기를 바로잡기 위해 집요한 노력을 벌인 끝에 선조 22년(1589)에 이를 수정한 《대명회전》을 받아오게 되어, 200년에 걸치는 종계변무 건은 완전히 해결되었다. 그러나 중국에서 청나라로 정권이 교체된 이후에도 관찬서(官撰書)와 사찬서(私撰書)에서 종계를 비롯한 조선 관련 기사에 오류가 있음이 알려졌고, 조선왕조는 그때마다 이를 청나라에 주청하여 바로잡는 일에 힘을 쏟았다.[70]

1) 종계변무의 추진과 존호

철종 말년의 종계변무는 청나라 정원경(鄭元慶)이 편찬한 《이십일사약편(二十一史約編)》 가운데 조선의 종계선수(宗系禪修)에 관한 와무(訛誣)를 바로잡는 일이었다. 철종 14년(1863) 1월 8일, 윤치수(尹致秀)의 상소로 이 일이 시작된다.[71] 그는 먼저 종계변무의 역사와 이번에 다시 이를 추진하게 된 동기를 말한다.

> 신이 삼가 국계변무(國系辨誣)를 상고하여 보건대, 개국한 처음부터 시작하여 선조조(宣祖朝)에 이르러서야 비로소 준청(準請)을 획득하여 개간(改刊)된 《회전(會典)》 판본을 선시(宣示)하였으니, 이에 우리 동방의 군신 상하가 2백 년 동안 가슴속에 숨겨온 통한이 하루아침에 비로소 신설(伸雪)되었습니다. 따라서 모두 황은(皇恩)에 감사하고 조종(祖宗)의 영령(英靈)을 기쁘게 위로한 것 또한 지금까지 2백 년이 되었습니다. 그리고 강희(康熙) 무렵에 웅사리(熊賜履)·왕홍서(王鴻緒)가 찬수한 《명사고(明史藁)》와 옹정 무렵에 장정옥(張廷玉)·서건학(徐乾學)이 찬수한 《명사(明史)》에

---

70) 黃元九, 〈淸代七種書所在 朝鮮記事의 辨正〉, 《東方學志》 제30집, 연세대학교 국학연구원, 1982 참조. 이 글에서는 철종 대의 종계변무도 다루고 있다.

71) 《哲宗實錄》, 14년(1863) 정월 乙卯.

우리나라에서 변주(辨奏)한 글을 두루 기재하였은즉, 《회전》 초간본의 잘못됨은 저절로 환히 밝아졌으니, 천만세에 영원토록 다행스런 일입니다. 그러나 야승(野乘)이나 쇄록(瑣錄)에 여기저기 산발적으로 보이는 것을 다 고칠 수는 없는 것이기 때문에 주린(朱璘)의 패사(悖史)가 나오게 되어 무와(誣訛)된 것이 그전과 다름이 없으므로, 드디어 사신을 보내어 변무(辨誣)하는 거조가 있기에 이르렀던 것입니다. 신이 마침 근일 북경에서 구입하여 가지고 온 이른바 《이십일사약편》이라는 책을 보니, 그 내용 가운데 본국 조항에 대한 종계(宗系)와 수선(受禪)은 그대로 무와된 것을 답습하여 그것이 한정이 없을 정도이므로, 가슴이 놀라 뛰고 뼈를 깎는 듯하게 통분스러워 살고 싶지 않은 마음이었습니다.

윤치수는 이어서 《이십일사약편》과 같이 잘 알려지지도 않은 개인의 저술을 왜 바로잡아야 하는가를 강조한다.

정사(正史)의 기록에는 전후의 변주(辨奏)를 모두 기재하였으니, 이런 황당하고 사실과 어긋난 글에 대해서는 변해(辨解)할 가치도 없는 것 같지마는, 이는 전혀 그렇지 않은 점이 있습니다. 주린의 패사가 제작된 것도 사성(史宬)의 찬차(纂次)에서 나온 것은 아니었습니다만, 영조대왕께서는 척연(惕然)히 깜짝 놀라 급급히 변무의 진달을 행했으니, 이것이 어찌 오늘날 거울로 삼아 본받아야 할 일이 아니겠습니까? 신의 생각에는 전사(專使)를 보내어 갖추어 주달하여 속히 전정(鐫正)하도록 청하는 것이 곧 조종께서 쌓아온 정성과 간절한 바람을 계술(繼述)하는 의리로서 온 나라 신민들의 가슴이 무너지는 듯하게 통박한 심정을 위로할 수 있을 것입니다. 삼가 바라건대, 먼저 신의 이 소장(疏章)을 가져다 조정에 내려 널리 묻고 의논하게 하는 바탕으로 만드소서.

이에 대해 철종은 "너무도 놀랍고 통분스러워 감히 잠시도 스스로 편안할 수가 없다. 변주를 청하는 것은 경의 말이 과연 절당하다. 마땅히 시임·원임 대신들에게 하순(下詢)하겠다" 하고, 곧 전·현직 대신들을 불러 의견을 묻는다. 영의정 정원용, 판중추부사 김흥근·김좌근, 좌의정 조두순 등이 진주사를 파견하여 바로잡을 것을 주청하여 그대로 결정된다.[72] 2월 13일에 국왕은 모화관(慕華館)에 나가 진주문(陳奏文)을 살펴 틀림이 없는가를 확인했다. 이어서 윤치수를 정사로 하는 진주사행의 출발 인사를 받았다.[73]

5월 29일, 임무를 마친 사행은 북경을 출발하기에 앞서 "신 등이 지난달 22일 예부(禮部)에 정문(呈文)했더니, 해당 부에서 회의하여 《약편(約編)》 가운데 잘못된 부분을 경정(更正)하도록 했습니다. 일이 완결되면 원본 1질을 사 가지고 가서 복명하는 날 정납(呈納)할 계획으로 있습니다"라고 변무의 일이 순조로웠음을 급하게 보고하였다. 철종은 이는 더없는 경행(慶幸)이라고 기뻐하면서 예조가 날을 가려 포고하는 절차를 마련하라고 명한다.[74]

같은 날 전·현직 대신과 예조판서의 접견 요청으로 국왕은 이들을 소견한다. 영의정 정원용 등은 계무(系誣)가 환하게 신설(伸雪)된 것은 참으로 더없는 경사이며, 변무 뒤에 포고하는 것은 선조와 영조께서 이미 행한 의례이니 예조로 하여금 속히 좋은 날을 받아 거행하게 하자고 청하였고, 철종도 허락한다. 이어 정원용은 선조 때의 선례에 따라 임금께 존호(尊號)를 올리고자 하니 윤허하도록 앙청한다.

우리 전하께서 임어(臨御)하신 이래로 하늘을 공경하고 조선(祖先)을 본

---

72) 《哲宗實錄》, 14년(1863) 정월 乙卯.

73) 위의 책, 14년(1863) 2월 乙丑.

74) 《日省錄》, 철종 14년(1863) 5월 29일; 위의 책, 14년(1863) 5월 甲戌.

받으며, 어버이에게 효도하고 백성을 사랑하신 성대한 덕과 지극한 행실은 항상 온 나라의 신민들이 흠앙하고 찬송하는 것으로서, 누군들 본뜨고 찬양하려는 소원이 없겠습니까? 더구나 이제 패기(稗記)의 거짓은 이륜(彝倫)에 관계되어 있으니, 이런 따위의 문자가 세간에 유포된 것은 곧 우리나라 상하 신민이 놀랍고 통분스럽게 여기는 것으로 하루라도 스스로 편안할 수 없는 것이었는데, 하늘이 낸 성상(聖上)의 효도에다가 사개(使价)가 잘 변정(辨正)하여 일월이 다시 밝아지고 우주가 빛을 회복하였으니, 조선을 생각하고 근본에 보답하는 정성과 선왕의 뜻을 계승하고 사업을 이어가려는 생각으로 전대를 잇고 후손을 여유 있게 한 것은 고금에 드문 일입니다. 옛날 선조(宣祖)께서 변정하였을 적에 여러 신하들이 존호를 올릴 것을 청하자 윤종하셨습니다. 우리 조가(朝家)에서 이미 행한 예를 어떻게 오늘날엔 행하지 않을 수 있겠습니까? 이에 감히 서로 인솔하고 와서 앙청하는 바이니, 여러 신하들의 심정을 굽어 따르시어 속히 유음(兪音)을 내리소서.

철종은 사양한다. 이번에는 판중추부사 김좌근이 나서서 앙청한다.

이미 변무는 되었으나 일이 막중한 데에 관계되니, 쇄록(瑣錄)과 영편(零編)이라고 해서 소홀히 해서는 안 됩니다. 성상의 효도가 빛을 발하여 소청에 대한 준허(準許)를 얻었으니, 온 나라의 신민들은 비로소 일성(日星)이 회식(晦蝕)되는 가운데서 벗어날 수 있게 되었습니다. 더구나 경인년(1590, 선조23년)에 있었던 고사가 오늘날 우러러 계승할 만한 확실한 증거가 되니, 성명(聖明)께서 여기에 대해 겸손하는 미덕으로써 일체 윤허를 아끼시는 것은 부당한 조처인 것 같습니다. 다만 속히 힘써 따르겠다고 허락하시기를 기원합니다.

철종은 "선조조에는 성스러운 덕과 높은 공이 있어 찬양하는 욕례

(縟禮)를 거행했지만, 나는 치법(治法)이 성대했던 옛날에 견줄 만한 것
이 전혀 없다. 더구나 종계에 대한 변무는 내가 행해야 할 우리 집안의
일이니 곧 상사(常事)"라 하면서 절대 불가한 일이라고 내친다. 그러자
판중추부사 조두순이 나섰다.

임어한 이래 지대한 인덕(仁德)이 사람들의 살과 뼈에 흡족히 젖었고 풍
성한 공렬(功烈)이 백성들의 눈과 귀에 흠씬 배어 있으므로, 국사(國史)와
야승(野乘)에서 장차 이루 다 기록할 수 없을 정도인 것은 진실로 신 등의
말을 기다릴 것도 없습니다. 생각건대, 이번의 진주(陳奏)에 관한 한 가지
일은 성상의 효도에 저들이 믿고 감응한 것으로서, 성상의 효도를 천명하
는 것은 조종(祖宗)의 큰 경사를 대양(對揚)하고 조종께서 계우(啓佑)하신
것을 펴서 넓힘에 있어 성대하게 하는 것입니다. 따라서 전하께서 여기에
대해 겸양하여 피하려고 하신들 되겠습니까? 조속히 유음(兪音)을 내리시
기를 기원합니다.

이에 철종이 "나는 부덕한 자질로 나이도 많지 않다. 더구나 지금은
민우(民憂)와 국계(國計) 때문에 다른 일에 겨를이 없는데, 어떻게 이런
형식적인 일을 행할 수가 있겠는가? 다시는 이런 말을 않는 것이 좋을
것 같다"고 답하였다. 임금의 대답은 의례적인 겸양일 수도 있다. 그렇
더라도 태평성대라는 허구 의식으로 단단히 무장하고, 이를 받아들이라
고 강요하는 신하들에게 둘러싸인 임금은 홀로 현실에 발을 딛고 시국
을 걱정하자니 외로움은 크다. 그러나 영의정 정원용은 아랑곳하지 않
고 다시 아뢴다.

누차 하교를 받들었습니다만, 성스러우면서도 성스러움을 자처하지 않
으시니 겸양하여 사양하는 성덕(盛德)에는 비록 크게 빛남이 되겠으나, 임

어하신 이후 지극한 선정과 큰 공덕의 은택을 백성에 입힌 것은 이루 다 기록할 수 없습니다. 이번에 성효(誠孝)의 감동된 소치로 사사(使事)가 준청(準請)되었는데, 이에 대해 성조(聖祖)에서 이미 행하여 온 예법이 있고 여정(輿情)에서도 막을 수 없는 논의가 있습니다. 전하께서는 비록 유양(揄揚)하자는 요청을 굽어 따르려고 하지 않더라도 속히 예대(豫大)하는 행사를 행하여야 되겠는데, 그것은 조선(祖先)의 미덕을 계승하고 큰 경사에 보답하는 의리에 따라 사양하지 못할 점이 있는 것입니다. 연석(筵席)에서 감히 누차 번거롭게 할 수 없으므로 퇴출한 뒤 여러 재신(宰臣)들과 빈청에 모여 계사로 앙청하겠습니다.

이에 대하여 철종은 "다시는 뜻밖의 말을 하지 않는 것이 마땅하겠다" 하였다. 국왕의 거듭되는 사양에, 정원용은 의정대신들이 다시 모여 빈청 계사로 앙청하겠다고 하며 일단 자리를 끝낸다.

이미 준비가 되었던 듯 곧바로 최상의 찬사로 수식된 장문의 빈청 계사가 지루하게 이어졌다. 빈청 계사는 먼저 재위 14년 동안의 성덕과 대업이 삼대(三代)보다 높다고 규정했다. 삼대란 성현의 다스림으로 이룩한 이상사회였으니, 중국 역사에서는 돌아가서 이룩해야 할 세상, 어느 시대나 개혁의 모델이 되는 시대다.

신 등이 전고(前古)에도 드물게 있었던 기회를 만나 온 나라가 다 함께 하는 마음을 진달하기 위해 전석(前席)에서 아뢰었으나 아직도 윤허를 받지 못하였으니, 이는 말에 통달되지 못함이 있는 것이고 뜻에 미덥지 못한 점이 있는 것이므로, 진실로 절박하고 답답한 마음이 극도에 달하여 견딜 수가 없었습니다. 이에 감히 서로 이끌고 연명(聯名)으로 아뢰어 성명(聖明)께서 살펴 받아주시기를 기대합니다. 생각건대, 우리 성상께서는 하늘과 사람이 순신(順信)하는 도움을 받으시고, 조종(祖宗)께서 어렵게 이룩한 큰

유업을 전수하여 빛나게 임어하신 지 14년 동안에 성덕과 대업은 삼대(三
代) 이전보다 훨씬 뛰어났고, 심인(深仁)과 후택(厚澤)은 널리 팔도 안에 두
루 입혀졌습니다.

재위 14년에 이룬 공업이 삼대보다 높다 했으니 더 이상 바랄 것이
없는 좋은 세상일 터이다. 임금의 위대한 업적에 대한 찬양은 그 극진
한 효성을 밝히는 데서 시작한다. 직계왕통이 끊겨서 방계에서 왕위를
이어받은 철종은 그만큼 섬기고 돌봐야할 조상이 많았다. 또 세도 권력
은 임금이 정사에 참여하는 것을 제한하고 갖가지 전례에 참여하도록
했다. 그러한 임금의 효성을 《시경》이나 《서경》 같은 고전에 나오는
성인의 그것과 견주어가며 최상의 꾸밈말로 장황하게 드러내었다.

백행(百行)의 근원인 효성은 사해(四海)에 이르러 준칙이 되었으며, 임금
의 보좌에서 덕의(德義)의 교훈인 사조(四條)의 가모(嘉謨)를 받들어 대비
께서 염유(簾帷)를 드리우고 함께 청정(聽政)하는 정치의 도움으로 3년 동
안 큰 교화를 이룩했습니다. 겨울에 따뜻하게 하고 여름에 시원하게 하며,
아침저녁 문안드림에는 효성이 독실하여 선침(膳寢)을 소중히 여겼고 사시
사철로 제향을 받듦에는 애타게 사모하는 마음이 담장을 보면 담에, 밥 먹
을 때엔 국에까지 그 모습이 선연히 드러나 보였습니다. 묘궁(廟宮)을 시절
따라 배알하여 식례(式禮)를 어김이 없었고, 능원(陵園)을 봄가을로 전성(展
省)하여 사모하는 마음이 갈수록 깊었습니다. 헌종(憲宗)에게 세헌(世獻)을
의논하여 통서(統序)를 더욱 빛나게 했고, 녜실(禰室)에 공렬(功烈)을 찬양
하여 현호(顯號)를 즉시 올렸습니다. ……

이어서 임금의 어질고 밝은 덕을 찬양한다. 덕치(德治) 예찬 또한 앞
에서 그랬듯이 많은 경전과 역사책에 나오는 성인이나 어진 군주의 고

사를 동원하여 현란하게 꾸미고 있다.

　법도 안에서 공경심을 지녔으므로 매사가 규구준승(規矩準繩)에 합치되었으며, 방책 위에서 학문을 힘썼으므로 그것이 풍아(風雅)·전모(典謨)로 발현되었습니다. 신공(臣工)은 예절로써 대우했으므로 조정을 일월처럼 존엄하게 만들었고, 유술(儒術)을 돈독히 숭상하였으므로 산골에 거처한 유일(遺逸)들을 찾아냈습니다. 재행(才行)이 있는 사람은 위천(尉薦)하여 신달(申達)시킴으로써 관재(官材)를 변론(辨論)하였으며, 관리들의 치적에 장부(臧否)를 매김으로써 규찰하는 법을 동칙(董飭)하였습니다. 경장(瓊章)과 보한(寶翰)은 서청(西淸)에 임어하시어 갱수(賡酬)를 명하였고 금담(錦賵)과 표낭(縹囊)은 내적(內籍)을 나누어 은사했습니다. 작은 행동에도 반드시 긍식(矜式)을 지녀 기완(器玩)에는 진기한 물품을 물리쳤고 검덕(儉德)을 스스로 밝혀 토목공사를 시작하는 공역(功役)을 끊어버렸습니다. 재이(災異)를 반전시켜 상서(祥瑞)로 만들었으므로, 때때로 자신을 반성하여 스스로 면려해야 된다는 유음을 내리기도 하였고, 간하지 않아도 받아들이므로 조정에는 말 때문에 죄를 얻은 사람이 없었습니다. 분경(紛競)을 억제하여 선비들의 추향(趨向)을 바로잡았으므로 사원(祠院) 가운데 새로 창건한 것은 철거시켰으며, 풍성(風聲)을 수립하여 명교(名敎)를 장려하였으므로 세신(世臣)이 부조(不祧)의 은전을 받았습니다.

덕치에 대한 찬사는 임금이 지극한 애민정신으로 백성의 삶을 구석구석까지 어루만졌다고 이어진다.

　삼가 생각하건대 소민(小民)을 화합시키는 정치는 실로 영원히 이어갈 수 있는 근본이 되는 것이므로 백성을 보호하는 모책(謨策)을 매양 연석(筵席)에서 강론하였고, 백성을 편안하게 하는 첩문(帖文)을 특별히 궁전의 벽에 게시하였습니다. 원정(元正)에는 농사를 권면하기 위해 해마다 지척(咫尺)의 교서를 반포하였고, 상신(上辛)에 기곡제(祈穀祭)를 지내자 하늘의 보사(報賜)가 북을 쳐서 울리는 소리보다 빨랐습니다. 낙우(酪牛)의 폐단을 개혁함에는 구운 양고기를 먹지 않는 인덕(仁德)을 미루었고 정공(正供) 이외의 공삼(貢蔘)을 감손함에는 다세(茶稅)를 특별히 감면한 은혜보다 뛰어났습니다. 요해처(要害處) 백성이 굶주림에 시달리는 걱정이 있을 때는 혜택을 베푼 것이 물에 뜬 배보다 빨랐고, 낮고 습한 곳에 사는 백성들이 수재(水災)에 시달리는 걱정을 위로하기 위해서는 덕의(德意)가 가득 담긴 윤음을 내렸습니다. 천택(川澤)의 횡렴(橫斂)을 금지시키니 외진 물가의 백성들이 생업에 편안한 즐거움을 누리게 되었고, 궁방에 절수(折收)된 것을 환수하니 촌리에 과세를 독촉하는 고통이 없어졌습니다. 의지할 곳 없는 늙은 과부와 홀아비도 모두 돌보아 구휼하는 범주 안에 들게 되니 수재와 화재를 당한 사람들도 또한 은혜로운 감면 조처를 받았으며, 딱하고 불쌍하게 여기는 마음을 상형(祥刑)에서 분명히 열어 보이니 억울하고 원통한 것이 모두 통쾌하게 풀렸습니다. 바닷가와 산골에 염방(廉訪)하는 사행(使行)이 부지런했던 것은 큰 추위와 서우(暑雨)에 따른 원자(怨咨)를 진념(軫念)해서이고, 군읍(郡邑)에 부극(掊克)의 폐습을 징계한 것은 과율(科律)을 뜨거운 햇빛과 가을 서리보다 엄격하게 하기 위한 것이었습니다.

또 하나 임금의 치적으로 삼정 개혁이 추가된다. 이제까지 열거한 치적으로도 태평성대를 이루고도 남을 만한데, 어찌하여 인민의 불만이 민란으로 폭발하는지, 또 어찌하여 민란의 원인이 되도록, 그래서 그 폐단을 바로잡지 않으면 안 될 정도로 삼정이 어지러워졌는지에 대한 설명은 없다. 삼정의 개혁은 철종조가 당면한 긴급 과제였다. 이를 일부라도 해결했다면 치적이 될 터였다. 그러나 치적다운 치적이어야 할 삼정의 개혁은 개혁의 방책을 널리 물었다는 데서 그치고 있다.

삼정의 폐단을 바로잡을 방책을 하문하시어 대책을 올리라는 명이 드디어 중서(衆庶)에게까지 미쳤고, 상공(常供)의 감생(減省)을 의논함에 이르러는 또한 내탕(內帑)을 하사한 것이 거만금에 이르렀습니다. 지치(至治)의 아름다운 향기는 골고루 적시도록 크게 내렸고, 풍년의 좋은 상서는 지금껏 강녕함을 누리게 되었으며, 일세를 지극히 융숭하고 화락한 지경으로 끌어올리셨습니다.

빈청 계사는 마지막으로 종계변무의 성공을 들어서 철종의 치적을 정리한다. 종계의 오기를 바로잡는 일이야말로 효성의 극치이니, 이를 성사시킨 것은 만세에 길이 전할 공덕임을 강조하여 존호의 당위성을 역설한다. 성군 만들기의 대미이다.

더구나 우리 조정의 종계(宗系)가 잘못 기록된 것 때문에 국초부터 선조조 기축년까지 180년 동안에 사신이 모두 열한 번이나 가서야 이에 준청을 획득하였는데, 그때의 군신(群臣)들이 성효(誠孝)를 칭술(稱述)하면서 미덕을 찬양하였습니다. 그리하여 그 높고 우뚝한 공렬이 우주에 찬란하게 전해져 왔고 위대한 책간(策簡)은 먼 후세에까지 미더운 증서로 남게 되었습니다. 그 뒤 야록과 쇄사에서 잘못된 소문을 답습한 것이 있으면 그때마다 사신을 보내어 공청(控請)하였고 누차 간정(刊正)시키는 은전을 받아왔었습니다. 그런데 불행하게도 정원경의 《이십일사약편》이 나오게 되자, 성심(聖心)이 진경(震驚)하시어 사신을 보내 신변(伸辨)하였으며, 사사(使事)가 완결되자 선무(先誣)가 깨끗이 씻겼습니다. 따라서 열성(列聖)의 오르내리는 영령께서는 위에서 기뻐하시고, 온 나라의 기쁨을 머금고 추대하는 무리들은 아래에서 환희에 들떠 있습니다. 이는 우리 성상께서 조선(祖先)을 추모하고 근본에 보답하는 정성이 신명을 감격시키고 선왕의 지사(志事)를 계술한 것이 고금에 뛰어난 데 연유한 것이니, 지극한 행실과 좋은 명성은 그것이 장차 천하 만세에 길이 전하여지게 될 것입니다. 신 등이 군주를 존모(尊慕)하고 성덕을 경축하는 정성에 있어 오늘날 이 소청을 어떻게 그만둘 수가 있겠습니까? 전하께서도 신휴(神休)에 보답하고 군정(群情)에 부응하는 생각으로써도 또한 어떻게 신 등의 오늘 이 소청을 어기고 거절할 수 있겠습니까? 삼가 바라건대 겸손해하는 마음을 힘써 돌리시어 속히 유음을 내리소서.

철종이 이에 대하여 "치법(治法)과 정모(政模)가 절대로 옛날의 휴명(休明)한 세상에 견줄 만한 것이 없는데 단지 선무(先誣)를 변주했다는 한 가지 일 때문에 갑자기 구전(舊典)을 따르려 한다면 명실이 부합되지 않는다"면서 소청을 불허한다고 비답(批答)한다. 빈청 계사는 되풀이되었고 임금은 역시 이를 물리쳤다.

다음 날인 5월 30일의 정기 접견에서도 영의정과 여러 대신이 빈청의 계언을 수락하도록 독촉했고 철종은 이를 거부한다. 논의가 다시 이어진다. 빈청이 다시 아뢰었으나 임금은 허락하지 않았다. 빈청의 삼계에도 철종은 불허한다.

이에 빈청 계사를 접고 나서 영의정 정원용 등 국가의 원로들이 앞장서서 정청(庭請)의 형식으로 나왔다. 정청이란 세자나 의정이 백관을 거느리고 궁정에 나와 큰일[大事]을 아뢰고 하교를 기다리는 의전이다. 앙청의 단계를 더 높여 존호 수락을 청하고 나선 것이다. 실록은 이렇게 기록한다.

영의정 정원용, 판부사 김좌근·조두순 등이 백관을 거느리고 정청하여 아뢰기를 "삼가 바라건대 유음을 내리시어 민정(民情)에 답하고 선휴(先休)를 계승하는 방도를 마련하소서" 하니, 비답하기를 "나의 뜻은 이미 결정되었다. 아무리 누차 청하여 그치지 않을지라도 반드시 힘써 따를 이치가 없으니, 다시 번거롭게 아뢰지 말라" 하였다.

정청은 회를 거듭하며 되풀이되어 무려 여덟 차례에 이른다. 성군이니 존호를 받으시라고 강청하고 있지만, 사실은 존호를 받으면 성군이된다는 세도정권의 최면 걸기였다. 그 최면은 이처럼 집요하게 진행된다. 그때마다 철종은 이를 물리쳤다. 실록이 전하고 있는 철종의 비답을 차례로 옮겨보자.[75]

1. 나의 뜻은 이미 결정되었다. 아무리 여러 번 청하여 그치지 않을지라도 반드시 힘써 따를 이치가 없으니, 다시 번거롭게 아뢰지 말라.
2. 반드시 행해서는 안 될 일을 날마다 번거롭게 요청하니, 나는 그것이 온당한 조처인 줄 모르겠다.
3. 반드시 따르지 않을 줄 알면서도 이렇게 누차 번거롭게 하니, 이것이 어찌 서로 마음을 아는 것을 소중히 여긴다는 의리이겠는가.
4. 강요할 필요가 없는데도 강요하는 것은 불가한 것이고, 그만두어야 하는데도 그만두지 않는 것도 불가한 처사다. 다시 번거롭게 청하지 말라.
5. 또 어찌하여 이러는 것인가. 도리어 지리함을 느끼겠으니 속히 중지하고 번거롭게 하지 말라.
6. 상하가 서로 버티면서 부질없이 서로 수응(酬應)하는 것이 어찌 사체에 손상되지 않겠는가.
7. 일과 삼아 서로 버티고 있으니 앞으로 그칠 날이 없을 것인가. 다시는 번거롭게 청하지 말라.
8. 나 또한 말이 궁하고 뜻이 없어졌다. 어찌하여 이렇게 서로 핍박하는 것인가.

---

75) 《哲宗實錄》, 14년(1863) 5월 乙亥.

날이 바뀌어 유월 초하루도 정청은 이어졌다. 이날의 정청이 3회에
이르자, 철종이 마침내 존호를 허락하는 비답을 내렸다.[76]

돌아보건대 지금 국계(國計)와 민우(民憂)가 얼마나 긴급한 때인가? 상하
가 마음을 다져먹고 실심(實心)으로 실정(實政)을 행하더라도 오히려 홍제
(弘濟)할 방책이 없을까 두려운 판국에 갑자기 겉치레로 꾸미는 일을 의의
(擬議)하면서 마치 조급히 서둘러 행해야 될 것처럼 하고 있으니, 이것이
어찌 서로 바라고 함께 면려(勉勵)하는 의리이겠는가? 나는 부덕한 몸으로
큰 서업(緖業)을 찬승(纘承)하여 이른 아침부터 밤늦게까지 조심하는 것은,
열조(列朝)의 전장(典章)을 어기지 않고 잊지 않으면서 선왕의 지사(志事)
를 계술(繼述)하는 것이었다. 그러나 정치는 바라는 대로 되지 않았고 은택
은 궁극에까지 미치지 못하여, 매양 스스로 생각하면 깊은 연못과 깊은 골
짜기가 앞에 놓여 있는 것만 같았다. …… 다만 선무(先誣)를 변해(辨解)한
한 가지 일에서 그 미명(美名)을 과매(寡昧)한 나에게 돌리는 것은 부당하
지만, 이것이 또한 전대에 없던 드물게 있는 경사이니, 이런 경사가 있는
기회로 말미암아 기필코 나로 하여금 성조(聖朝)에서 이미 행한 전례(典禮)
를 우러러 준행하게 하는 것은 전거(典據)할 만한 의리가 있는 것이고, 또
백성들의 대동(大同)한 심정을 끝까지 저버릴 수 없었으므로, 여러 날 헤아
린 끝에 이에 힘써 따르기는 하겠으나, 나의 마음에는 끝내 부끄러움이 있
다. ……

존호를 수락한 철종은 전·현직 대신과 예조판서의 요청으로 이들을
소견한다. 영의정 정원용이 아뢰었다.

---

76) 앞의 책, 14년(1863) 6월 丙子.

빈청(賓廳)의 계달(啓達)과 정청(庭請)으로 정성을 쌓아 연명으로 아뢰었
으나 잇달아 미안스러운 하교를 내리셨으므로, 신 등의 황송하고 답답한
정성은 갈수록 더욱 옹축(顒祝)하였는데, 전하께서 선왕의 법을 준행하는
의리로써 힘써 따른다는 하교가 있으시니, 신민들의 경축과 환희를 어찌
형용하여 진달할 수 있겠습니까?

이에 철종은 "누누이 간청하는 것이 도리어 지루하게 느껴졌고, 매양
선왕을 따르라는 것으로 청하였기 때문에 비록 부끄러움을 견딜 수 없
기는 하지만 힘써 따르지 않을 수 없었다"[77] 하였다.

빈청에서는 기다렸다는 듯이 신속하게 존호를 올렸다. 왕의 존호는
'희륜정극수덕순성(熙倫正極粹德順聖)'으로, 왕비의 존호는 '명순(明純)'
으로 하겠다는 것이다.[78] 곧바로 존호도감이 개설되고 의전을 주관할
인물이 선정된다. 김좌근이 도제조, 김병기·김병국·조연창(趙然昌)이
제조가 된다.[79] 3일, 국왕은 인정전(仁政殿)에서 하례를 받고 사면령을
내려 죄인들을 풀어주었다.[80]

17일에도 인정전에 나가 보책(寶冊)의 진하를 받고 죄인을 사면했
다.[81] 같은 날 진주사행 세 사신이 회환하여 복명한다.[82]

돌아온 진주사를 소견하였다. 임금이 이르기를 "사사(使事)가 준청한 것
이 이토록 신속하게 될 줄은 헤아리지 못하였다. 그리고 더구나 패서(悖書)

---

77) 《哲宗實錄》, 14년(1863) 6월 丙子.

78) 위와 같음.

79) 《承政院日記》, 同治 2년(1863) 6월 초1일.

80) 《哲宗實錄》, 14년(1863) 6월 戊寅.

81) 위의 책, 14년(1863) 6월 壬辰.

82) 《日省錄》, 철종 14년(1863) 6월 17일; 위의 책, 14년 6월 壬辰; 《同文彙考》 補
續, 使臣別單.

를 즉시 간정(刊正)하게 되었으니, 더없는 경행(慶幸)이다. 따라서 경(卿) 들
이 힘과 정성을 다 기울였다는 것을 상상할 수가 있다" 하니, 윤치수가 말
하기를 "성효(誠孝)가 순독(純篤)하시어 다른 나라에서 믿고 감동했으므로
사사가 순조롭게 이루어졌으니, 더 없는 경행입니다. 시창(市廠)의 30여 건
은 이미 개각(改刻)하였으므로 한 질을 이번 걸음에 구입하여 가지고 왔는
데, 어제 이미 승정원에 정납했습니다" 하였다.[83]

논공행상도 이루어졌다. 먼저 번다한 의례의 실무 담당자들을 고루
시상하였다. 이어 종계변무의 진주를 성사시킨 공로를 인정하여 세 사
신에게 품계를 올려주었다. 존호도감의 도제조와 영의정 등도 차등을
두어 시상을 하였고, 제조 등에게는 품계를 올려주었다.[84] 경축행사는
더욱 확대되었다. 7월 30일에는 경사를 넓히는 뜻을 보이기 위하여 백
낙신·김시연 등 농민항쟁을 불러온 탐관오리들마저 놓아주라고 명하
였다.

지난번 민요(民擾)가 있을 때 소란을 피운 여러 놈 가운데 죄명이 가장
긴중(緊重)한 자 외에는 전부 놓아 보내어 경사(慶事)를 넓히는 뜻을 보이
도록 하라" 하였다. 하교하기를, "계칙(戒飭)을 이미 시행하였고 또 경사스
런 기회를 당하였으니, 가극(加棘) 죄인 김시연(金始淵), 위리(圍籬) 죄인 백
낙신(白樂莘), 도배(島配) 죄인 서상복(徐相復)·홍한주(洪翰周)·김노봉(金
魯鳳), 원찬(遠竄) 죄인 임헌대(任憲大)·임병묵(林昺默)·권명규(權命奎)·
김동수(金東壽)·고제환(高濟渙), 찬배(竄配) 죄인 홍병원(洪秉元)·박희순
(朴希淳)·서상악(徐相岳)·구성희(具性喜), 양이(量移) 죄인 김후근(金厚
根)을 모두 전리(田里)로 방축하라. 그리고 암행어사의 계사(啓事)로 말미암

83) 《哲宗實錄》, 14년(1863) 6월 壬辰.

84) 위의 책, 14년(1863) 6월 戊寅; 同 6월 壬辰·癸巳.

아 적소(謫所)에 있는 자들도 또한 방송(放送)하라" 하였다.[85]

은전 베풀기는 8월에도 이어진다. 영조(1725～1776) 때에 변무정사
(辨誣正使)로 공을 세운 서평군(西平君) 요(橈)의 사손(祀孫)에게 벼슬을
주었다. 서평군이 변무정사가 되어 개정한 사서(史書)를 받아오자 영조
가 크게 포상하면서 자손들의 조용(調用)을 명하였고, 순조 때까지 대
대로 상작(賞爵)을 내렸으니, 옛 공적을 생각하여 그의 사손을 등용하
는 것이 마땅하다는 이유에서였다. 이는 영의정 정원용의 건의에 따른
것이었다.[86]

이로써 종계변무의 일은 일단락되었다. 집권층은 이 문제에 그야말
로 집요한 애착을 보이고 있다. 종계변무의 성사를 널리 알리고, 임금
에게 존호를 올리는 국가적 의전을 거국적으로 추진했다. 그것도 짧은
기간에 적극적이고 신속하게 처리하고 있다. 선양(禪讓) 의식을 방불케
하는 요란한 절차의 이행이었다. 그리고 나중에 《철종실록》에는 다른
어떤 문제보다도 중요하고 소상하게 다루어져 있다. 그리고 청조에서
입수한 정보에 대하여 이처럼 적극적이고 신속하게 대응할 수도 있다
는 하나의 예증으로 실록에 실려 길이 남았다.

2) 철종 14년 종계변무의 의미

태조 이성계가 '화가위국(化家爲國)'을 자처한 이래[87] 가보(家譜)의
중시가 일반화되고 유교의 명분론(名分論)과 정통성(正統性)으로 일관
해 온 조선왕조로서는, 그리고 이 문제가 국초 이래 이따금 중요한 외

---

85) 《哲宗實錄》, 14년(1863) 7월 甲戌.

86) 위의 책, 14년(1863) 8월 己卯.

87) 金斗憲, 〈가족제도〉, 국사편찬위원회, 《한국사》 10, 1974, 716쪽.

교 현안이 되어왔다는 점에서[88] 종계변무는 당연한 일이라 할 수 있겠다. 문제는 국제 관계가 날로 긴박감을 더해가고, 지배체제의 붕괴가 현실로 드러나고 있는 19세기 중엽의 절박한 상황에서 이처럼 알맹이 없는 국가 의례가 너무나 요란스럽게, 그리고 태연하게 이루어지고 있다는 점이다.

1860년 북경이 함락되었다는 소식이 전해지자 서양 오랑캐와 청나라의 도적 떼가 조선을 침입해 올 가능성이 있는 것으로 파악되어 그 대응책이 논의되었으며, 일부 조신은 닥쳐올 환난을 겁내어 도성을 버리고 피란할 정도로 위기감이 고조되었다. 다급해진 임금이 대책을 물었다. 대신은 부국강병이 해답이지만, 이는 시간이 걸리니 차차 논의하자고 넘어가려 하였다. 다시 대응책을 다그치자 나온 대책은 임금이 수양을 게을리 말고, 수령을 잘 선택하자는 것이 전부였다.

최제우(崔濟愚)는 경상도 동남 일우의 산골에서도 세계의 변화를 읽고 있었다. 그가 접하는 정보는 그 양으로나 질에서도 정부 관료들의 그것과 비교가 되지 않을 만큼 제한적이었을 것이다. 최제우는 1860년에 동학(東學)을 창도한다. 닥쳐오는 위기를 극복하고 좋은 세상을 열자는 뜻이었다. 그리고 그는 위기를 명확히 지적하여 다음과 같이 경계하고 있다.

> 서양인은 도성덕립(道成德立)하여 조화(造化)가 있어 무사불성(無事不成)하는 강군(强軍)이니 중국이 망할 것이요, 그렇게 되면 우리나라도 같은 운명에 빠질 위험이 어찌 없을 것인가![89]

그리고 또 "서양은 싸우면 이기고 공략하면 취하여 이루지 못하는

---

88) 末松保和, 〈麗末鮮初に於ける對明關係〉, 앞의 《青丘史草》第一 참조.

89) 崔濟愚, 《東經大全》, 〈論學文〉.

일이 없어서 천하가 모두 멸하게 생겼으니 순망지탄(脣亡之歎)이 없지
않다. 보국안민(輔國安民)의 계책을 어찌 내지 않을 수 있겠는가"라고
깨우친다.[90]

탄압 속에서도 천주교 신자가 늘고, 동학도 점차 그 세력을 넓혀가고
있었다. 위협을 느낀 정부는 1863년에 최제우를 체포하였고 이듬해에
는 처형해야만 했다.

철종 13년(1862)에는 전국적으로 광범위한 지역에서 농민항쟁이 일
어나고 있다. 이해의 농민항쟁은 70여 지역의 사례가 알려지고 있다.
농민항쟁은 일단 진압된 듯했지만, 항쟁의 불씨는 그대로 남아서 번지
고 있었다. 윤치수가 종계변무에 대한 일을 상소하기 이틀 전에도 정부
는 제주민의 봉기에 안핵 겸 찰리사를 임명하고 있었다. '조가(朝家)의
대경장(大更張)' 운운하며 모처럼 요란스럽게 추진하던 삼정의 개혁 작
업도 넉 달여 만에 팽개쳤다.

종계변무에 매달리고 존호를 논할 상황으로는 보이지 않으며, 존호
를 수락해야 할 당사자인 임금의 상황 인식 또한 그랬다. 그래서 철종
은 존호 수락을 요구받자, 치적도 없고 나이도 어리며 부덕한 데다, 국
계(國計)와 민우(民憂)로 겨를이 없음을 강조하며, 절대 불허의 뜻을 명
확히 했다. 그러나 지루하게 이어지는 존호 수락 강요에 철종은 마지못
해 이를 수락하고 만다. 수락 명령의 첫 마디는 "지금 국계와 민우가
얼마나 긴급한 때인가? 상하가 마음을 다져먹고 실심(實心)으로 실정
(實政)을 행하더라도 오히려 홍제(弘濟)할 방책이 없을까 두려운 판국"
이라면서, 갑자기 겉치레로 꾸미는 일을 마치 조급히 서둘러야 될 것처
럼 하고 있다고 꾸짖는다. 이처럼 존호를 받을 당사자가 한가하게 번문
욕례(繁文縟禮)를 행할 때가 아님을 분명히 하는데도, 그 신하들은 총

---

90) 崔濟愚, 《東經大全》, 〈布德文〉.

동원되어 위기를 외면하고 치적 없는 군주를 성군으로 만드는 일에 매달린다.

세도 권력은 이처럼 종계변무 문제에는 이상하리만큼 집착하면서 요란한 국가의전으로 발전시키고 있다. 그렇다면 철종조의 세도정권은 체제가 무너져 내리는 긴박한 상황에서, 종계변무를 추진하고 존호를 올리는 일에 무엇 때문에 그토록 열중하였을까? 먼저 종계변무의 발론에서 진주사의 파견, 변무의 성사, 포고, 존호 앙청, 경축행사와 시상으로 이어지는 과정을 되짚어보면서 해답의 실마리를 찾기로 한다.

철종 14년(1863) 신년 벽두, 윤치수는 종계변무를 발론하였다. 그는 "근일 북경에서 구입해 온 정원경의 《이십일사약편》"에서 종계 오기를 발견하고 통분을 금할 길이 없었다고 했다. 그가 동지정사로서 북경에 다녀온 것은(1853. 10.~1854. 3.) 이미 10년 전의 일이다. 또 그가 '근일'에 구했다는 이 책을 정원경이 편찬한 것은 강희 35년(1696)의 일이다. 책이 나온 지 170년 가까운 세월이 흘렀다. 청나라에서는 구하기도 힘든 책을 찾아내어 "근일 북경에서 구입한 《이십일사약편》"이라 함으로써 마치 현재 중국에서 널리 통용되고 있는 사서인양 호도하고 있다. 그래서 나중에 김병학은 철종의 〈지문(誌文)〉에다 "계해년(1863) 봄 중국 사람 정원경이 저술한 《이십일사약편》이 우리나라로 들어왔는데"라고 적었다. 조두순은 〈행장(行狀)〉에다 "북쪽에서 나온 서책에 정원경이 저술한 《이십일사약편》이라는 것이 있는데"라고 윤치수의 말을 인용하여 써 놓았다.[91] 한결같이 그 책이 언제 나왔는가를 밝히지 않았다. 읽기에 따라서는 요즘 나온 책 같다.

한편 변정 요청을 받은 청나라 예부는 종계의 오기를 바로잡으려는 조선의 요구가 정당한 것이라고 인정은 하였다. 그러나 《이십일사약

---

91) 《哲宗實錄》 附錄 〈誌文〉; 同 〈行狀〉.

《청실록(淸實錄)》 동치(同治) 2년 4월 을미조. 조선의 종계 문제를 다루었다.

편》이라는 책은 중국에서는 이미 오래 전부터 통행되지 않는 서책이기 때문에 개삭(改削)할 필요조차 없다는 것이 예부의 결정이었다. 예부는 이 의견을 상주하여 동치제(同治帝)의 허락을 받았다.[92]

청나라 정부가 이렇게 결정하자, 진주정사 윤치수는 청나라 예부에서 "잘못된 부분을 경정(更正)하기로 하였다"고 북경을 출발하기에 앞

---

92) 《淸實錄》, 同治 2년(1863) 4월 乙未.

諭內閣 禮部奏. 朝鮮國王李昪遣員以先誣未盡昭雪. 請將謬妄書籍 懇恩刊正一摺 朝鮮國王先系源流 與李仁任卽李仁人者 族姓迥別 我朝纂修明史 於該國歷次辨雪之言 無不一一備載. 仰見列聖睿裁 折衷至當 久已頒行天下 中外皆知. 今該國王因康熙年間鄭元慶所纂二十一史約編 記載該國世系多誣 遣員奉表來京 籲請刊正. 情詞腌摯 具見誼篤本根 實事求是. 鄭元慶約編一書 如所稱該國王祖康獻王爲李仁人之子 實屬舛誤 惟係在明史未修以前 村塾綴輯之士 見聞未確 不免仍沿明初之訛. 豈足徵信 該國有原奉特頒史傳 自當欽遵刊布 使其子孫臣庶 知所信從. 約編一書 在中國久已不行 亦無所用其改削 著各省學政通行各學 查明曉諭 凡該國事實 應以欽定明史爲正 如有前項書籍流播士林 其中訛載該國之事 不得援據 以歸畫一而昭信守.

서 급보했다. 돌아와서는 "시창(市廠)의 30여 건은 이미 개각(改刻)하였으므로 한 질을 이번 걸음에 구입하여 가지고 왔는데, 어제 이미 승정원에 바쳤습니다"라고 복명한다. 이미 오래 전부터 통행되지도 않아 구할 수조차 없는 책인데도, 그는 용케도 30여 건이나 찾아내어 개각하는 유능함을 보인다.

이처럼 철종 14년의 종계변무는 시작부터 끝까지 자연스럽지 않다. 철종 14년의 종계변무가 치밀하게 계획되고 준비된 국가 의전이라는 의심을 지울 수 없게 한다. 위기가 절정에 이른 상황에서 세도정권이 어찌하여 이처럼 대대적인 국가적 경축행사에 힘을 쏟는가는, 그들이 비상 사태를 맞아 이에 대응하는 과정을 돌아보면 해답이 나올 것이다.

철종 13년(1862) 2월, 경상도 단성에서 농민항쟁이 일어나더니 금방 진주로 번졌다. 이 민란은 4월에 전라도로 번졌고, 5월에는 충청도와 경상도, 전라도로 확대되었다. 10월에는 제주, 함흥, 광주(廣州)에서도 민란이 일어났다. 더군다나 7월에는 전국적인 홍수로 큰 피해가 났다. 농민항쟁이 확산되면서 조선정부의 위기의식은 깊어갔고, 온건하던 수습책도 점차 강경 대응으로 가지 않을 수 없었다. 영남지역에서 오른 항쟁의 불길이 호남으로 번지고 5월에는 호서지방으로 확산되어 가자 조선정부는 바싹 긴장했다. 항쟁의 불길이 경기로 번지는 것은 시간 문제였다. 처음에는 '적자(赤子)'로 보던 봉기 농민을 '난민' 또는 '화외필주자'로 여겨 강경한 처벌로 대응하였다. 그러나 농민항쟁은 수그러들지 않았다.

정부는 비로소 농민항쟁의 원인을 조사하고 이를 치유할 대책 마련에 나섰다. 그 원인을 삼정의 문란에서 찾고, 5월에는 삼정이정청을 설치하고 삼정의 개혁에 나섰다. 삼정이정청은 농민항쟁이 어느 정도 수그러들자 그해 윤 8월, '삼정이정절목'을 마련하여 개혁에 착수했다. 이정청은 간판을 내렸다. 그러나 개혁은 지지부진했고, 10월이 되자 삼정은 구법규의 복구로 결말을 냄으로써 요란하게 시작된 개혁은 아무런 성과 없이 중단되고 만다.

철종 13년(1862) 9월에 철종은 왕릉 참배 길에 남한산성에 들러 이를 둘러보고, 서장대(西將臺)에서 전·현직 대신을 불러 접견하기도 했다. 이 자리에서 철종은 병자·정축년 호란의 치욕을 되새기면서 효종의 북벌이 성취되지 못했음을 비분강개한 것으로 정리되어 있지만,[93] 사실은 최악의 사태에 대비하여 피난처를 둘러본 것으로 보인다.

봉건체제가 안팎으로 도전받는 와중에서, 세도 권력은 자신들을 비판하고 견제할 수 있는 정적이나 반대파를 억압하거나 제거하여, 권력을 공고히 하는 작업도 한다. 철종 11년(1860), 종친 가운데 세도정권을 비판할 수 있었던 유일한 인물로 알려진 경평군 호의 작위를 빼앗고, 신지도에 유배하였다. 농민항쟁이 잠시 주춤하던 철종 13년(1862) 7월에 이하전(李夏銓, 1842~1862) 역모 사건이 일어난다. 반대파를 제거하여 권력을 공고히 하면서, 흔들리는 국왕의 권위 정립에도 이용하려는 정치공작으로 알려지고 있는 사건이다.[94] 사건은 전 오위장(五衛將) 김순성(金順性) 등이 다수의 무사를 모아 돈녕부 도정 이하전을 왕으로 추대하려 했다는 오위장 이재두(李載斗)의 무고에서 시작된다. 정부는 대규모의 죄인 신문 절차를 마련하여 이 사건을 대대적으로 홍보하고 이하전을 제주도에 유배했다. 8월 초에 해남에서 이와 관련된 흉서 사건이 일어나자 이하전을 사사(賜死)하였다. 이 사건은 헌종 사후 철종을 추대할 때 김조순 가문의 이해를 대변하는 정원용에 맞서던 권돈인(權敦仁)이 이하전을 왕위계승권자 후보로 거론하였기 때문에, 김좌근 등이 이하전을 제거하여 후환을 없앤 것으로 평가된다. 고종이

---

93) 《哲宗實錄》附錄,〈行狀〉.

94) 오수창,〈정국의 추이〉,《조선정치사》상, 122쪽; 오영교,〈1862년 전국농민항쟁〉,《한국사》10, 한길사, 1994, 146쪽.

즉위하자 경평군은 지위를 회복하였고, 이하전도 신원되었다. 정치 공작이었음을 반증하고 있다.

이처럼 위기가 확산·심화되면서 철종조의 세도정권은 총체적 파국에 직면하였다. 위에서 되짚어본 대응책은 어느 것도 근본 대책이 되지 못했다. 그나마 삼정 개혁은 절실한 문제의 해결을 시도한 것으로, 요란하게 추진하였다. 그러나 개혁 추진의 역량을 갖추지 못한 데다 추진할 의지마저도 약했던 세도정권은 극히 제한된 범위로 개혁을 추진했지만, 이마저 실행할 수 없었다. 농민항쟁은 잠시 주춤했을 뿐 불씨는 그대로 남아 있었다. 거기다 개혁 추진 과정에서 정권 내부의 분열 양상도 노정되었다. 정치 공작으로 정적을 제거하는 것은 나름의 효과는 있었지만, 거꾸로 정권 내부의 약점을 폭로한 것이기도 했다. 세도정권은 어디에서도 정권 유지의 명분을 찾을 수 없게 되었다.

국면을 반전시켜 정권을 유지할 수 있는 그럴듯한 호재가 절실히 필요하였다. 총체적 위기 국면을 한꺼번에 뒤집고 내부 결속도 다질 수 있는 대책이어야만 하였다. 이런 상황에서 종계변무만 한 사업이 없었다. 종계변무는 조선왕조의 정통성으로 직결되는 사안이었다. 대의명분으로도 이에 견줄 만한 사안은 없었다. 종계 오기를 바로잡는 일은 임금에게는 가장 큰 효이며, 신하에게는 더없는 충성이었다. 어느 누구도 반대하거나 이의를 제기할 수 없는 성격을 지닌 사업이었다. 정치적 효과라는 측면에서도 종계변무 이상 가는 것이 없었다.

더구나 종계변무를 위한 진주외교의 여건도 매우 좋았다. 청 정부는 조선이 종계 오기의 변정을 요청하면, 그때마다 쉽게 들어주었다. 《명사(明史)》 편찬시 조선의 주장을 수용하였고, 사찬 서적에 대해서도 조선의 요구가 있을 때는 이를 곧 바로잡아 주었다. 특히 건륭제(乾隆帝)는 조선의 변정 요구를 흔쾌히 받아들임은 물론, 더 나아가 "조선에서도 이러한 서적을 발견하면 분쇄(焚鎖)하여 영구히 의두(疑竇)를 막도록

하라"고까지 할 정도였다.95)

철종조 정권은 이미 한 차례 진주외교의 경험이 있었다. 철종 2년 (1851), 철종의 조부인 은언군(恩彦君) 인(裀)이 1801년의 신유사옥 때 척신 김구주(金龜柱) 등의 무고로 희생되었는데도, 사교(邪敎)에 동조하여 처형되었다고 한 것은 천만부당하니 이를 변정해 달라는 외교를 펼친 바 있었다. 청나라 정부에서는 이인(李裀)이라는 인물은 물론 신유사옥이란 사안이 《대청회전(大淸會典)》에 실려 있지는 않으나, 조선의 요청이 있으니 억울함을 씻는 것이 마땅하다고 결정하였다.96) 당시 종계에 관련된 진주외교는 이처럼 순조로웠다. 거기다 청조가 북경 함락이라는 일대 위기를 맞게 되자, 조선정부가 열하로 피난 간 함풍제에게 문안사를 보내는 사대외교를 펼친 것은 바로 2년 전의 일이었다. 이때 황제의 위난에 사절을 파견한 것은 조선뿐이라 해서 청조로부터 그 '일심사대지성'을 높이 평가받은 바 있었다. 이 일로 청조와의 관계를 더욱 두텁게 해둔 바 있음은 앞에서 살핀 대로이다. 윤치수는 이런 환경에서 종계변무를 발론하였다.

종계변무의 성사라는 국가적 경사를 날을 가려 포고하는 절차를 밟음으로써 국왕의 치적을 널리 선전하고, 후세에 길이 전할 수 있었다. "중국의 패사(稗史)에 기재된 오류를 공소(控訴)하여 밝혀 곧 선계(璿系)를 천명시켰으며, 선조(先朝)의 준례를 따르는 일을 겸양하였으니 '만세에 할 말'이 있게 된 것"97)이다.

김좌근 등 핵심 권력자와 그 측근은 바로 이 국가의 중대 사안을 해결하고 임금에게 존호를 올리는 국가적 의전을 주관하여 자신들의 공적을 쌓음으로써 스스로 권위를 높이고 있다. 이는 곧 권력 장악의 정

---

95) 《淸實錄》, 乾隆 36년(1771) 8월 丙戌.

96) 위의 책, 咸豊 원년(1851) 3월 癸丑.

97) 《哲宗實錄》 附錄, 〈哀冊文〉.

당성을 확보하고 권력의 기반을 확고하게 다지는 명분을 만드는 일이 기도 하였다. 또 핵심 권력의 측근인 윤치수는 이 종계변무라는 국가의 중대사를 발론하고 진주사가 되어 현안을 해결함으로써, 핵심 권력자의 권력 유지에 대한 정당성의 발판을 마련하는 것으로 자신의 지위도 확고하게 하고 있는 것이다. 논공행상도 푸짐하게 행할 수 있었다. 변무의 진주를 성사시킨 세 사신에게 품계를 올려주고 존호도감의 도제조와 영의정 등에게 차등 있게 시상하였고, 제조 등에게는 품계를 올려주었다. 이 일에 관련된 실무자 모두에게도 시상했다. 심지어 농민항쟁을 불러온 죄로 처벌하였던 탐관오리까지 놓아주거나 형을 감해주고 있다. 그리고 그 전말을 아주 소상하게 《철종실록》에다 기록하여 커다란 치적으로 정리하였다.

위기의 19세기 중엽, 세도 권력은 정보 탐지에는 적극적이었다. 그러나 애써 얻은 숱한 중국의 대내외 위기 관련 정보를 스스로의 정치적 이해에 맞추어 처리하였다. 《철종실록》은 이들 위기 정보를 축소·은폐하거나 의전 관련 정보와 병기함으로써 위기감을 희석시켜 놓았다. 이렇게 축소·은폐되면서 희석된 철종 대의 위기는 치적 부풀리기로 또 한 차례 희석되고 있다. 철종 14년의 종계변무 관련 기사는 바로 그 치적 만들기와 부풀리기였고, 본격적인 위기 희석화 작업이었다.

맺음말

《철종실록》은 후대가 전대의 실록을 편찬한다는 원칙은 지켜졌지만, 실제는 당대가 당대의 사적을 평가하여 찬수한 실록이 되었다. 실록 편찬자들은 권력 장악에 대한 어떤 명분이나 정당성이 없이 권력을 장악하고 유지했던 철종 대의 관료들이었다. 그들은 위기가 있는 그대로 드러나면 권력 독점의 정당성을 잃게 되는 세도정권의 구성원이었다. 따라서 《철종실록》은 세도정권의 집권을 합리화하고 정당화하는 것이 되지 않을 수 없었다.

격동하는 19세기의 한가운데 14년이 철종 임금의 재위 기간이다. 동아시아의 질서 자체가 뿌리에서부터 흔들리며 대변혁을 요구받던 격랑의 시간이었다. 조선왕조도 나라 안팎으로 거센 도전을 받고 있었다. 《철종실록》을 통하여 지배층이 국내의 위기 상황을 어떻게 인식하며 대응하는가, 또 태평천국과 제2차 아편전쟁으로 상징되는 중국의 대내외 위기에는 어떤 인식과 대응을 보이는가를 검증해 볼 수 있었다.

1850년대와 60년대 초에 걸쳐 집권 세도 권력은 대내외 위기를 일정하게 인식하여 이에 대응하고 있었다. 철종 대는 정치·경제·사회의 온갖 모순이 첨예하게 드러나면서 위기가 심화된다. 세도정권은 국내의 위기를 일정 부분 인식하면서도 본격적인 개혁 노력은 없었다. 쫓기는 상황에 이르면 마지못해 대응하지만 그것은 하나같이 미봉책이었다. 실록은 국내의 위기를 모호하게 기술하여 위기의 실상이 드러나지 않도록 하였다. 위기의 실체나 심각성 등을 철저히 가리거나 최소한으로 줄이는 방식을 택하고 있다. 피해갈 수 없는 위급한 상황이 되어야 마련되는 대응책은 알맹이가 거의 없다. 임금이 삼정의 문란을 바로잡도록 명하였다거나, 세도가나 그 측근이 시국과 백성의 삶을 걱정하여 환곡의 폐단을 바로잡을 것과 수도 방위를 강화하자고 건의하여, 임금이 허락하였다는 식으로 간략하게 기술하고 있다. 구체적인 사안이 생길 때마다 지방관 인사에 신중해야 함을 강조하는데, 중앙정부의 책임을 피해가는 대응 방식이었다. 또 이양선 출몰에 대해서도 지속적인 관심을 가지고 대응하면서도 그 출몰과 피해 상황을 구체적으로 기록하지 않았다.

세도정권은 1850년대에 청조의 대동란, 곧 태평천국을 위기로 인식

하고 일정하게 대응한다. 그러나 실록에는 아예 어떤 기술도 하지 않았
다. 당대 최고의 실무 관료 정원용은 1850년부터 1855년까지의 중국
상황을 종합·분석하여 '천하대란'으로 진단한다. 세도정권은 태평군
의 성세가 알려지는 1853년부터 3년 동안 세도가의 신임이 높고 유능
한 인물을 사절로 선발하여 대륙의 정확한 정세를 탐지하려고 노력한
다. 정원용의 시국 인식이 크게 작용한 결과로 보인다. 이들 대외 위기
관련 정보는 민심을 뒤흔들거나 정국의 불안 요인이 되지 않도록 정보
를 조작하고 통제하고 있다. 정보의 민간 유출 통제는 쓰시마(對馬) 번
이 조선에서 수집하여 도쿠가와 막부에 보고한 문서를 통하여 유추할
수 있다.

실록에 반영된 아주 제한된 중국의 병란에 관한 기사는 위기감이 드
러나지 않도록 찬술되어 있다. 실록을 통하여 정권 장악의 정당성을 입
증해야 했던 실록 편찬자들은 치적은 부풀리고 위기는 감추거나 축소
하거나 호도하지 않을 수 없었다. 그들은 실록에 나라 안팎의 위기가
드러나는 것을 꺼렸다. 그래서 가능한 한 위기를 축소하거나 감추었다.
어쩔 수 없이 위기를 인정해야 할 경우에는 이를 극복하거나 해결한 것
으로 호도했다. 알맹이 없는 잦은 의전절차를 부각시켜 이를 치적으로
정리함으로써 위기감을 흐려놓기도 했다. 소략하기 짝이 없는 《철종실
록》의 중국 병란 관련 기사는 사실 그 자체를 거울삼아 경계한다는 의
미보다는 국가적인 외교 의례의 측면을 강조하는 방향으로 편집되었다.

철종 8년(1857)에 가서야 처음 등장하는 태평천국 관련 기사는 국왕
의 측근이자 세도 권력에 비판적인 종친을 예우하면서, 관료들이 중국
의 정세를 왜곡하고 있지 않나 하는 왕의 위구심을 해소하기 위하여 채
록한 기사일 뿐이었다. 제2차 아편전쟁, 곧 영·불군의 북경 점령으로
위기감이 높아지자 조선정부는 신속하게 열하문안사를 보냈고, 함풍제
가 사거하자 진위진향사를 파견한다. 청조의 안정도를 탐색하면서, 청

나라로 하여금 조선이 그 번속질서 안에 있음을 확인시키는 외교활동
을 펼치고 나서 이를 위기의 극복인 것처럼 실록에 부각시키고 있다.
세도 권력은 청조의 병란에서 비롯된 대외 위기를 외교활동을 통하여
극복해 냈다고 하는 식으로 미봉한 것이다. 지척에서 전개되는 청조의
위기는 조선왕조 스스로의 모습을 비춰볼 수 있는 거울이 되고도 남았
지만, 이를 교훈 삼아 활용한 흔적은 드러나지 않고 있다.

　《철종실록》에서 중국 관련 기사이면서도 청조의 병란 기사와는 대
조적으로 아주 상세하게 전말을 기술한 사안과 마주칠 수 있다. 철종
14년(1863)의 종계변무와 그와 관련된 일련의 국가 의례를 다룬 기사
이다. 종계변무를 발론하고 전담 특사를 파견하여 변무를 주청하고, 이
것이 성사되자 국왕에게 존호를 올리는 국가적 의전절차를 요란하게
치르면서 국가의 대경사로 부풀린다. 변정에서 존호까지의 전 과정이
매우 신속하고 열정적이며 그야말로 거국적이다. 그리고 실록에다 각별
히 상세하게 기록하여 이를 집권 세력의 치적으로 선전하고 있다.

　산적한 과제를 피해가거나 미봉하며 버티어온 세도정권이었지만,
1862년을 보내면서 맞은 총체적 파국 앞에서 권력 유지의 어떤 명분도
갖지 못하게 되었다. 축소와 은폐도 한계에 이르렀다. 이런 긴박한 상
황에서 왕조의 정통성 문제로 연결되는 종계변무는 대의명분에서도 정
치적 효과라는 실리에서도 더할 수 없는 호재였다. 정권 유지를 위해서
는 긴요한 과제이기도 했다. 철종조의 세도 권력은 자신들이 세워놓고
아무런 업적도 이룰 수 없도록 조종해 왔던 임금을 성군으로 치장할 수
있었고, 그 세도의 당사자는 성군의 치세를 보좌한 덕망과 능력을 갖춘
신하로 변신하여 쥐고 있는 권력을 놓지 않을 구실을 만들 수 있었다.
그래서 현란한 국가 의전을 마련하여 대대적으로 선전함으로써, 긴박한
위기 상황을 희석시키고 은폐하고자 하였다. 실록의 편찬자들이 종계변
무의 모든 과정을, 지루할 정도로 상세히 기술하는 공격적인 방법을 써

야만 했던 데는 이런 절박한 사정이 있었다.

19세기는 동아시아의 격동기였다. 철종의 재위 기간은 이 격동기의 한가운데 자리한다. 눈앞에 산적한 과제를 아예 덮어두거나 피해가며 아무 일도 하지 않았던 세도정권은, 뒷날 《철종실록》에서 이 위기의 14년을 아무 일도 일어나지 않았던 태평의 시간으로 꾸며놓았다. 스스로 '천하대란'으로 시국을 진단하였지만, 이미 허물어져 내리는 구질서 속에서 안주하려고 발버둥칠 뿐이었다. 진단은 정확했지만 마지못해 내놓은 처방은 실효성이 없는 것이었다. 은감(殷鑑)은 지척에 있었지만 이를 감계(鑑戒)로 활용하려는 의지도 없었고 노력도 없었다. 시야에 들어온 폭풍우를 애써 남루한 가림막을 꺼내어 가린 채 먼 산 소나기로 여기고자 하였다. 낡은 우산이나 가림막으로 감당하기에는 위기는 너무 크고 거셌다. 체제 붕괴의 위기는 더욱 심화되고 있었다.

결 론

　태평천국의 이념과 투쟁 과정은 청조 지배체제의 존립을 위협하는 거대한 충격이었고 중국의 전통 문명과 구질서에 대한 미증유의 도전이었다. 이 연구는 태평천국의 의의를 밝혀내는 작업의 일환으로서, 태평천국의 투쟁이 당시 구질서의 해체를 눈앞에 두고 있던 주변의 여러 나라에는 어떻게 인식되고 또 실질적인 영향을 미칠 수 있었는가를 한국의 경우를 사례로 하여 밝힌 것이다. 태평천국이 청조의 내우였다고 한다면, 같은 시기에 일어난 제2차 아편전쟁은 외환이라 할 수 있다. 청조의 대외 위기로서 제2차 아편전쟁도 고찰의 범주에 넣었다. 19세기 중엽의 내우외환은 청조 지배체제의 위신을 여지없이 끌어내렸다. 고찰의 결과를 장별로 요약한다.

　제1장에서는 연행정보에 따라 태평천국의 이모저모를 정리하고, 조선 지배층의 이에 대한 인식의 변화를 추적하였다. 조선왕조는 연행사절을 통하여 태평천국과 염군 등에 대한 비교적 상세한 정보를 지속적으로 얻어내고 있었다. 1850년부터 1855년까지 조선 사신이 입수한 정보를 가지고 태평천국의 투쟁을 구성해 보면 언제, 누가, 어디서, 왜 군사를 일으켰는지, 그 형세가 어떤가를 알 수 있다. 매우 간단한 내용이지만 태평천국의 윤곽은 아래처럼 그려지고 있다.

　도광(道光) 말년 무렵부터 양광과 호남의 3성이 소란했는데, 광서에서 적비가 일어났다. 이 도적의 괴수는 소조귀·홍수전·양수청·임봉상 등인데, 소조귀는 관군에게 이미 살해되었다. 적도는 모두 한인이며, 거듭된 흉년과 관리의 탐학으로 난을 일으켰다. 이들은 사교를 광신하고 있어서 매우 번성하고 그 기세도 높으며 아주 악독하다.

또 홍수전 등을 지도자로 하는 한인으로 구성된 태평군의 모습이 어떤지, 그들이 어느 지역에서 활동하는지도 잘 나타나 있다. 태평군은 광서에서 일어난 뒤에 진군을 계속하면서 전후하여 9성을 유린하고, 강남을 주된 활동 무대로 삼은 뒤 지배체제를 갖추었음도 알 수 있게 한다. 또 태평천국의 북벌군과 서정군이 활약하는 모습도 나타난다. 특히 각지에서 벌어진 태평군과 청조 관군의 전투 경과는 아주 자세하게 드러난다. 아울러 유적(流賊)으로서 태평군이 지닌 성격이 곳곳에서 강조되고 있다. 이러한 면들은 아래와 같이 요약할 수 있다.

이들을 장발적이라고도 부른다. 복장은 두목이 홍의(紅衣)를, 병졸은 짧은 옷을 입는데, 이 도적들은 평민의 의복을 빼앗으면 꼭 짧게 잘라서 입는다. 그들은 인체에다 부대별 표지를 새겼는데, 십자나 반월형이나 원형, 또는 삼각형 등으로 표지를 새겼다.

광서에서 처음 일어난 적비는 호남·강서·호북·안휘·강남을 잇달아 침범하고 강녕(江寧, 남경)에다 근거지를 정했으며, 이곳에서 과거를 실시하여 사인(士人)을 선발했다. 군을 둘로 나누어 하남과 산서를 침범하고 직예로 진격하여 천진과 정해(靜海), 독류(獨柳)까지 이르렀다. 이들은 '원대한 뜻[遠大之志]'이 없는 오합지중이라서 오직 약탈만을 일삼을 뿐, 점령 지역에 군대를 두어 수성(守城)할 줄을 모르는 유적이다. 그런데 이를 막는 관군은 숫자도 적은 데다 흩어져 주둔하고 있어서 기세가 오르지 않아, 군향만 축내고 효과적인 계책을 내지 못하고 있다. 따라서 쉽게 초멸될 줄 알았으나 좀처럼 진압되지 못하고 있다.

1856년 이후의 정보는 주로 태평천국의 칭왕과 봉왕(封王)의 사실을 보완해 준다. 그러나 전투 경과를 주된 내용으로 하는 정보인 데다, 태평군을 멀리 내다볼 줄 모르는 오합지졸, 약탈이나 일삼는 유적으로 시각을 고정시킨 탓인지, 태평천국의 지배체제나 향촌 통치의 실상은 알려지지 않는다.

국호는 태평천국(太平天國)이라 한다. 도적의 우두머리 양수청과 위정(위창휘) 등은 왕을 칭하고 있다. 적비의 명목은 한둘이 아닌데 강남을 근거지로 하는 집단은 월비(粤匪)이며 그 우두머리는 홍수천(洪秀泉)이고 수하에 많은 왕을 봉하고 있다. 안왕 홍인발, 익왕 석달개, 충왕 이수성이 그들이다.

조선 관인이 가지고 있는 이러한 태평천국에 대한 지식은 조선 관인 개개인이, 아니면 이 시기에 연행했던 관료들이 공유하고 있는 것은 아니다. 그것은 태평천국 기간 동안 탐지된 모든 정보를 아울러 필자가 정리해 본 태평천국의 모습이기 때문이다. 따라서 태평군에 대한 호칭도 각양각색이다. 단순히 적 또는 적비로 부르기도 하고, 광서적비, 호비(湖匪), 강녕적비, 강남적비, 금릉적비, 월비(粤匪, 또는 발음이 같은 越匪)의 경우처럼 태평군의 활동 지역을 따서 부르기도 한다. 드물게 장발적이라는 호칭을 사용하기도 한다. 국호는 1861년이 되어서야 비로소 태평천국이라고 알려지지만, 사신이 개별 서신에서 언급하고 있어서 국왕에게까지 보고되었는지는 의문이다. 2년 뒤의 연행사절은 국호를 알아낼 수 없다고 복명할 정도였다. 이를 보면 사신 사이에 정보의 공유가 이루어지지 않은 경우도 있음을 알 수 있다.

체제의 붕괴에 직면하고 있었던 조선왕조는 노대국 청조가 겪는 이 대병란을 어떻게 인식하고 있었을까? 지금까지 고찰한 바에 따르면 그 인식은 고정되지 않고, 시간이 흐르면서 변하고 있음이 확인된다. 그 인식의 변화는 반드시 일관된 것은 아니지만 대체로 아래와 같이 네 시기로 나누어 볼 수 있다.

　제1기(1851~1855) : 태평군의 성세와 청조의 열세를 인정하면서도, 결론에서는 항상 태평군을 원대한 뜻이 없는 유적으로 평가하여 머지 않아 진압될 것으로 전망하는 모순된 인식을 보이는 시기다. 복명이나 〈문견별단〉의 내용은 각지의 전투 경과를 주로 다루고 있어서 태평군의 성세와 관군의 불리한 상황이 제대로 파악되어 있다. 그러나 결론은 깊이 우려할 정도는 아니라고 맺고 있다. 그 이유로 태평군이 '원대한 뜻'이 없는 '오합지중' 또는 '걸간지도' 혹은 '유적'이기 때문임을 들고 있다. 또 태평군의 활동 지역이 연경에서 수천 리나 떨어져 있다거나, 중국은 광대한 나라여서 난리가 없을 때가 없고, 없는 곳도 없지만, 그 때마다 청조는 이를 잘 수습하여 국가의 안정을 되찾았기 때문이라고 도 설명하고 있다. 따라서 1852년 정사의 복명에서, 태평군의 소요는 장기화할 것인데, 그리 되면 마치 명말 이자성의 경우와 같아서 크게 우려된다고 지적한 것은 오히려 예외적인 인식이었다.

　그러나 조선왕조의 핵심 권력을 장악하고 있던 세도가와 그 측근이 겉으로는 태평군을 오합지중이라고 하면서도, 내심으로는 이와 대조적 인 인식과 대응을 하고 있었다는 움직임이 보인다. 태평군이 파죽지세 로 진군하고 있는 실상이 알려지는 1853년부터 3년 동안, 세도 권력은 경험과 능력을 인정받는 거물 관료를 뽑아서 연행사절로 청조에 파견 하고 있다. 세도 권력이 이처럼 신중하게 사신을 선발하고 있는 것은 사태의 심각성을 잘 인식하고서 대륙의 정세를 예의주시하는 등 눈에 보이지 않게 나름대로 대응하고 있었음을 입증한다. 태평군이 대수로운 존재가 아니라는 인식은, 세도 권력이 권력 유지의 안정을 위하여 국왕 에게 정보의 일정 부분을 차단하면서 필요에 따라 만들어낸 왜곡된 정 보 해석이라고 할 수 있겠다.

　제2기(1856~1858) : 같은 사실을 두고 사신의 구두 복명과 서면 보고 인 〈별단〉의 내용이 해석의 차이를 보이는 시기다. 전자는 정・부사의 구두 복명인데, 이는 제1기와 그다지 변화가 없다. 그러나 후자 곧 서장관과 수역의 〈별단〉은 난이 장기화할 것이란 우려를 표명한다. 이는 태평군은 물론 염군을 비롯한 각종 반청투쟁의 만연과, 언제나 관군이 이기고 있다고 전하면서도 실제로는 난을 진압하지 못하는 청조의 통치력에 대한 회의와 비판에서 비롯된 변화이다.

제3기(1859~1862): 제2기의 후자의 인식으로 고정되는 시기다. 태평군을 비롯한 각종 적비는 더욱 치성하여 초평(勦平)이 묘연하다거나, '졸난초멸(卒難勦滅)'이라고 우려를 표명한다. 특히 제2차 아편전쟁으로 1860년에 북경이 함락되는 충격적인 사태가 전해지자, 조선왕조는 열강과 태평군이 조선을 침략할 가능성에 대하여 논의할 정도로 위기감을 갖는다. 객관적 정세는 태평천국의 열세가 확실한데도 이러한 인식으로 일관하는 배경에는 장기간에 걸쳐 난을 평정하지 못하는 청조의 통치 능력에 대한 회의와 불신이 짙어진 데다, 서양의 침략이라는 충격이 겹쳐진 때문이었다. 그러나 이 기간 동안에도 북경의 안정은 여전히 강조되고 있다.

제4기(1863~1865): 태평군의 출몰이 여전하고, 각종 적비가 널리 퍼져가고 있다고 전하면서도 한편으로는 청조가 태평천국을 진압할 수 있을 것임을 시사하기도 한다. 이런 가운데 태평천국이 멸망했다는 정보는 아무런 경과의 설명 없이 갑자기 기정 사실로 전해진다. 그러나 이로써 청조의 적란이 평정되었다고는 보지 않는다. 청나라가 비록 동남 지역을 평정하기는 했지만, 청조의 우환은 여전하다는 인식을 보이고 있다. 염군과 회군(回軍) 등의 활동이 그대로 이어지고 있음을 견문했기 때문이다.

남경 함락으로 14년여에 걸친 태평천국의 투쟁은 끝이 났다. 그러나 이 사실은 조선정부의 큰 관심을 끌지 못한 것으로 나타난다. 이는 제2차 아편전쟁을 전후하여 고조되었던 위기의식이 일단 해소되었다는 데서 비롯된 것이다. 또 1863년에는 중국 정세에 지속적으로 깊은 관심을 보이고 있던 철종이 승하하고 고종이 즉위하면서, 대왕대비의 수렴청정이 이루어지는 과도기와 태평천국의 말기가 일치한다는 것도 한 이유가 될 것이다.

또 다른 이유는 태평천국의 흥기가 3성(양광과 호남) 지역의 대소 봉기의 연장선에 있는 하나의 지방 반란 세력의 대두로 파악되어서, 이들 각종 봉기와 병렬되어 보고된 것이다. 거기다 금전기의 이후 태평천국이 급격하게 발전해 가자, 이에 고무되거나 또는 독자적으로 일어난 염군을 비롯한 각종 반청투쟁 탓에 조선 사신의 눈에는 태평군의 세력이 상대적으로 평가되고 있었다. 태평군의 주된 활동 무대인 강남 일대와 태평천국의 중심지 남경은 사신의 시야에서 너무 멀었고, 시계에 들어오기 시작하던 태평천국 북벌군의 모습은 청군의 진압으로 단기간에 사라지고 만다. 그러나 염군을 비롯한 다른 투쟁 세력은 더 가까운 거리에 위치하여 더욱 선명하게 사신의 시야에 들어왔다. 이 때문에 태평군은 남비, 월비(粵匪) 등으로 명칭이 상대화되고, 이 상대화는 태평천국이 멸망할 때까지 지속된 것으로 보인다. 아울러 멸망 뒤에도 태평군의 잔여세력이나 이와 연합한 염군의 활동이 계속되었기 때문에 태평천국을 하나의 거대한 통일세력으로 인식하지 못하였던 것이다.

이러한 인식의 한계는 어디에서 말미암을까? 사신이 탐지한 정보 그 자체에서 찾아야 할 것이다. 그 정보는 사신의 정보 탐지 능력과 현지의 조건에 따라서 그 질이 좌우된다. 그러나 더 중요한 요인은 조선왕조가 정보를 분석하고 처리하는 능력과 활용 의지에서 찾아야 할 것이다. 또 정보의 활용 의지와 그 처리 능력은 지배층의 성향과 권력구조 등에 따라서 좌우될 것이다.

그래서 제2장에서는 연행정보의 성격과 조선왕조의 대외 정세에 대한 인식의 정치적 배경에 주목하였다. 19세기 중엽, 연행사절이 청조에서 정보를 수집하는 과정에는 일정한 제약이 있었다. 그 제약은 시·공간으로 한정되는 사신의 견문 범위, 언어의 장벽, 청나라에서 가하는 통제, 지나치게 관변으로 제한된 정보의 출처 등이었다. 태평천국 기간에는 청조가 전란을 이유로 정보의 통제를 강화하는 특수한 제약까지 겹치게 된다. 따라서 연행사절이 수집한 정보도 일정한 한계를 지닌다. 또 중국은 지역이 광대하여 병란이 없는 곳도 없고, 없는 때도 없지만, 그때마다 위기를 극복하여 안정을 유지하고 있다는 사신의 시각도 정확한 정보 탐지와 정세의 인식에 장애가 되고 있었다.

그러나 이러한 제약은 사신의 능력과 자질, 정보 수집에 대한 적극성과 의욕으로 많은 부분을 극복해 낼 수 있었다. 실제로 연행사절이 탐지해 온 정보 가운데는 질과 양의 면에서 이런 제약을 극복하고 있는 우수한 정보도 산견되기 때문이다. 또 정밀성이 좀 떨어지는 정보라 하더라도 활용 여하에 따라서 중대한 변화의 양상을 추적하는 데 큰 부족은 없었다고 판단된다. 따라서 19세기 전반기에 연행사신을 통해 들어온 대외 정세에 대한 정보는 일정한 제약이 있음에도 이를 총체적으로 평가하자면, 조선정부의 정확한 대외 정세 인식과 이에 바탕을 둔 적절한 대응책을 강구하는 데 충분히 유용한 자료였다고 할 수 있다.

그렇다면 안팎으로 격변의 시기인 19세기 중엽에 조선정부는 이처럼 유용한 정보를 왜 제한된 범위에서만 활용하고 있는가? 이를 알아보기 위하여 당시의 권력구조와 정치 상황에 주목하여 이를 개관해 보았다. 조선왕조는 세도정치 시기에도 문반정치구조를 그대로 유지하고 있었으나 그것은 이미 형해화(形骸化) 되어 있었다. 의정부와 육조의 기능은 변질되고 약화된 반면, 임시적 성격의 비변사가 상설기구화하여 국가의 거의 모든 정치적 결정권을 갖게 되었다. 비변사는 기존의 제도와 관행을 최대한으로 이용하고 나아가 새로운 관행을 만들어가면서 국정 전반을 장악하였다. 국가의 최고통치기구로 변해버린 비변사가 세도 권

력의 이해관계와 사적 이익을 국왕의 동의를 얻어 관철해 나가는 마당
이 된 것이다.

국왕의 위상과 그 권한은 크게 약화되어 있었으나, 관념적이고 형식
적인 왕의 권위는 오히려 매우 높아져 있다. 이는 집권 세도가문이 우
선 군주의 공식적인 동의나 승인을 바탕으로 그 권위를 이용하여 권력
을 장악하고, 의제적(擬制的)으로 드높인 군주의 권위라는 우산 아래서
안주해 있었기 때문이다. 정치 운영의 논리는 보수 논리로 일관하면서
변혁의 물결을 차단해 놓고 정적의 틈입이나 새로운 정치 세력의 진출
을 철저히 통제하고 있었다.

이처럼 폐쇄적이고 경직된 정치구조는 체제의 안정이라고 호도되었
고, 호도된 안정에 충격을 줄 만한 정보는 애써 차단되거나 축소되어야
했다. 위기 상황에 대한 인식은 그 절박성이 눈앞에 닥쳐 누구도 부인
하지 못할 정도로 확인되었을 때야 나타나지만, 그 대응은 안일하고 소
극적이었다. 일정한 제약 속에 탐지된 유용한 정보마저도 제한적으로
활용되는 정치구조는, 연행사절이 정보의 다양성과 정확성에 접근하려
는 열의를 감소시키는 쪽으로 작용할 가능성까지 갖고 있었다.

제3장과 제4장에서는 1850년대에서 1860년대 초까지 조선왕조가
직면했던 위기에 대하여 고찰하였다. 태평천국과 두 차례의 아편전쟁,
이양선 출몰과 천주교세의 확대, 동학의 창도와 그 교세의 확장, 임술
농민항쟁 등 19세기 중엽의 국내외 정세는 조선왕조의 지배층에게는
어느 것 하나 방치해 둘 수 없는 것들이었다. 정확하고 투철한 현실 인
식과 신속하고 적절한 대응을 요구하고 있었다. 특히 태평천국이라는
청조의 대동란, 그리고 북경의 함락이라는 미증유의 사태는 당시의 내
외 정세를 생생하게 보여주는 거울이었다. 그래서 조선왕조의 지배층이
대외 위기 정보와 국내의 위기에 어떻게 대응했는가를 살펴보았다.

먼저 제3장에서는 연행의 경험을 통하여 더 넓은 견문을 지닌 세 관

료의 대외 정세에 대한 인식과 국내의 위기 상황에 대한 대응을 중심으로 조선왕조의 위기의식과 그 대응을 검토하였다. 세 관료의 정세 인식과 대응책의 제시는 세도 정국의 현상 유지라는 틀을 넘지 않으면서도 현실 인식과 개혁 의지에서 각각 차이를 보이고 있었다.

박규수(朴珪壽)는 태평천국으로 드러난 청조 내부의 동요와 서양 열강의 침략 등을 정확히 관찰하고, 내우가 외환을 부른다는 인식을 바탕으로 국내 사태에 대응하고 있다. 임술농민항쟁의 현장에서 조사 임무를 수행하고 수습책을 마련하는 과정에서 그는 이러한 인식을 바탕에 두었다. 그리하여 민란의 근본 원인을 철저히 규명하고, 삼정의 개혁을 통하여 위기를 해결하자고 주장한다.

임백경(任百經)은 1850년대 전반과 후반의 격동기에 두 차례나 연행한다. 이미 상당량의 정보 축적이 있었고, 청조 안팎의 위기가 현실로 나타나거나 충분히 예상되는 시기였음에도 그는 정세를 안이하게 파악하고 있다. 그는 현재의 국내 정국에 충격을 주지 않을 만큼의 정보를 전달하고 있다. 삼정 개혁론을 제시하면서도, 개혁 의지의 강약을 헤아린다면 중간쯤에 자리매김할 수 있는 정도의 의례적(依例的)인 개혁론을 내놓고 있다.

신석우(申錫愚)는 자신이 맞고 있는 현재를 위기로 인식하고 이를 '천하가 어지럽다'고 표현한다. 이러한 시대인식에 서 있는 그의 정보 탐지는 매우 성실하고 그 내용도 또한 아주 정확했다. 그러나 정보의 해석과 현실 대응은 매우 소극적이다. 그는 세도 정국이 위기 속에 있지만 신념과 여건을 갖추지 못한 개혁의 추진은 의미가 없다고 인식하였던 듯하다. 따라서 삼정의 개혁 논의에도 참여하기는 하지만 가장 소극적인 방략을 내놓고 있을 뿐이다.

이와 같은 세 관료의 대응 태세는 당시 세도 정국의 틀을 벗어날 수는 없었다. 개혁을 지향하면서도 현실의 벽을 뛰어넘을 수 없는 박규수, 현 체제에서 중간에 위치하며 자신을 지켜가는 임백경, 세도 권력의 의중을 한발 앞서 읽어내고 대처하는 신석우였다. 따라서 이들 세 관료의 정보 처리와 현실 대응은 당시 세도 정국에 참여하는 관료의 전형을 모두 아우른 것이었다. 결국 조선정부의 위기 인식과 그 대응은 이들 세 관료의 인식과 대응의 범주 안에 있는 것이었다. 세도 권력은 요란한 구호와 함께 개혁의 깃발을 내걸고, 개혁기구의 현판도 높이 달았다. 삼정 개혁의 방략을 널리 물어 찾더니, 제시된 많은 안 가운데서 가장 안이한 방책을 선택하여 구체안[三政釐整節目]을 마련하자, 슬그머니 개혁기구의 문을 닫은 채 개혁에 착수한다. 그러나 이 또한 농민항쟁의 기세가 약간 수그러들자 옛 규정[舊規]으로 복귀하고 만다.

조선정부는 눈앞에 닥친 대외 위기를 헤쳐나가기 위한 방안으로 외교활동을 선택했다. 제2차 아편전쟁으로 북경이 함락되고 함풍제가 열하로 피난하였다는 정보에 접하자 신속하게 대응한다. 곤경에 처한 청국 황제를 문안하는 사신을 급히 파견하여 복잡한 대외 정세와 청조의 능력을 파악하는 한편, 조선이 청의 번속질서 안에 있음을 재확인하게 한다. 열강의 침입에 대비하는 방략을 번속질서의 우산 아래 두는 데서 찾아내고, 이를 위기의 극복으로 여기고 만다. 국내 문제는 내수(內修)를 통하여 위기를 극복하고자 한다. 내수의 궁극 목적을 외양(外攘)에 두었으나, 내수의 실천 방안은 수령의 인사를 신중하게 한다는 선에서 맴돌았다. 대규모 농민항쟁을 겪으면서 요란하게 시작한 삼정의 개혁조차 당장 위기가 줄어들자 중단하고 만다. 이러한 대응은 집권 세도 권력에게는 현상을 유지하며 계속 집권할 수 있는 가장 손쉬운 방법이었고, 실권이 없으면서도 정치의 최종 책임을 떠안아야 하는 국왕에게는 거의 유일한 선택이었다.

제4장에서는 실록의 기사를 검증하는 간접적인 방법으로 조선 지배층의 위기 인식과 대응을 고찰하여 보았다. 철종 임금의 재위 기간은

격동하는 19세기의 한가운데 자리하고 있는 14년 동안이다. 동아시아의 기존 질서가 송두리째 흔들리며 대변혁을 요구받던 격랑의 시간이었다. 중국에서는 태평천국과 염군, 제2차 아편전쟁 등 내우외환으로 청조의 지배질서가 뿌리째 흔들리고 있었다. 일본은 메이지 유신 전야의 격동기로 막번체제가 무너져 내리고 있었다. 조선왕조도 나라 안팎에서 거센 도전을 받고 있었다. 《철종실록》을 통하여 지배층이 국내의 위기 상황을 어떻게 인식하며 대응하는가, 또 태평천국과 제2차 아편전쟁으로 상징되는 중국의 대내외 위기에는 어떤 인식과 대응을 보이는가를 검증하여 보았다.

《철종실록》은 고종 초에 편찬되었다. 이 실록은 후대가 전대의 실록을 편찬한다는 원칙을 지켰지만, 실제로는 당대가 당대의 사적을 평가하여 찬수한 실록이기도 하다. 실록 편찬자들은 세도정치의 확대·심화기인 철종 대의 관료들이었다. 권력 장악에 대한 어떤 정당성이나 명분도 없이 권력을 장악하고 있던 세도 권력이 철종의 치세를 위기의 시기로 정리한다는 것은 스스로 정당성을 부인하는 것이 된다. 따라서 《철종실록》은 세도정권의 권력 독점을 정당화하고 합리화하는 것이 되지 않을 수 없었다.

1850년대와 1860년대 초에 걸쳐 집권 세도 권력은 대내외 위기를 일정하게 인식하여 이에 대응하고 있었다. 세도정권은 정치·경제·사회의 제반 모순이 첨예하게 드러나면서 위기가 심화되어 가자, 이 국내 위기를 일정 부분 인식하면서도 본격적인 대응은 하지 못하였다. 급박한 상황에서 나오는 대응책은 하나같이 미봉책이었다. 실록은 국내의 위기 관련 기사를 아예 채록하지 않거나, 채택한 기사는 위기의 실상이 드러나지 않도록 모호하게 기술하거나, 그 실체나 심각성 등을 철저히 가리거나 최소한으로 줄이는 방식을 택하고 있다. 위급한 상황에서 마련되는 실효성 없는 대응책은 권세가의 시국 걱정과 임금의 덕치로 기술하였다.

위기가 드러나는 것을 꺼렸던 실록 편자들은 대외 위기 관련 기사도 국내의 그것과 같은 방법으로 처리하였다. 이양선 출몰에 지속적인 관심을 가지고 대응하면서도 그 출몰과 피해 상황을 구체적으로 기록하지 않았다. 세도정권은 1850년대에 청조의 대동란, 곧 태평천국을 위기로 인식하고 일정하게 대응한다. 당대 최고의 실무 관료 정원용은 1850년부터 1855년까지의 중국 상황을 종합·분석하여 '천하대란'으로 진단한다. 세도정권은 태평군의 성세가 알려지는 1853년부터 3년 동안 세도가의 신임이 높고 유능한 인물을 사절로 선발하여 대륙의 정확한 정세를 탐지하려고 노력한다. 정원용의 시국 인식이 크게 작용한 결과로 보인다. 그러나 실록은 애써 탐지해 낸 정보를 한 줄도 채록하지 않았다. 사행의 출발과 복명 날짜, 사신의 이름만 밝혀놓았을 뿐이다.

대외 위기 관련 정보는 민심을 동요시키거나 정국의 불안 요인이 되지 않도록 조작되거나 통제되었다. 정보의 통제는 거꾸로 불확실한 정보가 급속도로 퍼지면서 오히려 크게 부풀려져 위기의식을 확산시킨 것으로 보인다. 1853년과 이듬해, 쯔시마번(對馬藩)은 조선에서 수집한 태평천국 정보를 도쿠가와 막부에 보고한다. 이에 따르면 청나라에서 명나라 후예들이 복명(復明)의 기치를 내걸고 거병, 중국 전토를 거의 장악하여 북경이 위태로운 상황이어서 청나라 황제와 그 군대가 조선으로 피란할 것인데, 조선 정부는 이 엄청난 사태를 어찌 감당할지 날마다 걱정에 휩싸여 있다는 내용이다. 또 1860년 영·불연합군이 북경을 점령했다는 소식도 신속하게 전파되면서 서양 군대의 다음 공격 목표는 조선이라고 확대되어 유포된 것으로 보인다. 한양에서 피란 인파가 잇따르고 전국이 소란했다는 정보는 서양 선교사들이 이를 뒷날 채집하여 생생하게 전하고 있다.

실록에 실린 중국 병란 관련 기사는 아주 적다. 얼마 안 되는 이들

기사 역시 위기감이 드러나지 않도록 찬술하였다. 철종 8년(1857)에 가서야 처음 등장하는 태평천국 관련 기사는 국왕의 측근이자 세도 권력에 비판적인 종친을 예우하면서, 관료들이 중국의 정세를 왜곡하고 있지 않나 하는 왕의 위구심을 해소하기 위하여 채록한 기사일 뿐이었다. 1860년 영·불군이 북경을 점령하여 위기감이 고양되자, 조선정부는 신속하게 열하문안사를 보냈고, 함풍제가 사거하자 진위진향사를 파견한다. 청조의 안정도를 탐색하면서, 청나라로 하여금 조선이 그 번속질서 안에 있음을 확인시키는 외교활동을 펼치고 나서 이를 위기의 극복인 것처럼 실록에 강조해 놓고 있다. 지척에서 전개되는 청조의 위기는 조선왕조의 은감(殷鑑)이 되고도 남았다. 그러나 조선 지배층은 그 지척이 천리이기를 애써 바라고만 있었다.

《철종실록》에서 중국 관련 기사이면서도 청조의 병란 기사와는 대조적으로 아주 상세하게 전말을 기술한 사안과 만날 수 있다. 철종 14년(1863)의 종계변무 추진과 관련된 일련의 국가 의례를 다룬 기사이다. 종계변무를 발론하고 전사(專使)를 파견하여 변무를 주청하고, 성사되자 국왕에게 존호를 올리는 국가적 의전 절차를 요란하게 치르면서 이를 국가의 대경사로 부풀린다. 그리고 이를 성군의 치적으로 꾸며 각별히 상세하게 기술하였다.

산적한 과제를 피해가거나 미봉하며 버티어 온 세도정권이었지만, 1862년을 보내면서 맞은 총체적 파국 앞에서 권력 유지의 어떤 명분도 갖지 못하게 되었다. 이런 긴박한 상황에서 왕조의 정통성 문제와 직결되는 종계변무는 대의명분에서도, 정치적 효과 면에서도 더할 수 없는 호재였다. 무능할 수밖에 없었던 임금을 성군으로 치장할 수 있었고, 세도가는 성군의 치세를 보좌한 덕망과 능력을 갖춘 신하로 변신할 수 있었다. 현란한 국가의전을 마련하여 대대적으로 선전함으로써, 긴박한 위기 상황을 희석시킬 수 있었다. 실록의 편찬자들은 종계변무의 모든 과정을 지루할 정도로 상세히 기술하는 공격적인 방법을 선택하였다.

'아무 일도 하지 않았던' 철종조 세도정권은, 《철종실록》에서 '위기의 14년'을 '아무 일도 일어나지 않았던 태평의 시간'으로 꾸며놓았다. 스스로 '천하대란'으로 시국을 진단하였지만, 허물어져 내리는 구질서 속에서 안주하려 할 뿐, 쓸 만한 처방은 내지 못했다. 은감은 지척에 있었지만 이를 감계로 활용하려는 의지도 없었고 노력도 없었다. 폭풍우는 이미 시야에 들어왔지만 이를 애써 먼 산 소나기로 여기고자 하였다. 체제 붕괴의 위기는 더욱 깊어지고 있었다.

조선왕조가 청조의 대병란 체험을 살리지 않은 것은 아니다. 동학농민군을 진압하기 위하여 청나라 군대를 빌려온 일이다.[1] 1894년 청군이 출병하기 일 년쯤 앞서 동학농민군의 기세가 커지자 국왕과 정부 대신들이 외병 차용 가능성을 논의한 적이 있는데, 이때 외국 군대 차용의 선례를 청조가 태평천국을 진압할 때의 사례에서 찾고 있는 것이다.[2] 그런데 청조의 외병 차용은 삼십 수년 전 철종 대에 들어온 정보에 바탕을 두고 있다. 당시 반대하는 시·원임대신이 많았고, 고종도 처음에는 반대했지만 청병 차용은 실현된다. 이는 정보의 활용이 정보 자체의 문제라기보다는 지배층의 의지와 태도의 문제임을 입증해 준다 하겠다. 그런데 청병 차용 논의 과정에서 고종은 애써 청군을 다른 외국 군대와 구별하고 있다. 이는 1860년 단계에서 대외 위기에 대응할 때 청조와의 번속질서를 이용하고 있는 점과 같은 맥락에 있다 하겠다.

---

1) 이는 청일전쟁 연구에서 널리 고찰되는 문제다. 여기에 전론(專論) 한 편을 소개하는데 그친다. 金昌洙, 〈東學農民革命과 外兵借入問題〉, 《東國史學》 15·16合輯, 동국대학교 사학회, 1981.

2) 《日省錄》 고종 30년(1893) 3월 25일; 《高宗實錄》 30년(1893) 3월 25일.
　보은에 집결한 동학교도들이 상경할 경우, 이를 막을 대책을 논의하는 자리에서 마땅한 군대가 없으므로 외국군대를 빌리는 문제가 거론되었다. 이 자리에서 고종은 "중국이 일찍이 영국병을 차용한 일이 있었다"고 밝히고 있다. 청군이 조선에 출병하기 일 년 전쯤의 일이다.

연행사신을 통해 들어온 대륙 정보는 일정한 한계는 있었다 하나, 조선의 지배층에게 긴박한 내외 정세를 제대로 인식하고 적절한 대응책을 강구하는 데는 충분히 유용한 것이었다. 또 정보가 적극적으로 활용되는 지배구조였다면 사신의 정보 탐지도 다양성과 정확성에 더욱 접근했을 것이다. 그러나 사회 통합의 능력과 지배의 논리를 잃어가고 있던 조선왕조의 지배층은 그 보수성과 경직성, 그리고 폐쇄성으로 말미암아 스스로의 한계를 미리 설정해 놓고 거기에 안주하고 있었다. 변혁을 주도하려는 의지도 없었고 또 역량도 갖지 못하여 그 주체가 될 수 없었다. 변혁을 수용할 수도 없었다. 새로운 시대를 열고 담당해야 할 사회 세력은 성장하고 있었으나, 그 조직과 역량은 개혁을 이끌기에는 아직 충분히 성장하지 못한 상태에 있었다. 이러한 상황에서 조선의 개항은 1876년에 갑자기 이루어졌다. 제대로 대응할 수 있는 태세를 갖추기도 전에 준비 없이 이루어진 개항이었고, 여기에 열강 침략의 파고는 더욱 높고 거세어지고 있었다.

19세기에도 여전히 조선 지배층의 교과서였을 《대학(大學)》은 이렇게 가르친다.

  마음이 거기에 있지 아니하면 보아도 보이지 않고 들어도 들리지 않고, 먹어도 그 맛을 모른다.

太平天國和朝鮮王朝

－中文摘要－

河政植

中文目录

中文摘要

　　人们通常将19世纪称为变革的世纪、世界史的时代。在这个时期，东亚各国也正处于卷入世界资本主义体制的过程中。东亚各国都因国内矛盾激化、对外危机深化，便面临了体制瓦解的危机，而这个激浪，使得东亚各国无法维持原来的孤立局面。因此，对于东亚各国而言，这个时期，可以说是内忧外患并至的时期。这种严峻的局势，或同时、或先后地袭击了东亚各国。那么，东亚各国如何认识这个激变和转换的性质，它们采取了何等的策略去应付了呢？不同国家在对应这个危机的过程中表现出来的不同思维和方法，使得东亚各国的近代化进程走上了完全不同的道路。

　　太平天国的理念和斗争是直接关系到清朝存亡的巨大冲击，也是对中国传统文明和秩序前所未有的挑战。这个时候，又爆发了第二次鸦片战争，这一场战争的失败，叫大清帝国的威信一败涂地。因此，可以说，太平天国和第二次鸦片战争是同时袭击清朝的内忧外患。本研究是，作为探讨太平天国历史意义的一个环节，以韩国为例，试图阐明太平天国斗争对于正在面临着传统秩序瓦解的东亚周边国家起到何等的作用。即朝鲜王朝掌握了多少太平天国和西方列强入侵等与清朝内忧外患有关的信息，它如何理解太平天国起义的性格，而那种认识对于朝鲜王朝的对内外政策上能否起到了实际作用等若干问题，便是我们所拟探讨的主要研究目标。

幕末日本的太平天国观问题，已有较多的研究成果问世。当时日本的各界各层收集了大量的太平天国有关信息，注视着大陆情况。太平天国和印度士兵叛变(Sepoy Mutiny)给正处于幕末维新期的日本造成了更加有利的国际环境。1862年，诸藩武士的上海旅游经验在日本人形成中国观的过程中起到了关键性的作用。太平天国的兴起，使得阮朝越南从1853年开始便中断了朝贡使节来往，长达16年之久，由此中越两国之间出现了严重的信息断缺现象，而这个结果再成为越南沦落为法国殖民地、脱离东亚秩序的一个契机。琉球王国亦受到了太平天国起义的影响，向清朝朝贡遇上了种种困难，甚至一时被迫中断，在与清朝的交流上出现了莫大的障碍。

进入19世纪后，由于势道政治的兴起、官僚体制的崩溃、税收体制的紊乱等种种原因，朝鲜王朝便频临了灭亡的危机。在思想方面，远离朱子学传统思想的观念开始抬头，与此同时，近代思想萌芽，天主教信仰扩散。这些变化都对传统思想造成了严重的威胁，而这时，在朝鲜沿海地区，异样船的出没也越加频繁。正在此时传来的西方列强侵略清国的消息大大冲击了朝鲜朝野上下，再次加重了朝鲜支配阶层的危机感。这一时期，要求改革的社会势力亦逐日成长，在19世纪期间，朝鲜经历了多少次农民起义。1862年的农民起义(壬戌民乱)，承袭了平安道农民起义(洪景来之乱)而爆发，而为东学农民起义打下了一定的基础。

如此，朝鲜与清朝都经历了农民起义，而两国在平乱过程中，都进行了保守性改革。因此，太平天国和第二次鸦片战争所象征的清朝内忧外患，以及事后为了强化传统封建体制而开展的洋务运动，对朝鲜支配阶层而言，应是近在眼前的殷鉴。不过，这个时候朝鲜支配层的对内外危机认识总是不够透彻。那么，对于眼前的这种危机，朝鲜支配阶层为何如此安逸地应付了呢？对此，我们尚未得到足够的答案，还待有系统的、综合性的研究，才能得出使人满意的结论。

在第一章，我们整理了赴清使节带来的太平天国各方面的信息，并追踪了朝鲜支配层对此的认识变化。朝鲜王朝通过燕行使节，持续收集到与太平天国以及捻军有关的信息。太平天国军和清朝官军的战斗经过被了解得非常详细。我们根据1855年之前朝鲜使臣收集的信息为基础，便能够画出太平天国的斗争以及太平天国军的情况如下：

从道光末年开始，两广和湖南的三省地方发生了骚乱，而庚戌年在广西出现了贼匪。魁首是萧朝贵、洪秀全、杨秀清、林凤祥等人，其中，萧朝贵在初期阶段便为官军所杀害。贼徒都是汉人，他们因不堪于持续的凶年和官吏的贪虐而引起骚乱。他们狂信邪教，气势高涨，非常嚣张，而且凶残无比。

广西的贼匪蹂躏了湖南、江西、湖北、安徽、江南等九省，将根据地定在江宁(南京)，并在此地，实施科举，选拔士人。将军队一分为二，各进豫晋，并逼直隶，已到天津、静海和独柳。贼匪又被称为长发贼，其头目穿着红衣，别于兵卒，兵卒穿短衣，它们如抢夺平民的衣服，便剪短后再穿。他们在身上烙上十字或半月形，或三角形等各个部队的不同纹身标记。

他们都是没有"远大之志"的乌合之众，是仅会掠夺、不懂守城的流贼集团，原以为很容易剿灭掉，但尚未讨平。官军不仅数量少，而且分散驻扎，气势不振，只会消耗军饷，没能拿出有效的计策去应付。清朝因巨额军饷的筹备而陷入严重的财政危机状态。

1856年后，信息的主要内容仍是太平天国军和官军的战斗经过。虽说太平天国军为乌合之众或揭竿之徒、只会掠夺的流贼，但太平天国内部的实际情况不为所知。

他们的国号是太平天国。魁首杨秀清和韦正(韦昌辉)等都已称王。

贼匪之名不一，盘踞江南的集团被称为越匪(或粤匪)，魁首是洪秀泉，手下封了很多王，如安王洪仁发、翼王石达开、忠王李秀成等。后来他们之间起了内讧，结果韦正杀死了杨秀清，石达开杀死了韦正，之后，贼势骤然减损，不过，清朝政府还没能轻松剿灭。翼王石达开隐藏到广西后，到处引起了骚乱，而江南贼匪仍是坚守根据地。石达开是个广西人，成为洪秀全的麾下，他精明狡猾，在洪秀全死后，便成了粤匪之头目。

太平天国军的称呼也很多。或是单纯地称爲贼或贼匪，或是根据不同活动地区，称爲多种不同称号，如广西贼匪、湖匪、江宁贼匪、江南贼匪、金陵贼匪、粤匪等等，也偶见长发贼的称号。"太平天国"这个国号到了1861年才被朝鲜政府所得知。

那么，朝鲜支配层如何理解为太平天国所象征的老大国家—清朝的大兵乱呢？他们的认识随着时间的流逝发生过几次变化，大致可分为如下4个阶段：

第一期(1851~1855)：虽然认同太平天国军的盛势和清朝的劣势，但尙表示出因为太平军不过是流贼，故而不久后将会被官军镇压的矛盾看法。使臣的口头复命或书面报告的主要内容都是各地的战斗经过，如实地传达官军的不利情况，但其结论却总说情况尚不至于过度忧虑，理由为贼匪是没有"远大抱负"的"揭竿之徒"，中国是个大国，骚乱"无时无之，无地无之"，但清朝向来都处理得非常好。当然，也有例外的看法，认为这次动乱像明末的李自成起义那样将会长期地延续下去，可为担忧。

第二期(1856~1858)：是对同一事实出现不同观点的时期。使臣的口头复命与第一期相比没有任何变化，但在书状官和首译的别单中往往会发现动乱长期化的展望和忧虑。这是因为清朝尽管不懈地努力，但太平天国军和捻军等各种反清斗争势力仍在蔓延，同时，清朝总是宣传官军的捷报，可始终没有完全平息骚乱的消息，因而对于清朝的统治能力渐渐产生了怀疑。

第三期(1859~1862): 确实认识到骚乱将会长期化的时期。由于各种贼匪更加猖狂，便产生了"卒难剿灭"，或是剿平杳然的忧虑。尤其，1860年传来北京被沦陷的信息后，朝鲜王朝感到了前所未有的危机，甚至认真讨论有没有列强和太平天国军侵略朝鲜的可能性。在客观情势上，太平天国的劣势很明显，但在这种情况下，清朝仍然无法平定骚乱，由此对清朝统制能力的怀疑和不信感愈发加大，尤其，北京沦落于西方列强手中这个冲击性信息更增加了其程度。

第四期(1863~1865): 一方面流传着各种贼匪尚在蔓延的消息，另一方面开始出现清朝已经镇压了太平天国的情报。不久，太平天国灭亡的消息，在没有仔细解说具体经过的情况下，作爲一个既定事实，突然传到。但是，以爲这并不是清朝完全平定了所有贼乱，而是镇定了东南地区部分骚乱，并以爲由于捻军和回军等仍在活动，清朝的忧患依旧存在。

太平天国的斗争以南京沦陷告终，但这一事实并没有引起朝鲜政府的关注。这可能因为在第二次鸦片战争前后进入高潮的危机意识已被消除，持续关注中国情势的哲宗驾崩，加上年幼的高宗即位的过度期与太平天国的末期重叠的缘故。

而且，在三省地区大小起义连续爆发的情况下，太平天国也被看做是其中一股地方性叛乱势力，因而太平天国起义与其它各种起义混在一起上报。同时，金田起义后，或是受到太平天国快速发展的鼓舞而起，或是如捻军与此没有直接联系而独自兴起的各种反清起义频频出现，使得朝鲜使臣从相对化的角度去评价太平天国。太平天国的首都南京以及主要的活动舞台江南地区离赴京使臣的视野过于遥远，连逐渐进入到使臣视野的北伐军，也在短暂的时间内很快被清军镇压消灭。对于来往北京的朝鲜使臣而言，捻军的斗争舞台反而与他们更接近。由此，太平天国自开始至灭亡一直被认为是"南匪"、"粤匪"、"江南贼匪"等一个群小地方性叛变集团。太平天国灭亡后，太平天国军的残余势力，或与此携手的捻军仍在继续活动，结果朝鲜朝野始终未能将太平天国看做是一股巨大的革命势力。

在第二章，我们将重点转移到了对"燕行信息"的性质和朝鲜支配层对外情势认识的政治背景上。一般来讲，信息的质量，以及对此进行分析、综合和应用的能力决定对有关事态的认识程度，同时，信息获取能力和包括信息来源在内的各种信息环境影响到其质量，因而需要强化分析和处理信息的能力和应用意志。当然，信息的获取以及应用与支配层的思想和权力结构也有一定的关系。

19世纪中叶，燕行使节在清国收集信息的过程中很可能遇到较大的阻碍。其制约便是在时间、空间上受限的见闻范围、语言障碍、清朝的统制、以及过于限制在官方的信息来源等。尤其，当时由于战乱，很可能还存在加强信息统制的一种特殊制约。不仅如此，燕行使节一直认为中国地域宽广，骚乱"无时无之，无地无之"，但中国王朝向来能够克服种种危机、维持稳定局势，而如此的观点也对于获取正确信息和分析情势起到一定的负面作用。

可是，我们偶尔也遇见到跨越这种制约，能够将高质量信息收集到手的一些使臣。19世纪前半期朝鲜政府收集的燕行信息，对正确认识对外情势和研究对策而言，可以说是非常有用的。

那么，在情势剧变的19世纪中叶，朝鲜政府为何只在有限的范围内应用了如此有用的这些信息呢？为了搞清这个问题，我们分析了当时权力结构和政治情况。朝鲜在势道政治时期也一直维持了文臣为主的政治结构，但这种结构已经形骸化了，就是说，议政府和六曹的机能变质和弱化，与此相反，原本为一种临时性机构的备边司成为常设机构，而且这个备边司最大程度地利用现有的制度和惯例，创造出新的条例，掌握了整个国政。作为国家最高统治机构的备边司，一旦获得了国王的同意，便会变成为贯彻执行势道权力和私人利益的机构。

国王的地位和权限严重弱化，但观念性的、形式性的权威却增高。这是因为，势道权力在君主的正式同意或承认之下，巧妙地利用君主的权威，才能够掌握了政治权力。它们希望在观念上提高的君主权威的保护伞之下，将它们的权力稳固下去。政治运营逻辑倾向于保守，抑制变革潮流，彻底统制政敌的闯入朝政或者新政治势力的出台。

如此封闭、僵化的政治结构被粉饰为体制的稳定，而这种体制经常竭力阻断或简化了对自己会造成冲击的各种信息。只有在迫在眉睫时才能认识到危机，而其应付方法只能是安逸、消极的策略，甚至在种种限制中冒着困难获取的有用信息也被有限地应用。不仅如此，这种政治结构反而大大降低了燕行使臣在收集信息上有意追求多样性和正确性的热情。

第三章以通过燕行经历扩大见闻的三个官员的对外情势认识，以及他们所提出的国内危机解决方案为中心，试图了解朝鲜王朝的危机意识和其对应策略。我们所探讨的三个官员的情势认识和对应策略终究不能超越当时势道政权所要维持的现实框架，但他们对于剧变的对外情势以及国内的矛盾都具有一定的认识，只是在其认识的深度和改革意志上表现出一些差异。

朴珪寿通过太平天国起义和第二次鸦片战争正确地认识到清朝内部的动摇状态以及西方列强的侵略态势，并在内忧总会引起外患的基本认识之下，慎重考虑国内事态的解决方案。他以这些认识为基础，亲临三南地区调查农民起义的原因，而通过这次调查讲究对策。他认为只有彻底改革三政，才能够解决正在面前的现实危机。

任百经在动荡的1850年代两次赴清，而这个经验使得他对中国的兵乱具有了一定量的信息储备。虽然当时清朝的国内外危机已经呈现，或至少可以充分预料到危机快要成爲现实的时候，但他很安逸地看待事情的发展趋势。他将报告的信息内容故意限制于对国内政局不会产生任何冲击的程度之内。他在三政改革问题上也一直保持着不冷不热的态度。

申锡愚很准确地认识到当时为危机的时期，按他说是"天下大乱"的时期。他在这种认识之下，异常诚实地获取信息。他的信息无比正确，可是他在分析信息以及提出对策上具有非常消极的态度。他认为，势道政局虽然处于危机状态，但是如果强行不具备充分的信念和条件的改革，不会得到实际效果。因此，他在参加三政改革讨论时，便提出了最为消极的方案。

上述三个官员的危机应付方式都未能脱离势道政局的框架：倾向于改革，却无法超越现实条件的朴珪寿；安逸于现有体制，大略应付的任百经；提前掌握当权者的意思，顺从应付的申锡愚。这三位官员的信息处理和现实应付方式便代表势道政局官员的所有不同类型，朝鲜政府的危机认识和其应付方式不超出这三位官员的认识和应付的范畴，农民起义扩散后，忙于三政改革的势道权力高举了改革的旗帜，摸索改革方案。但他们在诸多改革方案中却选择最安逸的方案，即设计了三政厘整节目，着手改革，但在农民起义的气势稍爲减弱后，改革的步伐便无果而中断。

朝鲜政府用外交活动的方式应付了对外危机。1860年，收到北京沦陷的信息后，迅速地向清朝派遣了热河问安使，其目的为，让使臣准确地了解当地的对外情势以及清朝的对策，同时，再次表明朝鲜王朝仍在清朝藩属秩序之内，想利用藩属秩序的保护伞防御列强的入侵。

虽然作为对内外危机的最终解决方案选择内修外攘的策略，但内修的实践方案仅仅停留在慎重挑选地方官的口号上。三政改革也在当前的危机减弱后立即被停止。这种对策对于当权的势道权力来讲，是维持现状、继续当权的最易方案，而对未掌握实权却负有政治上最后责任的国王而言，是几乎唯一的选择。

第四章，以验证朝鲜王朝实录记事的间接方法，探讨了朝鲜支配层的危机认识和其对应。哲宗在位期间(1850～1863)正好为东亚的现有秩序根基动摇，要求进行改革的动荡时期。通过《哲宗实录》，我们验证了当时支配阶层如何认识和应付国内危机，如何认识以及应付太平天国和第二次鸦片战争所象征的中国的对内外危机。

《哲宗实录》编纂于高宗早期，它虽然遵守了后代编纂前代实录的编修原则，但事实上是当代人评价当代业绩的记录。编纂者都是势道政治扩大、深化期，即是哲宗朝的官员。然而名不正言不顺地当权的势道权力，要是将哲宗的治世说成危机时期，这等于自己否认自己当权的正当性。由此，《哲宗实录》的编修不得不成为势道政权自己正当化、合理化的一种手段。

1850和60年代初，当权势道权力在一定程度上认识到国内外危机，并采取了若干措施，但这些对策并没有收到预期的效果。在紧迫情况下找出的一些对策始终是权宜之计而已。我们如果仔细地观察《哲宗实录》，便会发现那里根本没有记载关于国内危机的记事，即便有，也为了隐藏危机真相而描述得很模糊，或是彻底隐藏了或是最小程度地缩减其严重性。

实录编纂者也用相同的方式处理了对外危机记事，虽然持续关注异样船出没，但没有详细地记载其出没和受害情况。势道政权也将1850年代发生的清朝的大动乱，即太平天国起义看作为危机，例如，当代最高事务性官员郑元容将1850年代的中国情势看做为"天下大乱"。势道政权自太平天国军的盛势被流传到朝鲜的1853年开始，连续3年选拔甚受势道家信任的优秀人才为使臣，努力了解大陆的正确情势。不过实录中写上使臣的姓名，却关于危机的信息只字不提。可以说，他们为了防止对外危机的信息动摇民心，或是成为政局的不稳定因素，而伪造和统制了信息，结果反而使不可靠的信息能够快速传播和膨胀，更加甚了危机意识。

实录中登载的关于中国兵乱的记事很少，而且这些记事都回避了事态的真相。1857年，在实录中首次出现与太平天国相关的记事，不过这一条是一方面为了礼遇一位国王的亲近而对于势道权力坚持批判态度的宗亲，另一方面为了消除国王对于报告的真实性所持有的怀疑而有意安排的。1860年英法联军占领北京，危机感随之遽然高涨，朝鲜政府快速派遣热河问安使，而咸丰皇帝驾崩后，又派遣陈慰进香使。据实录评价，这些举措是为了窥探清朝稳定性的同时，使清朝确信朝鲜尚处在其藩属秩序之内而进行的外交活动，实录并认为通过这些外交活动，可以得到了缓解危机的效果。

在《哲宗实录》中，我们可以发现对于另一个和中国有关的事情记载得异常详细，与清朝的兵乱记事形成明显的对比。这便是哲宗14年(1863)的宗系辩诬记事，对于自宗系辩诬的提出和专使的派遣、辩诬的上奏和成功，以至给国王加尊号的国家仪式，实录加以详细记述，而且粉饰成国家的大喜事、圣君的伟绩。

势道政权在经历了1862年全国范围内爆发的农民起义之后，丧失了维持权力的任何名分。在这种紧迫状态下，与王朝的正统性问题有直接关系的宗系辩诬，不论是大义名分上，还是政治效果上，为一个绝好的题材。可以通过将无能的君主打扮成圣君，势道权力可以摇身一变为辅佐圣君治理国家的、德高望重的功臣。同时，通过举办和宣传绚烂的国家仪式，可以稀释紧迫的危机状况，这也是可以预期的另一个效果。实录的编纂者过度详细描述宗系辩诬的始末，毋庸置疑，便是为了将当权的正当性流传到后世的。

燕行使臣掌握的大陆信息有一定的限制，但对于朝鲜支配层正确认识内外情势，研究适切的对策而言，是绰绰有余的，无疑是近在咫尺的殷鉴，但是逐渐丧失社会整合能力和支配逻辑的朝鲜支配层，事先给自己设定了保守、僵化以及封闭的种种限制，安居井底。他们没有主动变革的意志，也不具备那种力量，从而无法成为变革的主体，也不能允许着手变革。尚未出现能够开启和负责新时代的社会势力，如有，其组织和力量也尚未达到主导改革的水平。在这种情况下，朝鲜在1876年被动开埠，这时，朝鲜尚未具备适切的应付能力，而列强侵略的气势却愈加猛烈。

찾아보기

【ㅊ】